Hermann Hesse, am 2. Juli 1877 in Calw/Württemberg als Sohn eines baltendeutschen Missionars und einer württembergischen Missionarstochter geboren, 1946 ausgezeichnet mit dem Nobelpreis für Literatur, starb am 9. August 1962 in Montagnola bei Lugano.

Seine Bücher, Romane, Erzählungen, Betrachtungen, Gedichte, politischen, literatur- und kulturkritischen Schriften sind mittlerweile in einer Auflage von mehr als 70 Millionen Exemplaren in aller Welt verbreitet und haben ihn zum meistgelesenen europäischen Autor des 20. Jahrhunderts in den USA und in Japan gemacht.

»Nur wer bereit zu Aufbruch ist und Reise, mag lähmender Gewöhnung sich entraffen . . .« heißt es in Hesses berühmtem »Stufen«-Gedicht. Dieses Thema durchzieht sein gesamtes Werk, von der Landstreichergeschichte *Knulp* bis zu den imaginativen Expeditionen der *Morgenlandfahrt*.

In zahlreichen Betrachtungen und Schilderungen hat Hesse die Poesie des Reisens gerühmt und mit dem ihm eigenen Blick für das Charakteristische Orte und Landschaften, ob nun im Schwarzwald, am Bodensee, in den Alpen, im Engadin, im Tessin, in Italien oder Indonesien gelegen, auf eine so untouristische und alternative Weise beschrieben, daß wir auch heute noch davon profitieren können. Nicht das Ziel ist für ihn das Entscheidende, sondern das Unterwegssein:

»Der Heimgekehrte ist ein anderer als der stets Daheimgebliebene. Er liebt inniger und ist freier von Wahn und Selbstgerechtigkeit . . . Unser Wandertrieb und Vagabundentum ist zur Hälfte nichts anderes als Erwartung des Abenteuers. Zur andern Hälfte aber unbewußter Trieb, das Erotische zu verwandeln und aufzulösen . . . Wir lösen die Liebe vom Gegenstand. Die Liebe selbst ist uns genug, ebenso wie wir im Wandern nicht das Ziel suchen, sondern nur den Genuß des Wanderns selbst, das Unterwegssein.«

insel taschenbuch 1242

Mit Hermann Hesse reisen

Mit Hermann Hesse reisen

Betrachtungen und Gedichte

Herausgegeben
von Volker Michels

Insel Verlag

Umschlagfoto: Mauritius/Torino

insel taschenbuch 1242
Erste Auflage 1990
Originalausgabe
Insel Verlag Frankfurt am Main

Quellennachweise am Schluß des Bandes
Vertrieb durch den Suhrkamp Taschenbuch Verlag
Umschlag nach Entwürfen von Willy Fleckhaus
Satz: LibroSatz, Kriftel
Druck: Nomos Verlagsgesellschaft, Baden-Baden
Printed in Germany

2 3 4 5 6 7 – 01 00 99 98 97 96

Mit Hermann Hesse reisen

Über das Reisen

Als mir nahegelegt wurde, etwas über die Poesie des Reisens zu schreiben, schien es mir im ersten Augenblikke verlockend, einmal von Herzen über die Scheußlichkeiten des modernen Reisebetriebes zu schimpfen, über die sinnlose Reisewut an sich, über die öden modernen Hotels, über Fremdenstädte wie Interlaken, über Engländer und Berliner, über den verschandelten und maßlos teuer gewordenen badischen Schwarzwald, über das Geschmeiß von Großstädtern, die in den Alpen leben wollen wie zu Hause, über die Tennisplätze von Luzern, über Gastwirte, Kellner, Hotelsitten und Hotelpreise, verfälschte Landweine und Volkstrachten. Aber als ich einmal in der Bahn zwischen Verona und Padua einer deutschen Familie meine diesbezüglichen Ansichten nicht vorenthielt, wurde ich mit kühler Höflichkeit ersucht, zu schweigen; und als ich ein andermal in Luzern einen niederträchtigen Kellner ohrfeigte, wurde ich nicht ersucht, sondern tätlich gezwungen, das Haus mit unschöner Eile zu verlassen. Seither lernte ich mich beherrschen.

Auch fällt mir ein, daß ich doch im Grunde auf allen meinen kleinen Reisen überaus vergnügt und befriedigt war und von jeder irgendeinen großen oder kleinen Schatz mitgebracht habe. Wozu also schimpfen?

Über die Frage, wie der moderne Mensch reisen solle, gibt es viele Bücher und Büchlein, aber meines Wissens keine guten. Wenn jemand eine Lustreise unternimmt, sollte er doch eigentlich wissen, was er tut und warum er es tut. Der reisende Städter von heute weiß es nicht. Er reist, weil es Sommers in der Stadt zu heiß wird. Er reist, weil er im Wechsel der Luft, im Anblick anderer Umgebungen und Menschen ein Ausruhen von ermüdender Arbeit zu finden hofft. Er reist in die Berge, weil eine dunkle Sehnsucht nach Natur, nach Erde und Gewächs ihn mit unverstandenem Verlangen quält; er reist nach Rom, weil es zur Bildung gehört. Hauptsächlich aber reist er, weil alle seine Vettern und Nachbarn auch reisen, weil man nachher davon reden und damit großtun kann, weil das Mode ist und weil man sich nachher zu Hause wieder so schön behaglich fühlt.

Das alles sind ja begreifliche und honette Motive. Aber warum reist Herr Krakauer nach Berchtesgaden, Herr Müller nach Graubünden, Frau Schilling nach Sankt Blasien? Herr Krakauer tut es, weil er so viele Bekannte hat, die auch immer nach Berchtesgaden gehen, Herr Müller weiß, daß Graubünden weit von Berlin liegt und in Mode ist, und Frau Schilling hat gehört, in Sankt Blasien sei die Luft so gut. Alle drei könnten ihre Reisepläne und Routen vertauschen, und es wäre ganz dasselbe. Bekannte kann man überall haben, sein Geld kann man überall loswerden, und an Orten mit guter Luft ist Europa unermeßlich reich.

Warum also gerade Berchtesgaden? Oder Sankt Blasien? Hier liegt der Fehler. Reisen sollte stets Erleben bedeuten, und etwas Wertvolles erleben kann man nur in Umgebungen, zu welchen man seelische Beziehungen hat. Ein gelegentlicher hübscher Ausflug, ein fideler Abend in irgend einem Wirtsgarten, eine Dampferfahrt auf einem beliebigen See sind an sich keine Erlebnisse, keine Bereicherungen unseres Lebens, keine mit stetiger Kraft fortwirkenden Anregungen. Sie können dazu werden, aber kaum für die Herren Krakauer und Müller.

Vielleicht gibt es für diese Leute überhaupt keinen Ort auf der Erde, zu welchem sie tiefere Beziehungen haben. Es gibt für sie kein Land, keine Küste oder Insel, keinen Berg, keine alte Stadt, von der sie mit Ahnungskraft gezogen werden, deren Anblick ihnen Lieblingsträume erfüllt und deren Kennenlernen ihnen ein Schätzesammeln bedeutet. Trotzdem könnten sie glücklicher und schöner reisen, wenn doch einmal gereist sein muß. Sie müßten vor der Reise, sei es auch nur auf der Landkarte, sich wenigstens flüchtig über das Wesentliche des Landes und Ortes, wohin sie fahren, unterrichten, über das Verhältnis, in welchem seine Lage, seine Bodengestalt, sein Klima und Volk zur Heimat und gewohnten Umgebung des Reisenden steht. Und während des Aufenthaltes am fremden Orte müßten sie versuchen, sich in das Charakteristische der Gegend einzufühlen. Sie müßten Berge, Wasserfälle, Städte nicht nur im Vorbeigehen als Effektstücke anstaunen, sondern jedes an seinem Orte als notwendig und gewachsen und darum als schön erkennen lernen.

Wer hierzu den guten Willen hat, kommt leicht von selber auf die schlichten Geheimnisse der Reisekunst. Er wird nicht in Syrakus Münchener Bier trinken wollen und es, wenn er es je dort bekommt, schal und teuer finden. Er wird nicht in fremde Länder reisen, ohne deren Sprache einigermaßen zu verstehen. Er wird nicht Landschaft, Menschen, Sitten, Küche und Weine der Fremde nach dem Maßstab seiner Heimat messen und den Venetianer schneidiger, den Neapolitaner stiller, den Berner höflicher, den Chianti süßer, die Riviera kühler, die Lagunenküste steiler wünschen. Er wird versuchen, seine Lebensweise dem Brauch und Charakter des Ortes anzupassen, er wird in Grindelwald früh und in Rom spät aufstehen usw. Und er wird namentlich überall versuchen, sich dem Volke zu nähern und es zu verstehen. Er wird also nicht in internationaler Reisegesellschaft verkehren und nicht in internationalen Hotels wohnen, sondern in Gasthöfen, deren Wirte und Angestellte Einheimische sind, oder noch besser bei Privatleuten, in deren häuslichem Leben er ein Bild des Volkslebens hat.

Man würde es unsäglich lächerlich finden, wenn ein Reisender in Afrika sich mit Gehrock und Zylinder aufs Kamel setzen wollte. Aber man findet es selbstverständlich, in Zermatt oder Wengen Pariser Kostüme zu tragen, in französischen Städten deutsch zu reden, in Göschenen Rheinwein zu trinken und in Orvieto dieselben Speisen zu essen wie in Leipzig. Wenn du diese Art von Reisenden nach dem Berner Oberland fragst, so sprechen sie entrüstet über die hohen Fahrpreise der Jungfraubahn, und wenn du sie auf Sizilien zu sprechen bringst, so erfährst du, daß es dort keine heizbaren Zimmer gebe, daß man aber in Taormina eine vorzügliche französische Küche antreffe. Fragst du nach dem dortigen Volk und Leben, so erzählen sie dir, man trage daselbst unendlich komische Trachten und rede einen völlig unverständlichen Dialekt.

Genug davon. Ich wollte ja von der Schönheit des Reisens reden, nicht von der Unvernunft der meisten Reisenden.

Die Poesie des Reisens liegt nicht im Ausruhen vom heimischen Einerlei, von Arbeit und Ärger, nicht im zufälligen Zusammensein mit anderen Menschen und im Betrachten anderer Bilder. Sie liegt auch nicht in der Befriedigung einer Neugierde. Sie liegt im Erleben, das heißt im Reicherwerden, im organischen Angliedern von Neuerworbenem, im Zunehmen unseres Verständnisses für die Einheit im Vielfältigen, für das große Gewebe der Erde und Menschheit, im Wiederfinden von alten Wahrheiten und Gesetzen unter ganz neuen Verhältnissen.

Dazu kommt das, was ich speziell die Romantik des Reisens nennen möchte: das Mannigfache der Eindrükke, das beständige heitere oder bängliche Warten auf Überraschungen, vor allem aber das Köstliche des Verkehrs mit Menschen, die uns neu und fremd sind. Der musternde Blick des Portiers oder Kellners ist in Berlin derselbe wie in Palermo, aber den Blick des rhätischen Hirtenknaben, den du auf einer abseitigen Graubündener Weide überraschtest, vergißt du nicht. Du vergißt auch nicht die kleine Familie in Pistoja, bei der du einmal zwei Wochen gewohnt hast. Vielleicht entfallen dir die Namen, vielleicht erinnerst du dich der kleinen Schicksale und Sorgen jener Menschen nimmer deutlich, aber du wirst nie vergessen, wie du erst den Kindern, dann der blassen kleinen Frau, danach dem Manne oder dem Großvater in einer glücklichen Stunde näher kamst. Denn du hattest mit ihnen nicht über wohlbekannte Dinge zu reden, nicht an Altes und Gemeinsames anzuknüpfen, du warst ihnen so neu und fremd wie sie dir und du mußtest das Konventionelle ablegen, aus dir selbst schöpfen und auf die Wurzeln deines Wesens zurückgehen, um ihnen etwas sagen zu können. Du sprachst mit ihnen vielleicht über Kleinigkeiten, aber du sprachst mit ihnen als Mensch zu Menschen, tastend und fragend, mit dem Wunsch, diese Fremden ein wenig verstehen zu lernen, dir ein Stück ihres Wesens und Lebens zu erobern und mit dir zu nehmen.

Wer in fremden Landschaften und Städten nicht lediglich dem Berühmten, Auffallendsten nachgeht, sondern Verlangen trägt, das Eigentliche, Tiefere zu verstehen und mit Liebe zu erfassen, in dessen Erinnerung werden meistens Zufälligkeiten, Kleinigkeiten einen besonderen Glanz haben. Wenn ich an Florenz denke, sehe ich als erstes Bild nicht den Dom oder den alten Palast der Signorie, sondern den kleinen Goldfischteich im Giardino Boboli, wo ich an meinem ersten Florentiner Nachmittag ein Gespräch mit einigen Frauen und ihren Kindern hatte, zum erstenmal die Florentiner Sprache vernahm und die mir aus so viel Büchern vertraute Stadt zum erstenmal als etwas Wirkliches und Lebendes empfand, mit dem ich reden und das ich mit Händen fassen konnte. Der Dom und der alte Palast und alles Berühmte von Florenz ist mir darum nicht entgangen; ich glaube es besser erlebt und mir herzlicher zu eigen gemacht zu haben, als viele fleißige Baedekertouristen, es wächst mir aus lauter kleinen, nebensächlichen Erlebnissen sicher und einheitlich heraus, und wenn ich ein paar schöne Bilder der Uffizien vergaß, so habe ich dafür die Erinnerung an Abende, die ich mit der Hauswirtin in der Küche, und an Nächte, die ich mit Burschen und Männern in kleinen Weinschenken verplauderte, und an den gesprächigen Vorstadtschneider, der mir unter seiner Haustüre die zerrissenen Hosen auf dem Leibe flickte und mir dazu feurige politische Reden, Opernmelodien und fidele Volksliedchen zum besten gab. Solche Bagatellen werden oft zum Kern wertvoller Erinnerungen. Dadurch, daß ich dort einen Faustkampf mit einem in die Wirtstochter verliebten Burschen bestand, ist mir das hübsche Städtchen Zofingen trotz der Kürze meines Dortseins – es waren zwei Stunden – unvergeßlich. Das reizende Dorf Hammerstein, südlich vom badischen Blauen, stände mir nicht mit allen Dächern und Gassen so klar und schön vor der Erinnerung, wenn ich es nicht einst spät am Abend nach einer langen, schlimmen Irrwanderung im Wald unvermutet erreicht hätte. Ich sah es ganz plötzlich und unvermutet, da ich um einen Bergvorsprung bog, in der Tiefe unter mir liegen, still und schläfernd und Haus an Haus geschmiegt, und dahinter stand der eben aufgehende Mond. Wäre ich auf der bequemen Landstraße hingekommen und durchgewandert, so wüßte ich nichts mehr davon. So war ich nur eine Stunde dort und besitze es als ein schönes, liebes Bild für Lebenszeit. Und mit dem Bild dieses Dörfleins besitze ich die lebendige Vorstellung einer ganzen, eigenartigen Landschaft.

Wer je in jungen Jahren mit wenig Geld und ohne Gepäck ein gutes Stück gewandert ist, kennt diese Eindrücke wohl. Eine im Kleefeld oder im frischen Heu verbrachte Nacht, ein in entlegener Sennhütte erbetteltes Stück Brot und Käse, ein unvermutetes Eintreffen im Wirtshaus bei einer dörflichen Hochzeit, zu deren Mitfeier man eingeladen wurde, das bleibt fest im Gedächtnis. Allein es soll über dem Zufälligen nicht das Wesentliche, über der Romantik nicht die Poesie vergessen werden. Sich unterwegs treiben lassen und auf den lieben Zufall vertrauen, ist gewiß eine gute Praxis, aber einen festen, bestimmten Inhalt und Sinn muß jede Reise haben, wenn sie erfreulich und im tieferen Sinn ein Erlebnis sein soll. Aus Langeweile und fader Neugierde in Ländern umher zu bummeln, deren inneres Wesen einem fremd und gleichgültig ist und bleibt, ist sündlich und lächerlich. Ebenso wie eine Freundschaft oder Liebe, die man pflegt und der man Opfer bringt, wie ein Buch, das man mit Bedacht auswählt und kauft und liest, ebenso muß jede Vergnügungs- oder Studienreise ein Liebhaben, Lernenwollen, Sichhingeben bedeuten. Sie muß den Zweck haben, ein Land und Volk, eine Stadt oder Landschaft dem Wanderer zum seelischen Besitz zu machen, er muß mit Liebe und Hingabe das Fremde belauschen und sich mit Ausdauer um das Geheimnis seines Wesens bemühen. Der reiche Wursthändler, der aus Protzerei und Bildungsmißverstand nach Paris und Rom fährt, hat nichts davon. Wer aber lange, heiße Jugendjahre lang die Sehnsucht nach den Alpen oder nach dem Meere oder nach den alten Städten Italiens in sich getragen und endlich Reisezeit und Reisegeld sich knapp erspart hat, der wird jeden Meilenstein und jede sonnige, von Kletterrosen überhangene Klostermauer und jeden Schneegipfel und Meeresstrich der Fremde mit Leidenschaft an sich reißen und nicht vom Herzen lassen, ehe er die Sprache dieser Dinge verstand, ehe ihm das Tote lebendig und das Stumme redend geworden ist. Er wird an einem Tag unendlich viel mehr erleben und genießen als ein Modereisender in Jahren, und er wird für Lebenszeit einen Schatz von Freude und Verständnis und beglückender Sättigung mitbringen.

Wer Geld und Zeit nicht zu sparen braucht und Lust am Reisen hat, dem müßte es ein treibendes Bedürfnis sein, die Länder, in welchen er für sein Auge und Herz

Begehrenswertes ahnt, Teil für Teil sich zu eigen zu machen und in langsamem Lernen und Genießen sich ein Stück Welt zu erobern, in vielen Ländern Wurzel zu schlagen und aus Ost und West Steine zum schönen Gebäude eines umfassenden Verständnisses der Erde und ihres Lebens zu sammeln.

Ich verkenne nicht, daß die Mehrzahl unserer heutigen Lustreisenden aus ermüdeten Städtern besteht, die kein anderes Verlangen haben, als für eine Weile die erfrischende und tröstende Nähe des Naturlebens zu fühlen. Von »Natur« reden sie gern und haben eine gewisse halb ängstliche, halb gönnerhafte Liebe zu ihr. Aber wo suchen sie sie und wieviele finden sie?

Es ist ein sehr verbreiteter Irrtum, zu meinen, man brauche nur an einen schönen Ort zu reisen, um der »Natur« nahe zu sein und ihre Kräfte und Tröstungen zu kosten. Es ist ja klar, daß dem seinen heißen Straßen entlaufenen Großstädter die Kühle und Reinheit der Luft am Meer oder in den Bergen wohltun muß. Damit begnügt er sich. Er fühlt sich frischer, atmet tiefer, schläft besser und kehrt dankbar heim im Glauben, er habe die »Natur« nun so recht genossen und in sich gesogen. Er weiß nicht, daß er nur das Flüchtigste, Unwesentlichste davon aufgenommen und verstanden hat, daß er das Beste unentdeckt am Wege liegen ließ. Er versteht nicht zu sehen, zu suchen, zu reisen.

Der Glaube, es sei viel einfacher und leichter, ein Stück Schweiz oder Tirol oder Nordsee oder Schwarzwald in sich aufzunehmen als etwa eine gediegene Vorstellung von Florenz oder Siena zu erwerben, ist grundfalsch. Die Leute, welchen von Florenz nichts als der Turm des *palazzo vecchio* und die Domkuppel in der Erinnerung haften blieb, werden auch von Schliersee nur den Umriß des Wendelstein und von Luzern nichts als ein Bild des Pilatus und einen Dunst von Seebläue mitnehmen und nach wenig Wochen an echtem Seelenbesitz so arm sein wie zuvor. Die Natur wirft sich einem so wenig vor die Füße wie Kultur und Kunst und fordert gerade vom ungeschulten Stadtmenschen unendliche Hingabe, ehe sie sich entschleiert und ihm zu eigen gibt.

Es ist schön, mit der Bahn oder im Postwagen über den Gotthard, Brenner oder Simplon zu reisen und es ist schön, die Riviera entlang von Genua bis Livorno oder im Lagunenschiff von Venedig nach Chioggia zu fahren. Aber ein sicherer Besitz bleibt von solchen Eindrücken selten zurück. Nur hervorragend feine und durchgebildete Menschen sind fähig, das Charakteristische einer größeren Landschaft im flüchtigen Vorüberstreifen zu erfassen und festzuhalten. Den meisten bleibt nur ein allgemeiner Eindruck von Meerluft, Wasserblau und Uferumrissen, und auch der ist bald verwischt wie die Erinnerung an ein Theaterbild. Fast allen Teilnehmern an den beliebten Gesellschaftsreisen durchs Mittelmeer geht es so.

Man muß nicht alles sehen und kennen wollen. Wer zwei Berge und Täler der Schweizer Alpen gründlich durchstreift hat, kennt die Schweiz besser als wer mit einer Rundkarte in derselben Zeit das ganze Land bereiste. Ich war wohl fünfmal in Luzern und Vitznau und hatte den Vierwaldstätter See noch immer nicht innig begriffen und erfaßt, bis ich nicht sieben Tage einsam im Ruderboot auf ihm zubrachte, jede Bucht befuhr und jede Perspektive ausprobte. Seither gehört er mir, seither kann ich in jeder beliebigen Stunde, ohne Bilder und Karten jeden seiner kleinsten Teile mir untrüglich vorstellen und von neuem lieben und genießen: Form und Vegetation der Ufer, Gestalt und Höhe der Berge, jedes einzelne Dorf mit Kirchturm und Schifflände, die Farben und Spiegelungen des Wassers zu jeder Tagesstunde. Auf Grund dieser sinnlich deutlichen Vorstellung erst ward es mir dann möglich, auch die dortigen Menschen zu verstehen, Gehaben und Mundarten der Uferdörfer, typische Gesichter und Familiennamen, Charakter und Geschichte der einzelnen Städtchen und Kantone zu unterscheiden und zu verstehen.

Und die venezianische Lagune wäre mir, trotz meiner eifrigen Liebe für Venedig, noch heute eine fremde, sonderbare, unbegriffene Kuriosität, wenn ich nicht einst, des blöden Hinstarrens müde, für acht Tage und Nächte das Boot und Brot und Bett eines Fischers von Torcello geteilt hätte. Ich ruderte an den Inseln entlang, watete mit dem Handnetz durch die braunen Schlammbänke, lernte Wasser, Gewächs und Getier der Lagune kennen, atmete und beobachtete ihre eigentümliche Luft, und seither ist sie mir vertraut und befreundet. Jene acht Tage hätte ich vielleicht für Tizian und Veronese verwenden können, aber ich habe in jenem Fischerboot mit dem goldbraunen Dreiecksegel Tizian und Veronese besser verstehen gelernt als in der Akademie und im Dogenpalast. Und nicht nur die paar Bilder, sondern das ganze Venedig ist mir nun kein schönes banges Rätsel mehr, sondern eine viel schönere, mir zugehörende Wirklichkeit, an die ich das Recht des Verstehenden habe.

Vom trägen Anschauen eines goldenen Sommerabends und vom lässig wohligen Einatmen einer leichten, reinen Bergluft bis zum innigen Verständnis für Natur und Landschaft ist noch ein weiter Weg. Es ist herrlich, auf einer sonnenwarmen Wiese hingestreckt, träge Ruhestunden zu verliegen. Aber den vollen, hundertmal tieferen und edleren Genuß davon hat nur der, dem diese Wiese samt Berg und Bach, Erlengebüsch und fernragender Gipfelkette ein vertrautes, wohlbekanntes Stück Erde ist. Aus einem solchen Stücklein Boden seine Gesetze zu lesen, die Notwendigkeit seiner Gestaltung und Vegetation zu durchschauen, sie im Zusammenhang mit der Geschichte, dem Temperament, der Bauart und Sprechweise und Tracht des dort heimischen Volkes zu fühlen, das fordert Liebe, Hingabe, Übung. Aber solche Mühen lohnen sich. In einem Lande, das du dir mit Eifer und Liebe vertraut und zu eigen gemacht hast, gibt dir jede Wiese und jeder Fels, an dem du rastest, alle seine Geheimnisse her und nährt dich mit Kräften, die er anderen nicht gönnt.

Ihr sagt, es könne doch nicht jedermann den Fleck Erde, auf dem er eine Woche lebt, als Geolog, Historiker, Dialektforscher, Botaniker und Ökonom studieren. Natürlich nicht. Es liegt am Fühlen, nicht am Namenwissen. Wissenschaft hat noch niemand selig gemacht. Wer aber das Bedürfnis kennt, keine leeren Schritte zu tun, sich beständig im Ganzen lebend und im Weben der Welt einbegriffen zu fühlen, dem gehen überall schnell die Augen auf für das Charakteristische, Echte, Bodenständige. Er wird überall in Erde, Bäumen, Bergformen, Tieren und Menschen eines Landes das Gemeinsame herausfühlen und sich an dieses halten, statt Zufälligkeiten nachzulaufen. Er wird finden, daß dieses Gemeinsame, Typische sich noch in den kleinsten Blumen, in den zartesten Luftfärbungen, in den leichtesten Nuancen der Mundart, der Bauformen, der Volkstänze und Lieder äußert, und je nach seiner Veranlagung wird ihm ein volkstümliches Witzwort oder ein Laubgeruch oder ein Kirchturm oder ein kleines rares Blümlein zur Formel werden, welche für ihn das ganze Wesen einer Landschaft knapp und sicher umschließt. Und solche Formeln vergißt man nicht.

Hiermit genug. Nur das möchte ich noch sagen, daß ich an ein spezielles »Talent zum Reisen«, von dem man oft reden hört, nicht glaube. Die Menschen, denen auf Reisen Fremdes schnell und freundlich vertraut wird und die ein Auge fürs Echte und Wertvolle haben, das sind dieselben, welche im Leben überhaupt einen Sinn erkannt haben und ihrem Stern zu folgen wissen. Ein starkes Heimweh nach den Quellen des Lebens, ein Verlangen, sich mit allem Lebendigen, Schaffenden, Wachsenden befreundet und eins zu fühlen, ist ihr Schlüssel zu den Geheimnissen der Welt, welchen sie nicht nur auf Reisen in ferne Länder, sondern ebenso im Rhythmus des täglichen Lebens und Erlebens begierig und beglückt nachgehen. [1904]

Reiselied

Sonne leuchte mir ins Herz hinein,
Wind verweh mir Sorgen und Beschwerden!
Tiefere Wonne weiß ich nicht auf Erden,
Als im Weiten unterwegs zu sein.

Nach der Ebne nehm ich meinen Lauf,
Sonne soll mich sengen, Meer mich kühlen;
Unsrer Erde Leben mitzufühlen
Tu ich alle Sinne festlich auf.

Und so soll mir jeder neue Tag
Neue Freunde, neue Brüder weisen,
Bis ich leidlos alle Kräfte preisen,
Aller Sterne Gast und Freund sein mag.

Floßfahrt

Vermutlich laufen auch heute noch da und dort auf Erden Bäche und Ströme durch Gras und Wald, stehen frühmorgens an Waldrändern im betauten Laubwerk sanftblickende Rehe, vielleicht auch kommt den Kindern von heute ihr Bach mit seinen Zementufern und ihre Wiese mit dem Sportplatz und den Fahrradgestellen ebenso schön und ehrwürdig vor, wie uns Unzeitgemäßen einst, vor einem halben Jahrhundert, ein wirklicher Bach und eine wirkliche Wiese vorkam. Es hat keinen Sinn, darüber zu streiten, vielleicht ist tatsächlich die Welt inzwischen vollkommener geworden. Sei dem, wie ihm wolle, wir Ältern sind dennoch der Meinung, wir hätten vor vierzig bis fünfzig Jahren noch etwas eingeatmet, etwas gekostet und miterlebt, was seither vollends aus der vervollkommneten Welt entschwunden ist: den Rest einer Unschuld, den Rest einer Harmlosigkeit und Ländlichkeit, welche damals noch da und dort mitten in Deutschland anzutreffen war, während sie heute auch in Polynesien vergebens gesucht wird. Darum erinnern wir uns gern der Kindheit und genießen froh, dumm und egoistisch das Recht unseres Alters, die vergangenen Zeiten auf Kosten der heutigen zu loben. Eine Erinnerung an die sagenhaft gewordene Kindheit kam mir dieser Tage. Sei willkommen, schöne Erinnerung!

Durch meine Vaterstadt im Schwarzwald floß ein Fluß, ein Fluß, an dem damals nur erst ganz wenige Fabriken standen, wo es viele alte Mühlen und Brücken, Schilfufer und Erlengehölze, wo es viele Fische und im Sommer Millionen von dunkelblauen Wasserjungfern gab. Es ist mir unbekannt, wie sich die Fische und die Wasserjungfern zwischen dem zunehmenden Zementgemäuer der Ufer und den zunehmenden Fabriken gehalten haben, vielleicht sind sie noch immer da. Vermutlich längst verschwunden aber ist etwas, was es damals auf dem Flusse gab, etwas Schönes und Geheimnisvolles, etwas Märchenhaftes, etwas vom Allerschönsten, was dieser schöne sagenhafte Fluß besaß: die Flößerei. Damals, zu unseren Zeiten, wurden die Schwarzwälder Tannenstämme den Sommer über in gewaltigen Flößen alle die kleinen Flüsse bis nach Mannheim und zuweilen noch bis nach Holland hinunter auf dem Wasser befördert, die Flößerei war ein eigenes Gewerbe, und für jedes Städtchen war im Frühjahr das Erscheinen des ersten Floßes noch wichtiger und merkwürdiger als das der ersten Schwalben.

Ein solches Floß (das aber auf Schwäbisch nicht »das Floß« hieß, sondern »der Flooz«) bestand aus lauter langen Tannen- und Fichtenstämmen, sie waren entrindet, aber nicht weiter zugehauen, und das Floß bestand aus einer größeren Anzahl von Gliedern. Jedes Glied umfaßte etwa acht bis zwölf Stämme, die an den Enden verbunden waren, und an jedem Glied hing das nächste Glied elastisch, mit Weiden gebunden, so daß das Floß, war es auch noch so lang, mit seinen beweglichen Gliedern sich den Krümmungen des Flusses anschmiegen konnte. Dennoch passierte es nicht selten, daß ein Floß stecken blieb, eine aufregende Sache für die ganze Stadt und ein hohes Fest für die Jugend. Die Flößer, wegen ihres Mißgeschicks von den Brücken herab und aus den Fenstern der Häuser vielfach verhöhnt, waren wütend und hatten fieberhaft zu arbeiten, wateten schimpfend bis zum Bauch im Wasser, schrien und zeigten die ganze berühmte Wildheit und Rauhigkeit ihres Standes; noch ärgerlicher und böser waren die Müller und Fischer, und alles, was am Ufer sein Leben und seine Arbeit hatte, namentlich die vielen Gerber, rief den Flößern Scherzworte oder Schimpfworte zu. War das Floß unter einem offenen Schleusentor steckengeblieben, dann trabten und schimpften die Müller ganz besonders, und es gab dann zuweilen für uns Knaben ein besonderes Glück: das Flußbett rann eine Strecke weit beinahe leer, und unterhalb der Wehre konnten wir dann die Fische mit der Hand fangen, die breiten, glänzenden Rotaugen, die schnellen, stachligen Barsche und etwa auch ein Neunauge.

Die Flößer gehörten offensichtlich zu den Unseßhaften, Wilden, Wanderern, Nomaden, und Floß und Flößer waren bei den Hütern der Sitte und Ordnung nicht wohlgelitten. Umgekehrt war für uns Knaben, sooft ein Floß erschien, Gelegenheit zu Abenteuern, Aufregungen und Konflikten mit jenen Ordnungsmächten. So wie zwischen Müllern und Flößern ein ewiger Krieg bestand, in dem ich stets zur Partei der Flößer hielt, so bestand bei unseren Lehrern, Eltern, Tanten eine Abneigung gegen das Flößerwesen, und ein Bestreben, uns mit ihm möglichst wenig in Berührung kommen zu lassen. Wenn einer von uns zu Hause mit einem recht unflätigen Wort, einem meterlangen Fluch aufwartete, dann hieß es bei den Tanten, das habe man natürlich wieder bei den Flößern gelernt. Und an manchem Tage, der durch die Durchreise eines Floßes uns zum Fest geworden war, gab es väterliche Prügel, Tränen der Mutter, Schimpfen des Polizisten. Eine schöne Sage, die wir

Knaben über alles liebten, war die von einem kleinen Buben, der einst wider alle Verbote ein Floß bestiegen und damit bis nach Holland und ans Meer gekommen sei und erst nach Monaten sich wieder bei seinen trauernden Eltern eingefunden habe. Es diesem Märchenknaben gleichzutun, war jahrelang mein innigster Wunsch.

Weit öfter, als mein guter Vater ahnte, bin ich als kleiner Bub für kurze Strecken blinder Passagier auf einem Floß gewesen. Es war streng verboten, man hatte nicht nur die Erzieher und die Polizei gegen sich, sondern leider meistens auch die Flößer. Schöneres und Spannenderes gibt es für einen Knaben nicht auf der Welt, als eine Floßfahrt. Denke ich daran, so kommt mit hundert zauberhaften Düften die ganze Heimat und Vergangenheit herauf. Ein vorüberfahrendes Floß besteigen konnte man entweder vom Laufsteg eines Schleusentors, einer sogenannten »Stellfalle« aus – das galt für schneidig und forderte einigen Mut, oder aber vom Ufer aus, was oft gar nicht schwierig war, aber doch jedesmal mit einem halben oder ganzen Bad bezahlt werden mußte. Am besten noch ging es an ganz warmen Sommertagen, wenn man ohnehin sehr wenig Kleider und weder Schuhe noch Strümpfe anhatte. Dann kam man leicht aufs Floß, und wenn man Glück hatte und sich vor den Flößern verbergen konnte, war es wunderbar, ein paar Meilen weit zwischen den grünen stillen Ufern den Fluß hinunterzufahren, unter den Brücken und Stellfallen hindurch.

Während des Fahrens aber, wenn nicht gerade ein Flößer freundlich war und einen auf einen Bretterstoß setzte, bekam man sehr bald auch die Unbilden des beneideten Flößerhandwerks zu kosten. Man stand unsicher auf den glitschigen Stämmen, zwischen denen das Wasser ununterbrochen heraufspritzte, man war naß bis auf die Knochen, und wenn es nicht sehr sommerlich war, fing man stets bald an zu frieren. Und dann kam der Augenblick näher, wo man das rasch fahrende Floß wieder verlassen mußte, es ging gegen den Abend, man schlotterte vor nasser Kühle, und man war bis in eine Gegend mitgefahren, wo man die Ufer nicht mehr so genau kannte wie zu Hause. Nun galt es eine Stelle zu erspähen und unverweilt mit raschem Entschluß zu benützen, wo ein Absprung ans Land möglich schien – meistens gab es in diesem letzten Augenblick nochmals ein Bad, auch war es oft gefährlich, und hie und da passierte ein Unglück; auch mir ist bei diesem Anlaß einst der Schauder der Todesgefahr bekannt geworden.

Und wenn man dann glücklich wieder an Land war, Erde und Gras unter den Füßen hatte, dann war es weit, zuweilen sehr weit nach Hause zurück, man stand in nassen Schuhen, nassen Kleidern, man hatte die Mütze verloren, und nun spürte man nach dem langen glitschigen Stehen auf den nassen Baumstämmen eine Schwäche in den Waden und Knien und mußte doch noch eine Stunde oder zwei oder mehr zu Fuß laufen, und alles nur, um dann von schluchzenden Müttern, entsetzten Tanten und einem todernsten Vater empfangen zu werden, welche dem Herrn dafür dankten, daß er wider Verdienst den entarteten Knaben hatte heil entrinnen lassen.

Schon in der Kindheit war es so: man bekam nichts geschenkt, man mußte jedes Glück bezahlen. Und wenn ich heute nachrechne, in was das Glück einer solchen Floßfahrt eigentlich bestand, wenn ich alle die Beschwerden, Anstrengungen, Unbilden abziehe, so bleibt wenig übrig. Aber dieses wenige ist wunderbar; ein stilles, rasch und erregend ziehendes Fahren auf dem kühlen, laut rauschenden Fluß, zwischen lauter spritzendem Wasser, ein traumhaftes Hinwegfahren unter den Brükken, durch dicke, lange Gehänge von Spinnweben, träumerische Augenblicke des Versinkens in ein unsäglich seliges Gefühl von Wanderung, von Unterwegssein, von Entronnensein und Indieweltthineinfahren, mit der Perspektive zum Neckar und zum Rhein und nach Holland hinunter – und dies wenige, diese mit Nässe, Frieren, mit Schimpfworten der Flößer, Predigten der Eltern bezahlte Seligkeit wog doch alles auf, war doch alles wert, was man dafür geben mußte. Man war ein Flößer, man war ein Wanderer, ein Nomade, man schwamm an den Städten und Menschen vorbei, still, nirgends hingehörig, und fühlte im Herzen die Weite der Welt und ein sonderbares Heimweh brennen. O nein, es war gewiß nicht zu teuer bezahlt. [1928]

Der Abenteurer

Mein Herz ist müd, mein Herz ist schwer;
Ich habe Sehnsucht nach dem Meer.
Ich habe Sehnsucht nach der Glut
Der violetten Abendstunde,
Die lodernd auf den Wellen ruht
In einem süditalischen Sunde.
Ich habe Sehnsucht nach den blauen
Sternhimmeln der Lagunennacht,
Nach der Kanäle welker Pracht
Und nach Venedigs schönen Frauen,
Nach welscher Schifferlieder Sang,
Nach frechen, dunklen, sturmbedrohten
Fahrten in schwanken Schifferbooten
Und nach der gellen Brandung Klang.

Deutsch und beklommen schwelt die Luft
Der Stadt um mich – o wieviel Tage
Und Jahre, die ich ohne Duft
Und Klang und Farbe hier verklage!

Indessen rollt und rollt die Zeit –
Wie einer fernen Warte Feuer
Glänzt mir herüber jahreweit
Die bunte Welt der Abenteuer,
Versunken ohne Wiederkehr
In Trauer, Traum und Dunkelheit . . .

Mein Herz ist müd, mein Herz ist schwer;
Ich habe Heimweh nach dem Meer.

*Venezianisches Notizbüchlein**

Oft mußte ich mich besinnen, ob es wohl unter denen, die Venedig nie gesehen haben, ernsthafte Verehrer der venezianischen Kunst geben könnte. Ich selbst war, bei aller Hochachtung, immer nur ein kühler Bewunderer gewesen. Ich hatte in Mailand und Florenz die prachtvollen venezianischen Bilder, namentlich die Tiziane der Uffizien, fleißig und pflichtgetreu betrachtet und hatte, mit Ausnahme der Porträts, vor keinem einzigen jenes süße, tiefe Gefühl der vollkommenen Bewunderung, das nur aus einem völligen Verstandenhaben erwächst. So empfand ich den bräunlich leuchtenden Ton und das märchenhafte Tiefblau der Hintergründe z. B. als etwas fremdartig Poetisches, dessen Herkunft weniger in der Natur als in der Verzückung des farbenbegeisterten Malers zu suchen sei. Und die reife, satte Schönheit Tizians schien mir, namentlich bei den Bildern der »Tribuna«, seelenlos und fast gemein neben der zarten, durchgeistigten Kunst der Toskaner.

Der Zufall fügte es, daß ich nach meiner Ankunft in Venedig mehrere Tage lang keine einzige Bildersammlung besuchte. Ich wollte die Augen ruhen lassen und war auch von Bologna her der Sammlungen zweiten Ranges müde, denn auf Florenz hin wirkt die Bologneser Pinakothek wie eine verdorbene Speise. Jene Tage

* Von 1902 bis 1911 veröffentlichte Hesse in mehreren Tageszeitungen diese von ihm revidierten und (auch in den Datierungen) geringfügig stilisierten Passagen aus seinem Reisetagebuch von 1901. Der früheste bisher nachweisbare Abdruck erschien u.d.T. »Malerisches von den venetianischen Lagunen« in den »Münchner Neuesten Nachrichten« vom 20. 2. 1902. Diesem und dem letzten Zeitungsabdruck von 1911 stellte Hesse kurze Einführungstexte voran. Beide Einleitungen sollen nachfolgend gleichfalls überliefert werden.

nun verbummelte ich in den Gassen von Venedig, in den Kanälen, auf den Plätzen, auf der Lagune und ihren Inseln. Ich suchte Burano, Torcello, Lido, Chioggia auf – und auf diesen sonnigen, heißen, müdemachenden Fahrten sog ich unbewußt die seltsame Schönheit der Lagune ein, den Duft des Wassers, den Reflex des Lichtes im Meer und die merkwürdig schillernde Farbigkeit des Lagunenspiegels. Und als ich nun endlich die Akademie und den Dogenpalast besuchte, war die venezianische Malerei mir plötzlich seltsam wohlbekannt und liebgeworden. Ich verstand plötzlich nicht nur das goldene Braun, die üppigen Lichtspiele und Farbenkombinationen, sondern auch die scheinbar seelenlose Gegenständlichkeit dieser schönen Menschen und Landschaften; – ich selbst hatte nun so zu sehen gelernt. Und nun erschloß sich mir von Tag zu Tag das Geheimnis dieser fremden Schönheit tiefer und völliger, ich liebte nun Venedig und lernte es kennen von der phantastisch malerischen Architektur seiner Paläste bis zum Leben der Gondoliere und Fischer und dem weichen Dialekt der Inseln. Allerdings lebte ich nicht wie ein Fremder, sondern aß, trank und bewegte mich nach den Sitten des Ortes, saß des Nachts auf den Treppenstufen der Piazzetta und lag des Tags in den Barken der Austernfischer und lebte von Fischen und Früchten. Freilich, wie hätte ich sonst auch mit dem schmalen Restchen meines Reisegeldes wochenlang in dem teuren Venedig leben können?

Ach, ich besitze aus jener Zeit einen Schatz von tiefen, intimen Erinnerungen – an das langsame Eindringen in die seltsam prachtvolle, reiche Kultur Venedigs, an Kinderszenen aus den Inseldörfern, an Gespräche mit Menschen jeder Art, an die Mädchen der Riva und an Fahrten kreuz und quer durch Meer und Lagune, Fahrten am heißen Mittag und in der bläulich leuchtenden Nacht, unter verstürmten Wolken und unter klar gestirnten Himmeln! Doch von alledem ein andermal! Ich will heute nichts weitergeben als einen wörtlichen Auszug der Stellen meines Notizbuches, die sich auf die malerischen Qualitäten der Lagune beziehen. Diese Notizen haben nichts mit Geschmack und Ansichten zu tun, sondern sind lediglich eine Sammlung von schlichten Beobachtungen, die vielleicht einem Naturfreunde von Interesse sein werden.

Indem ich mein venezianisches Tagebuch den Lesern übergebe, möchte ich gerne einen Gruß und ein Wort der Verständigung mitgeben.

Mein Büchlein ist keine Reisebeschreibung, auch kein Gedicht. Es will nichts als die Stimmungen eines Wanderers und Einsamen in wahre Worte fassen, ein Stück Leben und Seele schenken und ein Gruß an meine unbekannten heimatlosen Brüder sein.

Dennoch glaube ich, daß die Freunde der schönen stillen Wasserstadt durch meine Worte oft den Laut der Gondelruderer und den leisen Rhythmus der Wellen hindurchhören werden, die an die Treppen der Piazzetta, an die Treppen von San Giorgio maggiore, der Salute und an die müden Gondelpfeiler der Paläste des großen Kanals schlagen. Und ich wünsche, es möchte in meinen Worten etwas von dem Hauch der wunderbaren Stadt und ihrer farbig reifen Kultur geblieben sein. Ich wünsche mir einen Leser, den mein Buch auf heißen nachmittägigen Lagunenfahrten und auf morgendlichen Strandgängen am Lido begleiten darf.

Es sind jetzt zehn Jahre her, seit ich das erstemal in Venedig war. Es war meine erste italienische Reise, auf die ich mich lange gefreut und auf die ich lange gespart hatte. Zuerst war ich über Mailand nach Florenz gefahren, hatte ein paar Wochen in der Toskana zugebracht, Bologna und Ravenna besucht und war nun nach einem kurzen Aufenthalt in Padua nach Venedig gekommen.

Damals führte ich auf allen Reisen kleine Notizbücher bei mir, in die ich fast jeden Abend Einträge zu machen pflegte und in denen ich mir einen Nachglanz solcher Reisezeiten in die Heimat mitzunehmen hoffte. Die beiden kleinen wachstuchenen Notizbüchlein jener ersten Venedigreise halte ich nun in Händen, da ich eben wieder auf einer Italienfahrt begriffen bin, und erinnere mich mit wunderlichen Gefühlen jener Zeit und jener Reisen. Wie schmal ging es da zu, wie abhängig war ich vom Soldo, wie ängstlich rechnete ich den Rest meiner italienischen Tage mir oft am Rest meiner kleinen Barschaft vor! Aber es ging doch immer noch eine Woche, und je sparsamer ich lebte, desto vergnügter war ich eigentlich, da ich dabei Venedig weit besser kennenlernte als die wohlsituierten Gondelfahrer.

Beinahe noch mehr als die rätselhafte Stadt reizte und beschäftigte mich damals die Lagune, das geheimnisvolle, stille Wasser, auf dem die Stadt und die Inseln schwimmen, und in meinen Heften finde ich darüber ein paar Seiten mit Beobachtungen, die mich lebhaft an die Entdeckungslust jener Reise und an die täglich neue Erlebensgier und Empfänglichkeit jener Jugendjahre mahnen.

[1911]

17. April. [1901]: Seit einigen Wochen hatte das Heimweh nach Venedig mich geplagt. Sooft ich an Venedig dachte, war es wie ein mildes, warmes Lied, wie die Verheißung einer Liebesnacht, wie ein tiefer Klang voll schwelgerischer Schönheit und leiser, zart genossener Melancholie. Ich schloß dann die Augen und sah schwebend wie helle Schatten die Fassaden des großen Kanals, die stillen, schlanken Frauen mit schwarzen Schultertüchern und schwarzen Haarknoten, die nächtlichen Plätze und Promenaden und die mondversilberte Giebelkette von San Giorgio und der Giudecca.

Durch mein schmales Fenster dringt der Duft des Wassers und feuchter Steine. Ich kann von hier aus von der Stadt nichts sehen als ein Stück Kanal, zwanzig Fuß lang und sieben Fuß breit, hohe Häusermauern mit toten, unregelmäßig verteilten Fenstern, darüber zwei Schornsteine und einen schmalen, süßen Streifen Himmelsbläue.

Ich liege im Fenster und atme voll und tief, höre das leise Gleiten einer unsichtbaren Frachtbarke und das leise Plaudern von zwei unsichtbaren Ruderern, und sehe den schmalen, lichten Himmel über den harten Umrissen der flachen Dächer glänzen. Auf diese Stunde habe ich wochenlang gewartet, auf diese Stille zwischen Stein und Wasser, auf diese milde, satte Luft, auf dieses milde, schüchterne Heimatgefühl der Weltferne und des Ausruhens. Das ist Venedig!

Der schmale Kanal und diese schweigenden Häuser sind mir wohlbekannt; nicht weit von hier war das letztemal meine Wohnung. Mit 30 Schritten erreiche ich

Santa Maria Zobenigo, und von dort ist alles nahe, was die Piazza und der große Kanal Ehrwürdiges und Schönes hat. Täglich viele Male werde ich nun über die kleine, weiße Brücke und durch die enge, dämmernde Winkelgasse schreiten und jedesmal an jener Ecke fröhlich zaudern, an der ein einziger Schritt mich noch vom großen Venedig trennt. Und ich werde immer wieder aus dem großen, glänzenden Venedig in diese dunkelnde Gasse und in die schweigenden Höfe und Hinterhäuser von Fenice zurückkehren, wohin das Geschrei der Märkte und das Rotwelsch der Fremden nicht mehr reicht.

20. April.: Nun bin ich hier wieder ganz zu Hause. Gestern besuchte ich Murano, Lido und die östlichen Stadtteile und heute bin ich zum erstenmal wieder ganz bei der Lagune zu Gast. Den Vormittag verbrachte ich mit Schiffsleuten in Malamocco, jetzt liege ich in der Nähe von Murano in der Barke eines Austernfischers.

Über die Blätter meines Notizbüchleins leuchtet die reine Sonne. Rechts von uns in geringer Entfernung steht die kahle Mauer der Gräberinsel aus dem blaßgrünen Wasser, links glüht eine schmale Schlammbank in rotbraunem Schimmer. Warm und köstlich liegt die Sonne des Nachmittags auf dem Wasser, auf meinen Händen und auf meinem nackten Rücken, der noch weiß und bleich vom deutschen Winter ist. Mein Freund aus Murano, der Fischer, steht mitten in der Schlammbank, bis an die Knie eingesunken. Ein seltsamer und gespenstiger Anblick, ein Mann inmitten der weiten Lagunen watend, wenige Schritte von der Kurslinie der Dampfschiffe entfernt. Zuweilen kommt er herüber oder ruft mir zu, ihm nachzurudern, und wirft ein paar Hände voll kleiner Beute in die Barke, auf deren nassem Boden die fidelen Krabben und Taschenkrebse umherhasten.

Manchmal, wenn die Sonne mir so warm und mächtig über den trägen Rücken glüht, erfaßt mich plötzlich eine Lust, laut hinauszujubeln, zu lachen, zu singen. Gott sei Dank, endlich wieder Luft, Freiheit, Sonne und weiter Horizont! Ich fühle wieder mit allen Sinnen, daß ich noch jung bin und Kräfte habe, die schöne Welt zu genießen und liebzuhaben.

Langsam dreht sich meine Barke um die Ränder der Schlammbank, deren dichte, braune Wasserpflanzen sich wirr verästeln und verstricken und den Blick in die schwärzlich-dämmernde Tiefe ziehen. Meine Gedanken gehen, ohne daß ich es will, nach Deutschland zurück, sehen verlassene Städte und Menschen geisterhaft und blaß in weiter Ferne stehen und wundern sich, wie wenig Schmerz die schnelle Trennung weckte. Sie sehen auch die schöne, blonde Frau, um die ich so lange litt, und die guten Freunde und den ganzen heimischen Kreis von Arbeit, Sehnsucht und Sorge. Und der Schattenkreis verwirrt sich mit den braunen Schlingpflanzen und strebt dunkel und lautlos in die schwärzlich dämmernde Tiefe.

»Links! Noch mehr links! Hierher!« ruft der Fischer herüber. Mit dem Geräusch des schweren Ruders und dem jähen Geleucht des aufgewühlten Wassers rinnen Schatten und Gedanken in die große Flut von Sonne, Seeduft, Gegenwart und Vergessenheit hinüber, auf der ich mit fröhlichem Erstaunen einem hellen Kranz von unbekannten, neuen, glänzenden Tagen entgegentreibe.

Und nun rudern wir nach Murano zurück, ich bewirte den Fischer mit Kaffee und begleite ihn zu seiner Wohnung. Sie liegt bei Sankt Peter, nahe dem ältesten Hause von Murano. Mein Freund machte mich darauf aufmerksam, daß es »sehr alt« sei und erstaunte ungläubig, als ich ihm sagte, es sei tausendjährig und älter als die Paläste von Venedig. Zum Abschied versprach er mir, mich nächstens mit seinem Freunde Pietro bekannt zu machen, der als Glasbläser bei Testolini arbeitet und in seiner Jugend Wien und Dresden gesehen hat. Bei seiner Erzählung empfand ich eine Art von Ehrfurcht für diesen Pietro, welcher – vielleicht unbewußt – Erbe von uralten Traditionen ist und einer seit Jahrhunderten weltberühmten Zunft angehört.

Dann die Rückfahrt im Omnibusdampfer nach Venedig. Die Stadt lag blaß wie eine Silhouette aus transparentem Stoff gegen den gelbroten Abendhimmel. Murano verschwand leise in der kühlen Dämmerung, und der Anblick beschwor in mir das sehnliche Gedächtnis jener Glanzzeit, da die Rosengärten dieser Insel alle frohen Geister der üppigen Stadt beherbergten und da der geistreiche Bembo[1], der gütige Trifone Gabriele[2], der bissig-witzige Aretino[3] sich hier im Schatten von Zedern und Lorbeerbäumen unterhielten, von denen kein einziger übriggeblieben ist. Ich sah den Aretino vor mir, wie Tizian ihn gemalt hat, rüstig, bärtig, hochmütig und rätselhaft, und hinter ihm die blanke Seefläche und

1 Pietro Bembo (1470-1547), in Venedig gebürtiger Dichter und Humanist.

2 Trifone Gabriele (1470-1549), venezianischer Schriftsteller und Gelehrter, bekannt durch seine Kommentare zu Petrarcas Schriften und zu Dantes »Göttlicher Komödie«.

3 Pietro Aretino (1492-1556), satirischer Schriftsteller lebendiger Sittengemälde, der die letzten 30 Jahre seines Lebens in Venedig verbrachte.

den unbegrenzten Horizont mit der golden dämmernden Lagunenluft. Es gibt über jene Gärten von Murano ein lateinisches Gedicht aus damaliger Zeit, dessen Verfasser ich vergessen habe. Farbiger und schöner müßte das Gedicht eines Heutigen über diese Gärten sein, denn alles Gewesene, unwiederbringlich Untergegangene glänzt goldener in den Versen der Dichter als die herrlichste Gegenwart. Wieviel lateinische Hexameter und griechische Oden, wieviel flotte, galante Novellen in der Sprache des Boccaccio und kecke, glatte Fazetien im venezianischen Dialekt haben jene Zedern und Lorbeeren gehört! Und Edeldamen aus den gotischen Palästen des Canale grande haben jenen Unterhaltungen beigewohnt, oder schöne und begünstigte Buhlerinnen und Musikantinnen wie jene zarte, träumerische Blonde, die auf Bonifazios Bilde sich so duftig und kindlich über die elegant geformte Laute bückt. Ihre Kostüme glänzten von heimischer Seide, von Filigran und Brokatstoffen aus Byzanz, und auf den polierten Tischen schimmerte gelber griechischer Wein in schlanken, geschliffenen Karaffen.

22. April.: Ich hörte manchmal sagen, jene berühmten, schönen Damen der Renaissance hätten sich nur selten die Hände gewaschen. Zwar gibt es Nachrichten, die wenigstens für Venedig das Gegenteil zu beweisen scheinen; dennoch lasse ich die Historiker gern recht haben. Denn die schönen Frauen und Mädchen des heutigen Venedig haben ja auch niemals gewaschene Hände und sind doch hübsch genug. Ich betrachtete sie heute wieder, wie sie über die Riva promenierten mit ihrem weichen, lässig koketten Feierabendschritt, den man in keiner anderen Stadt so wieder sieht. Von den Ärmeren tragen manche grüne Röcke und rote Blusen, moosgrün und kirschrot, eine kräftig schöne Kombination, die schon Palma Vecchio[4] gern hatte.

Unterwegs kaufte ich mir für 10 Soldi Brot, Käse und Orangen, um zu Hause zu essen. Dort lag ich dann den ganzen Abend im Fenster, über dem schweigenden, schwarzen Wasser, bis vom schmalen, bläulich schwarzen Himmelsstreifen zwischen den hohen Dächern die lichten Sterne wie goldene Tropfen hervorquollen. Und sonderbar, beim Anblick dieser Sterne überkam mich das alte Leid, daß ich an den Blumengarten meines Vaters denken mußte, an Heimat und Kindheit und an meine Mutter. Ich träumte lange von ihr und vom Garten mit den sommerlichen, bunten Beeten und Rabatten und wurde erst vom Rufe eines späten Gondoliere erweckt, dessen Fahrzeug den stillen, nächtlichen Kanal mit müdem Plätschern durchschnitt.

24. April.: Gestern war ein scharfer Abend. Ich sitze gegen 6 Uhr auf den Treppenstufen der Loggetta, lockte eine vereinsamte Taube mit Brosamen und fühle mich merkwürdig lustig gestimmt. Kommt ein junger Herr im Touristenanzug, Operngucker am Riemen, Schirmstock unter dem Arm, Reisebuch in der Hand, und umkreist mich eine Weile mit verdächtigem Seitenblick. Ich hatte die Situation bald begriffen, darum stand ich auf und wollte fortgehen. Da trat er eilig heran und zog den Hut.

»Entschuldigen Sie gütigst.«

4 Palma Vecchio (1480-1528), venezianischer Maler, Schüler von Giovanni Bellini.

»Ja?«

»Also doch! Ich sah Sie gleich für einen Landsmann an.«

»So. Was wünschen Sie denn?«

Und nun die alte Leier! Er kann »nicht gut« Italienisch. Er fragt, ob die Kirche San Giorgio Maggiore noch offen sei. Er hat vom Gondoliere ein paar Francs falsches Geld erhalten. Übrigens heiße er Karl Schneider und wolle, wenn ich erlaube, noch seine Freunde herbeiholen, die drüben im Palasthof warten. Meinetwegen.

Nun kommen sie alle drei. Ich erkläre ihnen, es sei längst zu spät für San Giorgio, dagegen esse man nicht weit von hier im Cavaletto vorzüglich zu Abend und wir könnten ja ihre falschen Frankenstücke fröhlich miteinander vertun.

Also ins Cavaletto. Wir essen Bohnensuppe und gebratenen Thunfisch und trinken Chianti. Man vermutet, ich sei Kunsthistoriker. Oder Maler?

»Beides ein wenig.«

Um 10 Uhr wird das Wirtshaus geschlossen. Wir nehmen einen Korb voll Weinflaschen in der Gondel mit und zechen, teils im Freien, teils in meiner Bude, weiter. Gegen 11 Uhr wird das Gespräch tiefsinnig und pathetisch – venezianischer Madonnentypus, Kultur der Renaissance, Nietzsche, Jacob Burckhardt, Ruskin.

Die Kerle soffen den Asti wie Bier hinunter, und um Mitternacht mußte ich sie an die Luft setzen. Ich wäre ums Haar zum Schluß noch grob geworden, so schämte ich mich für die drei germanischen Jünglinge, die bezecht und lärmend durch die schönen nächtlichen Gassen Venedigs nach ihrem Hotel stolperten.

25. April.: Ich habe die schnöden Erinnerungen abgeschüttelt. Heute liegt ein zart blaßblauer, streifig gewölkter Himmel von delikatester Stimmung über der Stadt. Da gegen Mittag der hohe Himmel dunstfrei und das Sonnenlicht von klarster Reinheit war, bestieg ich den Turm von San Giorgio Maggiore, um die Lagune zu sehen.

Ich fand heute die fernen Schlammbänke von einem sehr tiefen Rotbraun, die westlichen Wasser stahlblau mit rötlichem Anhauch, den Kanal gegen Fusina perlartig matt schillernd. Auf diesem wunderbaren Stück Wasser kann man fabelhaftere und reichere Tönungen, Übergänge und Auflösungen irisierender Farbenflächen studieren als in einer Glasbläserei. Einen Augenblick glaubte ich denn auch die Idee, die eigentümliche venezianische Glaskunst müsse sich teilweise aus dem Einfluß der Lagune herleiten lassen (wie die Malerei). Es war eine Täuschung, doch mag man immerhin auch hierin ein vornehmes Beispiel der Verklärung des Natürlichen ins Kulturschöne sehen und sich daran freuen, wie die plastisch und zeichnerisch so schwach veranlagten Venezianer sich dieser aparten Kunst bemächtigten und wie selten sie dabei das Material mißverstanden oder vergewaltigten.

Dabei fiel ich wieder in Gedanken über das merkwürdig schöne, wunderliche Wesen der Venezianer und ihrer Kultur. Ein starkes, rauhes, doch großenteils edelgeborenes Völkchen, durch dunkle Jahrhunderte wachsend und langsam siegend, bis im dreizehnten Jahrhundert die Dandolo, Viario, Sanuto, Ghisi, Giustiniani, wohlhabende Edle eines mäßigen Staates, zu Eroberern, Fürsten und Mächtigen werden. Dann das rasche Steigen zur Weltmacht und zur Heimat der klügsten und fruchtbarsten Politik Europas, zugleich die Entfaltung eines reichen, bedürfnisvollen, schließlich luxuriösen und raffinierten Privat- und öffentlichen Lebens. Und dann das langsame Sinken von Unglück zu Unglück bis zur wenig bedeutenden, mäßigen Hafenstadt. Als Resultat der Jahrhunderte nun das heutige Venedig und sein Volk, unbewußte, halbbewußte Träger maßloser Erinnerungen, dem Augenblick ergeben, liebenswürdig, oberflächlich musikalisch – und doch in diesem machtlosen und wenig stolzen Volk ein verborgener Blitz von Überlegenheit und Hoheit, der zuweilen heraufklingende Zauber einer unvergleichlichen lokalen Tradition.

Im Dialekt und Gebaren dieser Menschen im Vergleich mit denen des Festlandes empfindet man heute noch jenes Charakteristische, das schon die Kunst der Muranesen von der Kunst der Festländer unterschied. Man bewundert und bedauert diese in ewigem Untergang begriffene Eigenart doppelt, da man deutlich fühlt, wie in der Absonderung, in der eigenmächtigen Trennung vom Festland der Kern ihrer Macht und Schönheit lag und wie mit dem Untergang der Selbstherrschaft die Möglichkeit zu neuen Bildungen erstarb. Wie stark diese Möglichkeit noch war, wissen wir freilich nicht, und die Geschichte hat schließlich immer Recht. Und die Geschichte Venedigs speziell ist äußerst reich an wirklich typischen Kombinationen der privaten und politischen Schicksale, wie denn überhaupt in dem scharf begrenzten, kaum erweiterungsfähigen, verhältnismäßig engen Sitz dieser Weltmacht die drei wichtigsten Jahrhunderte fast wie eine Weltgeschichte im Extrakt erscheinen und voll von Beispielen des »Folgerichtigen im Wunderbaren« sind. Erst kürzlich plauderte ich mit einem deutschen Historiker über venezianische Familiengeschichte, wobei wir uns besonders jener Giustiniani erinnerten, deren ganzer Stamm vor Byzanz zugrunde gegangen schien, als man noch einen sechzehnjährigen Niccolò Giustiniani auffand. Er war in ein Kloster gesteckt worden, und mußte nun auf Befehl des Papstes, der Gelübde entbunden, die Tochter des damaligen Dogen heiraten. Zwei seiner Söhne vermählten sich, der eine mit einer della Scala, der andre mit einer Tochter des Hauses d'Este, und brachten das Geschlecht wieder zu Kraft und Zahl. Dabei war dieser dem Kloster entnommene Niccolò durchaus kein Held, sondern erlangte den Ruhm eines Heiligen, den er im Alter genoß, durch echt klösterliche Eigenschaften, und bereute den vom Papst befohlenen Bruch der Gelübde in Sack und Asche wie eine schwere Schuld. Und die milde, liebenswerte, aber schwächliche und unbedeutende Person dieses Niccolò war die einzige, zerbrechliche Brücke zwischen dem alten Geschlecht und den spätern Giustiniani, deren reiche Familie durch die Jahrhunderte herab bis in unsre Zeiten kam und die Stadt mit vier Palästen geschmückt hat!

26. April.: In einer Antiquarbude nah beim Rialto fand und kaufte ich einen Schmöker »Curieuse und vollständige Reisebeschreibung von gantz Italien, Freyburg 1701«. Der anonyme Verfasser schreibt mit aller Altklugheit und Impertinenz eines damaligen vornehmen Deutschen, dennoch gibt er zum Schluß einer Beschreibung der Piazza zu: »Wenn man dieses alles zusammen betrachtet, giebt es ein schönes Ansehen, und kann vor ein gar herrliches Werck angemerckt werden«. Übrigens unterlag auch er dem verblüffenden, fast verletzenden ersten Eindruck des Campanile und nennt ihn häßlich.

Vor Mittag war ich noch eine Stunde in San Marco. Mit den Mosaiken bin ich nun nahezu versöhnt, da mir immer mehr einleuchtet, wie glücklich es für die Kunst Venedigs war, daß sie die Mosaiktechnik erst in später und korrumpierter Form überkam. Nun wurde zwar noch Kraft und Talent genug an die verlorene Sache vergeudet, aber die stärkeren Talente entzogen sich doch bald der undankbaren Arbeit und dem hemmenden Einfluß. Außer den beiden frühesten Zyklen in der Vorhalle und außer dem Dom von Torcello sind Venedigs Mosaiken minderwertig, ohne Seele und ohne Verständnis für den guten Mosaikstil gemacht, zum Teil auch leichtfertig gearbeitet. Wer in Ravenna den unbeschreiblichen Anblick der älteren Mosaiken genoß, deren großartig schlichte, herbe Sprache so deutlich und gewaltig zu Herzen geht, dem ist in San Marco nie recht heimisch zumute. Dagegen ist es anziehend zu verfolgen, wie rasch und folgerichtig der rein malerische venezianische Geist diese Technik vollends auflöste und die morsch gewordenen Schranken des sterbenden Spätstils dann endgültig durchbrach.

28. April.: Venedig ist nur halb italienisch. Man muß mit den Fischern der Inseln verkehren und die Mädchen vom Commaregio abends ihre Lieder im Dialekt singen hören, um unwiderruflich von der Eigenart dieses Wesens überzeugt zu werden. Dann empfindet man die Abgeschlossenheit der Inselstadt und fühlt, wie der Schwerpunkt ihrer Entwicklung gegen das Meer, gegen Osten neigte.

30. April.: Gestern ein Abend voll Eichendorff-Melodie. Eine Frühlingsmondnacht, warm und hell. Über der scharfen Silhouette der Giudecca hing still und rein der Mond. Unregelmäßige, mild leuchtende, silberne Lichter umglänzten jeden Ruderschlag. Weit hinten bei der Zattere fuhr ein Festschiff und ließ zuweilen Takte einer flott gestrichenen Geigenmusik herüberflattern. Ich fuhr allein in einer Gondel vom Rialto her, der Große Kanal war still und dunkel, darüber glänzte an der Kuppel der Salute das Mondlicht. Sogar der Gondoliere, der sonst weder sentimental noch gesprächig war, empfand die besondere Schönheit dieses Abends und winkte mir zu: »Che bella serata!« Auf der vom Mond beglänzten linken Kanalseite standen blaß und schweigend die Paläste, die gotischen Palazzi Bembo, Dandolo, Cavallini, Falier, Barbaro, Contarini-Fasan, dazwischen die massigen Renaissancebauten Cornier dell Cà Grande, Grimani und Manin. Langsam und still entzückt fuhr ich durch die »schönste Straße der Welt«. Namentlich bezauberte mich wieder der Anblick der zierlichen, elegant phantastischen gotischen Fassaden, die mit ihren duftigen, weißen Galerien schlank und blendend aus der dunklen Umgebung vorleuchten.

Plötzlich hörte mein Gondoliere ohne Befehl zu rudern auf und reckte seinen alten, klugen Kopf mit dem scharfen Habichtsprofil in die Luft. Eben wollte ich ihm zurufen und ihn weitertreiben, da hörte auch ich den Laut, der ihn angezogen hatte. Aus einem matt erleuchteten offenen Fenster des kleinen Palazzo, vor dem wir eben lagen, klang Gitarrespiel. Es klang probend, spielerisch, präludierend, und in dem Augenblick, da wir Halt machten, verstummte es und statt seiner drang ein

Lied in die Nacht zu uns stillen Horchern heraus. Ein altes, schlichtes Lied, dessen Text ich nicht verstehen konnte, von einer tiefen, süßen Frauenstimme gesungen, flutete mit weichem Wohllaut durch die milde Luft und über den dunklen, toten Kanal. Wir hielten uns beide regungslos still und horchten beglückt und hingerissen auf den wundervollen Gesang. Eine fremde Gondel kam leise näher und dann noch eine und warteten lauschend das Ende des Liedes ab. Und während im Banne der schönen Frauenstimme die drei schlanken Gondeln auf dem beschatteten Wasser stillestanden, dachte ich an die Sage von dem griechischen Sänger, dessen Liedern die Menschen, Tiere und leblosen Dinge gehorchten und nachfolgten. Und ich freute mich, in diesem Lied, das vielleicht so alt oder älter als mancher von den Palästen war, die ewige Jugend der Kunst und den Sieg der Schönheit zu vernehmen und mitzufeiern . . .

3. Mai.: Mittags nach 12 Uhr; ich bin auf der Höhe des Turmes von San Giorgio Maggiore. Der Horizont des Meeres ist dunstig unklar, alle Nähen aber in Farbe und Umriß rein und scharf. Zum erstenmal fällt mir die schwache Spiegelung der Lagune auf, die ich vom niederen Ufer aus noch betrachten muß. Ganz nahe, bei San Redentore, liegt ein kleines Schiff, frisch mit Zinnober gestrichen und im lichtesten Sonnenlicht. Dennoch ist das Spiegelbild des Schiffes in der blanken, regungslosen Wasserfläche nur als unfester rötlicher Fleck zu erkennen. Die Farbe ist im Spiegel merkwürdig verblaßt und hat eine köstlich delikate Nuance angenommen. Ich habe den Eindruck, als widerstrebe das Wasser dem sich aufdrängenden farbigen Objekt und sei für sehr lichte Farben, namentlich weiß, relativ am empfänglichsten.

Seit vorgestern bade ich jeden Nachmittag am Lido. Ich gehe nicht abends, sondern in den heißesten Stunden, da ich mich nachgerade meiner weißen Haut schäme. Sie beginnt nun auch schon lichtbraun zu werden. Am Lido fesselt mich auch jedesmal das Adriatische Meer, der Seehorizont und das Wellenspiel. Es ist ein im ganzen unwirtliches Meer und seine nordwestliche Küste ist nicht von besonderer Schönheit. Aber jenseits liegen Griechenland und Byzanz, über diesem Wasser spielte die wichtigste Geschichte Venedigs, dessen Name »Herrscherin der Adria« keine Phrase ist, sondern die Schöpferin und Trägerin eines eigenartigen, west-östlichen Geistes gut bezeichnet. Das eigentliche Wunder dieser merkwürdigen kleinen Welt aber ist doch nicht das Meer, sondern die Lagune, diese stille, durch einen langgestreckten Inselkranz vom Meer getrennte See, mit welcher die Stadt Venedig allmählich zu einem organischen Zusammenhang verwuchs, wie ihn keine andere Stadt mit ihrer natürlichen Umgebung hat. Wie muß man das historische Florenz oder Rom sich aus dem modernen Stadtbild mühsam herausschälen! In Venedig waren keine Hügel, Fluren, Gärten zu überbauen, seine unüberwindliche Grenze und Mauer war das ewige Element. Darum gibt es eigentlich ein »modernes Venedig« nicht. Die Stadt, die hier im Wasser liegt, ist noch das alte Venedig, das nicht jünger, sondern älter geworden ist. Hier gibt es keine Straßen mit beleidigend geschmacklosen neuzeitlichen Fassadenreihen. Wo es an Raum fehlte, wurden Stockwerke aufgebaut, aber es fehlte, mit Ausnahme des Ghetto, selten an Raum, und heute weniger als je. So ist das heutige Leben gezwungen, sich in jahrhundertalten Gassen und Häusern, Plätzen, Kirchen, Märkten und Kanälen zu bewegen, das Alte ragt sichtbar ins moderne tägliche Dasein herein und gewährt ihm den blassen, delikaten Schimmer der Tradition und der alten Erinnerungen. Selbst neue, durchaus moderne Hotels, Büros und Geschäftsräume nahmen in den Mauern von Palästen des fünfzehnten und sechzehnten Jahrhunderts Platz. Man ist hier nicht fürs Einreißen und Neubauen, sondern respektiert unbewußt das Alte, dessen Überlegenheit man fühlt.

4. Mai.: Es ist im Laufe der Zeiten viel Köstliches verlorengegangen, namentlich an Fresken; dafür nahmen die alten Fassaden, von der Sonne gebleicht und vom Wasserdunst angegriffen, allmählich hellbräunliche Wetterfarben an und scheinen, wo sie unberührt geblieben sind, fast aus dem Wasser gewachsen zu sein, so zart und innig sind ihre Farben zu Wasser und Himmel gestimmt. Dennoch empfindet man den Untergang vieles Schönen zuweilen schmerzlich, und nicht nur am Fondaca dei Tedeschi. Heute zum Beispiel stand ich am Kreuzgang von Santo Stefano und sah mit Trauer das kahle Wändeviereck an, das ehemals mit Fresken von Pordenone bedeckt war. Und so wunderlich ist der Mensch, daß er sich solche gänzlich untergegangenen Kunstwerke unwillkürlich ganz besonders schön und reich und farbig vorstellt.

Der Kreuzgang von Santo Stefano

Ein Wändeviereck blaß, vergilbt und alt,
Ehmals von Pordenones Hand bemalt.

Die Bilder fraß die Zeit. Du siehest nur
Mit schwachem Umriß hier und dort die Spur

Verwaschner Fresken noch: ein Arm, ein Fuß –
Vergangener Schönheit geisterhafter Gruß.

Ein Kind mit Augen auf, die lustig lachen
Und den Beschauer seltsam traurig machen.

6. Mai.: Heute ist mir das süßeste und lieblichste Wunder begegnet. Ich sah jene entzückende Blonde, die Bonifazio vor 400 Jahren als Lautenspielerin gemalt hat. Sie stand an einer Kanaltreppe nicht weit vom Colleoni und schien ungeduldig zu warten. Ich konnte nicht widerstehen, ich mußte Halt machen und sie anreden. Es zeigte sich, daß sie auf einen Gondoliere wartete, der ihr versprochen hatte, sie bis zum Canneregio mitzunehmen, nun aber ausgeblieben war. Sie ging nach einigem Zögern darauf ein, meine Gondel zu benützen und fuhr nun mit mir fast eine halbe Stunde weit, denn sie ist bei San Giobbe zu Hause. So hatte ich am hellen Tage ein schönes Mädchen mir gegenüber sitzen und kam mir auf der warmen, allzu raschen Fahrt wie verzaubert vor.

Sie war es vollkommen: der zarte Hals, das kindliche und träumerische Gesicht, die feinen Schultern, das schwere hochgebundene Blondhaar. Sie heißt Gina Salistri, ist armer Leute Kind und wohnt bei San Giobbe.

Mehr erfuhr ich nicht. Auch nicht die genauere Bezeichnung ihres Hauses. In Wirklichkeit aber ist sie eine Traumschöpfung des Malers Bonifazio, nach 400 Jahren zu Leben und körperlichem Dasein erwacht. Ob ich sie je wiedersehen werde?

Den Abend verbummelte ich auf der Piazzetta mit dem lustigen Sohn meines Hauswirts, hütete mich aber, ihm von meiner Vision zu erzählen.

7. Mai.: Tintoretto soll seine Kollegen oft dadurch geärgert haben, daß er billiger als sie, gelegentlich sogar ohne Honorar Aufträge auf Bilder annahm. Schon dieser kleine Zug hat etwas Zweideutiges, er kann ebensogut edel wie schuftig sein. Und so ist der ganze Mann. Ich sah heute wieder in San Giorgio Maggiore seine Bilder an und schämte mich für den großen Könner, der solche Fabrikware machen konnte. Er hat Ähnlichkeit mit den Talenten von heute, die teils aus Not, teils aus schlechtem Instinkt sich aufs Produzieren im Großen legen und als Illustratoren, Journalisten usw. ihre Gaben vertrödeln. Tintorettos schlechtere Bilder tragen durchweg die Merkzeichen des zum Virtuosen herabgekommenen Genies.

8. Mai.: Ich muß gestehen, daß ich es in den letzten Tagen nicht unterlassen konnte, den Spuren der Bonifazio'schen Lautenschlägerei nachzugehen. Da ich keinen Gondoliere zu Hilfe nehmen wollte, war das Unternehmen nicht leicht und sah ziemlich hoffnungslos aus. Zunächst fand ich denn auch gar nichts. Da geschah es nun heute, daß ich ausnahmsweise morgens schon um halb sieben Uhr erwachte (für Venedig eine sehr frühe

Stunde). Und während ich nachsann, wie ich die schöne Frühstunde wohl am besten anwende, erinnerte ich mich plötzlich, daß in San Giobbe um diese Zeit Messe gelesen wird, während die Kirche den ganzen übrigen Tag geschlossen bleibt. Rasch warf ich mich in die Kleider, benützte den nächsten Vaporetto[1] und kam bald an das schlichte alte Kirchlein. Die Messe war ausschließlich von Frauen besucht, armen Weibern und Töchtern aus dem Viertel der Gondoliere, Barkenführer, Lastträger, Austernfischer usw. Es war eine seltsam schöne Morgenstimmung in der Kirche, die weibliche Gemeinde sang das ora pro me jedesmal inbrünstig mit und unterbrach mit einer gewissen Leidenschaft den harten Priestergesang. Mehrere gute Altstimmen sangen eine Terz tiefer mit. Ich wollte den Gottesdienst nicht stören, auch als einziger Mann nicht die Aufmerksamkeit der Frauen erregen, deshalb kniete ich allein in der letzten Bank nieder und wohnte der ganzen Messe bei.

Als die Weiber am Weihwasserbecken vorbei aus der Kirche gingen, stellte ich mich im Halbdunkel nahe dabei auf und musterte den kleinen Zug von meist alten, verblühten Gesichtern, da sah ich sie plötzlich, die Blonde, vorübergehen und durch das Tor verschwinden. Ich eilte ihr nach und ging an der Gruppe, in der sie sich befand, so vorüber, daß sie mich sehen mußte. Ich grüßte nicht, aber ich blickte ihr einen kurzen Augenblick ins Gesicht und sah, daß sie mich erkannte. Dann folgte ich ihr von weitem und merkte mir das Haus, in das sie trat.

Nun kehrte ich nach San Giobbe zurück, wo eben der Küster das Tor abschließen wollte. Ich gab ihm zwei

1 Dampffähre

Soldi und bat ihn, ein paar Minuten zu warten. Die Kirche enthält nichts, was Fremde anzieht, und wird, da sie nur frühmorgens geöffnet ist, sehr selten besucht. Wer aber auch für kleine Dinge ein Auge hat, sollte doch hingehen. Die hübsche Frührenaissance-Fassade mit dem vortrefflichen Portal sieht man ja von außen, aber auch innen findet man genug Schönes. Die florentinischen Tonreliefs der hübschen Seitenkapelle sind zwar nicht ersten Ranges, auch die »Anbetung der Hirten« von Savoldo in der andern Kapelle ist nicht von großer Wirkung, sondern kühl und hart. Ganz köstlich aber sind die Ornamente des Pietro Lombardo, Meisterwerke der Kleinkunst, voll von Grazie und Adel. Nur in der vom selben Lombardo erbauten Maria dei Miracoli findet man ähnlich Schönes wieder.

Der Fund und das Zusammentreffen mit dem schönen Mädchen hatten mich fröhlich gemacht. Nachdem ich einige Zeilen ins Notizbuch eingetragen und einen Blick in die schlecht beleuchtete Sakristei geworfen hatte, verließ ich die Kirche. Es war neun Uhr, ein glänzend heller Vormittag lag vor mir, und ich beschloß in dieser schönen Stunde, den großen Paolo Veronese zu besuchen, der trotz Tizian der eigentliche Maler Venedigs ist. Kurze Zeit war ich unschlüssig, ob ich den Dogenpalast oder San Sebastiano aufsuchen solle. Das letztere schien mir würdiger und schöner. Also nahm ich die nächste Gondel und fuhr durch die reine, morgendlich frische Lagunenluft dorthin. San Sebastiano, die Kirche des Paolo Veronese, liegt etwas abseits, unweit der Zattere, ein kleines prächtiges Kirchlein, das mehr als ein Dutzend Gemälde jenes fröhlichen Meisters besitzt, der bescheidene Raum glänzt von seinen reichen, festlichen Farben, und mitten zwischen seinen Bildern steht die Büste und die Grabtafel des Malers mit der berühmten Inschrift. Ich betrachtete die Bilder wieder lang und mit Genuß, besonders die Madonna mit den vier Heiligen. [1902]

Lo scoppio del carro

Am Ostersamstag jedes Jahres begehen die Florentiner eine eigentümliche Feier, den *scoppio del carro*, den »Wagenschuß«. Die Geschichte des uralten Brauches ist nicht in allen Punkten völlig klar – das Wichtigste sei hier kurz erzählt.

Im Kreuzzug des Gottfried von Bouillon war ein Pazzo aus dem berühmten Florentiner Patrizierhause der Pazzi der erste Mann, der den Fuß auf die Mauer von Jerusalem setzte. Ihm schenkte Gottfried, um seine Tapferkeit zu belohnen, später drei Steine vom Heiligen Grabe, welche Pazzo auf einem wundervollen Wagen im Triumph nach Florenz führte. Die Steine wurden in die Apostelkirche verbracht, da damals der Dom noch nicht stand, und aus diesen Steinen schlugen die Priester das Heilige Feuer für die geweihten Lampen der Kirchen und Privathäuser. Der Familie der Pazzi aber verblieb das Privilegium, auf jenem Wagen den Gläubigen die geweihte Flamme auszuteilen. Der Wagen wurde mit Fackeln und Kerzen besteckt, die am Hochaltar entzündet waren und bewegte sich feierlich durch die Stadt.

Dies die zugrunde liegende Legende. Der heute benützte Wagen soll der dritte Nachfolger des ursprünglichen sein. Die Feuerzeremonie aber hat sich im Lauf der Zeiten zu einer Art von kirchlichem Feuerwerk umgestaltet, das indessen noch immer eine praktische Bedeutung hat, freilich eine ganz andere als ehemals. Nach jetzigem Brauch wird der Carro, der mit Feuerrädern, Schwärmern und anderem Feuerwerk reich garniert ist, auf dem Domplatz durch eine vom Hochaltar des Domes ausgehende Rakete entzündet. Die Rakete hat die Form einer Taube und gleitet einer Schnur entlang vom Altar durch das ganze Schiff des Domes und durch das Hauptportal ins Freie. Aus dem Flug dieses »Täubchens« nun schließen die Landsleute festen Zutrauens auf die jeweils zu hoffende Ernte. Wehe dem Korn und Obst, wenn die Taube unterwegs im Fluge stockt und ihrem Lauf nachgeholfen werden muß! Kommt sie aber ohne Hemmung ans Ziel, so bricht das Landvolk in laute Rufe der Befriedigung aus, denn nun ist eine reiche Ernte sicher!

Der Ostersamstag dieses Jahres war so sonnig und klar, daß ich schon um zehn Uhr den Glockenturm des Domes erstieg und mir auf dem hohen Dachkranze einen bequemen Platz aussuchte. Ein prachtvoller Aufenthalt! Zunächst fesselt die Betrachtung des Domes, dessen Kuppel von hier aus einen architektonischen Anblick ersten Ranges bietet. Dann die zahllosen Türme, Zinnen und Kirchengiebel der Stadt. Neben dem trotzig schönen Turm des Palazzo Vecchio steht der breite, schlichte des Bargello und das schlanke, spitzige Türmchen der Badia. Nach links schließt Santa Croce und die Synagoge sich an. Dann jenseits des Arno die Porto San Niccolo, die Kirchen Santo Spirito, Carmine und Frediano, und weiterhin Santa Maria Novella, San Michele, San Lorenzo und die ganze glänzende Reihe der Kirchen, die das Auge mit Freude erkennt und begrüßt und neben welchen da und dort wie kleine Inseln die grünen Vierecke der Kreuzgänge auftauchen. Und hinter alledem auf beiden Seiten des glänzenden Flusses die grünen Hügel, die jetzt in der Obstblüte schimmern.

Auf dem Domplatze sammelte sich schon jetzt die

Menge. Landleute kommen in zahlreichen Gruppen von allen Toren her, Bauern aus Settignano, aus Fiesole, aus San Domenico, aus Majano und weiter her. Der Carro stand zwischen Dom und Baptisterium, von zwei dichten Volksreihen umdrängt; der Dom selbst war schon voll von Menschen. Der Verkehr auf dem Domplatz war gesperrt, Wagen konnten schon um halb elf Uhr nicht mehr passieren. Von meiner Höhe aus war es anziehend zu beobachten, wie die Neugierde der ganzen großen Stadt aus den fernsten Straßen her gegen den Dom herandrang, bis der ganze Platz schwarz von Volk war. Aus der dunklen Menge leuchteten da und dort die Körbe der Orangenverkäufer, die Rufe der Traktatkrämer und Zeitungskolporteure drangen bis zu mir herauf.

Um elf Uhr bewegte sich ein farbig reicher Priesterzug aus dem Hauptportal des Domes und verschwand langsam ins Baptisterium. Kurz vor zwölf Uhr kehrte er ebenso feierlich in den Dom zurück. Die Volksmenge bedeckte nun dichtgedrängt den ganzen Platz und stand ringsum noch weit in den Nachbarstraßen, Fenster und Dächer waren dicht besetzt. Um zwölf Uhr fiel gleichzeitig mit dem mittäglichen Kanonenschuß das Geläute sämtlicher Türme betäubend ein. Die »Taube« flog vom Domaltar heraus, heil und ohne Stockung, zum lauten Jubel der Landleute. Und nun rauchte und flammte unter langdauerndem entsetzlichen Krachen das Feuerwerk des Wagens zusammen, vom Zuruf der Menge begleitet und den ganzen Domplatz mit Pulverdampf erfüllend. Als endlich das letzte noch flammende Feuerrad langsam und zuckend verglüht war, wurden dem Wagen vier prachtvolle, gewaltige weiße Ochsen mit rotem Lederzeug und vergoldeten Hörnern vorgespannt und in pomphaftem Zuge, vom Volk begleitet, abgeführt. In meiner Trattorie traf ich später einen der Bauern, der in froher Erntehoffnung sich den Luxus einer doppelten Portion delikater *maccheroncini ragutati* gönnte und dessen strahlend behäbiges Toskanergesicht die Freude über das schöne Fest und den glücklichen Taubenflug mit einem unbeschreiblichen Ausdruck schlauer Zufriedenheit schmückte. [1901]

In den Kanälen Venedigs

Venedig! Man steigt in der großen Halle des Bahnhofs aus, tritt ins Freie und hat eine breite, ins Wasser hinabführende Treppe vor sich, an welcher, wie bei uns die Droschken, die Gondeln warten. Mit dem Rufe »gondola! gondola!« drängen sich die zahlreichen Gondoliere auf. Man wählt sich eines der schlanken schwarzen Fahrzeuge aus, setzt sich in die weichen Polster und fährt leise mit behaglichem Wiegen in die fremde Welt der Kanäle hinein.

Beschreiber und Dichter haben von dieser eigenartigen kleinen Wasserwelt in unzähligen Büchern erzählt; ich begnüge mich, einige einzelne Erlebnisse und Stimmungen zu berichten. Venedig übte auf mich einen stärkeren Zauber aus als irgendeine andere italienische Stadt, und ich glaube, in den kurzen drei Wochen meines dortigen Aufenthaltes nach Möglichkeit in seine Geheimnisse eingedrungen zu sein.

Die Lage meiner Wohnung, von der nur eine einzige schmale Gasse mit großen Umwegen nach den wichtigeren Plätzen der Stadt führte, nötigte mich, von der Gondel sehr reichlich Gebrauch zu machen. Und eine Reihe intimer, poetischer Eindrücke verdanke ich diesen Fahrten. Schon das Fahrzeug, die schwarze, leichte, schlanke Gondel, und die lautlos sanfte Art der Bewegung hat etwas Fremdartiges, träumerisch Schönes und gehört als wesentlicher Faktor in die Stadt des Müßigganges, der Liebe und der Musik. Wer in Venedig die Kunststätten besucht, schätzt dies besonders; aus einer Kirche, einem Palaste, einem Museum tretend, verliert man meistens durch das sich aufdrängende, Aufmerksamkeit fordernde Straßenleben aus Augen und Sinn die zarteren Eindrücke, während man hier auf der Fahrt von einem solchen Ort zum andern oder nach Hause ungestört auf dem stillen Wasser das Gesehene bewahren und nachgenießen kann.

Ganz zu Beginn meiner Venezianer Tage rief ich eines Abends vom Fenster meines Zimmers aus einen Gondoliere herbei, stieg vor der Haustüre ein und gab als Ziel den Rialto an, in dessen Nähe ich zu Abend essen wollte. Es war ein schwüler Tag gewesen, ein Gewitter stand bevor. In den ohnehin durch die hohen Häuserreihen verdunkelten engen Kanälen wuchs die Dämmerung eilig. Seltsam war es, den starken Gewitterwind, vor dem unser schmaler Kanal völlig geschützt war, über die Dächer brausen zu hören, während unten kein Lüftchen rege war. Mein Gondoliere ruderte eifrig, ich hatte ihm ein Trinkgeld versprochen, wenn wir vor dem Ausbruch des Regens ankämen. Aus dem engen Kanal bogen wir in einen noch engeren, der schon fast völlig dunkel war. Eilig glitten wir den finsteren Wänden entlang, zwei, drei Regentropfen klatschten schon in das schwarze tote Wasser. Der Kanal mündete in einen anderen, breiteren, und dieser lag dem Durchzug des Windes frei, den man schon in einiger Entfernung dort tosen hörte. Wir erreichten die Mündung, der Gondoliere wollte einbiegen, wurde vom Wind zur Seite gedrängt, versuchte es nochmals und mußte nach längeren Anstrengungen die Versuche aufgeben. So warteten wir denn an der Kanalecke in vollkommen stillem Wasser, während zwei Schritte von uns der breite Kanal vom Sturm durchpfiffen und stark erregt war. Ich ermunterte den Ruderer zu einem neuen Versuch, die Biegung zu gewinnen. Auch dieser mißlang. In diesem Augenblick brach plötzlich eine fahle Helle durch die tiefe Dämmerung – der erste Blitz. Auf diesen folgte ein dichter, toller Regenguß. Ich rief dem Ruderer zu, eiligst ins Trockene zu flüchten, und wir fuhren nun so rasch als möglich im selben Kanal zurück, bis wir die nächste Brücke erreichten. Unter dem stark gewölbten, doch niedrigen Brückenbogen machten wir nun, in völliger Finsternis, halt. Die Breite der Brücke entsprach genau der Gondellänge, in der Mitte der Gondel saß ich behaglich im Dunkeln, neben mir stand der Gondoliere, das Fahrzeug an der Mauer festhaltend; zu beiden Seiten rauschte der gewaltige Regen herab. Einige beschauliche Minuten vergingen so, da kam Unterschlupf suchend eine zweite Gondel an und legte sich neben die meinige, und nach kurzer Zeit kam in schleuniger Flucht eine dritte hinzu. Die drei Gondeln füllten den ganzen überbrückten Raum knapp aus. Man konnte einander in der Dunkelheit nicht erkennen, dennoch entstand aus vereinzelten Ausrufen und Scherzen über unsre eigentümliche Lage bald ein gemeinsames Gespräch. So hingen nun die drei Gondeln unter der kleinen Brücke wie flüchtige Vögel untergekrochen, und von Gondel zu Gondel ging in der Finsternis vertrauliche Rede und Antwort hin und her – eine Viertelstunde voll seltsamer Märchenplauderstimmung, geheimnisvoll und fröhlich zugleich, die mir wie ein kleines trauliches Lied mit der Begleitung des niederstürzenden Regens in der Erinnerung liegt.

Ein andermal war ich nach San Redentore gefahren und hatte die Gondel entlassen, ohne an die Rückfahrt zu denken. San Redentore liegt auf der Giudecca, einer langgestreckten Insel, und hat keinen festen Gondelhalteplatz. Als ich nun nach kurzer Zeit die Kirche wieder verließ, fand ich keine Gondel vor. Den einzigen im Augenblick gegenwärtigen Menschen, einen Schiffsknecht, bat ich vergebens, mich nach San Giorgio überzusetzen. Das nächste Omnibusschiff sollte erst in einer Stunde kommen, und ich wurde am Markusplatz von Freunden erwartet. Da fuhr in der Nähe das Segelboot eines Fischers vorüber und nahm mich auf mein flehentliches Anrufen auf. So kam ich wenigstens einmal dazu, eine Strecke auf einem solchen Boot zu fahren, mit deren Besitzern ich in Malamocco und Chioggia manchmal geplaudert hatte und deren malerische Erscheinung am Horizont des offenen Meeres mich vom Lido aus, wo ich täglich badete, so oft erfreut hatte. Das schwere Boot mit dem braunroten Segel glitt rasch über die Lagune hin, die in opalartig mildem Glanze leuchtete, von perlmutternen Schillerfarben überflogen, und ich erreichte Venedig schneller, als ich gehofft hatte. Unterwegs verzehrte ich eine Handvoll frische Austern, die mir der Fischer aus seinem Korbe anbot, und die, vom herben Meerwasser gewürzt, mir köstlich mundeten. Es gelingt mir nicht, das zu schildern, was diese morgendliche Bootfahrt mir lieb und wertvoll macht, – ich erinnere mich ihrer als eines unschätzbaren Genusses. Wer die Lagune kennt, wie sie an sonnigen Tagen ist, wird mich verstehen: das vielfarbige Glänzen des ebenen Wassers, die gegen den tiefblauen Himmel traumhaft aufsteigende Stadt mit dem Dogenpalast im Vordergrund, der blendend leuchtende Globus der Dogoma und dahinter die elegante Kuppel der Salute, dazu der herbe Duft des

Wassers, der Glanz des roten Segels und das stille Kreuzen der größeren Schiffe – das alles ist von so berückender Schönheit, daß man sich träumend glaubt und beständig fürchtet, das so unwirklich scheinende, auf dem Wasser stehende Bild der Wunderstadt möchte plötzlich wie das Irisspiel einer sonnigen Wolke verschwinden.

Auch an eine der in so vielen Liedern besungenen venezianischen Mondnächte kann ich nicht ohne Bewegung zurückdenken. Ich hatte mich stundenlang an einem klaren Maiabend auf der Piazzetta herumgetrieben; nun saß ich ausruhend am Fuß der Säule des heiligen Theodor, die stundenlang anhaltende Bläue des Nachthimmels und die Wechsel der Lichter und Schatten auf dem Wasserspiegel beschauend. Hinter den Inseln stieg, noch unsichtbar, der Mond herauf, so daß die Giebellinie der Giudecca scharf hervortrat. Die schöngeformte, tiefschwarze Silhouette von San Giorgio Maggiore stieg wie eine fabelhafte, unglaubliche Dekoration aus dem Wasser, die ganze Inselwelt hob sich vom Himmel ab mit einer traumhaft unplastischen Schönheit. Dazwischen lag das spiegelglatte, dunkle Wasser, abwechselnd in silbernen Kielfurchen und roten, zackigen Laternenlichtern flüchtig aufleuchtend. Diese ganze ungewisse, in halb sichtbarer Schönheit dämmernde Welt schien den Aufgang des Mondes wie eine erlösende Entzauberung zu erwarten. Die letzten Takte der Abendmusik klangen vom Markusplatz herüber, die helle Doppelfront des Dogenpalastes schimmerte matt, als hätte der zweifarbige Marmor etwas von der tagsüber eingesogenen Sonne bewahrt.

Da stieg hart neben dem Kampanile von San Giorgio

der große, glänzende Mond herauf. Weiße Glanzlichter sprangen über Turm und Kirchendach. Die Lagune überzog sich mit einem schwebenden milden Licht, einzelne von Barken erregte kleine Wellen blitzten mit hastigem Glanze auf. Ich sprang in die nächste Gondel und rief dem herbeieilenden Gondoliere zu, mich langsam in den Canale grande hinein zu rudern. Jenseits der Salute, in der Lagune zwischen den Zattere und der Giudecca, schwamm eine Musikbarke, deren Töne stark gedämpft noch hörbar waren. Diese Geigen- und Gitarrenklänge und das weiche Mondlicht schienen lebendiger und wesenhafter zu sein als die stillen, hohen Paläste des Kanals, die schweigend, bleich und mondbeglänzt in der warmen Nacht lagen und deren feste Giebelkonturen in den schwerblauen Himmel zerflossen. In einem dieser Paläste waren drei Fenster erleuchtet, aus denen der Gesang einer schönen Frauenstimme drang. Ich ließ die Gondel halten und gab mich eine Weile dem Genuß dieses Gesanges hin, der sich mit Nacht und Mondlicht zu verschwistern und eigens dieser weichen, schönen Stunde anzugehören schien. Dann fuhr ich zur Piazzetta zurück und gab als nächstes Ziel San Giovanni e Paolo an. Die Gondel glitt durch stille, schlafende Kanäle, unter der Seufzerbrücke hindurch; die Rufe des Gondoliere, durch die an den Kanalbiegungen etwa entgegenkommende Gondeln zum Ausweichen aufgefordert werden, diese dem Fremden schwer verständlichen, halb gesungenen Rufe verklangen in die Totenstille der nächtlichen Gassen und Kanäle. Bei San Giovanni e Paolo stieg ich für einige Minuten ans Ufer. Die kleine Piazza war mondhell, die schöne Fassade der Scuola di San Marco glänzte auffallend hervor, das wundervolle Reiterstandbild des

Colleoni stand ernst und wuchtig gegen den Himmel. Das gewaltige Denkmal des fünfzehnten Jahrhunderts steht mit seiner trotzigen Schönheit im wunderbaren Kontrast zum übrigen Venedig, dessen Schönheit durchaus weich und musikalisch ist, und dieser Kontrast fiel mir heute ganz besonders auf.

Von allen Städten, die ich in Italien besuchte, ist mit Ausnahme Ravennas Venedig diejenige, die am meisten zu traurigen Gedanken über den Untergang eines großen Ehemals reizt, dennoch ist sie reicher als jede andere an Schönheiten, die ihr durch die Jahrhunderte unverändert geblieben sind. Geblieben ist ihr der Zauber eines durchaus abgesonderten, eigentümlichen Lebens, der Glanz der Lagune, die Schönheit seiner Frauen und die ganze verlockende Poesie der Gondel. Auch fand ich nirgends sonst eine solche Einheit des heutigen Lebens mit dem Leben, das aus den Kunstwerken der goldenen Zeit Venedigs redet und in welchem Sonne und Meer wesentlicher sind als alle Historie. [1901]

Die Lagune

Niemals hat die Lagune von Venedig sich meinem Auge so glücklich entschleiert wie an einem Vormittag im Mai, den ich fast ausschließlich ihrer Betrachtung widmete. Ich kenne nichts Beglückenderes als die Stunden, in welchen ein merkwürdiges Stück Natur oder Kunst sich dem Auge zum erstenmal so klar und durchsichtig darbietet, daß die aufmerksame Betrachtung dem schaffenden Geist der Schönheit unmittelbar auf frischer Spur zu folgen vermag. Landschaften, Wolken, Bilder, an denen wir oft mit unbewußter Freude vorübergingen, enthüllen in solchen Augenblicken plötzlich und überraschend den in ihnen wirksamen Schöpfergedanken. Dann ist es dem geübten und fleißigen Beschauer vergönnt, im glücklichen Belauschen und Verstehen an dieser Schöpfung so teilzunehmen, daß er dem schönen Objekt gegenüber selbst das Gefühl des Erschaffenden hat. Es ist genau dasselbe Glücksgefühl, das ein Buch, eine Musik in der Stunde des vollkommenen Verstehens gewährt; dann ist das Kunstwerk dein Eigentum und du selbst bist der Dichter.

Die Kirchentüre von San Sebastiano schloß sich hinter mir, und ich trat ins Freie. Dort war mir plötzlich Paolo Veronese verständlich und liebgeworden, dessen Werke noch mehr als die der andern Venezianer der heimischen Luft und Umgebung bedürfen, um völlig genossen zu werden. Dieser Genuß, den mir die Säle des Palazzo Ducale nur erst teilweise erschlossen hatten, war mir nun in ganzer Fülle in San Sebastiano zuteil geworden, wo um das Grab des Malers her eine Anzahl seiner üppig farbigen Werke von Wänden und Decke glänzt. Von der Lagune kommend, das Haar noch feucht vom Wasserduft, muß man diese Werke besuchen, während vor der Tür die Gondel wartet; dann erscheinen sie wie sorglos schöne, weiche Träume, reich und rechenschaftslos aus der schlummernden Fülle der Lagunenstadt aufgestiegen, dann reden sie ihre echte Sprache, die Sprache der unbekümmerten Lebensfülle, der Schönheit und des Genusses. Ganz Venedig spiegelt sich in ihnen, die Welt der flüssigen Konturen, der träumerischen, vom Wellenschlag begleiteten Musik, die Welt des süßesten Schmelzes, der in mattblauem Gewässer sich spiegelnden Abendröten, der Welt, welche vor den Stürmen des Landes durch ihren Wassergürtel und vor den Stürmen des Meeres durch den Gürtel ihrer Inseln gesichert, sich im Genuß einer reichen Gegenwart wiegt. Man begreift die mageren, melancholischen Engel der früheren Toskaner und alle Bilder der großen Meister, in denen Armut, Kampf des Lebens, rauhe Natur, Tod und Leid geschildert sind, nicht mehr, solange man unter dem einseitigen Eindruck dieser üppigen und glänzenden Kunst steht.

Von San Sebastiano aus erreicht die Gondel in wenigen Minuten die Lagune, welche dort Canale della Giudecca heißt. Die Giudecca liegt gegenüber. Über ihre lange Häuserreihe ragen die Kirchen Eufemia und Redentore auf, rechts führt an der Sacca Santa Biagio vorbei die Dampferlinie nach Furina, links schließt San Giorgio die Aussicht. Ich befahl dem Gondoliere, langsam dem Ufer entlang nach rechts zu fahren. Es war ein kristallheller, durchsichtiger Sonnenmorgen, ganz dünne, schneeweiße Flaumwölkchen standen in einzelnen langen Streifen am hellblauen Himmel, dessen Farbe bis an den Horizont herab noch dunstlos rein war. Das Wasser, von einem leichten Windhauch kaum sichtbar bewegt, war auf lichtgrünem Grunde von wunderbaren Farbenspielen überflogen, die meine ganze Aufmerksamkeit fesselten. »Langsam! Noch langsamer!« rief ich wiederholt dem Ruderer zu, bei Santo Spirito endlich ließ ich ihn haltmachen und winkte ihm nur noch jeweils, die Gondel nach rechts oder links zu wenden, je nachdem ein auffallender Reflex mich anzog.

Das Wasser der Lagune, dessen Grundfarbe ein der Rheinfärbung sehr ähnliches Hellgrün ist, hat durchaus die Lichtqualitäten matter Edelsteine, namentlich des Opals. Die Spiegelung ist sehr unscharf, starke Lichter dagegen erwecken auf der scheinbar stumpfen Oberfläche wahrhaft überraschende Reflexe. Man ist erstaunt, diese milchig matte Fläche so enorm lichtempfindlich zu finden. Die Sonne verlieh ihr einen gleichmäßig matten Glanz, der aber an Stellen, die von Schiffen oder Ruderschlägen erregt wurden, in blendenden, goldenen Feuern aufloderte. Aber auch die unbewegte, fast spiegelebene Lagune war unaufhörlich farbig belebt, und zwar ganz anders als das offene Meer, indem auch die lebhaftesten Farben nie die transparente Klarheit des Meerwassers annahmen, sondern alle wie durch einen gemeinsamen milchweißen Grund gedämpft und ins Zartere, Differenziertere, Flüchtigere getönt waren.

Venedig wäre nicht Venedig, wenn es im freien Meere läge; an jenem Morgen empfand ich den enormen Unterschied von Meer und Lagune. Die leuchtend frischen, jubelnden Farben des bewegten Meeres würden Venedig seinen eigensten Schmuck rauben: das Verschleierte,

Traumhafte, verborgen Schillernde der Farben. Es ist kein Zufall, daß so viele Venezianer, namentlich der brillante Crivelli und später Paris Bordone, in ihren Gemälden mit besonderer Liebe und mit vollendetem Raffinement den verfeinerten koloristischen Reizen der Edelsteine, des Atlas, des Sammet und der Seide nachgingen – sie hatten auf der Lagune stündlich dieselben Farbreize eines aparten Materials vor Augen.

Am häufigsten fiel mir das durch jeden Licht- und Bewegungseinfluß leicht hervorgerufene Spiel der Irisskala auf, das wie ein Hauch zart und scheu über jede kleinste Wogenhöhung hin erschauert. Ich belauschte den flüchtig schönen Hauch unzählige Male. Dann ward mir durch das langsame Vorbeifahren eines großen, frisch mit Zinnober gestrichenen Lastschiffes ein ganz köstlicher Genuß. Das durchdringende Rot drängte sich dem sonst schlecht spiegelnden Wasser fast gewaltsam auf und glänzte unvermischt und unverändert aus den Wellen zurück, in der Harmonie grünlichblauer, unsicherer Perlfarben der einzige feste, grelle Ton.

Die Lagune als Ganzes aber hat noch ein wichtiges Farbenmoment, das sich von meinem niederen Augenpunkt aus nicht beobachten ließ. Das sind die sumpfigen Stellen und Schlammbänke, auch bei hohem Wasserstand kenntlich durch die sie umgebenden hohen Pfosten, deren Linie den Schiffen die fahrbare Bahn bezeichnet. Schon vom Schiff aus fällt ihre vom tiefen Wasser abweichende Färbung auf, am besten beobachtet man sie, wie überhaupt die Lagune im ganzen, vom Kampanile von San Giorgio Maggiore aus. Bei trübem Wetter erscheinen sie meist rostbraun, auch schmutzig graugrün, bei Sonne aber liegen sie als schimmernd farbige Inseln in der einheitlich grünen Lagune. Sonne und Wolken verändern ihre farbige Erscheinung sehr rasch, daher ist es ein eigenartiger Genuß, sie bei klarem Himmel aus der Höhe jenes Kampanile zu betrachten. Von dort aus sah ich sie in mattem Braunrot, in kräftigem Karmin, die entfernteren in blauen Tönen bis zum sattesten Violett.

Ich stand einmal in einer glänzenden Mittagsstunde dort oben, die helle Stadt mit ihren drei grünen Baumgärten lag schweigend in der heißen Sonne, die Lagune, von bunten Segeln bevölkert, schimmerte matt, die Schlammbänke brannten in unbeständigen, kräftigen Farben. Mehr als alle Kunstgenüsse lag diese leuchtende Stunde und jene vormittägliche Lagunenfahrt mir im Sinn, als ich am Ende meiner Reisezeit schweren Herzens von Venedig und Italien Abschied nahm. [1901]

Meermittag

Das ist so süß wie Traum und Tod:
Von Glut und Stille müd und schwer
Zu ruhn in einem Fischerboot
Im herben Duft von Salz und Teer.
Der kurzen Pfeife Wolkenspiel
Folgt lang das Auge ohne Ziel,
Bis es gebannt und müde ruht
In blauer Mittagssonnenglut.
Da segeln hoch in stetem Ziehn
Die weißen, losen Wolken hin,
Fernher mit kaum gehörtem Pfiff
Gibt Kunde seiner Fahrt ein Schiff.

Die Flut in träumerischem Spiel
Verlecht mit dumpfem Laut am Kiel;
Das schlaffe Segel feiert leer,
Die Netzeschnur schleift hinterher.

Und alles, was dich sonst bewegt,
Und alles, was in Glück und Weh
Dir irgendwann das Herz erregt,
Ruht tief und schlummert in der See.
Dein Herz, so wild es sonst gebrannt,
Wird wieder still, wird wieder Kind
Und ruht wie Sonne, Meer und Wind
In Gottes Hand.

Die blaue Ferne

In den Jahren meiner ersten Jugend bin ich oft auf hohen Bergen allein gestanden, und mein Auge hing lange an der Ferne, an dem verklärten Duft der letzten zarten Hügel, hinter denen die Welt in tiefe, blaue Schönheit versank. Alle Liebe meiner frischen, begehrlichen Seele floß in eine große Sehnsucht zusammen und trat mir feucht ins Auge, das mit verzaubertem Blick die milde ferne Bläue trank. Die heimatliche Nähe erschien mir so kühl, so hart und klar, so ohne Duft und Geheimnis, und dort jenseits war alles so mild getönt, so überflossen von Wohllaut, Rätsel und Lockung.

Ich bin seither ein Wanderer geworden und bin auf allen jenen duftig fernen Hügeln gestanden. Sie waren kühl, hart und klar, aber jenseits, weiter hinaus, lag wieder jene in Ahnung aufgelöste, selig blaue Tiefe – noch edler und sehnsuchtweckender.

Noch oft sah ich sie verlockend liegen. Ich widerstand ihrem Zauber nicht, ich ward heimisch in ihr und ward fremd auf den Hügeln der Nähe und Gegenwart. Und das nenne ich nun das Glück: sich hinüberneigen, blaue Gefilde in weiter Abendferne erblicken und die kühle Nähe für Stunden vergessen. Das ist das Glück, etwas anderes als meine Jugend meinte, etwas Stilles und Einsames, schön, doch nicht fröhlich.

Aus meinem stillen Einsiedlerglück lernte ich die Weisheit, allen Dingen den Flaum des Fernen zu lassen, nichts in das kühle, grausame Licht der alltäglichen Nähe zu rücken und alles so zu berühren, als wäre es vergoldet, so leicht, so leise und schonend.

Kein kostbarstes Kleinod ist so unanfechtbar schön, daß ihm nicht Gewöhnung und Lieblosigkeit den Glanz des Wertvollen rauben könnte; kein Beruf ist so edel, kein Dichter so reich, kein Land so gesegnet. Darum erscheint es mir eine erstrebenswerte Kunst: die Andacht und Liebe, die wir gern den fernstehenden, entrückten Schönheiten gönnen, auch den nahen und gewohnten zu schenken. Ohne die Morgensonne und die ewigen Sterne minder heilig zu halten, können wir unserem Nächsten und Kleinsten einen zarten Duft und Schimmer verleihen, indem wir es schonen, sanft berühren und ihm die Poesie nicht rauben, die allem Bestehenden doch irgendwie eigen ist. Was man roh genießt, wird bitter und entwürdigt den Genießenden. Was man genießt, als sei man ein zu Gast geladener Fremder, bleibt uns wert und macht uns edler.

Das lernt man in keiner Schule so gut wie in der des Entbehrens. Du bist in deinem Lande nicht zufrieden? Du weißt von schöneren, reicheren, wärmeren? Und du reisest deiner Sehnsucht nach. Du wanderst in andere Länder, die schöner und sonniger sind. Dein Herz geht dir weit auf, mildere Himmel überspannen dein neues Glück. Das ist nun dein Paradies – aber warte noch, ehe du es lobst! Warte wenige Jahre, nur ein wenig über die erste Freude und die erste Jugend hinaus! Und die Zeit kommt, da du Berge ersteigst, um von dort die Stelle des Himmels zu suchen, unter welcher deine alte Heimat liegt. Wie waren dort die Hügel weich und grün! Und du weißt und du fühlst, dort steht noch das Haus und der Garten deiner ersten Kinderspiele und dort träumen alle heiligen Erinnerungen deiner Jugend, und dort liegt das Grab deiner Mutter.

So ist dir die alte Heimat ungewollt lieb und fern geworden, und die neue Heimat fremd und allzu nah. Und so ist es mit allem Besitz und mit allen Gewöhnungen unseres armen, unruhigen Lebens. [1904]

Am Gotthard

So oft ich schon in den Bergen war, so habe ich doch bis heute nur viermal einen Steinadler gesehen. Das erste Mal, da war ich noch fast ein Knabe, und als ich hoch in silbernen Lüften den sicheren, schönen Bogenflug des großen Vogels wahrnahm und als man mir sagte, das sei ein Adler, da schlug mir das Herz und ich sah in dem königlich Schwebenden ein Lied und ein Sinnbild, folgte ihm mit durstendem Blick und behielt ihn für immer im Gedächtnis. Seither besuchte ich die Berge nie ohne eine stille Sehnsucht, ihn wieder zu sehen, und hundertmal hob ich auf Höhenwegen die Augen in halber Hoffnung. Selten hat sie sich erfüllt und sie blieb unvermindert in mir lebendig. Es gibt Dinge und Wünsche, an die ich alle atemlose Lebenslust und die Vorstellung der sehnlichsten Erdenwonne knüpfe; zu diesen gehören vor allen anderen die drei: eine sternklare Winternacht im Hochgebirge, eine abendliche Barkenfahrt auf der Lagune vor Venedig und dann das Erspähen eines Adlers über den Bergen. Sooft Enttäuschung und Sorge mich müde macht, sooft ein leerer und unschöner Tag mich verdrießt und lähmt, flüchte ich zu diesen Bildern, und wenn sie auch zumeist Wünsche und unerfüllbar bleiben, so hat doch mein Verlangen darin ein festes und reines Ziel gefunden und das ist schon halbe Genesung.

Kürzlich war ich eine Woche in Zürich, um den langen Winter zu unterbrechen und einmal wieder Kultur zu atmen, Menschen zu sehen und mich als Zeitgenossen zu fühlen. Es waren schöne, ausgefüllte Tage; ich sah neue Bilder von Welti, hörte Beethoven, Mozart und Hugo Wolf, verkehrte mit befreundeten Malern, Dichtern, Redakteuren, sah bevölkerte Straßen, rasche Wagen und schön gekleidete Frauen, trank nachts meinen Wein bei lebhaften Gesprächen. Ich genoß das Vergnügen, in guten Läden gut bedient zu werden (obwohl ich höflichere Kaufleute kenne als die Züricher), ließ mich wieder einmal bequem und fein rasieren, nahm ein köstliches Dampfbad und saß gegen Abend in einem vielbesuchten Café, wo es französische und italienische Journale, elegante Gäste, eifrige Kellner und gute Billards gab. Zugleich war ich mir mit Vergnügen bewußt, das alles herzlich und innig zu genießen, was den Stadtleuten längst schal und alltäglich war, und wahrscheinlich bin ich in diesen Tagen der zufriedenste Mensch in der ganzen Stadt gewesen.

Am Ende der Woche wollte es mir scheinen, es sei nun für diesmal genug und es wäre jetzt gut, wieder daheim zwischen See und Wald zu sitzen, im gewohnten Bett zu schlafen und auch wieder ans Arbeiten zu denken. Die Menschen fingen an, mir weniger zu imponieren, mir weniger lebendig und geistreich vorzukommen, auch fühlte ich ein Bedürfnis, die täglichen Kunstgenüsse nun in Ruhe nachzugenießen, denn sie begannen sich ein wenig zu verwirren und ein wenig blaß zu werden. Also nach Hause!

Aber nun hatte ich acht Tage lang über den Zürichsee hinweg die bleichen, stillen Alpen gesehen, und mit dem allmählichen Müdewerden und Sattwerden war das lange nicht mehr gehörte Lied vom Steinadler und von der Winternacht im Hochgebirge mächtig in mir aufgewacht. Mein Reisegeld reichte noch für zwei, drei Tage aus, und ich beschloß, noch eine rasche Fahrt an den Gotthard zu tun, den ich im Winter noch nie gesehen hatte, außer im eiligen Durchreisen. Schneegamaschen und das übrige Winterzeug hatte ich bei mir, so brauchte ich nur noch ein Billett zu kaufen und einzusteigen.

Es war ein grauer Tag, vom Wagenfenster aus konnte man außer den zunächst stehenden Bäumen, Hügeln und Häusern nichts unterscheiden, alles zerrann in blassem Nebelbrodem, der nur durch den noch frischen reinen Schnee Licht erhielt. Der Zugersee wollte sich zu meinem Erstaunen nicht zeigen, bis ich entdeckte, daß er gefroren und eingeschneit war. Mit Ungeduld wartete ich auf ein Zeichen von Sonne und auf das Reißen der Nebel. In Arth, in Brunnen, in Flüelen erwartete ich es, und als wir Erstfeld passiert hatten – es ging schon gegen Mittag – und noch immer in Wolken und Dämmerung dahinfuhren, begann ich den Glauben zu verlieren und machte mich enttäuscht darauf gefaßt, oben Schneefall und Trübe anzutreffen. Selten bin ich mit so gespannter Aufmerksamkeit die wundervolle Gotthardbahn hinauf gefahren, aber Amsteg lag im Nebel, Gurtnellen lag im Nebel, die kühnen Reußbrücken lagen im Nebel und als ich durch Wassen fuhr und auch dort noch keine Sonne antraf, gab ich die Hoffnung auf und sank in die Bank zurück. Die Berge sind ja immer schön und auch den Nebel genieße ich zuzeiten gern, aber wenn man weiß, wie ein Sonnentag in den Alpen aussieht, und wenn man nur zwei bis drei Tage übrig hat, fällt es immerhin schwer, vergebens auf blauen Himmel zu warten.

Während ich schon anfing zu überlegen, ob mein Ausflug nicht eine recht übereilte Geldvergeudung sei, fuhr der Zug oberhalb Wassen aus dem Kehrtunnel, und in dem Dunst und grauweißen Schneelicht glaubte ich plötzlich eine Ahnung von Bläue und Sonne zu spüren. Eilig sprang ich auf, öffnete das Fenster und spähte himmelwärts. Da drang langsam und unsicher eine hohe Felsenschroffe mit schrägen Schneeritzen rötlich aus dem Gewölk und wurde klarer und kam näher, und hinter ihr noch eine und darüber eine dritte; ein schwerer Windstoß fegte aus der Höhe herab, Wolkenfetzen zerstoben dünn und geisterhaft, und in wenigen Augenblikken entschleierte sich das ganze Bergland, lag lachend und sonneglänzend in einer durchsichtigen milden Luft und hatte einen reinen, stillen, fast veilchenblauen Himmel über sich. Ein tiefes Lustgefühl kam über mich, hundert ähnliche Bergwintertage wachten in meiner Erinnerung auf, golden und strahlend und jeder ein Kleinod. Nun dachte ich nicht an den Adler und nicht an die Mondnacht mehr; leicht wie ein Knabe sprang ich in Göschenen aus dem Wagen und lief in die blaue Herrlichkeit hinein.

Alle Grate und Gipfel standen so wunderlich klar und nah, wie man sie nur an auserlesenen Wintertagen sehen kann, mit langen violetten Schatten und gleißenden Schneefeldern. Es ging ein mäßiger Föhn und die durchsonnte Luft war frühlingshaft warm. Wieder wie an manchen früheren Wandertagen stand ich häufig still und hatte im Umherblicken ein Gefühl, als sei alles ein Zauber und könnte plötzlich verschwinden. Und wieder hatte ich das seltsam selige, fast bange Wandergefühl: So verklärt siehst du die Erde nicht wieder! Auf der von Holzschlitten aufgewühlten, vom Winde bald blank gefegten, bald ganz zugewehten, mit etwa meterhohem gefrornem Schnee bedeckten Straße stieg ich langsam gegen den brausenden Wind bergan, den Schöllenen und der Teufelsbrücke entgegen. Die berühmte, herrliche Straße und dieser ganze Teil des wilden Reußtales sind im Winter unendlich viel schöner als ich sie im Sommer sah. Und wie ein Märchen ist die junge, tosende Reuß, die in ihrer verschneiten Klamm unter bläulichen, häufig durchbrochenen Eisrinden hinabrollt, das einzige Leben in der weißen Todesstille. Der kleine Wasserfall oberhalb der Teufelsbrücke war von einem scheinbar freischwebenden, aus dem Sprühstaub entstandenen Eisbaldachin mit hundert grotesken Spitzen überwölbt.

Die Wetterscheide vor Andermatt war ein Erlebnis. Aus der wilden, rauhen, vom Winde durchpfiffenen Schlucht trat ich durch den kurzen Tunnel, der dort die Straße deckt, in ein weißes, blendendes Sonnenland. Das breite Hochtal glänzte warm, die abschließende Höhenwand war bläulich verschattet, das stille Hospental mit dem schwarzen Langobardenturm schlief klein und dunkel zwischen hohen Schneemauern, links suchte mein Auge die verwehte und für Monate vom Schnee gesperrte Furkastraße. Merkwürdig sahen in Andermatt die leeren, geschlossenen Fremdenhotels aus, bis an die Parterrefenster im Schnee begraben, aus dem nur noch die Spitzen der eisernen Gartenzäune hervorragten. In der Krone trank ich einen Kaffee und wärmte mich auf dem steinernen Sitzofen, den vor etwa siebzig Jahren der damalige Besitzer Kolumban Camenzind erbaut hat. Sein und seiner Frau Namen stehen in altmodischer Schrift auf der mittleren Platte.

Es ging gegen Abend und der Schnee begann rötlich zu scheinen, da kehrte ich um, und da geschah es, daß ich hoch am Berge, noch über der obersten Windung der Oberalpstraße, einen Vogelflug wahrnahm. Es war ein großer, still und langsam kreisender Steinadler, und ich blieb stehen und sah ihm lange zu, seltsam von dieser Erfüllung meines fast vergessenen Wunsches betroffen. Und nun wußte ich, daß auch eine klare Mondnacht nicht fehlen würde, denn der Föhn hielt in mäßiger Stärke noch immer an, und gegen Süden war der Himmel so rein blau, wie der offene Kelch des Frühlingsenzians.

Der Rückweg talabwärts nach Göschenen war keine Arbeit mehr. Im Rößli ließ ich mir Wein und Essen geben und ruhte eine Weile, bis nachts gegen 1 Uhr über den steilen Grat der fast noch völlige Mond herauskam. Da band ich die Gamaschen um, zog Fausthandschuhe an und wanderte durch das schlummernde Dorf und an dem alten Fruttkirchlein vorüber den wunderbar stillen Weg durch das enge Seitental, dem Dammagletscher und der Göschenenalp entgegen. Ich schritt ohne Ziel und ohne Mühe, soweit der Pfad es erlaubte, und kehrte, als ich müde ward, langsam wieder um. Auf dem weichen Schneeweg hörte ich meine Schritte nicht, und auch sonst war kein Ton zu hören, in der Höhe gegen den nachtblauen Himmel glänzte matt der überschneite Gletscher, das weiße Mondlicht erfüllte das Tal und war so hell, daß ich bei der Frutt die knapp aus dem Schnee ragende Tafel lesen konnte, die man einem dort von der Lawine erschlagenen sechzehnjährigen Knaben gesetzt hat. Groß und flimmernd standen viele Sterne in der Nacht, und ihr Leuchten und das weiß schimmernde Mondland und das Schweigen der matten Gipfel will ich nie vergessen.

Als ich morgens nach mehreren Stunden eines tiefen

Schlafes aufstand und ans Fenster lief, war am oberen Rande des Gletschers schon wieder Sonne. Ins Tal kam sie freilich nicht, die Häuser der Frutt und die letzten diesseitigen Höfe von Göschenen haben von Ende Oktober bis Ende Februar keinen Sonnenstrahl. Aber vorne im Dorf und im Reußtal abwärts mußte es noch vor Mittag sonnig werden. Ich beschloß, einen Teil der Heimfahrt auf dem Bergschlitten zurückzulegen. Zwar hätte ich diesen Tag noch hier oben bleiben können, aber es sah aus, als würde sich morgen das Wetter ändern, und ich hatte keine Lust, diese beiden Glanztage mit einem trüben Abschied abzuschließen. So machte ich nur noch einen Schlendergang an die Schöllenen und zurück, nahm dann gegen Mittag Abschied und entlehnte einen kräftigen Bergschlitten, den ich per Bahn zurückzuschicken versprach.

Gleich jenseits der Bahnschienen konnte ich aufsitzen und laufen lassen, und sauste oberhalb der Reußschlucht, mit nur zwei kurzen Unterbrechungen, bis Wassen hinunter in weniger als einer halben Stunde. Vor und durch Wassen stieg der Weg eine Weile, dann ging es die wundervolle Strecke bis Gurtnellen und über die märchenhafte Brücke fast ohne Halt im eiligsten Laufe abwärts. Es gibt, außer einer flotten Segel- oder Schneeschuhfahrt, nichts Packenderes und Sprühenderes, als so eine sausend glatte Talfahrt auf niederem Schlitten, durch pfeifende Luft und an Schneemauern vorüber, die Wintersonne im Nacken und vor sich die mächtigen Berggipfel, kühn und kühl im warmen blauen Himmel ruhend.

Meine Fahrt war zu Ende. Ich kam eben noch recht, um meinen Schlitten aufzugeben und in den Zug zu springen.

Vor anderthalb Tagen, als ich herfuhr, war das untere Reußtal und der Urner Seestrand noch im Schnee gelegen. Der Föhn, der den Schneemassen auf der Höhe noch nichts anhaben konnte, hatte hier unten inzwischen mächtig gearbeitet. Je weiter wir talwärts fuhren, desto dünner lag der hier schon wäßrige Schnee, und in Altdorf und Flüelen standen schon alle Matten feucht und graugrün in der lauen Mittagsluft. [1905]

Schlittenfahrt

Der Schneewind packt mich jäh von vorn,
Mein Schlitten knirscht im schnellen Lauf,
Genüber streckt sein fahles Horn
Der wolkenblasse Eiger auf.

Ein kühler Siegesmut erfaßt
Mein Herz mit unbekannter Lust,
Als trüg' ich eine werte Last
Von Stolz und Glück in meiner Brust.

Was noch von Krankheit in mir schlief,
Ich riß es aus mit fester Hand
Und warf es lachend steil und tief
Hinunter ins verschneite Land.

Eine Wandererinnerung

In meiner Jugendzeit, vor etwa fünfundzwanzig Jahren, marschierte ich einmal im Hochsommer über den Albulapaß, durch das Engadin und das Bergell an den Comersee. Dieser Tage fand ich den Aufsatz wieder, den ich damals kurz nach der Wanderung aufschrieb. Es war eine Wanderung in einem Europa ohne Krieg, durch ein Graubünden ohne Staub, durch ein Italien ohne Automobile, damals konnte es noch eine Wonne sein, tagelang auf einer Landstraße zu Fuß zu gehen. Ich wußte damals nicht, daß die Mehrzahl meiner kleinen Reisefreuden einer untergehenden Welt angehörten und bald nirgends mehr zu finden sein würden. Ich wußte es ebensowenig wie ich wußte, daß in einigen Jahren ein Krieg kommen und unser Leben zerstören und verarmen werde, und daß dennoch sämtliche Teilnehmer am Kriege von ihm entzückt sein und nach seinem Ende fest entschlossen sein würden, nichts aus ihm zu lernen. Man lief damals so ahnungslos in der Welt herum. Nun, es war schön, und ich bin froh darüber, jene Zeit des »faulen« Friedens noch erlebt zu haben. Er war gar nicht so schlecht, dieser Friede, wie gewisse Kollegen von mir uns nachher einreden wollten, wenn sie vom »Segen des Krieges« predigten. Aber genug der Betrachtungen! Ich teile mit, was ich im Jahre 1905 über jene kleine Wanderung aufgeschrieben habe. [1932]

Am Mittagstisch in Preda war von nichts anderem die Rede als von Alpenbären.

»Seit fünf Tagen suche ich den Alpenbär und habe noch keinen!«

»Ich habe schon zwei, einer ist ein Weibchen.«

»Gestern sah ich einen, aber er war nicht zu erwischen.«

Einer der Herren wandte sich zu mir: »Haben Sie vielleicht schon einen angetroffen?«

»Einen Alpenbären?«

»Nun ja.«

Ich überlegte einen Augenblick. Es beschämte mich nicht wenig, daß ich vom Vorkommen des Bären in diesem Teil Graubündens absolut nichts gewußt hatte. Ich beschloß lieber zu leugnen, als mir eine Blöße zu geben.

»Gesehen habe ich noch keinen«, antwortete ich gleichmütig, »aber brummen gehört hab' ich sie schon öfter.«

Der Herr riß die Augen auf, starrte mich an, schüttelte den Kopf und brach dann in ein Gelächter aus.

»Sie sind nicht Entomolog?« fragte er noch lachend.

»Nein, was ist das?«

»Schmetterlingsammler, meine ich. Der Alpenbär, auch Flavia, ist ein hier in der Gegend vorkommender alpiner Falter. Wir sind alle hinter ihm her.«

»So? Ich dachte, das sei ein Sport für kleine Buben.«

»Doch nicht. Aber, wenn ich fragen darf – was suchen

Sie eigentlich in Preda, wenn Sie nicht Entomolog sind?«

Die Frage schien mir naiv, denn Preda liegt wunderbar schön und hoch in den Bergen des Albulagebirges, drei Stunden von der Paßhöhe, und jeder einzelne Berg der Umgebung verlockt zum Steigen, namentlich der Piz Val Lung und der nahe Piz Moulix. Aber es zeigte sich nach wenigen Tagen, daß der Schreckliche recht gehabt hatte. Preda besteht lediglich aus einem kleinen Stationsgebäude und zwei Gasthäusern, und in beiden Gasthäusern sitzen Entomologen.

Schmetterlingsnetze, Ätherfläschchen, Acetylenlaternen stehen herum, auf jeder Matte flattert ein Netz, auf jedem Geröllfeld stehen ernste Männer und drehen Stein um Stein um, da die Flavia dort ihre Eier legt. Es sind Sammler da, die seit fünf und mehr Jahren jeden Sommer kommen, manche haben von den seltenen Alpenschmetterlingen schon dreißig und mehr Exemplare zusammengeräubert, andere sehen resigniert und nervös aus, denn sie suchen gewisse Falter schon seit Jahren vergebens.

Es gibt ohne Zweifel unter ihnen Leute, mit denen im täglichen Leben angenehm zu verkehren wäre, aber hier auf dem Tummelplatz ihrer Leidenschaft werden sie fanatisch und unmöglich. Jeder lechzt nach Beute, jeder kontrolliert den anderen. Wer ein seltenes Tier erbeutet hat, gibt dem Kollegen einen falschen Fundort an, weiß aber nicht, daß mindestens einer von ihnen ihm heimlich auf den Fersen war und sich den Ort gemerkt hat. Jeder glaubt Plätze zu kennen und Erfahrungen zu haben, die er bis in den Tod geheim halten muß. Und wenn einmal ein gefürchteter Konkurrent über ein Wändchen stürzt und die Knochen bricht, vernehmen es die anderen mit nur schlecht geheucheltem Bedauern.

Dies alles macht den Aufenthalt in Preda einigermaßen peinlich. Noch schlimmer aber ist die Ansteckungsgefahr. Nach etwa acht Tagen geschah es, daß ich einem Freunde, mit dem ich die Reise unternommen hatte, auf einer kühlen Bergwanderung mitteilte, ich sei entschlossen, nach meiner Heimkehr eine Schmetterlingsammlung anzulegen, und zwar werde ich zum Töten der gefangenen Tiere nicht Cyankali, sondern Äther verwenden. Mein Begleiter sah mich sonderbar an, und plötzlich erkannte ich das Gefährliche meines Zustandes. Sofort beschloß ich abzureisen. Am Abend aber gelüstete es mich doch, noch einen Blick in das Treiben der Entomologen zu tun; ich schloß mich einer von ihren Touren an und bereute es nicht. Es war meine schönste Nacht in Preda.

Nach der Abendmahlzeit brachen wir auf, zwei Schmetterlingsjäger, mein Freund und ich. Es war noch hell, und wir wanderten langsam die schöne Straße bergan, an Palpuogna und an dem wundervollen kleinen Alpensee vorbei, der mitten in seiner glasig grünen Fläche ein großes tiefblaues Auge hat.

»Sehen Sie, die paar wunderbaren schwarzen Bäume dort am See! Wie ein Märchen.«

»Ja, das sind Lärchen. Dort können jetzt leicht ein paar Spanner fliegen. Gehen wir hinunter?«

»Um Gotteswillen nicht.«

»Also weiter. Dort ist der Weißenstein.«

Der Weißenstein ist ein früher vielbesuchtes, seit der Eröffnung der Albulabahn aber geschlossenes Gasthaus und der Hauptausgangspunkt für die Beutezüge der Entomologen, nur noch eine knappe Stunde vom Flaviafelsen, dem berühmtesten Fundort des Alpenbären, entfernt.

Ein bequemer Fußweg biegt links von der Paßstraße ab und führt an einem Wasserfall und mehreren großen, öden Geröllhalden vorüber direkt zum Hospiz. Langsam stiegen wir und wendeten unterwegs alle größeren Steine um, darunter Blöcke in Mannesgröße, in der Hoffnung, Eier oder Puppen des Alpenbären zu finden. Doch fiel uns nur eine leere Puppenhülse in die Hände. Wir verloren uns bergaufwärts ins Geröll und mußten an steilen Stellen viel Mühe und Vorsicht anwenden, um mit den gewendeten Steinblöcken einander nicht zu erschlagen. Einen weiteren Reiz erhielt diese an sich wenig interessante Tätigkeit noch durch die Mitteilung eines Sennen, es gebe unter diesen losen Steinen Massen von Kreuzottern. Aber auch von diesen bekamen wir nichts zu sehen; alles schien wüst und ausgestorben, nur von der Höhe her ertönte zuweilen der grelle, fast höhnische Pfiff eines Murmeltieres.

Die erfolglose Mühe begann mich zu verdrießen, auch wurde es rasch dunkler, und das Arbeiten im Steinschutt wurde fast unmöglich. Jenseits unseres Geröllfeldes stieß ich auf einen beinahe steinfreien Mattenstreifen, auf dem ich ohne Mühe in die Höhe kam. Ich ließ die drei zurück und stieg eine Weile gedanken- und ziellos steil bergan, in die zunehmende Finsternis hinein. Kleine Steine glitten leise unter mir weg, zuweilen schrillte die Spitze meines Bergstocks in einer Felsritze, sonst war nichts zu hören als das schwache Reiben meiner Schuhnägel am Boden.

Mittlerweile gingen, von mir ungesehen, über den

jenseitigen Gipfel die ersten Sterne auf, und als ich mich ausruhend umwandte, wurde mir ein unerwartet mächtiger Anblick. Vor mir fiel der kahle Berg in ununterbrochener, steiler Schräge tief ins Albulatal hinab, das in brauner Öde lag. Zwischen Moorstrecken und Steinwüsten glänzten blaß die vielen winzigen Quellseen, und in jedem schwamm das Spiegelbild eines Sterns. Jenseits des breiten, großartigen Hochtales stiegen die Zwillinge, der Piz Loleis und das Albulahorn, mit scharfen Umrissen in den Nachthimmel. Alles lag in dem ungewissen, grünlichen Sternenlicht und sah verlassener, wilder und größer aus als am Tage. Nächst dem feuchten, fließenden Silberlicht eines windigen Nebelmorgens weiß ich keine Stimmung und Beleuchtung, die den eigentümlich grandiosen Charakter des prächtigen Hochpasses so eindringlich und rein vor Augen bringen könnte wie dies graugrüne, kalte, schleierartige Licht einer klaren, aber mondlosen Nacht.

Einen halb gespenstischen, halb komischen Anblick boten von hier aus die beiden Entomologen, die tief unter mir im Geröll ihrer Jagd oblagen. Jeder hatte eine stark leuchtende Blendlaterne aufgestellt, deren Licht auf ein ausgespanntes weißes Leinentuch fiel. Um diese leise zuckenden Lichtstreifen sah ich die beiden Jäger eilig, doch vorsichtig an der Steinhalde hin und wider tanzen, die weißen Schmetterlingsnetze in hastigen Bogen und Kreisen schwingend, um die vom Licht angelockten Nachtfalter einzufangen. Bald erschienen sie undeutlich als irrende Flecken, wenn sie sich vom Licht entfernten, bald kehrten sie in die Helle zurück und waren plötzlich scharf zu sehen; zuweilen stürzte einer ausgleitend zu Boden oder kniete nieder, um eine Beute zu bergen. Es sah aus wie der nächtliche Tanz von Wilden. Und das ganze Bild, dies ungeheuer in der Nacht ausgedehnte, von riesigen Bergen umschlossene Alpental mit den beiden leidenschaftlich bewegten, winzigen, einer harmlos tollen Begierde frönenden Menschen, gab mir einen unvergeßlichen Eindruck.

Zurückkehrend fand ich die eine Laterne erloschen und ihren Besitzer in mühsam gedämmter Wut, während der zweite ruhig und lächelnd seine Jagd fortsetzte. Doch ließ er sich bestimmen, nun auch ein Ende zu machen, und beim Schein seines Lichtes gingen wir heimwärts. Ich erkundigte mich nach den Ergebnissen des Falterfangs; der eine von den Sammlern hatte Glück gehabt und war zufrieden, der andere, dessen Laterne versagt hatte, schimpfte halblaut vor sich hin.

»Ihr Kollege hat, scheint's, mehr Glück gehabt als Sie?« sagte ich zu ihm.

»Ja«, knurrte er zornig, »das haben die Dummen ja immer.«

Der andere hörte es wohl, lachte aber nur vergnügt vor sich hin. Einen Alpenbären aber hatte auch er nicht gefangen. Ich allein war so glücklich, einen zu sehen. Er flog, als ich nach der späten Heimkehr im Gasthaus Licht machte, gegen mein Fenster. Doch habe ich ihn weder gefangen noch einem der Sammler verraten. Es war ein schönes Tier, schwarz und gelbbraun, mit starkem behaartem Rumpf. Ich nickte ihm zu, löschte mein Licht und sah ihn rasch flatternd in die bläuliche Nacht verschwinden.

An einem wolkenlos blauen Hochsommermorgen verließ ich Preda und wanderte ohne Eile die schöne, sanft steigende Straße nach dem Hospiz hinan. Der letzte Teil des Weges ist von einer wuchtig ernsten Schönheit, nicht unähnlich dem St. Gotthard, und doch anders, kahl und ganz Form, ohne alles Kleine, Zierliche, Zufällige. Auf der Höhe liegt nur sehr wenig Schnee, ein paar kleine graue Felder in runden Schattenmulden, aber wie überall in dieser Gegend ist Wasser genug vorhanden. Das urweltliche Kolossale der Steinlandschaft reinigt die Phantasie, schon indem es für eine Weile alle menschlich kleinen Beziehungen zum Schweigen bringt und mit schlichter Gewalt, gleich den ersten Worten der Genesis, auf die Geburtszeit der Erde und ihre Einheit mit dem Kosmos deutet, die uns sonst selten so klar und nachhaltig zum Bewußtsein kommt.

Von der erreichten Paßhöhe, einfach weiter straßabwärts zu gehen, hätte mir leid getan; statt dessen stieg ich vom Hospiz an höher und brachte zwei Stunden damit zu, oben an den Rändern der Wände und Schutthalden einen Strauß Edelweiß zu sammeln. Die dort sehr zahlreich hausenden Murmeltiere bekam ich leider nur zu hören, nicht zu sehen. Als ich bald nach Mittag meinen Weg auf der Paßstraße fortsetzte, war es trotz der Höhe schon sehr warm, und je tiefer die Straße führte, desto heißer glühte der sonnige, mit fernher anziehenden Gewitterwolken drohende Tag. Große Viehherden, deren Hirten auffallenderweise fast alle deutsch sprachen, waren auf den ausgedehnten Mattenhängen verstreut. Es tauchten Gesträuche, dann Bäume auf, und die bisher fast vegetationslose Landschaft ward grün und immer waldiger, bis unten das Inntal sich öffnete. Freudig schritt ich den schönen Dörfern mit den schönen Namen Ponte, Camogask, Madulein und Guardaval entgegen, wo an jeder Gasse stattliche alte Bündnerhäuser mit Vortreppen, spitzen Erkern und reichen Balkongittern von guter Schmiedearbeit stehen. Häuser, Gassen, große steinerne Brunnen, ehrbare alte Gasthäuser deuten auf Wohlstand und ältere Kultur, Wagen und Pferde erfüllen die lebhafte Talstraße mit Getöse, Staub und Leben, und unter Männern, Frauen und Kindern sieht man zahlreiche wundervolle bräunliche Schönheiten. Allerdings beginnt hier auch, namentlich von Bevers an aufwärts, der berühmte Engadiner Fremdenbetrieb, der das Vergnügen des Wanderns zwischen hier und Sankt Moritz stark beeinträchtigt.

In Bevers machte ich Rast, vom Gehen und von der Hitze ziemlich mitgenommen. Dabei erlebte ich eine Ermüdungserscheinung, die mir noch nie passiert war. Im Wirtshaus, wo ich eine Flasche Bier getrunken und ein Brot gegessen hatte, zahlte ich die geringe Zeche mit einem großen Geldstück und ging, während die Kellnerin im Nebenzimmer die Münze wechselte, gedankenlos davon. Nach fünfzig Schritten holte das Mädchen mich auf der Straße ein und drückte mir zu meinem Erstaunen eine Menge Kleingeld in die Hand, was mich sehr fröhlich stimmte, da ich mein Anrecht darauf innerhalb zweier Minuten vollkommen vergessen hatte.

In Sankt Moritz hielt ich es nur eine Stunde aus. Immerhin sah ich viel; es war Sonntag, Musik und Kurpromenade. Unter den vielen Läden sind einzelne Italienerbuden mit Silbersachen, Seide und Stickereien, bei denen man köstliche Sachen sehen kann, bei nicht allzu übertriebenen Preisen. Die Promenade wimmelt von Toiletten, Figuren und Physiognomien, die sich am Boulevard des Italiens, in Ostende oder auch in Montecarlo besser machen würden. Man sieht Lebemänner, internationale Dirnen, Mütter mit mannbaren Töchtern, Herumtreiber und Gauner mit den bekannten konfiszierten Gesichtern, halb Casanova, halb Frank Wedekind. Wenn man die Aussicht hat, in Bälde wieder allein zwischen Bergen und Wäldern zu sein, ist eine solche Stunde Aufenthalt in Sankt Moritz ein munteres, komödienhaftes Vergnügen. Übrigens klagen die Hoteliers, die Saison sei mäßig.

Kaum hat man dies farbige Theater und die letzten künstlich gewundenen und geglätteten Spazierwege hinter sich, so sieht man plötzlich das eigentliche Oberengadin, von dem Sankt Moritz noch keinen Eindruck gibt. Eine unsäglich kräftige, kühle, herbe Bergluft gibt allen Farben eine emailartige Frische, namentlich das Wasser des Flusses und der Seen hat einen Glanz und eine glasklare Tönung wie kaum in einem anderen Tal der Schweiz. Ein schöner Waldweg führt über dem Wasser hin, jenseits von Silvaplana am See vorbei nach Sils Maria. Und von hier sieht man über den zweiten See hinweg in die Berge und auf herrlich steile Gelände, und am Horizont liegt breit und fürstlich als Tor zum Süden das alte Maloja, das Bergell und die Wunderstraße nach Italien verbergend.

Eine Halbinsel im See, leider sehr kultiviert, trägt den wenig schönen Nietzschestein. Damen mit Sonnenschirmen stehen davor, und in Sils Maria, das für seine Einsamkeit und Stille berühmt ist, sind die teuren Hotels für Wochen hinaus bis aufs letzte Bett und den letzten Platz am Tisch besetzt. Freilich ist der Ort verlockend und nicht nur zum Rasten schön, sondern auch für mehrere Bergtouren günstig gelegen. Es tat mir leid darum, aber auf Reisen ist die erste Kunst die des Verzichtenkönnens, und ich hatte keinerlei Ausrüstung bei mir, nicht einmal den Bergstock.

Es muß an jenem Sonntag im Tiefland maßlos heiß gewesen sein, da sogar hier oben trotz eines kräftigen, kühlen Schneewindes das Gehen warm machte. Hinter Maloja stand dunkles Gewölk unbeweglich wie ein abenteuerlich hoher, frech gezackter Gebirgszug. Die Wanderung dieser bläulich verschleierten Ferne entgegen war verlockend schön. Bei Isola rastete ich kurz an einem versteckten, tief in einer schmalen Schlucht wühlenden Wassersturz, dann kamen mir in langen Zügen mit Geläute die heimkehrenden Kuhherden entgegen, und langsam legte ich, während der zunehmende Abendwind Kühlung brachte, den herrlich gewundenen Strandweg nach Maloja zurück. Dort hatte ich auf der großen Holzlaube eines vortrefflichen Gasthauses einen behaglichen Feierabend bei gutem Veltliner, ließ mir von der Wirtin die Schauergeschichte des Attentäters Orsini erzählen und sah die Schneefelder der Margna und des Lunghin verglühen.

Mein Plan war, hier zu übernachten, vielleicht einen kleinen Abstecher in die Höhe zu machen, und dann zu Fuß oder mit der Post denselben Weg durchs Engadin zurück zu nehmen, um dann über den Julier heimzugehen. Mein Reisegeld war in Preda stark geschmolzen, und zu Hause wartete Arbeit genug auf mich. Nun wollte ich wenigstens noch einen hungrigen Blick talabwärts ins Bergell tun. Bei den letzten Häusern von Maloja, wo die Straße sich biegt und zu fallen beginnt, öffnet sich die Aussicht und man blickt der phantastisch gewundenen Straße nach in das herrliche Tal hinein. Ich hatte nicht lange hinuntergeblickt, da ließ ich den Julier, die Heimkehr und den Gedanken an die Arbeit fallen und gab der Verlockung nach, auf diesem prachtvollen Weg schnell nach Italien zu streifen, Chiavenna zu sehen, den Comersee wieder einmal zu grüßen und einen Abend bei Chianti und Italienerliedern zu verschlemmen. Mit diesem Entschluß ging ich zu Bett und träumte die halbe Nacht von lauter welschen, farbigen, wohlschmeckenden Dingen.

Am folgenden Morgen war es früh schon warm. Die berühmte Poststraße einhaltend, kam ich in zahlreichen Bogen und Kehren talwärts. Aus dem rauhen, spärlich bewachsenen Alpenhochtal ging es, als flögen Kulissen an mir vorüber, rapid in eine immer reichere Vegetation hinein: erst Kartoffeln und schöner Baumwuchs, dann Korn und Gärten, dann Wein und Mais, Kastanien, Maulbeerbäume, Feigen, Oleander, alles hintereinander in wenigen Stunden. Das hatte etwas so aufreizend Frohmachendes, daß ich trotz des vielen Staubes und der großen, immer zunehmenden Hitze vergnügt dahinwanderte, mit den Dorfleuten scherzte und jedem der ungezählten Postwagen und Droschken zujodelte und Grüße nachrief. In den Dörfern kaufte ich Brot, das ich unterwegs verzehrte. Was für Dörfer! Jedes eine fast römisch-romanische Vedute, mit alter Kirche und altem Kastell am Berghang trotzend, der reißende Bach an altem Burggemäuer und unter hohen, rundbogigen Steinbrücken hinschäumend.

Erstaunlich ist der Unterschied in den Farben der Landschaft, wenn man vom Engadin ins Bergell hinabsteigt. Dort alles hart, blank, metallisch klar und kühl, hier alles warm, weicher, abgetönter, samtener. Namentlich trägt das Wasser zu diesem auffallenden Eindruck bei: oben ist es rein, eisig, geklärt, an tiefen Stellen von leuchtendem Grün und Blau; hier ist der rasch und reißend abstürzende Fluß durchaus stumpf grau, zuweilen mattsilbern, nie grün und auch an den schäumendsten Stellen nie ganz weiß. Das rührt von dem feinen Mineral her, das der Bach aus den Bergen herbringt, einem sehr zarten, glimmerartigen, feinkörnigen Silbersand, auf welchem barfuß herrlich zu gehen ist. Ich erprobte das unterhalb Vicosoprano bei einem Bade.

Noch nie hatte ich Italien auf einem schöneren Wege erreicht; auch der Sprachübergang durch das rhätische Romanisch hat eine besondere Schönheit. An der Grenze nickten die Zollsoldaten mir zu, ohne mich anzuhalten, ich hatte nicht einmal Mantel, Schirm oder Stock, von Gepäck gar nicht zu reden. Ich hatte auch keine Landkarte und lief durch alle die malerischen Dörfer und an allen den hohen, zackig wilden Fels- und Schneebergen vorbei, ohne mich um ihre Namen zu kümmern. Wieder stand am Ende meines Weges, heute aber viel näher und drohender das dunkel absteigende Gebirge von Wetterwolken, und ein schwüler Wind trieb mir streckenweise den dichten weißen Landstraßenstaub entgegen. Und genau bei meinem Einmarsch in Chiavenna begann Regen zu stürzen.

Die platt gepflasterten Gassen des enggebauten Städtchens wurden rasch zu kleinen Bächen, und die Menge von Herumtreibern, fliegenden Händlern, Barbieren, Weibern und Kindern, die zur Ausstattung jeder italienischen Gasse gehörten, verschwand nach allen Seiten in die Häuser. Im Tor eines kleinen, primitiven Ladens für Wein, Tabak und Lebensmittel saß ein schönes Mädchen mit Stickerei beschäftigt, und sah mich mitleidig an, da ich nach dem stundenlangen, staubigen Wandern nicht eben frisch und sauber aussah. Ich trat bei ihr ein und fragte, ob es kein Nachtquartier im Haus gäbe. Sie holte ihre Mutter her, und diese führte mich über den Hof und gewundene, brüchige Steintreppen hoch in den obersten Stock zu einem guten und billigen Stüblein, das mir gerne für die Nacht überlassen wurde. Und während ich dann ausruhend im Lädchen saß, mit der Schönen und ihren vier ebenfalls hübschen Schwestern plauderte und dem Regen zuschaute, kochte mir die Mutter über dem offenen Feuer im Hängekessel eine große Schüssel Makkaroni mit Fleisch, die ich bis auf den letzten Faden verzehrte. Ich bin kein Esser, aber für einen Teller maccheroncini al sugo würde ich jederzeit freudig den weitesten Gang tun. Der von meiner Wirtin verzapfte und als Vero Vecchio empfohlene Chianti hingegen war nicht ganz glaubwürdig, ich gab ihn zurück und bekam statt seiner einen vorzüglichen Piemontesen.

Der Regen hatte nicht lang gedauert, das eigentliche Gewitter hing noch wartend über der Stadt. Satt und heiter bummelte ich durch die eindämmernden Gäßlein und hatte meine Freude an dem vielfältigen Abendleben der Kleinstadt. Auf einer Brücke über dem laut tosenden Fluß, inmitten altmodisch winkeliger Häuser, ruhte ich aus und atmete die feuchte Kühle mit wahrem Durst, denn über der engen, finsteren Stadt brütete eine infernalische Schwüle. Das Glück ließ mich unterwegs unverhofft einen Bekannten antreffen, einen Basler Maler, der müde, einsam und nervös durch Chiavenna schlenderte, und für den es höchste Zeit war, daß ein besorgter Freund ihn mitnahm und um ein paar Flaschen Wein leichter machte. Wir suchten lange und vorsichtig nach einer guten Osteria und gerieten schließlich an einen ganz hervorragenden Grumello, nach dem mir noch jetzt der Mund wässert.

Da wir beide über den Gotthard heimkehren wollten, und da uns bei dem höchst unsicheren Wetter der sehr weite Weg über den Splügen und St. Bernhard doch gewagt erschien, beschlossen wir, am nächsten Morgen über den Comersee nach Lugano und von da nach Bellinzona oder Airolo zu fahren. Wir verlangten ein Kursbuch und stellten einen annehmbaren Plan zusammen, dann leerten wir still die letzte Flasche und hatten einander kaum gute Nacht gesagt, als ein wütender Wolkenbruch losging, die Straßen überschwemmte und ein Gewitter eröffnete, das die ganze Nacht hindurch anhielt. Auch in den hohen Bergen habe ich selten ein solches Unwetter erlebt. Der Donner schrie fast ohne Pause dröhnend und polternd bis zur Morgenfrühe, Blitze loderten blendend jeden Augenblick durch die Finsternis, und der Regen goß in leidenschaftlichen Strömen auf die Dächer und in die widerhallenden, engen, steinernen Gassen. Schlafen war unmöglich, ich saß im Hemd auf dem Bettrand, schlenkerte mit den Beinen, fing Schnaken und hörte dem Wetter zu.

Der Maler, den ich nach dem Frühstück wieder traf, hatte natürlich auch nicht geschlafen. Wir waren froh, daß wir heute nichts zu leisten brauchten, nahmen einen Vermouth und gingen zur Eisenbahn, um unsere wohlausgerechnete Tagesreise abzufahren. Der Zug ging ab, und wir kamen zur rechten Zeit nach Bellano, einem hübschen Nest am Comersee. Dort aber erfuhren wir, daß der Fahrplan seit acht Tagen geändert sei; damit fiel unser schöner Plan ins Wasser, und wir standen in Bellano vor dem Bahnhof, während es eben wieder kräftig zu regnen anfing. Beim unentschlossenen Weiterschlendern entdeckten wir ein herrliches Gasthaus, über schmalen Terrassengärten und grünen Laubengängen hoch überm Seeufer hängend. Dort richteten wir uns ein – wir waren die einzigen Gäste – und warteten, während vor den Fenstern das Laub im Regen tropfte und die entfernteren Ufer in Nebelwolken verschwanden. Nebenan stand eine kleine Villa, die ein italienischer Institutsbesitzer gemietet hatte, und aus den offenstehenden Fenstern schmachteten siebzehnjährige Mädchen in hellen Sommerkleidern gelangweilt und melancholisch herüber. Uns aber bereitete die Wirtin ein vortreffliches Essen, und als nach einigen Stunden die Zeit der Weiterreise da war, kam sie uns beinahe zu früh. Das Wetter hatte sich etwas aufgehellt, und wir legten ohne längere Aufenthalte den Weg über Menaggio und Porlezza nach Lugano zurück.

Ich hatte nun, nach der schönen Dampferfahrt an den Bergdörfern, Villen und Zypressengärten vorbei, für diesmal vom Süden genug. Die laue Schwüle der Luft und die gesprächige Lebhaftigkeit der Italiener ist, wenn man aus den Alpen kommt und nicht Zeit zu längerem Aufenthalt und Einleben hat, verwirrend und ermüdend. So drängte ich zum raschen Weiterfahren, und mein Kamerad gab gerne nach. Wir hatten am Bahnhof nur Zeit, einen raschen Trunk zu nehmen, dann stiegen wir ein und fuhren im Schnellzug dem Gotthard entgegen. So sehr es mir leid tat, diesmal ohne Aufenthalt durch das Tessin zu fahren, war ich doch froh, rasch wieder in höhere kühlere Lüfte zu kommen. Darum stiegen wir in Bellinzona nicht aus, sondern fuhren durch das halb in Nebeln verborgene Tal wieder bis Airolo, wo wir bei einbrechender Dunkelheit ankamen.

Als ich morgens in der Frühe erwachte, war es ziemlich kühl und regnete so heftig, daß wir noch zwei Stunden liegen blieben. Auch da sah das Wetter noch schlecht aus, doch versprachen wir einer dem anderen, den Humor nicht zu verlieren, komme was da wolle. So rückten wir aus und verließen gleich hinter Airolo die Straße, um direkt bergan zu gehen. Im Tal hingen weißlich trübe Wolkenlappen und über uns war Straße, Berg und Himmel dicht verhüllt; aus dem Nebel sickerte die Nässe in staubfeinen Tropfen, so daß wir anfangs froren. Doch wurden wir schnell warm bis zum Schwitzen, da das Steigen an den nassen, bröckelnden Halden einige Mühe machte. Dabei hatte ich, wie immer am Gotthard, meine Freude an dem schönen, edlen Gestein, dessen Bruchflächen silbrig und goldbraun schillern – ein Anblick, dessen man stundenlang nicht müde wird.

Als wir die Straße wieder erreichten, hatten wir mehr als eine halbe Stunde Wegs erspart. Aber jetzt fingen die Wolken sich zu lösen an, und nach wenigen Minuten waren wir im dichten Regen und konnten die Straße nur höchstens zwanzig Schritte weit vor uns erkennen. Mäntel oder Kapuzen hatten wir nicht, und obwohl meine Kleidung aus gutem Loden ist, war ich schon nach einer Viertelstunde vollkommen durchnäßt. Das Wasser lief in kühlen, schmalen Bächen am Nacken herein, den Rücken hinunter, und aus den Ärmeln, Hosen und Stiefeln wieder hinaus. Taschentuch, Geldbeutel, Briefschaften, die ich bei mir trug, wurden weich und breiig und schwammen trostlos in den mit Wasser gefüllten Taschen herum. Unangenehm war namentlich die Reibung an dem nassen Kleiderstoff, wobei Ellbogen, Schultern und Knie wund wurden. Da ich Kniehosen trug, konnte ich mir durch Ausziehen der lästigen hohen Strümpfe Erleichterung schaffen.

Als ich das letzte Mal am Gotthard war, war es Januar und ich hatte über dem tiefen Schnee wundervoll blaue, lichte, sonnige Tage gehabt, an denen jede Felsspalte und jeder ferne Gipfel klarer und schärfer zu sehen war als je im Sommer. Nun hatte ich nichts dagegen, das alles auch einmal in Wolken und Regenschleiern zu sehen. An Abkürzungen war nicht mehr zu denken, rennen konnten wir in den vom Wasser schweren Kleidern und Schuhen auch nicht, so schritten wir, da doch einmal nichts zu bessern war, ohne Eile gleichmäßig weiter, anfangs still und geduldig, dann aber vergnügt und heiter. Je weiter wir kamen, desto mehr genossen wir die graue, schwere Stimmung der Luft und den sagenhaft phantastischen Anblick der Landschaft. Ziehende Wolken umgaben uns von allen Seiten, und wo sie sich verschoben, drohte plötzlich eine Steinwand, eine tief gerissene Bachschlucht, ein Felsgipfel überraschend nah und mächtig auf, um bald wieder spurlos zu verschwinden. Die schöne aber bequeme und harmlose Straße war geheimnisvoll und abenteuerlich geworden. Natürlich begegneten wir keinem Menschen.

Im Wandern fiel mir die Erzählung eines jungen Berliner Kaufmanns ein, der einmal über den Gotthard gegangen war, und den ich nachher in der Eisenbahn getroffen hatte. Mit der einer gewissen, meist dem Norden angehörenden Menschenklasse eigenen Naivität gab er mir, dem Einheimischen, merkwürdige Aufschlüsse über die Natur der Berge und Bergstraßen. Er sprach von dem Gang über die Gotthardstraße wie von einer Hochtour, betonte namentlich wiederholt, daß er die »Tour« ganz allein gemacht habe, und stützte sich dabei mit der Sicherheit eines greisen Bergführers auf seinen unverhältnismäßig langen Bergstock, den er nirgends im Coupé unterbringen konnte. Am meisten war mir damals aufgefallen, daß er den Gotthard für eine räubergefährdete Gegend hielt; freilich sah er jeden mit einem großen alten Hut versehenen Tessiner Hirten für »so einen gefährlichen Bruder« an. Schließlich hatte ich ihn gefragt, ob er denn einmal angefallen oder bedroht worden sei.

»Nicht direkt«, sagte er, »aber begegnet bin ich solchen Burschen wiederholt. Einmal ging einer, ein großer, schwarzer Mensch, ganz nah an mir vorbei. Keine Seele in der Nähe natürlich. Da hab' ich denn meinen Stock ordentlich fest gefaßt und den Kerl mal so angesehen, daß er gleich wußte, wo er dran war. Herangewagt hat er sich dann nicht mehr.«

– Beinahe drei Stunden hatten wir so im Regen zu gehen. Da die Bewegung uns warm hielt, hatten die kleinen Beschwerden nichts zu sagen, und wir kamen allmählich in jene angenehme träumerische Regenstimmung, in der man aus dem Rhythmus des Tropfenfalls Melodien hört und gerne alten Erinnerungen nachgeht. Wir erzählten einander von früheren Fußreisen, von früheren Wandergenossen und Wandererlebnissen, und kamen schließlich in der besten Stimmung oben an, wo eben das Mittagessen serviert wurde und eine Menge von Gästen und eingeregneten Touristen an den Tischen saßen. In unseren triefenden Kleidern konnten wir freilich den überfüllten, behaglich ofenwarmen Gästeraum nicht in Anspruch nehmen. Nach einem sorgenvollen Blick in den Geldbeutel bestellten wir ein besonderes Zimmer, wo wir die Kleider ablegten und uns in Betttücher wickelten. So saßen wir zu Tisch und wärmten uns mit einem guten Wein. Unsere Kleider und Hemden wurden zum Trocknen aufgehängt, wir bekamen Hausschuhe, und ich konnte mir sogar ein Paar lange Damenstrümpfe kaufen. Mein Freund trocknete seine breiweichen Zigaretten, dann rauften wir ein wenig zur Erwärmung, und wären am liebsten gleich weiter gegangen. Doch schien es mir schade, den herrlichen Talweg so im Regendunkel zu machen, und wir beschlossen, ein paar Stunden zu warten. Draußen klatschte der immer noch heftig stürzende Regen in den grauen See, nebenan im alten Hospiz wurde gebaut und die italienischen Maurer sangen zur Arbeit. Wein und Speise wurde uns von der Kellnerin durch den Türspalt hereingereicht.

Nach etwa drei Stunden wurde der Regen schwächer und gegen Andermatt hin öffnete sich die Aussicht, nur einzelne kleinere Gipfel blieben im Gewölk verborgen. Wir zogen unsere Kleider wieder an; trocken waren sie in der kurzen Zeit und bei der kühlen Witterung nicht geworden, und es war nicht behaglich, in die nassen, sich kalt anliegenden Hemden zu schlüpfen. Doch konnten wir uns ja schnell wieder warm laufen, und da es aussah, als wolle der Regen bald ganz aufhören, hatten wir Aussicht, unterwegs rascher trocken zu werden als im Hause. Also brachen wir auf, zündeten uns eine feuchte Zigarette an und gingen weiter, während ein leichter Wind talaufwärts kam und besseres Wetter brachte. Es fiel nur noch ein dünnes, schwaches Geriesel, die Luft schien wärmer zu werden und in der Ferne trat sogar ein kleines Stücklein Himmelsblau hervor.

Die Gotthardstraße bis zu dem trotzig malerischen Hospenthal hinab zu gehen, ist immer eine besondere Lust. Namentlich der höhere Teil des Passes mit den unvergleichlich kühnen, massigen Formen der Felsberge, den kleinen Seebecken und dem aus vielen kleinen Rinnsalen entstehenden Bach gehört zum Gewaltigsten, was man auf den gebahnten Bergstraßen sehen kann. Über Hospenthal, wo man den Zusammenhang der drei großen Paßstraßen (Gotthard, Oberalp und Furka) überschaut und am Ende des fast ebenen Tales die Reuß gegen die Schöllenen zu verschwinden sieht, hat man den letzten großen Eindruck. Dann wird die Straße eben und verliert den Gebirgscharakter, von Andermatt her spazieren elegante Kurgäste, Hotelomnibusse knattern einher, und man hat plötzlich das Gefühl, 500 Meter tiefer zu sein, als man in Wirklichkeit ist. Protzige Gasthäuser verderben Andermatt, das sonst ein sehr hübscher Ort wäre, und alles nimmt wieder den Charakter der Durchschnittsschweiz an: Ansichtskartenhandel, Läden mit Holzschnitzereien, Berliner Familien, Hotellivreen usw.

Mein Begleiter, der morgen noch über die Furka wollte, blieb für die Nacht in Andermatt. Mich duldete es dort nicht länger, ich nahm Abschied und ging mit langen Schritten weiter bis zu der wunderbaren Stelle, an der das Tal sich nahezu schließt, die Straße als Tunnel unterm Berge durchschlüpft und die wilde Reuß sich mit einem brausenden Sturz in die finstere Schlucht hinunterwirft. Hier mögen Wagen fahren und Touristen gehen, Photographen ihre Apparate stellen und Backfische ihre Skizzenbücher aufmachen, man sieht es nicht, es verschwindet und geht unter neben der Gewalt der Felsen und Wasser. Im vergangenen Winter war ich hier im Schlitten vorbeigefahren und früher zweimal an schönen sonnigen Tagen dagewesen. Jetzt hingen Nebel um die Höhen und eine verfrühte Dämmerung brach ein, kühl und düster, und ich stieg langsam talabwärts. Alle Eindrücke meiner Reise waren vergessen, ich war glücklich, wieder diese Wunderstraße gehen zu dürfen, schaute an jedem Felsen empor und in jeden Strudel hinab und war nicht weniger benommen als an jenem Sommertag, da ich vor Jahren zum ersten Mal diesen Weg gegangen war.

Übrigens mußte ich, so oft ich hier vorüberkam, jedesmal nicht an Goethe und nicht an Suwarow und nicht an Böcklin denken, sondern an das erste Kapitel des Vischerschen »Auch Einer«.

In Göschenen dunkelte es schon, als ich dort ankam, und den Blick durchs Göschenertal auf den Dammagletscher mußte ich auf den anderen Morgen verschieben.

Und als es so weit war, reichte mein Geld gerade noch zur direkten Heimfahrt, und ich saß im Zug mit dem Gefühl des Verurteilten, der an hundert verlockenden Gassen und Türen vorbei in den Kerker geführt wird. Die Göscheneralp, das Maderanertal, die Axenstraße und der zu wenig bekannte schöne Zuger See blieben alle unbesucht liegen, und meine Reise endete, wie jede von meinen Reisen, mit dem drängenden Verlangen, bald wieder zu wandern, so bald und so weit wie möglich.

[1905/1932]

Über die Alpen

Das ist ein Wandern, wenn der Schnee
Der Alpenberge kühl erglänzt,
Indes der erste blaue See
Italiens schon die Sicht begrenzt!

Durch Höhenwind und herbe Luft
Weht eine süße Ahnung her
Von violettem Ferneduft
Und südlich übersonntem Meer.

Und weiter sehnt das Auge sich
Zum hellen Florentiner Dom
Und träumt nach jedem Hügelstrich
Aufsteigend das beglänzte Rom.

Schon formt die Lippe unbewußt
Der fremden schönen Sprache Laut,
Indes ein Meer verklärter Lust
Dir schauernd warm entgegenblaut.

Reisebilder

Abfahrt

Der Untersee und unser kleines Dorf lag tief im dicken Herbstmorgennebel, als ich mit meinem Reisegefährten am flachen Ufer in den Kahn stieg. Wir ruderten dem Kompaß nach rasch durch den milchig schimmernden Dunst über das dunkle, regungslose Wasser, und bald stieg mit spitzen Türmchen und langer Dächerflucht das gegenüberliegende Uferstädtchen undeutlich und verschlafen aus dem leise brodelnden Gewölk. Es war eine kühle Morgenstille in den sauberen Gassen, nur ein Bäkkerladen hatte Licht brennen und wartete auf Zuspruch aus den behaglichen Häusern, die mit nebelfeuchten Erkern und geschlossenen Toren ohne Ungeduld den Tag erwarteten. Späte Dahlien, weiße und gelbe Buschastern blühten noch in einigen Gärten, und beim Bahnhof ließen einige Vogelbeerbäumchen ihre hellroten Fruchtbüschel leuchten.

Der Zug kam an und nahm uns mit, wir fuhren seelängs, doch ohne den See oder die schönen Hügel zu sehen, durch ein fremdes Nebelland und hatten nichts dagegen. Denn durch einen dichten Nebel der erwarteten Bergklarheit entgegenzureisen, ist ebenso ahnungsvoll schön und köstlich spannend, wie durch einen mächtigen Tunnel in ein fremdes Land einzufahren. Der Schaffner rief die Namen wohlbekannter Seedörfer, von denen wir nichts sahen, er rief Konstanz und Kreuzlingen und schließlich Arbon und Romanshorn, und wären die Bahnhöfe und die einsteigenden Menschen nicht gewesen, so hätten wir vom Wechsel der Landschaft nichts bemerkt. So aber spürten wir ihn wohl.

Es ist merkwürdig: Wenn ich vom Untersee her weiter in die Ostschweiz hinein reise, habe ich stets das Gefühl, in ländlichere Gegenden zu kommen, obwohl eigentlich das Gegenteil wahr ist. Unsere Unterseedörfer sind so still wie möglich und schließlich ist auch Konstanz keine Großstadt, während von Arbon bis St. Gallen der Eindruck von Stadtnähe, Bahnverkehr und Industrie beständig zunimmt. Und doch erscheint es mir umgekehrt, und das liegt an den Menschen. Etwa von Romanshorn an fühlt man, daß andere Leute einsteigen, und diese Leute machen – Ausnahmen zugegeben – einen behaglichen und wohltuend phäakenhaften Eindruck. Sie steigen langsam ein, sie rufen noch auf der Treppe draußenstehenden Bekannten etwas zu und im Wagen grüßen sie und sind mit dem Schaffner oder mit den Reisenden schon im Gespräch, noch ehe sie Platz genommen haben.

So war es auch diesmal wieder. Ohne daß der Zug weniger rasch fuhr und obwohl Publikum und Land eigentlich keinen agrarischen Eindruck machten, fühlte man eine freundliche Verlangsamung des Tempos, lediglich aufgrund des Dialekts, der Gestalten, Gesichter und Gesten. Etwas Munteres und Lebensfrohes klang auf, aber ohne jede Heftigkeit. Zwischen den Rorschachern, St. Gallern und Rheintälern tauchten auch schon manche Appenzeller auf, und je mehr ihrer wurden, desto behaglicher und frohsinniger wurde es in unserem Wagen. Es dauerte nicht lange, so waren wir mit ins Gespräch gezogen und wurden über Herkunft und Reiseziel freundlich und ohne lästige Neugierde befragt.

Scherze und gute Wünsche wurden uns nachgerufen, als der Zug schließlich in St. Gallen hielt und alle auseinandergingen.

Hier begannen wir uns die Weiterreise zu überlegen. Wir wollten ohne feste Route ein paar Tage schön verschlendern, und da gerade die Straßenbahn nach Trogen zur Abfahrt bereit stand, stiegen wir ein und fuhren in einem schönen, bequemen und hellen Wagen durch die Stadt und langsam bergauf.

Noch immer steckten wir tief in Nebeln, doch drang aus der Höhe schon wärmeres Licht und eine Ahnung von blassem Blau uns entgegen, und im Berganfahren erlebten wir das alte, freudige Spiel, das Wogen und Verzagen der weißen Massen, das Auflachen und Versteckspielen eines blauen Stückleins Himmel, den Kampf der Sonne mit der Trübe und ihren stillen, herrlichen Sieg. Oben beim Vögelinsegg erreichten wir endgültig die klare Höhe, sahen einen glänzend blauen Mittagshimmel über herbstklare Fluren lachen und atmeten frische, durchsonnte Luft. Und nun fuhren wir rasch und fröhlich ins Appenzell hinein, durch ein reinliches und fröhliches Land mit lichten, sauberen Häusern und heiteren Menschen, bis zur Station Trogen, wo die Straßenbahn ein Ende hat und wo wir unsere Wanderschaft beginnen wollten.

Im Appenzell

Oft hatte ich im Appenzellerlande den Eindruck, auf einem besonders gesegneten Boden zu wandern und bei einem feiertäglich fröhlichen Volke zu Gast zu sein. Wenigstens erinnere ich mich nicht, jemals anderswo auf einem so kleinen Stücklein Erde so viele tüchtige und lebensfrohe Menschen gesehen zu haben, so heiter, herzlich und munter empfangen worden zu sein, so viele lustige Worte, Lieder und Jodler gehört zu haben. Das Land hat mich immer sonntäglich angemutet, und so war ich nicht erstaunt, als mir auch diesmal gleich am ersten Ort, in Trogen, Musik und Festlichkeit entgegentönte. Es war ein Jahrmarkt, Händlerbuden und Lebkuchenstände in den Gassen, und am liebsten hätte ich mich sogleich darin verloren und mitgefeiert. Aber wir wollten wandern, die grünen Höhen des Gäbris lagen verlockend vor uns, so nahmen wir nur einen Imbiß im Gasthof und wanderten dann auf guten Wegen bergauf.

Das ganze hügelige Land ist üppig grün und besteht ausschließlich aus Weiden, dazwischen steht je und je ein kleines schwarzes Tannengehölz und am Fuß der höheren Berge schöne Laubwälder. Und überall liegen saubere Höfe, einer wie der andere einladend, wohnlich, gepflegt, vielfenstrig, mit vorspringender Holzschutzwand auf der Windseite und mit ein paar schönen Bäumen (meistens Eschen) davor. Darumher Weide an Weide, niedrig umzäunt, mit hölzernen Tränken und stattlichem Vieh.

Das Wandern in diesem hundertfach gefalteten Hügelland hat etwas Spannendes und Erwartungsvolles, das beständige Bergauf und Bergab öffnet von Augenblick zu Augenblick neue Bilder. Wir stiegen plaudernd die Matten hinan, an feisten Kühen und weißen graziösen Ziegen vorbei, in einer mäßigen Sonnenwärme. Der Himmel war ganz wolkenlos und die sattgrünen Hügelköpfe mit ihren Tannen, Hofstätten, Kühen und Hägen leuchteten wie Kleinode. Im Höherkommen sahen wir da und dort klare und strenge Alpengipfel auftauchen, rötlich-warme Felswände, scheckige Rinnen, mildweiße Schneefelder.

Seit langer Zeit hatte ich kein so reines Wanderglück mehr genossen, und als allmählich unser Gespräch langsam wurde und schließlich aufhörte, besuchte mich ungerufen eine Erinnerung aus frühen Kinderzeiten. Damals, als kleiner Knabe, besaß ich ein Bilderbuch, darin waren Berge und Ströme, Ährenfelder und Alpenwiesen abgebildet und ihre Farben waren so frisch und satt und herrlich, daß ich daran zweifelte, ob irgendwo auf Erden wirklich so lachend schöne Gegenden zu finden wären. Und lange Zeit hielt ich mein Bilderbuch allen Ernstes für schöner als jede Wirklichkeit. Bis einmal an einem föhnblauen, warmen Frühlingstag mein Vater mich auf einen Ausflug mitnahm. An jenem Tage geschah es, daß mir die Augen aufgingen, ich sah Berge und Wald verklärter und prächtiger als auf den schönsten Bildern und faßte zum erstenmal eine erstaunte, zärtliche Liebe zur Erde, die mir erst in späteren Jahren wiederkehrte und mich seither oft und oft mit unwiderstehlichem Wanderheimweh ergriffen hat.

So ging es mir heute wieder. In manchen trüben Zeiten war mir das wahre Schauen abhanden gekommen, ich hatte sogar manchmal ein skeptisches Gefühl, als hätte ich in meinen eigenen Aufzeichnungen und Wandererinnerungen zu flott gemalt und allzuviel Wesens von der Schönheit der Erde gemacht. Und nun schritt ich wieder freudig ergriffen über Gras und Gestein und hatte wieder die Empfindung eines edleren, erhöhten

Lebens und sah wieder jeden Tannenschatten und jede ferne Alp mit jener zärtlich-frohen Liebe an, die mir eine Zeitlang beinahe verlorengegangen war.

Indessen hatten wir die Höhe des Gäbris erreicht. Der nahe Säntis stand mit bläulichen Schatten uns gegenüber, weiter jenseits des Rheintales die Tiroler und Graubündener Berge und das Vorarlberg. Mit Befriedigung sahen wir die ganze Gegend um unseren Wohnort her in trübem Dunst verborgen, während wir, in die Bergklarheit entronnen, schleierlose Fernen sahen und Sonnenlüfte atmeten. Vom Bodensee sahen wir nur je einen schmalen Streifen durch Nebelwolken blinken, nach allen anderen Seiten aber war die Weite hell.

Obwohl es ein Werktag und schon spät im Herbst war, blieben wir auf unserem Berg keineswegs einsam. Die Appenzeller sind gute Fußgänger und haben eine Freude an ihrem Land, und wenn ein sonniger Herbsttag leuchtet, machen sie sich kein Gewissen daraus, ein paar Stunden an einen Ausflug zu wenden. Wir trafen Alte und Junge, darunter ein wohl siebzigjähriges Ehepaar und eine Menge von Kindern, denn es waren Schulferien. Buben und Mädchen aus Gais, aus Heiden, aus Bühler und aus Appenzell liefen barfuß und unermüdlich von einer Matte und einer Höhe zur anderen, eine kleine Schar schloß sich uns an und begleitete uns plaudernd wohl zwei Stunden weit, wobei sie uns Berge, Täler und Städte der Ferne mit Namen nannten und unter anderem ausführlich und lebhaft die Geschichte der Schlacht von Stooß erzählten.

Mit dem einbrechenden Abend schritten wir durch das wohlhabende, schön gebaute Gais und erreichten noch vor der Nacht die Stadt Appenzell, deren hübsche

Gassen mit dem prächtigen alten Schloß und dem stattlichen Rathaus mich wieder vertraut und wohlig anmuteten.

Unter Bauern

Im Gasthaus, wo wir Nachtlager nahmen und uns ein Abendessen geben ließen, ging es behäbig und freundlich zu, doch war es recht still, und wir wären doch gern noch unter Leute gekommen. So drückten wir uns bald aus dem Haus und suchten ein anderes Wirtshaus, wo der Wein zwar vortrefflich, die Stube aber ebenso leer und ungesellig war. Endlich erfuhren wir, es sei heute Preisviehschau hier gewesen und alles sei jetzt bei der Verteilung. Wir fragten, wo die stattfinde, doch wußte die Wirtin das nicht. Dagegen meinte sie, wenn wir ein paar Gassen ablaufen wollten, würden wir es bald finden, wir sollten nur auf das Kuhglockengeläut hören. Wir dankten und gingen auf die Suche, und schon in der dritten Gasse hörten wir über uns Glockengeläute und Lärm. Da saßen in einem mächtigen Wirtshaussaal die Gäste, wohl über zweihundert Bauern aus der nächsten Gegend. Wir wurden freundlich zugelassen und bekamen sogar in dem überfüllten Saal noch Sitzplätze angeboten. An vier ungeheueren, parallel durch die ganze Länge des Saales stehenden Tafeln saßen die Bauern, Burschen von zwanzig und Alte von siebzig Jahren, doch kaum ein Dutzend Frauen dabei.

An der mittleren Tafel war für die Vorstände und Preisrichter ein Ehrenessen gedeckt, die Wirtin servierte dort selber in einer funkelneuen Tracht. Obenan saß der Präsident und drunten die beiden Sennen, die bei der

Viehschau als eine Art Aufwärter gedient hatten. Beide waren ausgesucht schöne, mächtige junge Burschen und trugen ihre glänzende Tracht: rote Westen, weiße, hochgekrempelte Hemdärmel, Gürtel mit silbernen Beschlägen und im rechten Ohr einen goldenen Ohrring. Gang um Gang wurde aufgetragen und verzehrt, wobei mir ein weißbärtiger Alter auffiel, der seine kleine, silberbeschlagene Tabakspfeife während der ganzen Mahlzeit nicht ausgehen ließ.

Kaum war der letzte Kuchen abgetragen, so gebot der Präsident Stille und eröffnete die Preisverteilung mit einer kräftigen, zum Teil witzigen Rede. Er verlas auch die an die Preise geknüpften Bedingungen. Die hauptsächlichste war, daß jedes preisgekrönte Haupt Vieh nach halbjähriger Frist noch gesund im Stalle stehe und nicht außerhalb des Kantons verkauft worden sei. Darum wurde von jedem Preis nur die Hälfte ausbezahlt. Die zweite Hälfte konnte erst nach Ablauf jener Frist und nur, wenn alle Bedingungen erfüllt waren, erhoben werden.

Und nun las der Aktuar die Preise ab, zuerst die für Jungvieh, dann die für Zuchtstiere usw., eine unendliche Reihe. Neben mir saß ein alter Bauer aus Brülisau, der schien von den mehr als dreihundert zugetriebenen Tieren jedes im Gedächtnis behalten zu haben, denn bei jedem Preis gab er halblaut eine Kritik ab. Meistens war er einverstanden und nickte, manchmal auch fand er »Das ist zu wenig«, oder auch »Das wär' nicht nötig gewesen«.

Die Preise betrugen zwischen zehn und dreihundert Franken, und sobald ein Preis verlesen war, trug einer von den beiden Parade-Sennen die Hälfte des Geldes in blanken Fünffrankenstücken auf einem Teller dem Gewinner zu.

Mein Nachbar aus Brülisau war eben mit mir und einigen Umsitzenden im Gespräch, da wurde sein Name ausgerufen, und der Senn schob ihm den Teller mit einem Diplom und fünfzig Franken zu. Ich freute mich und sah ihn mit Spannung an, er beherrschte sich jedoch vollkommen. Ohne eine Falte im Gesicht zu verziehen, setzte er unser Gespräch fort und steckte Geld und Diplom ruhig und unbesehen in die Tasche. Als er nach einer kurzen Weile nochmals ausgerufen ward und einen zweiten Preis von dreißig Franken erhielt, konnte ich nicht anders, als ihm bewundernd gratulieren. Da warf er mir einen kurzen, still triumphierenden Seitenblick zu, aus dem Winkel des Auges, sagte aber kein Wort.

Mittlerweile hatte die Verlesung nahezu eine Stunde gedauert und allenthalben wurden die privaten Tischgespräche wieder lauter, so daß der Aktuar nur mit äußerster Mühe sich noch hörbar machen konnte. Mehrmals bat der Präsident ohne viel Erfolg um Ruhe, einmal mit den Worten: »Sagt, wollt ihr unsern Aktuar töten?« Da auch das nur wenig half, kündigte der Präsident eine viertelstündige Pause an, damit die Leute sich vom Schweigen und der Aktuar sich vom Reden erholen könne. Das wurde mit Beifall aufgenommen.

Sogleich entstand in dem großen Saale das summende Getöse einer Volksversammlung, Witze und lautes Gelächter klangen auf. Da entstand am hintersten Tische eine Bewegung. Ein halbes Dutzend junger Leute rückte dort näher zusammen. Plötzlich begann einer zu jodeln. Er sang nur einen einzigen hohen Ton, stark und langangehalten, ein Zweiter fiel tiefer ein, und beide sangen nun langgezogene Töne in choralähnlichen Folgen und Akkorden, eine einfache Urmusik, ergreifend schwermütig. Ein Dritter fiel ein, und die anderen stießen in ungleichen Zwischenräumen seltsame Jodler aus – kurze, raubvogelartige, überraschende und aufregende Schreie. Die Stimmen, an Berghöhen und unendliche Räume gewohnt, klangen machtvoll beherrschend, und das Ganze mit seiner Schwermut und naiven Klage mutete mich an, als habe dies fröhliche und kraftvolle Volk ein instinktives Bedürfnis, zu Zeiten in ahnungsvollen Tönen den verborgenen dunklen Lebensmächten zu huldigen.

Ehe der Aktuar von neuem vorzulesen begann, nahmen wir von unseren Nachbarn Abschied, tranken unseren Wein aus und gingen still in die Herberge zurück, wo mir das klagende Lied der Jodler noch bis in den Schlaf hinein nachtönte. Die jungen Burschen, die es sangen, waren vergnügte Leute, die den Rotwein nicht sparten und vielleicht diese Nacht noch irgendwo Mutwillen verübten; aber ihr Gesang hatte geklungen wie aus Urtiefen der Menschenseele her.

Ebenalp

Der Weg zum Weißbad, der im Sommer so lebhaft ist, lag still und leer vor uns. Es war ein starker Tau gefallen, und die kühle, reine Luft versprach ein leichtes Steigen. Von Weißbad, dessen alte Bäume noch im Morgenschatten standen, ging es über prächtige Matten bequem bergan.

So schöne Herbstwälder hatte ich in meinem Leben

nicht gesehen. Die dichten Laubwaldungen, die überall hügelan wachsen und manche Vorberge fast bis zum Gipfel bedecken, leuchteten in der morgendlichen Sonnenfrische so farbig und tief wie Glasmalereien. Von der Höhe gesehen, erschien das ganze grüne Vorland, mit diesen lebhaft roten und braunen Farbinseln durchsetzt, wie eine große, bunte Stickerei.

Der Gang zur Ebenalp hat den Reiz einer angenehmen Spannung, indem man beständig einer hohen, senkrechten Felswand entgegenwandert, deren Unersteigbarkeit man immer klarer erkennt, bis der letzte Augenblick die verblüffende Lösung durch eine unterirdische Verbindung bringt. Der von weitem beinahe gefährlich aussehende Weg erweist sich schließlich als ein Spaziergang, auf den man jedes Kind mitnehmen kann.

Wundervoll ist die letzte Wegstrecke vor dem Wildkirchli. Aus dem Geröll und Niederholz um die Bergecke biegend, kommt man ganz auf Felsboden, wandert auf bequemem Pfad an einer hohen, schönen Felswand hin und hat das tiefe tannenschwarze Seealptal zu Füßen.

Das Wildkirchli selber, bisher durch Scheffels Ekkehard, neuerdings durch wichtige Funde aus der Höhlenbärenzeit berühmt, ist eine niedere, breite Höhle, eigentlich nur eine horizontale Felsspalte in der hohen Wand, mit einem kleinen Altar und einigen einfachen Holzbänken zum Gottesdienste eingerichtet. Von den Höhlenbären, deren Gebeine hier in Mengen gefunden werden, bekam ich leider gar nichts zu sehen. Desto deutlicher ward ich an den Ekkehard und an Scheffel erinnert, denn mitten an der in der Sonne leuchtenden jähen Felswand hing wohlbefestigt eine dicke, rechteckige Bronzetafel mit dem Reliefbildnis und Namen des Dichters, der wohl schon von manchen jüngeren Kollegen um seine großen Erfolge, aber gewiß noch von keinem um seine Denkmäler beneidet worden ist.

In so und so viel Jahren, wenn die geplante Eisenbahn auf den Säntis ausgeführt sein wird, erhält die grotesk geschmacklose Tafel vielleicht die Plakate der Toilettenartikel- und Schokoladefabriken zu Nachbarn.

Neben dem Wildkirchli ist eine zweite natürliche Höhle, und diese führt nicht nur in den Felsen hinein, sondern in seinem Innern aufwärts bis an die Ebenalp. Hier waren wir nun völlig allein und lagen eine Stunde im kurzen, trockenen Gras. Diese Stunde hat uns für mehr als für die Stunde Steigens und den Bronzescheffel entschädigt. Hinter uns lag das grüne Weideland mit seinen vielen Hügeln bis zum Bodensee, dicht vor uns stand rötlich leuchtend, mit schmalen, blanken Schneescharten das Hochgebirge, wohin aus den Tälern der Menschen kein Ton und kein Staub zu dringen vermag und zwischen dessen mächtigen Felseneinöden schließlich auch die großartigste Eisenbahn nur ein kleiner Pfad sein kann, den wohl Schnee und Föhn und Steinschlag auch wieder einmal vernichten und auslöschen werden.

Der Dorfabend

Von der Ebenalp waren wir auf einem steilen und steinigen Pfad zum Seealpsee hinabgestiegen und hatten nach einem Fußbad in dem kalten, grünen Wasser den Rückweg durchs Tal über Wasserau, Schwendi und

Weißbad nach Appenzell genommen. Und da wir am nächsten Tag eine andere Seite des Säntis besuchen wollten, waren wir noch am gleichen Abend nach Urnäsch gefahren.

Bei Beginn der Dunkelheit waren wir eingetroffen und hatten im Gasthause Betten bestellt. Nun schlenderten wir in dem feierabendlichen Dorfe langsam Gass' auf, Gass' ab, guckten den Leuten in die Erdgeschoßfenster, hörten dem Brunnen zu, wie er tönend in sein gewaltiges Steinbecken floß und sahen in dem Becken rote, lampenerleuchtete Fenster sich spiegeln. Wir beredeten für den kommenden Tag eine Tour am Säntis, und während des Redens und Brummelns bemerkte mein Kamerad mit plötzlichem Schrecken, daß sein Schuhwerk nicht mehr im besten Zustand war. Und da auch ich nichts dagegen hatte, mir noch ein paar gute Bergnägel in die Sohlen schlagen zu lassen, gingen wir zusammen auf die Suche nach einem Schuster.

Eigentlich verstieß das gegen meinen Grundsatz, den Schuhmachern an vielbesuchten Gebirgsorten nichts zu verdienen zu geben. Auf einer Graubündener Tour nämlich war es mir früher einmal ärgerlich gegangen. Ich fand, ein tüchtiges, neues Benageln könne meinen Stiefeln nicht schaden, obwohl es nicht durchaus notwendig war. Und da mein Weg mich gerade durch das schöne Städtchen Bergün führte, zog ich dort in einem Wirtshause meine Stiefel aus und schickte sie zum nächsten Schuhmacher hinüber, er solle sie mir recht schnell und gut beschlagen.

Da saß ich nun und sog immer langsamer und unfroher an meinem Schoppen Malanser, denn der Schuster beeilte sich nicht, sondern ließ mich volle zwei Stunden warten. Dann erschien er endlich, ein kleiner, verdruckter Kerl mit einer roten Nase, und gab mir die Stiefel zurück, die er recht sparsam mit wenigen Nägeln von der billigsten Sorte beschlagen hatte. Nun, ich war froh, daß er überhaupt wieder kam, darum unterdrückte ich meine Meinung über sein Spätkommen und fragte nur, was ich schuldig sei. Da heischte der Unhold nicht weniger als zweieinhalb Franken, was ich zuerst für einen Scherz hielt, denn das ist etwa das Fünffache, was man sonst dafür bezahlt. Es war aber ernst und mein Schelten und Vorstellen half nichts, ich mußte zahlen. Und während ich die Stiefel anzog und dazu fluchte, setzte der Schuster sich mir gegenüber und vergnügt an den Wirtstisch und bestellte, obwohl es am hellen Nachmittag war, eine Flasche guten Rotwein, damit ich auch sähe, wohin mein Geld kam.

Obwohl ich also damals beschlossen hatte, mich solchen Überraschungen nicht mehr auszusetzen, ging ich doch jetzt mit meinem Begleiter, um einen Schuster zu suchen. Grundsätze muß man haben, man muß sie aber auch gelegentlich übertreten können. Bald hatten wir eine Adresse erfragt und bald auch das Haus gefunden, aber die Frau Meisterin teilte uns mit, der Herr sei heute bei einer Festlichkeit in Gonten. Dagegen gebe es noch einen Schuhmacher, der heiße so und so und wohne da und da. Wir gingen dorthin und fanden eine alte Mutter, die uns weitläufig erzählte, ihr Sohn sei bei einer Festlichkeit in Gonten und käme erst spät wieder, und dann nagle er keine Sohlen mehr. Hingegen gäbe es noch einen anderen Schuhmacher, der wohne da und da.

Es nahm uns nun wunder, ob wohl der dritte auch zu der Festlichkeit gegangen sei, und wir suchten sein Haus auf. Da war aber Licht in der Werkstatt, die Frau führte uns hinein, und wir fanden den Meister mit einem Gesellen bei der Arbeit sitzen. Wir brachten unser Anliegen vor und wurden freundlich auf zwei Dreibeine genötigt, damit wir die Stiefel ablegen und auf das Fertigwerden warten könnten. Der Geselle sprach die Mundart des Landes und der Meister auch, dieser aber hatte einen Tonfall im Reden, der mir nicht unbekannt klang, und es stellte sich heraus, daß er ein Landsmann von mir war, aber schon seit dreißig Jahren hier wohnte.

Nun gab er mir erfreut die Hand und ging mit doppeltem Eifer an die Arbeit. Während er in dem feinen hellen Lichtschein seiner Glaskugel die Nägel aussuchte und einschlug, fragte er mich nach der Heimat und nach alten Freunden aus, auch nach einigen, von denen ich nichts wußte, als daß sie seit Jahren tot waren. »Ist's möglich? Ei, ei!« sagte er und schlug stärker auf den Nagel. Dann schmierte er uns die Stiefel mit feinem Fett ein, verlangte eine Kleinigkeit und begleitete uns an die Tür. Wir gaben dem Gesellen ein Trinkgeld, drückten dem Alten die Hand und gingen durch das mittlerweile völlig eingeschlafene Dorf in den Gasthof zurück. Der große Dorfbrunnen rauschte laut durch die kühle Oktobernacht und die Sterne leuchteten groß und klar am reinen Himmel.

Vaduz

Ein paar Tage hatten wir im Säntisgebiet verwandert, und allmählich schien es uns Zeit, an die Heimkehr zu denken. Da sah ich von einem schönen Berge aus wieder einmal das Rheintal liegen und studierte dazu die Landkarte und las den Namen Vaduz. Der klang mir schön und merkwürdig, und es fiel mir ein, daß ich von Vaduz schon je und je Rühmliches gehört hatte, auch erinnerte ich mich, einmal im Seehof in Zürich einen Vaduzer Rotwein getrunken zu haben, der sehr gut war. Und wie? Hatte nicht in Vaduz einst der scheintote Siebenkäs seine Zuflucht gefunden?

Mein Freund hatte nichts dagegen, und so gingen wir am nächsten Morgen früh über Gais und über den Stooß mit der Schlachtkapelle nach Altstätten. Das Rheintal lag voll weißen Nebels, in dem wir nach einem schönen Morgengang im Klaren immer tiefer eindrangen, bis Altstätten erreicht war, von wo wir bis Buchs die Eisenbahn benutzten.

Vaduz erreichten wir nach Mittag, als der Nebel längst gelöst und vom Winde verblasen war. Wir fanden ein freundliches, sauberes Städtlein mit einem soliden alten Wirtshaus; über dem Städtchen hing der steile Berg mit wundervollem Laubwald, der in frohen Farben leuchtete, und auf halber Höhe sahen wir einsam und steil das alte Schloß stehen, das mir Erinnerungen an südtirolische Burgen weckte. Aber es ist nicht meine Absicht, Vaduz und seine Lage und sein Schloß zu beschreiben, so schön sie sind. Ich will von einer Mittagsrast und von einem Fischweiher erzählen.

Die Mittagsrast hielten wir in der Nähe des alten Schlosses am Waldesrand. Das alte Schloß wird ein wenig repariert, und es soll eine Gastwirtschaft hineinkommen. Das neue Herrenhaus steht oberhalb im Wald und ist seit Jahren nicht mehr bewohnt worden. Wir sprachen davon, wie es wäre, wenn so ein leerstehendes Herrenhaus einmal für eine Weile ein paar landfahrenden

Dichtern oder Musikanten oder Malern eingeräumt würde, und fanden es im Grunde doch richtiger, daß in den Schlössern die Herren oder die Kastellane hausen und daß die Dichter und Spielleute daran vorüberwandern und neidlose Träume mitnehmen, statt selber drinzusitzen und das schöne Heimweh der Heimatlosen zu verlieren. Dennoch nahmen wir wenigstens für ein paar Stunden gern vom Park und Walde Besitz. Wir waren in den weiten Waldungen ganz allein und lagen rastend in Hemdärmeln auf dem weichen Rasen, dem Wolkenflug und den Elstern zuschauend, den letzten Tag einer schönen Wanderung genießend. Vom alten Schloß hallte hie und da ein Hammerschlag herüber, sonst war alles still, nur der Wald rauschte leis und ließ rote und gelbe Blätter von den Zweigen fallen.

Weiter waldeinwärts fanden wir abseits der Straße unter hohen alten Tannen einen großen dunkelgrünen Weiher liegen. Wasserpflanzen und Tannennadeln schwammen auf der stillen, dunklen Fläche. Wir legten uns am Ufer nieder, dessen altes Mauerwerk sich im Wasser spiegelte, und fanden den Ort verwunschen und einsamschön genug, um eine Stunde dazubleiben und auf ein Märchen zu warten. Und das Märchen kam bald.

Es begann damit, daß ein paar winzige, ganz junge Goldfischchen erschienen und an der Oberfläche des Weihers spielten. Da wir regungslos blieben, wurden es bald mehr und mehrere, schließlich schwärmten und schwänzten die kleinen rotgoldenen Tierlein zu Hunderten an uns vorbei. Dann schwammen sie davon, und eine kurze Zeit blieb der Spiegel leer; nun aber erschien ein großer alter Goldfisch und noch einer und fünf und zehn, und am Ende war es ein großer feierlicher Zug, der zwischen den Wassergewächsen und den Spiegelbildern der überhängenden Tannenkronen langsam und glänzend hin und wider schwamm. Es waren prachtvolle große, nahezu armlange Fische, und die rote, lautlose Prozession ging durch das unbewegte, dunkelgrüne Wasser wie ein Traum.

Wir haben es versäumt, die Sehenswürdigkeiten der Gegend aufzusuchen. Wir haben das Innere des alten Schlosses, die Aussicht von der Berghöhe, die Neubauten und Anlagen nicht gesehen. Wir brachten den Nachmittag damit zu, die großen Goldfische zu betrachten und den König mit dem Krönlein zu entdecken und uns darüber zu besinnen, welcherlei Festlichkeit oder Trauerzug diese stille Prozession bedeute. [1906]

Wintertage in Graubünden

Von Klosters aus stieg ich an einem sonnenklaren, kalten Morgen die verschneiten Gassen und Matten hinan. Die Gipfel sprangen, einer nach dem anderen, ins milde Goldlicht des aufsteigenden Tages und lachten rosig in der milchig-sanften Himmelsbläue. Im Dorf war wenig Leben, die Engländer schliefen noch im Grand Hotel, die Kinder waren in der Schule; man sah nur da und dort einen Bauern mit Schlitten und Kuhgespann bergaufwärts fahren, um aus den hochgelegenen braunen Holzschuppen Heu zu holen, oder einen anderen, der ins Holz ging und seinen schweren Handschlitten an den hohen Hörnern nachschleppte. Sonst kein Leben und kein Ton als das Knirschen meiner Sohlen auf dem gefrorenen Schnee und weit unten im Tal das kaum hörbare, entfernte Schnauben der Davos-Landquarter-Eisenbahn.

Langsam kam ich empor, über das Dorf hinaus und der Sonnengrenze näher, die mir unmerklich entgegenkam und nach der ich allmählich sehnlich begehrte, da mir Ohren und Hände steif und rot gefroren waren und weh taten. Der Weg war, obwohl nicht gepfadet, angenehm und wenig anstrengend, da der harte Schnee mich bequem trug und doch so viel nachgab, daß ich sicher und ohne Gleiten direkt aufwärts steigen konnte. Zwei Raubvögel, vermutlich Turmfalken, kreisten hoch und feierlich umeinander, sonst war außer mir nichts Lebendiges mehr am Berge sichtbar.

Aufatmend erreichte ich die höheren, von der Sonne beschienenen Schneematten. Hier herrschte kein Frost mehr, während ich noch vor einer Stunde in einer Kälte von zwölf Grad gegangen war. Aber nach kurzer Zeit war die Blendung so stark, daß ich die Schneebrille aufsetzen mußte. Über die steil geneigten, von der leuchtenden Schneedecke weich abgerundeten Hänge flutete das Licht des jungen Tages diamanten und festlich, spielte in jähen Irisfarben, lachte eisig und unerträglich auf glatten Flächen, füllte Mulden und Hangränder mit zarten, schön blauen Schatten. Reif und Eis schmolzen mir vom Schnurrbart, die Luft begann sich leise zu erwärmen, und ich hielt eine erste kurze Rast, um diese Herrlichkeit zu begrüßen und die beginnenden Freuden der Wintersonne vorauszukosten.

Denn es gibt in der weiten Welt nichts Wunderbareres, Edleres und Schöneres als die Hochgebirgssonne im Winter. Von Schnee und Eis und Stein zurückgeworfen, spielt Licht und Wärme schwelgerisch in den unbeschreiblich durchsichtigen winterklaren Lüften – ein Licht und ein Strahlen feiner, zarter, trockener Wärme, von dem das Tiefland auch an den glänzendsten Tagen keine Ahnung hat.

Der lichte Himmel nahm allmählich tiefe Farben an, von Gipfel zu Gipfel gespannt, ruhte er tief und strahlend ohne jeden kleinsten Dunst, blau bis zur Farbe der Veilchen. Zugleich nahm die Wärme zu und ich rastete oft auf dem Schnee, um nicht in Schweiß zu kommen. Den Rock trug ich längst überm Arm und die Handschuhe in der Tasche. Hinter den obersten einsamen Heuhütten begann Tannenwald und hinter dem Tannenwald stiegen unzugänglich senkrechte Steinwände in den Himmel mit fast gewaltsam scharfen, grellen Umrissen. Rückwärts übersah ich nun das tiefe und weite

Tal, ungezählte Gipfel, berühmte und namenlose, und im Schnee verlorne winzige Dörfer, ganz unten die dunkel fließende Landquart. Inzwischen hatte ich die Mütze abgelegt und das Hemd aufgeknöpft. Dann suchte ich mir zwischen Wald und Felsen einen geschützten Ort, wo verdorrtes Moos und Heidekraut schneefrei und trocken in der Sonne bräunte. Dort legte ich mich hin, aß ein Stück Schokolade und ruhte gründlich aus.

Ich lag wie im Sommer, fühlte die Dezembersonne auf Nacken und Arme brennen und dachte mit Behagen an meine Heimat am Bodensee, wo jetzt feuchte Kühle und Nebel herrschten. Dann begann ich mir Hände und Arme mit Schnee zu waschen. Und da dies köstlich wohltat, warf ich eilig Schuhe und Strümpfe und alle Kleider ab, tat einen Freudenschrei und badete mich erschauernd im körnigen Schnee. Als ich wieder in den Kleidern war und in der Sonne lag, fühlte ich unter der erfrischten Haut mein Blut wohliger und wärmer und lebendiger kreisen als je nach dem raffiniertesten Dampfbad.

Einen Teil des Rückweges konnte ich, auf meiner Lodenjacke sitzend, über den Schnee abrutschen, den Rest legte ich zu Fuß zurück und kam gerade zur rechten Zeit nach Klosters, um bei einem guten Mittagessen meinen inzwischen scharf gewordenen Hunger zu stillen.

Im Hotel waren außer mir nur Engländer, und die Ruhestunden und langen Winterabende wurden mir einigermaßen zur Qual. Ich hatte zum Glück ein gutes Buch mit; es heißt »Maria-Himmelfahrt« und ist von einem Arzt in Bozen geschrieben und erlebt. Aber immer konnte ich nicht lesen, und die Unterhaltung mit den

Engländern hatte Schwierigkeiten, da sie wenig mehr Deutsch und Französisch konnten, als ich Englisch. Überdies ließ man mich fühlen, daß ich nur ein Einheimischer war und daß ich im Touristenkleid zu den feierlichen Mahlzeiten kam.

So blieb mir nichts übrig, als zu lesen, mich zu mopsen und die Gäste zu beobachten. Sie fühlten sich offenbar im Hause schon ganz heimisch und trieben es nach ihrer Art fröhlich, laut und rücksichtslos. Der eine pfiff mit ausdauerndem Atem schöne Lieder, der andere knackte im Salon Haselnüsse mit den Stiefelabsätzen auf, ein Mädchen spielte auf dem Billard mit der weißen Hauskatze. Wer von schüchterner Gemütsart ist, hat es so zwischendrin nicht leicht, er muß verzweifeln oder sich an den Wein halten, und das tat notgedrungen auch ich. Graubünden ist ja erstaunlich reich an guten Weinen, und im obersten Rheintal wachsen einige Trauben, die sich vor denen des mittleren Rheines nicht zu schämen brauchen.

Ein merkwürdig gesegnetes Weinnest ist Malans, ein schönes Dorf zuunterst im Landquarttale, an dessen oberem Ende ich jetzt sitze. Neben vorzüglichen, pikanten, leicht prickelnden Rotweinen wächst dort ein vor Zeiten von den Spaniern angepflanzter, goldener und schwerer Weißwein. Er heißt Completer und ist nur in seiner Heimat erhältlich, da er die schnurrige Eigenschaft hat, blau zu werden, wenn er in der Flasche geschüttelt wird. Es wäre besser, die Weinhändler würden blau, die sich bemühen, diesem »Übelstande« abzuhelfen.

Zu meinem Glück kam abends manchmal der hiesige Arzt ins Hotel zu einem Billard. Er spielte so schlecht wie ich und erzählte mir von seiner Landpraxis, der er auf Schneeschuhen nachgeht.

Die Straße von hier nach Davos führt über Laret und Wolfgang in großen Kehren und Schlingen bergauf, zum Teil durch Tannenwald. Oben im Davoser Tal ist es noch sonniger, aber nachts und bei trübem Wetter auch viel kälter als in Klosters; Nachttemperaturen von dreißig Grad und mehr sind dort nicht selten. Die beiden Orte Davos-Dorf und Davos-Platz sind als Hoteldörfer das Grauenhafteste, was es in den Alpen gibt, aber das Tal ist wunderbar, überall der Sonne geöffnet und von reichgezackten herrlichen Bergen umgeben. Für Schlitteln, Skisport und Eislauf kann man sich nichts Verlokkenderes denken, und es ist auch eine Menge englischer und anderer Sportleute dort. Ich begreife das, ohne mitzumachen; mir ist beim Anblick der vielen Riesenhotels und Sanatorien und beim Anblick der bis weit in die Landschaft hinaus aufgestellten Tafeln, die den Schwindsüchtigen das Ausspucken verbieten, die Lust an Davos so ziemlich vergangen.

Die Art, wie in Davos der Wintersport betrieben wird, ist flott und imponierend. Man sieht prächtige Menschen jeden Alters mit geübten Gliedern sich bewegen. Die Schlittschuhplätze sind groß und glashart, ringsum ist das Land für Skitouren wie geschaffen und die Schlittenbahnen sind die besten, die ich gesehen habe. Immerhin ist der Ton solcher internationaler Sportplätze für empfindsame Reisende nicht lange erträglich und auch ich nahm nach einigen Stunden gern wieder Abschied, um auf meinem Bergschlitten nach Klosters zurückzukehren.

Nie habe ich eine schönere Schlittenpartie gemacht. Die Fahrt auf dem gut gebahnten, genügend steilen Weg ging rasch und flott, ohne übermäßig anzustrengen, und ich fuhr, auf dem niederen Schlitten zurückgelehnt, beinahe flach auf dem Rücken liegend, durch Wald und an schönen weiten Ausblicken vorbei, das Auge bald auf den Weg gerichtet, bald im hohen reinen Himmel ruhend, während feine, vom Schlitten aufgerissene Schneestaubwolken mir kalt und prickelnd übers Gesicht stoben. Unterwegs holte ich einen Bobsleigh, einen langen Sportschlitten mit fünf Fahrern, ein. Er hatte umgeworfen und war völlig zerbrochen, und die fünf Fahrer standen dabei, rieben sich schmerzende Glieder und wären in der Eile beinahe von mir nochmals umgerannt worden.

Den Weg, den man in etwa anderthalb Stunden bergauf gestiegen ist, legt man rückwärts auf dem Schlitten in knapp zehn Minuten zurück. Im Dahinfahren durch den weißen Bergwinter, tausend Meter über dem gewohnten Leben, vergißt man alles, was des Vergessens wert ist, und reitet sausend talab, aus dem Gipfelglanz und der Sonnenwärme der Höhe in die strenge Kühle des totenstillen Bergtales hinunter. Der Geist der Berge geht mit, der große Tröster –

Und manchesmal, wenn ich im Herzen litt,
Ging er auf Gletscherwegen leise mit
Und legte gütig seine kühle Hand
Auf meine Stirne, bis ich Frieden fand. [1906]

Tag im Gebirg

Singe, mein Herz, heut ist deine Stunde!
Morgen, da liegst du tot:
Sterne scheinen, du siehst sie nicht,
Vögel singen, du hörst sie nicht –
Singe, mein Herz, so lang deine Stunde loht,
Deine flüchtige Stunde!

Sonne lacht überm sternig flimmernden Schnee,
Wolken ruhen fern überm Tale im Kranz,
Alles ist neu, alles ist Glut und Glanz,
Kein Schatten drückt, keine Sorge tut weh.
Atmen tut wohl, Atmen ist Seligkeit,
Ist Gebet und Gesang,
Atme, Seele, öffne der Sonne dich weit
Deine flüchtige Stunde lang!

Süß ist Leben, süß ist Wonne und Schmerz,
Selig jede verstäubende Flocke im Wind,
Selig bin ich, ich bin der Schöpfung Herz,
Bin der Erde und Sonne geliebtestes Kind
Eine Stunde lang,
Eine lachende Stunde lang,
Bis die Flocke verstiebt im Wind.

Singe, mein Herz, heut ist deine Stunde!
Morgen, da liegst du tot:
Sterne scheinen, du siehst sie nicht,
Vögel singen, du hörst sie nicht –
Singe, mein Herz, so lang deine Stunde loht,
Deine flüchtige Stunde.

Montefalco

Der Vorfrühling hat mich wieder über die Berge gelockt, in den Süden, und ich reiste mit kleinen Aufenthalten über Bologna, Florenz, Arezzo, auf altvertrauten Wegen, um einmal wieder ein Stück durch das grüne Umbrien zu wandern. Und eines Tages kam ich von Foligno her, wo ich an einem kleinstädtischen Maskenball zu Gast gewesen war, bei Regen und tiefem Schmutz in das Bergstädtchen Montefalco hinauf. Es liegt so kühn und sieht so fest und trotzig und kriegerisch aus, aber es ist heute einer der friedlichsten Orte der Welt, eine stille Sammelstätte der franziskanischen Kunst. Durch das alte Tor führt eine steile Gasse eng und finster bergauf, und was man sieht und woran man vorüber geht, alles ist alt, mittelalterlich, steinern, kühn und hart. Winzige Gäßchen zwischen hohen Steinhäusern ohne Bewurf, alte Türme, Tore, Kastelle, Kirchen und Stadtmauern.

Kalter scharfer Wind empfing mich auf der Höhe. Dicht in den Mantel gehüllt, sah ich ein schönes und eindringliches Bild: Über altes Gemäuer hinweg ringsum die umbrische Landschaft, licht und grün, von einem gewaltigen Kreis hoher, noch mit Schnee bedeckter Berge eingeschlossen. Jeder Blick streift nah oder fern irgendeine alte, berühmte, heilige Stätte. Da liegen Spoleto, Perugia, Assisi, Foligno, Spello, Terni, dazwischen hundert kleinere Orte, Dörfer, Kirchen, Höfe, Klöster, Burgen und Landhäuser, ein Land voll Geschichte, voll römischer und noch vorrömischer Denkmäler, durchflossen vom kleinen Fluß Clitumnus, von dem wir als Lateinschüler gelesen haben.

Die Luft war feucht, kühl und düster. Den weiten Himmel bedeckten dichte Züge schwerer, im Hinstürmen ineinander gepreßter Wolken, von Norden klang der Donner eines Frühlingsgewitters. Einzelne fahlgelbe, grelle, kurze Sonnenblitze erschienen bald da, bald dort in der riesig hingebreiteten Landschaft, ließen eine ferne Stadt, ein fernes Kloster, einen Bergrücken oder die weit entfernte Krümmung eines Flußlaufes geisterhaft aufleuchten und verschwanden nach wenigen Augenblicken. Strichweise fiel Regen, und plötzlich sprang über das ganze Land und den halben Himmel weit und stolz ein Regenbogen.

Still und staunend ging ich über den Platz, ging durch ein Tor hinaus und durch ein nächstes wieder hinein, durch Winkel und steile Gäßchen. Vor der Stadt draußen fand ich einen prächtigen Garten und darin eine einsame, zur Zeit unbewohnte und etwas verwahrloste Villa; dort ruhte ich unter alten Zypressen aus und sah auf der grünen Ebene breite Schatten und schmale Sonnenbänder wechselnd spielen. Ich sah Assisi und sah in seiner Nähe die Portiuncula liegen, heilige Orte, und alle verklärt von dem Liebreiz und Zauber, den der heilige Franz und die alte umbrische Kunst in dies Land gebracht hat.

Und dann ging ich dieser franziskanischen Kunst ein wenig nach; außer in Assisi ist nirgends besser Gelegenheit dazu als hier in Montefalco. Ich sah in Kirchen und in Kreuzgangkapellen, über Portalen und über Altären alte Fresken voll zarter, freundlich frommer Gestalten, schöne gütige Madonnen und jünglinghafte, anmutige Heilige. Fromme Bilder aus der biblischen Geschichte und aus den Heiligenleben, manche schwermütig ernst und manche inbrünstig demütig, andere auch kinderfröhlich und lachend.

Ich sah auch ein anderes, seltsames, seltenes Bild, das ich nicht vergessen will. Ich sah in einer Kirche, die beim Spoletaner Tore liegt und deren Namen ich vergaß, eine junge Frau aus dem fünfzehnten Jahrhundert einbalsamiert und wohlerhalten in einem gläsernen Sarge liegen. Sie ist ganz in reiche Stoffe gekleidet, von ihr selbst sieht man nur das Gesicht, dessen Formen vollkommen erhalten sind. Die schöne Tote, eine Edeldame aus dem Quattrocento, gleicht sehr den Bildern aus jener Zeit, die wir kennen, den scharf umrissenen Florentiner Adelsgesichtern, wie sie Ghirlandajo und Botticelli und Filippo Lippi gemalt haben. Ein liebenswürdiger Priester, den ich unterwegs in der Stadt angetroffen und der mich geführt hatte, zeigte mir den Sarg. Er ist in einem Altar verborgen und mit vielen Laden und Schlössern verwahrt, die mein freundlicher Führer mir öffnete. Darin liegt still die schöne Tote und schläft durch die Jahrhunderte, merkwürdig und ein wenig unheimlich und doch voll rührender Anmut. Nach ihrem Namen mochte ich nicht fragen, und ich weiß nicht, ob man ihn kennt.

Gegen Abend verdüsterte sich der Himmel von neuem, und schwere Regengüsse rauschten über die tote steinerne Stadt, in deren Mauern ich keinen einzigen Baum gesehen zu haben mich erinnere. Das Wasser rann in kleinen raschen Bächen über die glatten Fliesen durch die Gassen bergab, kein Mensch noch Tier war draußen zu sehen.

Durchnäßt und frierend suchte ich nun das einzige kleine Gasthaus auf, wo ich ein Abendessen bestellte und als einziger Gast in einem sehr hohen, kalten, steinernen Saale saß, zu dessen hoch angebrachten zwei Fenstern kleine Steintreppen hinaufführten. Es wurde ein blechernes Becken mit glimmenden Holzkohlen gebracht und zu meinen Füßen auf den Ziegelboden gestellt. In den Mantel gewickelt, den Hut auf dem Kopf, die Füße über die kleine Kohlenglut gestreckt, saß ich da, betrachtete im unsicheren Ampelschein die an den hohen Wänden aufgehängten Bildnisse der Königsfamilie und sang vor mich hin ein paar schwäbische Volkslieder in die Kälte und Dunkelheit hinein, bis der Wirt mit Wein und Essen kam.

Nach einer guten Mahlzeit mit Reis und etwas Hammel und frischem Ziegenkäse saß ich, noch immer etwas fröstelnd, am Tische und rauchte schwarze italienische Zigarren. Doch hielt ich es nicht lange so aus. Nach einer Weile verließ ich den viel zu großen, finstern und unheimlich stillen Raum und strich, Wärme suchend, durch das Haus. Da fand ich hinten in der kleinen Küche den Wirt, die Wirtsfrau und deren uralten Vater behaglich am strahlenden offenen Reisigfeuer bei der Feuerstelle kauern. Auf den Backsteinen flackerte hell und brav das Feuerchen, und der zarte blaue Rauch verlor sich im ungeheuren schwarzen Schlund des offenen Rauchfangs. Ich setzte mich zu ihnen auf eines der ganz niedrigen Strohstühlchen und freute mich der schönen Wärme und des Flackerscheins, der an den Mauern hin spielte, überall Schattentheater wachrief und hier und dort in den Gefäßen aus Kupfer und Zinn blank aufstrahlte.

Sogleich wurde ich von den Leuten gefragt, was ich denn da vorher für Lieder gesungen habe. Sie hatten mich also gehört. Ich sang einige davon noch einmal und fragte, wie sie ihnen gefielen. Der Wirt lächelte und lobte die Lieder sehr, wollte mir aber durchaus nicht glauben, daß es keine Kirchenlieder seien. Ich hatte Lieder gesungen wie »Jetz gang i ans Brünnele« und andere, die bei uns für recht weltlich gelten und keineswegs zu den heiligen Hymnen gerechnet werden. Ich fühlte, daß weder die Lieder selbst noch mein Gesang hier so richtig estimiert würden, aber artig sind die Italiener stets, und so wurden denn die Lieder gelobt, und die Wirtin ging und holte, als Dank für meine Leistung, eine Flasche alten Wein, die wir gemeinsam austranken.

Das Feuer loderte und knisterte und trieb zischende Gase aus den zum Teil noch grünen Prügeln aus Kastanienholz. Des Wirtes kluger, hübscher Hühnerhund, mit Namen Graffe, rieb seinen schönen Kopf an unsern Knien und dehnte seine Flanken genießerisch an der Herdwärme; wir sprachen von Florenz und von Rom und von der Schweiz und von Deutschland, und wie groß die Welt sei. Zuweilen warf der Alte eine Handvoll Olivenzweige ins Feuer oder ein Stück knorriges altes Rebenholz, das blaue und grüne Flämmchen gab, zuweilen gähnte die Wirtsfrau, und als sie es häufiger und tiefer tat, sagte ich Gute Nacht, drückte allen die Hände und ging in meine Kammer, vor deren Fenster kühl und einschläfernd der Regen sang. [1907]

Gubbio

Mit der langsam fahrenden Lokalbahn, in Gesellschaft heimkehrender Marktbauern, war ich von Città di Castello hergefahren und gegen Abend in Gubbio angekommen. Ich legte den Rucksack in einem Gasthaus ab und schlenderte über einen großen, kahlen Platz und an einer Franziskanerkirche vorbei in die abendliche Stadt hinein.

Es war kühl und regnerisch, in den schmalen Gassen der wunderlichen Bergstadt fing es schon an zu nachten. Und wie man auf Reisen zuweilen plötzlich in sonderbare und unnötige Gedanken hineingerät, fiel es mir ein, darüber nachzudenken, warum ich denn eigentlich auf Reisen, warum ich in Italien und heute gerade in Gubbio sei. Ja, warum? Was suchte ich hier?

Obschon ich müde war, fügte ich mich ins Unentrinnbare und gab mir Mühe, eine Antwort zu finden. Ich war vor vierzehn Tagen von daheim fortgereist, um wieder einmal nach Italien zu kommen, um ein anderes Volk und eine andere Sprache um mich zu haben, fremde Städte, schöne Bauten und alte Kunstwerke zu sehen. Wozu das? Warum blieb ich nicht daheim bei Arbeit und Familie? Weil ich ausruhen wollte. Aber ruht man denn auf Reisen aus? Nein. Das hatte ich vorher gewußt, also war ich nicht des Ausruhens wegen gereist.

Aber vielleicht um der Kunst willen? Das kam wohl der Wahrheit näher. Ich hatte ein Verlangen gehabt, den Florentiner Dom, das schöne San Miniato, die Bilder des Fra Angelico und die Skulpturen von Donatello wiederzusehen. Und von Florenz war ich weitergefahren, um neue Werke zu sehen, um Städte mit prächtigen Plätzen und Gassen, Schlösser mit gewaltigen Türmen, Kirchen mit Wänden voll schöner Fresken zu finden. Von Gubbio hatte ich erzählen hören, es sei eine wunderbare Stadt, steil am Berg emporgebaut, mit fabelhaften Palästen und frechen Türmen, ein Wunder von kühner Architektur.

Warum nun war ich dem nachgereist? Aus Neugierde nicht, auch nicht um Studien zu machen, denn ich bin weder Historiker noch Künstler, und im Sammeln von »Kenntnissen« bin ich nie sehr ehrgeizig gewesen. Etwas in mir mußte also hungern und Begierde tragen, wie stände ich sonst hier, hundert Meilen von zu Hause entfernt, in einer alten umbrischen Kleinstadt? Welchem Bedürfnis, welcher Not war ich gefolgt?

Langsam versuchte ich, es mir zurechtzulegen. Ich dachte an San Miniato, an die Kuppel und den Turm des Florentiner Domes und an das, was mich zu jenen Werken zurückgezogen hatte. Warum hatten sie mich beglückt? – Weil ich bei ihrem Anblick gefühlt hatte, daß Arbeit und Hingabe eines Menschen nicht wertlos sind, daß über der bedrückenden Einsamkeit, in der jeder Mensch sein Leben hinlebt, etwas allen Gemeinsames, etwas Begehrenswertes und Köstliches vorhanden ist; daß zu allen Zeiten Hunderte einsam gelitten und gearbeitet haben, um das Sichtbarwerden dieses tröstlichen Gemeinsamen zu fördern. Wenn das, was die Künstler und ihre Gehilfen mit Hingabe und Ausdauer vor einigen hundert Jahren zustande gebracht haben, heute wie damals Tausenden gute Gedanken gibt, so ist es auch für uns alle nicht trostlos, in unserer Einsamkeit und Schwäche zu arbeiten und das Mögliche zu tun.

Diesen Trost hatte ich gesucht, nichts weiter. Das Wissen um jenes Gemeinsame hatte ich immer gehabt, aber je und je muß man es wieder erleben, muß man wieder mit eigenen Sinnen das Vergangene gegenwärtig, das Entlegene nahe, das Schöne ewig fühlen. Das ist immer wieder erstaunlich und beglückend. Denn Michelangelo und Fra Angelico haben weder an mich noch an irgend jemand gedacht, wenn sie arbeiteten. Sie haben für sich selber geschaffen, jeder für sich allein, jeder zum Teil für seine Not und in bitterem Kampf mit Unmut und Müdigkeit. Jeder von ihnen auch war tausendmal unbefriedigt von dem, was er machte; Ghirlandajo hat sich lachendere Bilder und Michelangelo viel mächtigere Bauten und Denkmäler geträumt. Wir haben nur, was übrigblieb; aber das scheint uns wert, daß jene sich mühten. Und damit gewinnen wir selber Mut, fortzufahren.

Daß nicht jeder von uns ein großer Auserwählter ist, hat damit nichts zu tun. Auch wir Kleinen, seien wir Künstler oder nicht, freuen uns an jedem Sieg des Ewigen über das Zufällige und bedürfen jenes Trostes, um den Kampf mit dem Mißtrauen gegen den Wert alles Menschlichen immer wieder aufzunehmen.

Ich stand also heute in Gubbio, um aus dem Anblick großer Menschenwerke Mut und Glauben zu schöpfen. So weit kam meine Betrachtung. Ich hatte mittlerweile eine immer steiler werdende Gasse erstiegen und eine fast ebene Seitenstraße eingeschlagen, da stand ich unvermutet vor dem größten Bau der Stadt, dem mittelalterlichen Palast der Konsuln. Das schnitt alle Gedanken ab. Ich stieg auf die große Terrasse hinauf und wieder hinab, ich schaute und staunte, und für heute blieb es beim Staunen. Denn die grandiose, fast lästerliche Kühnheit dieser Architektur ist schlechthin verblüffend und hat etwas aufregend Unwahrscheinliches. Man meint zu träumen oder eine Dekoration zu sehen und muß sich immer wieder davon überzeugen, daß das alles fest und steinern dasteht.

Mit diesem Gefühl eines großen Erstaunens ging ich weg und lief weiter durch die Stadt, eine gute Stunde lang, ohne aus dem fast lähmenden Benommensein zu erwachen. Gasse um Gasse nahm mich auf, alle steil, still, trotzig, alle voll von hohen, nackten Steinhäusern mit widerhallendem Pflaster. Da und dort ein winziger Garten, ein Streifchen Erde künstlich und ängstlich auf hoher Mauer schwebend, dann ein Blick eine unendlich steile Straße bergaufwärts, und bergab schwindelnde Treppengassen. Meine genagelten Sohlen glitten auf dem glatten, regenfeuchten Pflaster unzählige Male aus. Dabei war es beinahe lächerlich, zu sehen, daß am Fuße dieser abschüssigen, unsäglich mühsam gebauten Stadt sich grün und bequem eine stundenweite, wohnliche Ebene erstreckte. Und die ganze Stadt, der ganze verhältnismäßig ungeheuerliche Aufwand von Bau- und Mauerwerk machte nicht etwa einen prahlerischen Eindruck, sondern erschien düster und wie aus begieriger Not entstanden.

Ermüdet und verwirrt suchte ich bei schon einbrechender Nacht mein Wirtshaus wieder, verlangte ein Abendessen und saß bis zum Schlafengehen nachdenklich beim roten Landwein. Meine Theorie schien mir nun doch nicht mehr ganz zu stimmen. Und da der verwirrende Eindruck dieser merkwürdigen Stadt sich einstweilen nicht klären wollte, stellte ich nun als Beweggrund meines Reisens das Bedürfnis auf, rechenschaftsloses Erstaunen zu fühlen und eine Weile frei von Verantwortung nur als Zuschauer zu leben. Doch begann das Zwecklose dieses Nachdenkens schon jetzt mich zu lächern.

Meine Schlafkammer war eiskalt und feucht, aber das Bett war vortrefflich, und ich schlief mich in neun Stunden wieder vollkommen gesund und frisch. Von der fruchtlosen Grübelei genesen, machte ich mich morgens auf die Beine und erlebte nun die wunderliche Stadt, wie man ein Abenteuer erlebt. Ich schritt in einer Luft voll pathetischer Leidenschaft und hatte den Eindruck, die alten phantastischen Bauten spielten mit vehementen Gebärden das heiße Leben weiter, das hier vor Zeiten gegärt haben muß und von dem man bei den heutigen Einwohnern keine Spur mehr findet. Der trotzige Ehrgeiz, der im Kampf mit ungewöhnlichen Hindernissen diesen steilen Hang gebaut hat, der auf ein Nichts von Boden schwindelnd hohe Türme und kolossale Palastburgen gründete und noch hoch am abschüssigen Bergrand massige Klöster und Kastelle hinstellte, hat etwas Sagenhaftes, fast Vorweltliches.

Gubbio nimmt den Berghang, an dem es liegt, nur bis zu einem Drittel seiner Höhe ein. Über der obersten Mauer und hinter dem höchstgelegenen Tor steigt der Berg kahl und streng hinan, auf halber Höhe trägt er eine alte Kapelle aus leuchtend rotem Backstein und ganz oben ein großes, festungsartiges Klostergebäude. Der gegen tausend Meter hohe Berg lockte mich. Nach dem aufregenden Eindruck der mittelalterlichen Stadt gelüstete es mich, ins Freie zu kommen und einen Blick ins Gebirge zu tun. Auch dachte ich, da droben vielleicht aus den Formen der Gebirgslandschaft den trotzig kühnen Geist ihrer alten Baumeister einigermaßen begreifen zu lernen.

Vom letzten Stadttor aus stieg ich langsam hinauf und hatte bald den Überblick über die weite, grüne Talebene. Der in großen Windungen angelegte gute Fahrweg führt bis zum Kloster und ist eine Strecke weit einseitig mit Zypressen besetzt. Jene rote Kapelle fand ich stark ruiniert, fast dem Einsturz nahe.

Die mächtige, drohende Stadt unter mir wurde allmählich klein und merkwürdig friedlich, schließlich lag sie bescheiden tief am Fuße des Berges und sah beinahe eben aus. Die unheimlichen Burgen und Türme standen klein und schwächlich wie Spielzeug unten. Ein starker, kalter Schneewind ging auf der Höhe.

Der Weg hörte auf, und ich folgte einem undeutlichen Geißensteig, der über Heide, Geröll und Felsstufen gegen den Gipfel hinführte und schließlich verschwand. Es wurde kalt und einsam, etwas wie Alpenluft wehte da droben, die Stadt war nahezu unsichtbar geworden.

Endlich hatte ich die Höhe überschritten und blieb fast erschrocken stehen. Jenseits tat sich eine große, feierliche Gebirgswelt auf, und vor mir stürzte schwindeltief eine jähe, wilde Schlucht hinab, die war eng und unheimlich, und die ungeheuren Wände des Absturzes zu beiden Seiten waren vollständig kahl und von roter Farbe. Nur in der Mitte etwa wuchs ein wenig Gestrüpp und Gras, und dort hing eine kleine Ziegenherde mit einem Hüterbuben klein und ängstlich zwischen Berg und Tal. Auf dem Gipfel, den ich nun bald erreichte, lag Schnee.

Die grüne Ebene, die Hügel mit Obstgärten, die Paläste und alten Städte und das ganze mir bekannte Italien war verschwunden, und ich stand in einer fremden, wilden, rauhen Gegend. Kein Haus oder Dorf weit und breit, und kein Mensch als der Hirtenjunge am Abhang, und unten in der roten Schlucht ein Reiter, der im Mantel und großen spitzen Hut, die Flinte überm Rücken, auf seinem Maultier talaufwärts gegen Scheggia unterwegs war. [1907]

Fremde Stadt

Wie das so seltsam traurig macht:
Ein Gang durch eine fremde Stadt,
Die liegt und schläft in stiller Nacht
Und mondbeglänzte Dächer hat.

Und über Turm und Giebel reist
Der Wolken wunderliche Flucht
Still und gewaltig wie ein Geist,
Der heimatlos nach Heimat sucht.

Du aber, plötzlich übermannt,
Ergibst dem wehen Zauber dich
Und legst dein Bündel aus der Hand
Und weinest lang und bitterlich.

Vom Naturgenuß

In unsrer gebildeten Zeit des allgemeinen Schwindels haben die Künstler, noch mehr aber die Kunstliteraten, einen erstaunlichen Einfluß auf die Stadtbewohner bekommen. Beispielsweise ist es zur Mode und Pflicht geworden, Landschaften »malerisch« zu betrachten. Der Sommerfrischler oder Tourist freut sich, im Farbenspiel der Wolken ein Lila oder Grau zu entdecken, das ihn an bestimmte Bilder oder Stickereien erinnert, und er findet das Graugrün des Kiefernwaldrandes wundervoll auf den zartblauen Himmel und den feuchtbraunen Acker »abgestimmt«. Ist er noch raffinierter, so streitet er sogar über »Tonwerte« in der Natur und sucht zu ergründen, ob der Himmel oder eine beleuchtete Hauswand »heller im Ton« stehe. Er glaubt in diesen Gedanken- und Wortübungen die Natur recht innig und durchtrieben zu erfassen und zu genießen. Er lacht über den Bauern, der sich nur um naß und trocken, warm oder kalt bekümmert, er lacht über den Botaniker, der Pflanzen, und über den Genüßling, der Schwammerln einsammelt. Und doch tut auch er nichts andres, als eine an sich wertlose Spezialistenkunst ausüben. Er sieht die Natur an entweder, als sei sie ein gemaltes Bild, oder als müßte er sie abmalen, und als wäre sie eigens und vor allem dazu da. Er glaubt fein und überlegen zu sein und steht doch nicht höher als der Bauer. Dieser beschränkt sich auf praktische Witterungskunde und sieht dabei sehr vieles, was der Städter nie sieht, und der Städter treibt angewandte Ästhetik und sieht dabei allerdings wieder vieles, wofür der Bauer keinen Sinn hat. Aber beide sind darin gleich naiv und gleich unkultiviert, daß sie eine unendlich vielseitige Sache einseitig betrachten und auf einen beschränkten Leisten zu passen versuchen. Beide lachen übereinander, und beide haben den Stolz und die geistige Enge dessen, der nur als Egoist zu sehen und zu denken gewohnt ist. Es ist Egoismus, bei einem Regenwetter nur an seinen Kartoffelacker zu denken, und es ist ebenso Egoismus, dem Meer oder Wald gegenüber sich an einer (oft wohlfeil erworbenen) ästhetischen Kritik zu vergnügen und vor sich selbst oder andern den feinen Genießer zu spielen.

Gewiß kann man von den Malern im Sehen vieles lernen, und die Maler haben das gute Recht, nach ihrer Art und für ihre Zwecke zu schauen. Aber die landschaftliche Natur lediglich als ein Objekt für die Malerei oder gar wie ein Gemälde anzusehen, – dazu liegt für Nichtmaler kein Grund vor. Das »malerische« Betrachten, von Nichtmalern ausgeübt, ist meines Erachtens einfach eine Mode und steht an sich nicht höher als die Betrachtung vom Standpunkt des Bauern, Jägers, Manöveroffiziers oder Geologen aus. Übrigens soll das Landschaftssehen des Dichters, soweit es nur im Sehen und Wählen des in Worten Darstellbaren besteht, selbstverständlich auch um nichts höher eingeschätzt werden.

Wer nämlich auf solche Weise schaut, kritisiert stets die Natur und sucht sie irgendwelchen, einerlei ob praktischen oder ästhetischen oder wissenschaftlichen, Zwekken dienstbar zu machen. Und das ist, von einem höheren Standpunkt aus, falsch und kleinlich. Wir sollen die Natur nicht nur fruchtbar und nützlich, sondern auch schön finden, aber wieder nicht nur schön, sondern auch unergründlich und über schön und häßlich erhaben. Wir sollen nicht suchen, sondern finden; wir sollen nicht urteilen, sondern schauen und begreifen, einatmen und das Aufgenommene verarbeiten. Es soll vom Wald und von der Herbstweide, vom Gletscher und vom gelben Ährenfeld her durch alle Sinne Leben in uns strömen, Kraft, Geist, Sinn, Wert. Das Wandern in einer Landschaft soll das Höchste in uns fördern, die Harmonie mit dem Weltganzen, und es soll weder ein Sport noch ein Kitzel sein. Wir sollen nicht mit irgendwelchen Interessen den Berg und den See und den Himmel beschauen und begutachten, sondern uns zwischen ihnen, die gleich uns Teile eines Ganzen und Erscheinungsformen einer Idee sind, mit klaren Sinnen bewegen und heimisch fühlen, jeder mit den ihm eigenen Fähigkeiten und mit den seiner Bildung zugehörigen Mitteln, der eine als Künstler, der andre als Naturwissenschaftler, der dritte als Philosoph. Wir sollen unser eigenes Wesen und nicht nur das körperliche dem Ganzen verwandt und eingeordnet fühlen. Erst dann haben wir wirkliche Beziehungen zur Natur.

Es ist zum Beispiel das »malerische« Naturgenießen schon darum arm und einseitig, weil es einzig nur auf den Gesichtssinn gestellt ist. Gar oft ist aber der stärkste und eigenartigste Eindruck eines Ganges oder Aufenthaltes im Freien kein Gesichtseindruck. Es gibt Stunden und Orte, wo alles dem Auge Erreichbare nichts ist im Vergleich mit dem, was das Ohr berührt, mit dem Grillenzirpen, dem Vogelgesang, dem Meeresbrausen, dem Tönen der Winde. Ein andres Mal hat der Geruchssinn die stärksten Eindrücke: Lindenblütenduft, Heugeruch, Geruch feuchter, frischgepflügter Äcker, Duft von Salzwasser, Teer und Seetang. Und schließlich sind vielleicht die stärksten Natureindrücke die des Gefühls, der Nerven: Schwüle, Elektrizität der Luft, Temperatur, Härte oder Weichheit, Trockenheit oder Nässe der Luft, Nebel. Diese Nerveneindrücke, denen übrigens oft sehr robuste Menschen stark unterliegen, spielen eine große, vielleicht dominierende Rolle in der Dichtung, schon weil sie großen und direkten Einfluß auf das seelische Befinden, die Gemütsstimmung, haben. (Mörike, Stifter, Storm.) Aber weder Dichtung noch Malerei können das Vielerlei und das Zusammenwirken dieser Eindrücke darstellen; sogar für die Darstellung des einzelnen reichen die Mittel nicht hin, es versagt zum Beispiel die ausgebildetste Sprache bei dem Versuch, in Worten deutliche Begriffe von Gerüchen zu geben.

Man hört manchmal Leute sagen, die »Natur« gebe ihnen nichts, sie hätten kein Verhältnis zu ihr. Dieselben Leute werden bei der Frühjahrssonne fröhlich, bei der Sommersonne träge, bei Schwüle schlaff und bei Schneewind frisch. Das ist immerhin schon ein Verhältnis, und man braucht dessen nur bewußt zu werden, so ist man schon reif zum Naturgenuß. Denn unter diesem verstehe ich nicht ein rechenschaftsloses Wohlbefinden, sondern im Gegenteil ein bewußtes Mitleben und Zusammenhängen mit der Natur. Ist dies einmal vorhanden, so spielt die sogenannte »Schönheit« der Gegend und des Wetters keine große Rolle mehr. Denn diese Schönheit ist zwar wohl vorhanden, aber sie ist lediglich aus Gesichtseindrücken abstrahiert, und diese sind nicht allein maßgebend. Die Natur ist überall schön oder nirgends.

Aber dann brauchte man eigentlich nicht zu reisen

und zu wandern? Allerdings nicht, wenn wir überall gesunde und ausgebildete Menschen wären. Da wir dies nicht sind, hat das Reisen uns immerhin viel zu bieten: körperlich den hygienischen, die Sinne anregenden Wert der Orts- und Luftveränderung, geistig den Reiz des Vergleichens und den Triumph des erobernden Sichanpassens. Vielleicht gibt es für jeden Menschen eine Art von Landschaft, in der er sich am wohlsten fühlt, und mancher kann rein körperlich das Meer, die Hochalpen, die Tiefebene nicht ertragen. Aber bedauernswert arm ist ein Mensch, dem jedes neue Stück Erde fremd und unverdaulich auf die Seele drückt. Ihm fehlt nicht nur das äußerliche, meinetwegen affenartige Anpassungsvermögen des Reisenden, sondern vor allem der höhere Standpunkt. Einer, der keine fremde Landschaft sich zu eigen machen, in keinem fremden Lande warm werden, nach keiner einmal flüchtig erfaßten Gegend später wieder eine Art Heimweh bekommen kann, – dem fehlt es im Innersten, und er steht nicht höher als der, der über die Kinderstube und Vetternschaft hinaus keine Menschen begreifen, behandeln und lieben kann. Der wertvolle Mensch fühlt sich nicht nur seiner Familie und Umgebung, sondern jedem Menschen- und Naturleben verwandt. Antipathien sind kein Beweis dagegen: sie beruhen auf Kenntnis, Ahnung, ja Teilnahme, nicht auf Gleichgültigkeit. Was mir zuwider ist, existiert für mich nicht minder als das, was ich liebe. Aber was ich nicht kenne und nicht kennen mag, was mir gleichgültig ist, was keine Beziehung zu mir, keinen Ruf an mich hat, das existiert für mich nicht, – und je mehr dessen ist, desto niedriger stehe ich selber.

Nun ist jedes Spezialistentum eine solche Verarmung,

ein solcher Verzicht, und es ist traurig genug, daß im tätigen, beruflichen Leben das Vielseitigsein immer schwerer und seltener wird. Mancher ganz gute Maler ist so sehr nur Maler, daß er sich ohne Skrupel ein häßliches Haus bauen läßt, und mancher gute Architekt wieder so sehr Spezialist, daß er um sein schönes Haus herum einen geschmacklosen Gärtner wirtschaften läßt, und so weiter. Ist es nicht schade, wenn wir nun auch in den seltenen, schönen, freien Zeiten des Draußenseins und Wanderns, statt aufzugehen und groß zu werden, kleine Gesichtspunkte und Interessen pflegen? Der Wald gehört so wenig dem Maler wie dem Förster, die Wolke so wenig dem Wetterpropheten wie dem Luftschiffer, sondern der Natur gegenüber hat jeder so viel Recht, wie er sich zu nehmen getraut, und für den Umgang mit ihr braucht sich niemand einen Lehrmeister zu suchen. Man kann vom Maler und Dichter lernen, aber ebenso vom Bauern und Förster. Und in jedem Menschen, er sei noch so einseitig gebildet, schlummert eine vergessene Brüderschaft mit Sonne und Erde. Sie braucht nur einmal zu erwachen, so lacht er über Dichter, Maler und Förster, öffnet seine Sinne und Seele weit und läßt den Atem der Schöpfung herein.

Das ist es, was wir von Spaziergängen und Ausflügen, Reisen und Sommerfrischen haben können, das ist mehr als Hygiene und mehr als Ästhetik. Wir sind im täglichen Leben gewohnt, einseitig zu leben, zu arbeiten und zu denken; aber vor der Natur sind wir frei und ganz, dürfen alle Sinne und alle Seelenkräfte spielen und arbeiten lassen, gleichzeitig und gleichberechtigt. Keiner kann es in jeder beliebigen Stunde, jeder hat Ketten nachzuschleppen; aber je öfter und intensiver wir uns, von allen

Zwecken befreit, dem Weltganzen verwandt fühlen, desto lockerer werden die Ketten, und desto mehr geben uns Sonne und Sterne, Wald, Meer und Gebirge, Sturm und Frost, Vogel und Wild von ihrem Leben, desto kleiner wird der Kreis der Dinge, zu welchen wir ohne Beziehungen sind. Und damit allein können wir wachsen und unser Leben zu Bedeutung, Wert und Weite erheben. [1908]

Besuch bei einem Dichter

Ich habe nicht sehr viele berühmte Männer gekannt, oder die Mehrzahl dieser Bekanntschaften blieb oberflächlich, wurde von mir nicht gesucht und bedeutete mir nicht viel. In meinen Jugendjahren, als ich noch jene enthusiastische Sehnsucht nach dem Anblick und der Nähe verehrter Menschen empfand, bot sich mir keine Gelegenheit, sie jemals zu erfüllen, und ich war schon beglückt und fühlte mich gehoben und ein wenig geweiht, wenn ich etwa einen verehrten Musiker vom Saale aus auf dem Podium gesehen und gehört hatte, die Geiger Sarasate und Joachim etwa. Und als sich mir mit den Jahren solche Gelegenheiten geboten hätten, war ich noch manche Jahre lang schüchtern und brachte es nicht leicht über mich, etwa einen berühmten Schriftsteller aufzusuchen, mich als Kollegen vorzustellen und ihm ein kollegiales Gespräch abzunötigen. Und später, als auch diese Scheu sich verloren hatte oder doch kleiner geworden war, da war mir mit andern Jugendlichkeiten auch der Enthusiasmus für solche Begegnungen verlorengegangen. Es gab nicht sehr viele Männer oder Frauen, deren Namen ich aus der Ferne kannte und auf deren persönliches Kennenlernen ich sehr erpicht gewesen wäre. Einige gab es zwar immerhin: zum Beispiel hatte ich in den Jahren, in denen ich in München auf der Redaktion des »Simplicissimus« und im Verlag Albert Langen als Freund und Mitarbeiter verkehrte, viele Male den heimlichen Wunsch, es möchte einmal Knut Hamsun dort auftauchen und ich könnte ihn sehen. Aber es gab solcher Wünsche nicht viele, und die wenigen haben sich nicht erfüllt. Ich habe die Öffentlichkeit nie geliebt, und es war mir niemals angenehm, in einer Umgebung zu leben, wo man mich als Namen und als Marke kannte; mein Leben konnte mir gar nicht privat genug sein, und so habe ich niemals irgendeiner Ansammlung von »Prominenten« beigewohnt, sei es Salon, Klub, Ball oder Bankett; ich hatte es leicht, mich darum zu drücken, ich wohnte ja immer weitab auf dem Lande.

Es stand im Widerspruch mit diesen Neigungen, wenn ich in früheren Jahren, namentlich in der Zeit vor dem Kriege, beinahe jedes Jahr ein- oder zwei- oder gar dreimal mich bereden ließ, die Einladung zu einer Vorlesung anzunehmen. Ich tat es zum Teil aus Reiselust und Bedürfnis nach Wechsel; es schien so angenehm, je und je irgendeine schöne Stadt aufzusuchen, Köln oder Wien, Straßburg oder Prag, die Reisekosten durch die kleine Mühe einer Vorlesung zu verdienen, und so nebenher doch ein klein wenig am Becher der Berühmtheit zu nippen, einen Abend lang gefeierter Gast zu sein. Es war oft sehr hübsch, und ich sah manche schöne Stadt dabei, aber im ganzen bekam es mir doch niemals gut: etwas von Katzenjammer und schlechtem Gewissen kam meistens nach: ich hatte zwar nichts an sich Verbotenes getan, aber doch etwas gegen meine Natur, hatte eine Anpassung versucht, die doch niemals glücken konnte. Aber dies und jenes Gute bekam ich dabei doch zu schmecken, was mir geblieben ist.

Auf einer solchen Reise war es, im Jahre 1909, daß ich also doch einmal meinen Besuch bei einem Manne machte, den ich seit manchen Jahren aufrichtig verehrte und liebte. Ich war zu einer Vorlesung nach Braunschweig gefahren und hatte schon in der Stunde, in der ich die Einladung annahm, gewußt, daß in Braunschweig der alte Wilhelm Raabe lebte, und hatte die leise Hoffnung gehegt, ich würde ihn vielleicht zu sehen bekommen. Und nun war ich in Braunschweig, war von freundlichen Menschen empfangen worden, und noch ehe ich etwa mich zu fragen getraute, ob vielleicht die Möglichkeit bestehe, Raabe zu sehen, hatte man es dort für selbstverständlich gehalten, daß ich ihn aufsuche. Nur bestand eine Schwierigkeit: man pflegte sich mit Raabe in seiner Weinstube zu treffen, und jetzt war er erkältet und ging nicht aus. Aber mein Wunsch, ihn zu begrüßen, wurde ihm zugetragen, und so lud er mich ein, ihn am Spätnachmittag des folgenden Tages in seiner Wohnung zu besuchen.

Inzwischen lief ich durch die herrliche alte Stadt, ruhte zwischenhinein in meinem Gastzimmer und dachte die ganze Zeit mit einer Mischung von Freude und Beklommenheit an den mehr als siebzigjährigen Dichter, den ich bald sehen würde. Ich dachte darüber nach, was er mir eigentlich bedeute und wie ich eigentlich zu ihm stehe. Ich hatte als Jüngling ein Buch von ihm gelesen, das mir halb gefallen hatte, halb nicht, es war etwas Krauses, beinah Kauziges darin, was mich bald entzückt, bald befremdet hatte, und etwas Norddeutsches, das mir fremd war, und etwas Bürgerlich-Patriotisches, das ich zwar damals keineswegs ablehnte, das mich aber doch ein wenig an die Auffassungen unsrer Lehrer erinnerte. Dann hatte ich ihn vergessen, ich hatte Gottfried Keller entdeckt und gleich darauf Storm und dann Conrad Ferdinand Meyer, die alle schon tot waren, die mir aber viel zeitgemäßer und wichtiger schienen als

Raabe. Dann aber hatte mich der Hinweis eines Freundes wieder zur Lektüre Raabes geführt; inzwischen hatte ich auch viel Jean Paul gelesen, und nun hatte ich im Lauf einiger Jahre mehr als ein Dutzend Bücher von Raabe gelesen, und hatte einen tiefen Respekt vor diesem Mann bekommen, dem einzigen wirklich dichterischen Darsteller des Deutschland zwischen 1850 und 1880, dem träumerischen Fabulisten und zähen Kritiker, dem strengen und so warmherzigen Liebhaber seines Volkes. Und tieferen Eindruck noch als diese würdigen Eigenschaften hatten mir seine hintergründigen Humore gemacht, seine zähen Liebhabereien und Spiele, seine Vorliebe für Umwege und lange Gänge, seine Lust an wunderlichen und schwierigen Charakteren, seine Menschenkenntnis, hinter deren Schärfe und gelegentlichen Spottlust ein großer Glaube, eine große Menschenliebe zu stehen schien. Diesen alten Dichter sollte ich jetzt sehen, der beinahe so alt war wie meine Großväter, der den »Abu Telfan«, den »Dräumling«, »Die Akten des Vogelsangs« geschrieben hatte, dessen »Sperlingsgasse« schon bei den Büchern meiner Mutter stand, als ich lesen lernte und zum erstenmal Büchertitel entzifferte. An Ehrfurcht vor dem Alter war ich ohnehin gewöhnt, sie war mir anerzogen oder lag mir im Blut; aber es kam noch etwas Besonderes zu dieser Ehrfurcht hinzu, was etwa so auszudrücken wäre: ich hatte schon seit dem Ende meiner Jünglingszeit ein unausgesprochenes und auch etwas unklares Gefühl, als sei ich an einer Grenzscheide von Zeitaltern geboren, als habe ich in der Kindheit noch ein Abendrot miterlebt, den Rest einer Epoche, die von Tag zu Tag ferner rückte und im Entschwinden begriffen war. Zum Teil mag dies Gefühl von manchen Reden der Eltern und Großeltern genährt worden sein (obwohl ich mir an diesen Reden ziemlich viel Kritik erlaubte), zum Teil entsprang es wohl daraus, daß ich als Kind die rasch wachsende Industrie unsre Gegend erobern sah, jedenfalls war von allen den Empfindungen, mit denen ich an Raabe dachte, keine andre so stark wie diese, daß er zur Generation meiner Großväter gehöre und gleich ihnen etwas besitze und verkörpere, was uns Jüngern fehlte oder doch in uns nur noch verdünnt und halbverloren vorhanden wäre, eine etwas andere Art von Menschentum, von Glauben, von Ritterlichkeit. Und Raabe war ja nicht nur zufällig ein alter Mann und ein Angehöriger jener aussterbenden Art, er war einer ihrer echtesten Vertreter, einer ihrer Darsteller und Mitgestalter.

Die Stunde kam, ich fand mich in Raabes Hause ein; es war schon sehr abendlich und dämmerte stark. Ich habe keine Erinnerung mehr an das Haus, nur an das Zimmer, in das ich über eine Treppe geführt wurde. Da stand in der Dämmerung eine sehr große hagere Gestalt, mit dem Anzünden einer kleinen Erdöllampe beschäftigt; sie wandte sich mir zu, nach Bildern erkannte ich Raabes Gesicht, und doch war es anders als auf den Bildern. Schmal und sehr hoch, in einem langen Schlafrock, stand die friedliche und auch feierliche Gestalt, und von ihrer Höhe blickte ein altes, faltiges, spöttisch-kluges Gesicht zu mir herab, sehr lieb und freundlich und doch ein Fuchsgesicht, schlau, verschlagen, hintergründig, das greise Gesicht eines Weisen, spöttisch ohne Bosheit, wissend, aber gütig, altersklug, aber eigentlich ohne Alter, woran auch die aufrechte Haltung der Gestalt teilhatte, ein Gesicht, ganz anders und doch dem meines

Großvaters verwandt, aus derselben Zeit, von derselben herben Reife, von beinahe derselben Würde und Ritterlichkeit, die ein vielfältiges Spiel alter, erprobter Humore überflog und milderte.

Er sprach leise, hieß mich willkommen, deutete an, daß er ungefähr wisse, wer ich sei, und lud mich zum Sitzen ein. Auch er setzte sich, stand aber bald wieder auf, ging hin und her, rückte an der Lampe, und so sieht ihn meine Erinnerung heute noch: in einer kleinen dämmerigen Stube, Bücher auf dem Tisch, Bücher an den Wänden, stehend, sehr groß und aufrecht, aus milden und sehr klugen Augen auf mich niederblickend. Er zeigte mir ein Buch, das auf dem Tische lag und das er zur Zeit las; es war ein Band der Erinnerungen von Moritz Busch, er fragte, ob ich es kenne, fing an von Bismarck zu sprechen, merkte aber schnell, daß ich da sehr wenig beschlagen war und nicht einmal die »Gedanken und Erinnerungen« ganz gelesen hatte, lächelnd gab er es auf. Lächelnd stand er, der Lampenschein floß an ihm hinauf und ließ sein sanft leuchtendes Gesicht einsam vor den halbdunkeln Bücherreihen schweben.

Ich hatte diesen alten Mann schon oft liebgehabt und hätte ihm jetzt gerne sagen mögen, wie gut ich viele seiner Bücher kenne und wie sehr ich ihn verehre, aber man sagt das einem solch schlauen, alles schon wissenden, alten, ehrwürdigen Zauberer nicht so leicht, es kommt sich da jedes Wort der Verehrung, noch eh es gesprochen ist, schon erraten und belächelt vor und will nicht mehr aus dem Munde. Aber von »Abu Telfan« sprach ich dennoch, und ich glaube auch vom »Dräumling«. Dazwischen fragte er nach dem und jenem, nach meiner Reise und ziemlich eingehend nach meiner Familie. Ich hatte eine Frage, eine Bitte an ihn mitgebracht, aber erst gegen Ende meines Besuches überwand ich meine Scheu und rückte damit heraus. Ich sagte, es sei mir bekannt, daß er vor bald vierzig Jahren längere Zeit in Stuttgart gelebt habe, und gewiß habe er noch den Eduard Mörike dort gekannt, und ob er mir nicht etwas von ihm erzählen könne.

»O ja, Mörike!« lächelte er. »Sehr gemocht habe ich ihn nicht, offen gesagt.«

Ich sagte, das tue mir leid, ich hielte von Mörike außerordentlich viel und gäbe wohl etwas darum, ihn noch gekannt zu haben. Jawohl, sagte Raabe, das glaube er mir gerne, und Mörike sei ganz ohne Zweifel ein echter und richtiger Dichter gewesen, gewiß; indessen, was so den persönlichen Umgang unter Kollegen betreffe, da habe er in Stuttgart und auch anderwärts Leute gekannt, die ihm doch lieber gewesen seien. Er sei ein sehr zarter und etwas wunderlicher Mensch gewesen, dieser Mörike, und leicht verletzt; manchmal sei er, wenn irgend etwas oder irgend jemand ihm auf die Nerven gegangen sei, einfach ins Bett gelegen und sei ein paar Tage nicht zu sehen gewesen. Ein zarter Mensch und ein bißchen weich gegen sich selber, das sei er wohl gewesen. Er lächelte vor sich hin, und voll Spannung starrte ich ihn an, denn ich spürte deutlich, daß er sich eben jetzt sehr genau an Mörike erinnere, ihn vor sich sehe, und ich hätte viel darum gegeben, das Bild sehen zu können, das ihm jetzt vor Augen stand. Ich sah aber nur sein Lächeln, ein nachsichtiges Lächeln für Mörike, für den feinen Dichter, für den wunderlichen Kollegen, den etwas weichlichen Schwaben. Ich sah: zwischen diesen beiden Dichtern war kaum mehr Freundschaft, Austausch und

Spiel gewesen als zwischen Keller und Meyer in Zürich. Ich sah auch oder glaubte doch zu sehen, wie er den Mörike noch weniger liebte als er aussprach, wie er ihn eigentlich ganz und gar nicht leiden mochte, daß er aber aus Schonung für mich, den jungen Mörikeschwärmer, nicht schroff aussprechen mochte.

Als ich wieder fortging und er oben an der Treppe stand, der ohnehin hochgewachsene und durch meine Verehrung noch vergrößerte Mann, sah ich im Niedersteigen noch mehrmals zu ihm empor, mit der innigsten Liebe und Bewunderung, zu ihm, dessen schöne, langgestreckte Hand »Die Akten des Vogelsangs« geschrieben hatte und »Pfisters Mühle«; der Abschied war mir schwergefallen. Draußen war es schon Nacht, am Abend war ich in Raabes Weinstube von seiner Stammtischrunde erwartet. Bis dahin lief ich herum, saß in meinem Zimmerchen, dachte an die Stunde bei Raabe, versuchte mich an alles zu erinnern, was er gesagt hatte, verwunderte und entsetzte mich darüber, daß ich schon jetzt, da die Worte unsres Gesprächs kaum verklungen waren, so vieles davon vergessen hatte. Über eine Stelle in Bismarcks Erinnerungen hatte er lebhaft gesprochen; aber die Materie war mir fremd, ich hätte seine Worte, oder auch nur den Sinn, schon jetzt nicht mehr reproduzieren können.

Raabe hatte mich eingeladen, ihn wieder einmal zu besuchen. Noch oft hätte ich dazu Lust gehabt, aber ich bin nie wieder nach Braunschweig gekommen. Ich mußte damals noch in eine andre Stadt reisen, hielt dort eine Vorlesung, wurde vielen Menschen vorgestellt, wurde von Vertretern der Presse herumgeführt und ausgefragt, wurde von verschiedenen Familien eingeladen, bekam

Blumen ins Hotel geschickt, lauter Ehrungen, die mich mehr in Verlegenheit brachten als erfreuten. Und immer wieder mußte ich an den alten Wilhelm Raabe denken, mit Verehrung und auch mit Scham. Denn so wie dieser alte Mann in seinem Wesen, in seinen Büchern, in seinem Blick und Wort das Beste einer dahingehenden, ja einer schon dahingegangenen Welt darstellte und noch für eine kurze Weile aufbewahrte, ein gewesenes Deutschland, eine vergangene Art von Geist, Bildung, Charakter, etwas halb Heiliges und auch halb Rückständiges, so war auch sein Ruhm, seine Art von Namen und Berühmtheit von einer ganz andern, edleren, harmloseren, unschuldigeren und zugleich ehrwürdigeren Art als unsere modische Berühmtheit. Unsereiner wurde jede Woche von irgendeiner Gesellschaft in irgendeiner Stadt zu Vorlesungen eingeladen; er bekam immerzu Zeitungsausschnitte zugesandt, alle Zeitungen und Zeitschriften wollten Beiträge von ihm haben, alle Verleger ihn drukken, alle illustrierten Blätter sein Bild bringen. Man konnte sich dagegen wehren, man konnte sich zum Teil darum drücken, aber überall, wo man dieser Welt, in der die Berühmtheiten gemacht wurden, auch nur den kleinen Finger gegeben hatte, da kam man sich nachher irgendwie mißbraucht und entgleist vor. Nein, Raabes Ruhm war etwas ganz anderes. Langsam, ohne plötzliche heftige Erfolge, war er in Jahrzehnten durch eine lange Reihe von Büchern, durch eine wundervoll ehrliche, einheitliche und eigensinnige Lebensart berühmt geworden – und auch das »berühmt« klang in Verbindung mit seinem Namen ganz anders. In Wirklichkeit, das wußte ich wohl, war nämlich in der Literatur und Kritik unsrer Zeit für Raabe und seinen Ruhm sehr wenig Raum vorhanden; man wußte nicht viel von ihm, und von den Feuilletonredakteuren, die mir damals Werbebriefe schrieben, hatte nicht der zehnte ihn gelesen. Man überließ die Pflege seines Ruhmes seiner Braunschweiger Tafelrunde und einigen eher altmodischen und provinziellen Zeitschriften, auch die Verleger rissen sich nicht um ihn, viele seiner schönsten Bücher hatten in zehn, in zwanzig Jahren nur eben eine zweite oder dritte oder höchstens vierte Auflage erlebt, nur zwei von ihnen waren in größerer Masse verbreitet. Ferner wurde sein Ruhm gepflegt von seinen Lesern, einer Gemeinde von meist schon älteren Leuten, die keine modernen Zeitschriften lasen, und deren Gedankenwelt und Anschauungen ich damals gewiß als rückständig empfunden hätte. – Und ist es denn heute anders? Nein, es hat sich nichts geändert – das heißt für mich wohl, da hat vieles sich geändert, und heute weiß auch ich recht wohl, was Ruhm und Erfolg bedeuten, und daß unsre heutige Art von Ruhm nicht Menschen und ihrem Lebenswerke gilt, sondern Rekorden der Auflagen, Modeerfolgen, und daß der sehr berühmte und umworbene Autor von gestern schon übermorgen wieder seine Gedichte als leider nicht verwendbar von denselben Redaktionen zurückbekommt, die ihn gestern um Mitarbeit bestürmten. Das alles weiß ich jetzt, und allmählich nähere ich mich schon dem Punkte, wo diese Dinge der Vergangenheit angehören und ohne Leidenschaft betrachtet werden. Aber ich wollte nicht davon sprechen, sondern von Raabe und der besonderen Art seines Ruhmes, und daß dieser sich seit damals eigentlich gar nicht verändert hat. Die Zeitungen von heute und die Literaturbörse von heute wissen von Raabe ebensowenig als sie damals, vor etwa fünfundzwanzig Jahren, von ihm wußten. Er wird, hie und da, und mit einem gewissen kleinen Abstand, in Verbindung mit Gottfried Keller genannt. Er hat einen Verehrerkreis, mehrmals ist ein Raabe-Kalender herausgegeben worden; aber alle diese Ehrungen des lang Verstorbenen hatten einen mehr lokalen, provinziellen Anstrich. Raabe gehört für heutige Literaturmenschen etwa in die Abteilung »ältere Heimatkunst«. Und doch sind schon in den Jahren seit meinem Braunschweiger Besuch bis heute eine ganze Menge von Erzählern und Dramatikern, deren jeder zur Zeit seiner Höhe hundertmal berühmter und erfolgreicher war als Raabe, wieder untergesunken und vollständig vergessen worden, während Raabe, ohne je die Menge zu interessieren, seinen festen Platz behauptet und jenen stillen Ruhm genießt, der erst um vieles später kommt als die Erfolge. Sein Kollege Mörike, den er so wenig leiden mochte, hat das in noch höherem Grade erlebt: bei ihm kam der »Erfolg« überhaupt nie, er starb geachtet, aber keineswegs berühmt oder gefeiert, und auch sein Tod wurde nicht eben beachtet, und die Jahre und Jahrzehnte gingen weiter, und als es sich dann doch herumgesprochen hatte, daß da in Schwaben ein kleiner Pfarrer und Töchterschulprofessor gelebt habe, der unsterbliche Verse geschrieben, und als Mörike in die Reihe der ernst genommenen großen Dichter einzog, da wäre er, wenn er noch gelebt hätte, schon nahezu hundert Jahre alt gewesen.

Raabe hat diesen Grad des Ruhmes noch nicht erreicht. Die Literaturgeschichte spricht von ihm mit Achtung, sie kennt ihn, sie hat von ihm Notiz genommen; aber das Einmalige und Innigste seiner Dichtung, das eigentliche Wunder seiner Person und seines Wortes ist noch immer nicht eigentlich erkannt und als ewiger Wert erkannt, von seinen Zeitgenossen sind zum Beispiel Storm und auch Fontane in den Literaturgeschichten, in den Lesebüchern und so weiter sicherer und besser eingeordnet als er. Es wird ihm vielleicht einmal wie dem Mörike gehen, den er als einen empfindlichen und zarten Herrn gekannt und nicht eben gern gehabt hat und der nachher von der Welt für einen der großen Dichter erklärt wurde. Man wird vielleicht ihn doch noch erkennen; er hat die Anwartschaft darauf, denn er hat jenes die Kritik verwirrende Plus, jene Dimension zuviel, die so schwer einzureihen ist und die sich mit der Zeit doch meistens durchsetzt. Gewiß, er kann nicht in die Anthologien eingehen wie Mörike; sein Ruhm wird nicht mit dem Zitieren von drei Gedichten belegt werden können, es wird stets etwas mühsamer bleiben, ihn zu kennen, er hat viel geschrieben und sehr Verschiedenes, sein Leser braucht Zeit, braucht Geduld, braucht langsames Eindringen, sonst kommt er nie ins Innere dieses Werkes. Aber man hat es bei seinem Vorfahren Jean Paul erlebt, daß auch ein solches Werk sehr zählebig sein kann, und daß ein Dichter, über den dreißig Jahre lang jeder Hochschulprofessor der Literatur die inzwischen vermoderte Nase rümpfte, wieder mit allen Kränzen des Ruhms behangen werden kann.

Es ist gut, daß er diese Zeilen über ihn nicht lesen kann. Ich hätte sie auch nicht geschrieben, wenn er noch lebte. Wie spöttisch-klug, wie unsäglich listig würde er blinzeln und mich von oben her aus seinen halbgeschlossenen Augen betrachten!

Nachbemerkung

In meiner Erzählung ist eine Stelle als zweifelhaft zu bezeichnen, da sie nur auf einem Gedächtnisfehler, sei es bei mir oder bei Raabe, beruhen kann. Raabe hat nämlich, wie ich später entdeckte, mehrmals deutlich bekannt, daß er Mörike nicht persönlich gekannt habe.

Bei meinem Besuch war Raabe etwa achtundsiebzig Jahre alt, und zwischen meinem Besuch bei ihm und der Aufzeichnung des Gedenkblattes für ihn liegen wieder etwa vierundzwanzig Jahre. Wie immer der Irrtum mag entstanden sein, der Leser möge ihn korrigieren. Was die übrigen Äußerungen Raabes über Mörike betrifft, so kann ich für die Zuverlässigkeit meines Gedächtnisses einstehen. Sein Urteil über die Person Mörikes beruhte also nicht auf persönlicher Bekanntschaft, sondern auf Hörensagen. [1933]

Reiselust

Es ist mitten im Winter, der Schnee wechselt mit Föhn und das Eis mit Schmutz, die Feldwege sind ungangbar, man ist von der nächsten Nachbarschaft abgeschnitten. Der See kocht an kalten Morgen weißen Dampf und setzt glasig brüchige Eisränder an, jedoch beim nächsten warmen Winde wogt er wieder schwarz und lebendig und verblaut gegen Osten wie an den schönsten Tagen im Frühjahr.

Und ich sitze in der wohlgeheizten Studierstube, lese unnötige Bücher, schreibe unnötige Artikel und habe unnötige Gedanken. Irgend jemand muß doch am Ende alle die Sachen lesen, die jahraus, jahrein geschrieben und verlegt werden, und da sonst es niemand tut, tue ich es eben, teils aus Interesse und Kollegialität, teils um mich dann als kritischen Schirm und Prellbock zwischen das Publikum und die Bücherlawinen zu stellen. Viele von den Büchern sind auch tatsächlich schön und klug und des Lesens wert. Dennoch scheint mir zuweilen mein Tun überaus überflüssig und mein Wollen auf ganz falsche Ziele gerichtet.

Ich trete häufig für einige Augenblicke ins Schlafzimmer, wo an der Wand die große Karte von Italien hängt, und streife mit begehrlichem Auge über den Po und Apennin hinweg, durch grüne toskanische Täler, an blau und gelben Strandbuchten der Riviera hin, schiele auch etwa nach Sizilien hinab und verirre mich dabei gegen Korfu und Griechenland hin. Lieber Gott, wie ist das alles nah beieinander! Und wie schnell kann man überall sein. Und pfeifend kehre ich in die Studierstube zurück, lese entbehrliche Bücher, schreibe entbehrliche Artikel und denke entbehrliche Gedanken.

Im vergangenen Jahre war ich sechs Monate auf Reisen, im vorhergehenden fünf Monate, und eigentlich ist das für einen Familienvater, Landmann und Gärtner ziemlich reichlich, und als ich neulich das letztemal heimkehrte, nachdem ich unterwegs in der Fremde krank geworden, operiert worden und eine gute Weile gelegen war, da schien es mir an der Zeit, nun für lange hinaus, wenn nicht für ewig, Frieden zu schließen und heimisch und häuslich zu werden. Allein kaum war die ärgste Abmagerung und Müdigkeit überwunden und ersetzt, kaum hatte ich mich wieder ein paar Wochen mit Büchern befaßt und Schreibpapier verbraucht, da schien eines Tages die Sonne wieder so unheimlich gelb und jung auf die alte Landstraße, und über den See lief ein schwarzer Nauen mit einem großen schneeweißen Segel, und ich bedachte die Kürze des Menschenlebens, und plötzlich war von allen Vorsätzen und Wünschen und Erkenntnissen nichts mehr da als eine unheilbare, tolle Reiselust.

Ach, die echte Reiselust ist nicht anders und nicht besser als jene gefährliche Lust, unerschrocken zu denken, sich die Welt auf den Kopf zu stellen und von allen Dingen, Menschen und Ereignissen Antworten haben zu wollen. Die wird nicht mit Plänen und nicht aus Büchern gestillt, die fordert mehr und kostet mehr, man muß schon Herz und Blut daran rücken.

Vor meinem Fenster wühlt der weiche, laue Westwind im schwarzen See, ohne Zweck, ohne Ziel, in seiner Leidenschaft rasend und sich verzehrend, wild und unersättlich. So wild und unersättlich ist die wahre Reiselust, der Erkenntnis- und Erlebensdrang, den kein Erkennen stillt und kein Erleben sättigt. Der ist stärker als wir und als alle Ketten, und über wen er herrscht, von dem will er immer wieder Opfer haben. Gibt es nicht Menschen, die toll und wild bis zum äußersten Wagnis und bis zum Untergang nach Geld jagen und nach Frauen- und nach Fürstengunst? Nun, so jagen auch wir, wir Reiselustigen, nach einem Erfassen und Erleben der Mutter Erde, nach einem Einswerden mit ihr, nach einem so völligen Besitzen und Sichhingeben, wie es nicht zu haben und nicht zu erjagen, wie es nur zu träumen, zu begehren, zu ersehnen ist. Und vielleicht ist diese unsre Jagd und Leidenschaft nicht viel anders und um nichts besser als die des Spielers, des Spekulanten, des Don Juan, des Strebers. Im Hinblick auf die Abendstunde aber scheint mir unsre Leidenschaft doch besser und wertvoller zu sein als manche andre. Wenn uns die Erde ruft, wenn uns Wanderern die Heimkehr, uns Rastlosen die Ruhestatt winkt, so wird das Ende kein Abschiednehmen und zages Sichergeben sein, sondern ein dankbares und durstiges Schlürfen des tiefsten Erlebens. Wir sind neugierig auf Südamerika, auf unentdeckte Buchten der Südsee, auf die Pole der Erde, auf das Verstehen der Winde, Ströme, Blitze, Lawinen – aber wir sind noch unendlich viel neugieriger auf den Tod, auf das letzte und kühnste Erlebnis dieses Daseins. Denn wir glauben zu wissen, daß von allen Erkenntnissen und Erlebnissen nur die wohlverdient und befriedigend sein können, um die wir gern das Leben hingeben. [1910]

Globetrotter

Wieder mit geraffter Schleppe
Eine fremde blasse Frau
Auf der steilen Landungstreppe,
Und dahinter kühl und blau
Fremder Himmel, Meeresweite,
Möwenflug und frischer Wind,
Felsgebirge steil zur Seite,
Das im Licht verrinnt.

Wartend stehn wir am Geländer,
Niemand, der uns Abschied winkt,
Fahnen wehn und Farbenbänder,
Grelle Blechmusik erklingt.
Taue fallen – sieh, wir fahren!
Und das lichte Land entweicht,
Frische Seeluft in den Haaren
Und im Schleier streicht.

Unten klingen Heimatlieder,
Hundert helle Tücher wehn;
Ohne Lächeln sehn wir wieder,
Was wir oft gesehn.
Kellner eilen, Sprachen schwirren,
Flüche drohen, Schlösser klirren;
Dort verstauen die Matrosen
Das Gepäck der Heimatlosen.

Winterbrief

Küblis im Prättigau,
Anfang März [1911]

Lieber Freund! Bei Euch drunten tropft jetzt vermutlich das letzte Schneewasser von der Nordseite der Dächer, Du gehst mit der langen Pfeife im Garten einher und überlegst Dir den Gemüseplan für den kommenden Sommer, die Amseln lärmen im Gebüsch, und die Hasen im Stall werden ungebärdig. Und da fragst Du mich, was ich von diesem Frühling halte, der so früh beginnen will, ob ich keinen Wildschaden am Obst habe und welcherlei Blumenkohl ich dies Jahr ziehen werde.

Auf das alles kann ich Dir heute keine Antwort geben. Die Samenhändlerkataloge liegen noch unausgepackt bei mir daheim, und wie groß die Fliederknospen schon sind, weiß ich nicht, denn ich bin nicht am See, sondern in Graubünden und interessiere mich nicht für Blumenkohl und Raupenleim, sondern für Frost und Schneefall, denn ich bin Skiläufer geworden und habe im Augenblick für nichts zu sorgen als dafür, daß ich womöglich jeden Abend ohne Schaden an Leib und Skibrettern wieder ins Dorf zurückkomme.

Das wundert Dich, gelt? Ich wäre auch von mir aus vielleicht nicht darauf gekommen. Aber meine Frau, die immer gern in die Berge geht, hat mir zu Weihnachten ein Paar Ski geschenkt und mich dadurch zur Reise genötigt. Es war natürlich ein Danaergeschenk; denn meine naive Meinung, zum Skilaufen gehöre nichts als ein Paar solcher Hölzer, hat mich elend betrogen. Man braucht nicht nur die Bretter und das Billett nach Graubünden, sondern man braucht Skistiefel, Skihosen, Skimützen, Skibrillen, Ziegenhaarsocken und alles mögliche, was zusammen eine Menge Geld kostet, und da meine Frau das alles auch brauchte, hat sie mit ihrem Geschenk nicht übel abgeschnitten. Ich war denn auch anfangs etwas mißvergnügt, und als wir daheim ein paarmal im weichen Schnee einen Hügel hinabfuhren und uns die Knöchel wund machten, schien mir dieser Sport wenig sympathisch. Aber jetzt habe ich doch Freude daran, wenn auch der eigentliche Sport dabei mir noch so fremd ist wie am ersten Tag. Ich kann noch gar nichts und habe noch nicht einmal gute Läufer gesehen, ich kann keine Bogen fahren und weiß nicht, wie die norwegischen Schwünge aussehen. Für den eigentlichen Sport haben wir wenig Talent, dazu muß man jünger und freier sein und mehr Zeit haben. Darum sind wir auch nicht nach Sankt Moritz oder Davos gegangen, sondern machen unsere Versuche ohne Gesellschaft und ganz unsportmäßig in der Gegend von Küblis, Pany und Sankt Antönien.

Ich will nicht verächtlich von einem Sport reden, der mir imponiert und sehr schön ist. Aber da es mir das ganze Jahr hindurch an Arbeit, auch an körperlicher, nicht fehlt, hätte der Sport allein mich wenig gelockt. Dagegen habe ich den Bergwinter immer geliebt und bin schon vor zwölf Jahren, als es in der Schweiz meines Wissens noch keinen Skilauf gab, zuweilen mitten im Winter ein wenig in die Berge gegangen. Da war freilich wenig zu machen als ein bißchen Spazierengehen und Rodeln, und es tat mir oft leid, die schönen weißen Berge in ihrem meterhohen Schnee unzugänglich stehen zu sehen; denn darin haben die Wintersportler recht: das

Hochgebirg ist im Winter beinahe schöner als im Sommer, und das Wetter ist viel beständiger.

Wir haben denn auch, als wir hierher kamen, nur zwei Tage an schrägen Halden geübt und uns an die Brettchen zu gewöhnen versucht, und sobald wir einen ordentlichen Hügel hinunter fahren konnten, ohne zu fallen, und sobald wir heraus hatten, wie man etwa in Notfällen bremsen kann, ließen wir den Sport liegen und gingen unserm eigentlichen Ziele nach. Auf unsrer ersten Tour kamen wir schon auf zweitausend Meter und waren sieben Stunden unterwegs, und seither freut uns die Sache, und wir suchen die Gegend nach erreichbaren schönen Höhen ab.

Dazu haben wir natürlich einen Führer mit und üben alle Vorsicht, und viele Touren können wir mit unserer Anfängerkunst eben noch nicht machen, aber wir haben doch schon eine Anzahl von schönen Wegen gemacht und Höhen erreicht, wohin man im Winter ohne Schneeschuhe nicht kommen kann. Und das lohnt sich. Auf einer hohen Alp neben den bis ans Dach eingeschneiten Hütten zu stehen, wo acht Monate des Jahres kein Mensch hinkommt und wo viele Stunden weit nur Schneewildnis und weiße Einsamkeit ist, das ist unglaublich schön. Und dann ist es auch für Nichtsportleute eine merkwürdige Lust, weite Wege bergab bei gutem Schnee in erstaunlich kurzen Zeiten hinunter zu pfeifen, über verwehte Bäche und gefrorene Sümpfe wegzugleiten wie über glatte Straßen und zwischen den Stämmen eines stillen, verschneiten Fichtenwaldes hin sich einen Weg zu suchen. Das Beste ist natürlich, wie bei allen Touren, das Erreichen eines schönen Zieles und die Rast. Wir haben in ganz eskimohaften Lagen unsre Suppe und unsern Tee gekocht, wobei ich es allerdings ohne die wunderbaren Ziegenhaarsocken nicht ausgehalten hätte.

Im Anfang ist es nicht ohne Mühen. Berganwärts über eisige Steinpfade außer dem Rucksack auch noch die zwei recht schweren Bretter auf dem Rücken mitzutragen und sie dann stundenlang an den Füßen zu haben, macht Beschwerde, bis man daran gewöhnt ist. Und wenn der Schnee zu weich oder zu eisig ist, macht das Ersteigen von steilen Hängen viel Arbeit. Im metertiefen Schnee hat man nach einem ungeschickten Fall oft fast eine Viertelstunde zu schaffen, bis man wieder sichtbar und aufrecht steht. Unser Führer ist ein guter Berggänger, aber kein Skikünstler, und läßt uns gewiß manchen ganz unsportmäßigen Griff passieren, aber er läßt uns auch lernen und alles selber auskosten und hat uns nur selten beim Wiederaufstehen geholfen, so daß wir bald überaus vorsichtig und wirklich selbständiger geworden sind.

Also von den Frühjahrsarbeiten und vom Blumenkohl schreibe ich ein andermal. In ein paar Tagen fahren wir wieder heim, dann will ich daran denken. Man spürt nämlich den Frühling auch hier schon ganz wohl, trotz der kalten Nächte und des Schnees. Es ist ein Föhn in der Luft, der noch nicht recht herauskommt, sich aber seit vorgestern in der Höhe herumdrückt und die sonderbarsten Spielereien treibt. Gestern vormittag habe ich auf einem Skiausflug dem eine Weile zugesehen und meine Freude daran gehabt wie ein Goldschmied an schönen Edelsteinen. Der Föhn ist doch das Schönste in den Bergen, wenn er auch Schnee und Wetter verdirbt! Ich bin viel unterwegs gewesen und habe viel Schönes und

Tolles gesehen, aber die Lichter und Wolken von gestern haben mich überrascht, wie wenn ich zum erstenmal im Leben aus dem Hause und unter die Sehenswürdigkeiten der Natur käme.

Wir hatten einen etwas beschwerlichen Aufstieg, doch ohne Gepäck, und fanden dann, etwa zweihundert Meter höher als Pany, eine wunderbare Aussicht gegen die Scesaplana hinüber und auf der anderen Seite ins Prättigau und die Silvrettaberge, vor uns eine phantastisch schwarze, kalte Schlucht, vor deren Steile man jedesmal beim Hinunterblicken unwillkürlich die Skispitzen ein wenig zurückzog. Dann war ein großes Schneefeld da, fast ganz eben und eishart, darauf lief man wie auf Schlittschuhen über Spiegeleis. Und zufällig sah ich mich einmal nach der Sonne um, da merkte ich erst das Föhnspiel in der Höhe. Unten bei uns stand die Luft klar und regungslos, nur das Licht war golden weich und frühlingshaft. Aber droben am wenig bewölkten Himmel stoben die schnurrigsten Windwirbel und zerrten kleine Wolkenbänke mutwillig zausend zu haardünnen, federartigen Gekräuseln auseinander, die in Minuten entstanden und vergingen, während nahe dabei schöne weißgelbe Wattewolken völlig ruhig schwammen. Wir sahen dem sonderbaren Spiel eine Weile mit Verwunderung zu, und da tat der Himmel etwas Besonderes und gab uns ein Schauspiel, das ich so feuerwerkhaft exzentrisch und dabei so verklärt und herrlich noch nie gesehen hatte. Auch unser Führer, der da oben daheim ist, sagte, er habe das noch nie gesehen. Der merkwürdige Wirbelwind trieb ganz plötzlich eine kleine feste Wolke wie Schaum auseinander, bis zum allerfeinsten wolligen Gefaser, und zugleich kam das seltsame Wolkenbild so zur Sonne zu stehen, daß es vier, fünf Minuten lang in den brennendsten Regenbogenfarben aufleuchtete. Es war ganz aufgelöst und farbig durchglüht von dem kühlen grünen Irislicht wie eine große, gegen die Sonne schwebende Seifenblase, und hatte solch heftige und doch abgestimmte Farben wie etwa manchmal ein auf einem Flußspiegel treibender Ölfleck. Nur war der Spiegel, auf dem dieses Farbenspiel hintrieb, ein weiter schimmernder Sonnenhimmel voll zarter Farben.

Du bist wie ich ein etwas verwöhnter Naturfreund, der gerne das Besondere sieht und sucht und dem ein wunderliches Naturspiel gelegentlich so wohl tun kann wie ein Segantini oder der Satz einer Mozartsymphonie. Wenn Du dabei gewesen wärest und hättest unsere Farbenwolke gesehen, so würdest Du künftig jeden Winter mit Schneeschuhen in die Berge gehen, nur um vielleicht wieder einmal dieses seltene Wunder vor die Augen zu bekommen.

Also, auf Wiedersehen am See, und gute Wünsche von Deinem H. H. [1911]

Spazierfahrt in der Luft

Man wird älter, und der Kreis dessen, was man von außen an Bereicherung, Freude und neuen Vergnügungen erwartet, zieht sich enger zusammen. Zu den Freuden und neuen Erfahrungen, auf die ich mich seit Jahren freute, und von denen ich mir besonders starke und schöne Eindrücke versprach, gehörte das Fahren in einem Luftschiff. Und nun liegt auch diese Erfahrung und Freude, die ich noch fern glaubte, schon hinter mir und ist Vergangenheit geworden.

Ich saß bei Büchern und studierte Sprachen für meine nächste Reise, als dieser Tage der Postbote einen Brief aus Friedrichshafen brachte, der mich zu einer Fahrt im neuen Luftschiff »Schwaben« einlud. Der Brief war lange unterwegs gewesen, und wäre er zwanzig Minuten später gekommen, so hätte ich seiner Einladung nicht mehr folgen können, denn das Luftschiff sollte nur noch den nächsten Tag am See bleiben, und in einer halben Stunde ging das letzte Schiff, mit dem ich Friedrichshafen noch erreichen konnte.

Ich segnete die Post, die täglich so viel Unnützes bringt und nun auch einmal im Guten sich bewährte, und bei brennender Hitze eilte ich, wie ich war, sofort zum Dampfschiff, erreichte in Konstanz den letzten Anschluß und fuhr an Meersburg und den schönen abendlichen Ufern vorüber durch die lange Dämmerung nach Friedrichshafen. Im ersten besten kleinen Gasthof bekam ich ein ordentliches und wohlfeiles Zimmer und war dadurch angenehm enttäuscht, denn man hatte mir erzählt, Friedrichshafen sei neuerdings unheimlich elegant und teuer geworden. Bald darauf, beim nächtlichen Schlendern durch das kleine alte Städtchen, sah ich nun allerdings an Neubauten und zweifelhaften Verschönerungen, daß immerhin ein bißchen Wahrheit in jenen Berichten gewesen war. Auch war großer Abendbetrieb in den Hotelgärten, und beim Kurhause ging es mit Militärmusik und Gesellschaft großartig her. Der alte Graf hatte eine große Offiziersgesellschaft eingeladen, und es war nicht leicht und kostete mehr als eine Stunde und mehr als ein Trinkgeld, bis es mir möglich wurde, jemand von der Zeppelingesellschaft zu finden und zu erfahren, ob und wann das Luftschiff morgen fahren werde. Dann hatte ich meinen Bescheid, zog mich zurück und sah im stillen noch eine Weile mit Vergnügen dem farbigfrohen Gartenleben zu. Ein Tourist zog mich ins Gespräch, und wir redeten, wie das in Friedrichshafen unvermeidlich ist, vom Grafen Zeppelin und von seinen Luftschiffen. Dabei kamen wir auch auf die Angriffe zu sprechen, die Harden gegen den Grafen gerichtet hat, das heißt, der Fremde sprach davon, und ich hörte zu, denn ich verstehe von technischen Dingen recht wenig. Doch sah ich mir anderntags einen der Hardenschen Artikel näher an und war geneigt, ihn nicht ganz ernst zu nehmen, da er offenbar im einzelnen manche Irrtümer zu hegen schien. Unter anderm scheint er der Ansicht zu sein, die Luftschiffhüllen Zeppelins seien immer noch, wie vor Jahren, aus Aluminium, und er führt die Aluminiumhülle eigens als ein Beweisstück an, während doch die neueren Luftschiffe Hüllen aus Seidenstoff haben. Indessen mag es dahingestellt sein, wie weit diese Irrtümer gehen; mich gehen sie nichts an, und ich hatte meinen Spaß an dem Touristen, der zu den Leuten gehörte, die aus Mangel an einer eigenen Meinung sich der Gründlichkeit hingeben. Er wußte jede Kleinigkeit zu nennen, die für Harden sprach, und jede, die dem Grafen zugute kam, und so ging seine Belehrung mit »einerseits« und »anderseits«, mit »trotzdem« und »hingegen« weiter wie die Kritik eines fleißigen Rezensenten, der nicht Geschmack und Persönlichkeit genug hat, um ein Buch mit Klarheit zu loben oder zu tadeln, und statt dessen mit Vorsicht und vielen Kenntnissen zwischen Ja und Nein hin und wider schwimmt.

Am Schlusse bekannte sich indessen der Fremde wenigstens ehrlich und eindeutig zu dem sehnlichen Wunsche, einmal in einem solchen Luftschiffe fahren zu dürfen, und seufzte resigniert darüber, daß dies einstweilen nur hohen Herrschaften oder reichen Leuten möglich sei. Da war es nun an mir, mich überlegen und bedeutend zu fühlen, und ich tat es auch, doch ohne dem Manne zu sagen, daß ich selber morgen im »Zeppelin« werde fahren dürfen. Ich wollte ihn nicht ohne Not neidisch machen, und auch dem Geschick nicht vorgreifen, denn im stillen mißtraute ich immer noch und war darauf gefaßt, daß möglicherweise Wetter und andre Umstände mich doch noch um die Fahrt betrügen könnten. Als ich indessen am nächsten Sonntagmorgen, nach Möglichkeit gebürstet und geglättet, auf der in aller Frühe schon heißen Fahrstraße zur Ballonhalle hinauswanderte, schnurrte über mir schon prächtig das Riesenspielzeug dahin, von seiner ersten Frühfahrt zurückkehrend, und es war ein merkwürdig erregender Anblick, auf dem weiten, mit sonntäglichen Gästen erfüllten Felde das Ungeheuer niedersinken und endlich gefesselt zu sehen.

Es dauerte nicht lange, so konnten wir einsteigen, eine

bequeme kleine Holztreppe hinan, und merkwürdigerweise war dabei gar kein neues und fremdes Gefühl, weder Erregung noch Bangen, sondern es war die einfachste und vergnüglichste Sache von der Welt, da einzusteigen und in der eleganten, luftigen Kabine auf den behaglichen Rohrstühlen Platz zu nehmen, wo man saß wie in einem sehr bequemen Speise- oder Aussichtswagen. Die Arbeiter waren emsig an den Seilen beschäftigt, die vielen Zuschauer drängten sich neugierig um das Schiff, Touristen mit Gemsbärten am Hut und sonntägliche Radfahrer betrachteten sich das Ereignis, und wir Passagiere saßen stolz und kühl in unsrer Kabine. Die Sonne brannte freudig auf den dürren Rasen und flimmerte auf den weiten See, gerade vor mir standen zwei Offiziere, die die letzte Fahrt mitgemacht hatten, und ihre Epauletten blitzten in der Sonne.

Aber plötzlich stieg das Schiff empor, und die beiden Offiziere wurden klein und begannen merkwürdig auszusehen, am Ende sah ich von ihnen nichts mehr als die runde Oberfläche der Mützen, die blanken Achselstücke und darunter die Spitzen der Schuhe, und als ich rasch aufstehend mich über die Brüstung beugte, entwich unter uns die Erde und ich hatte vom ersten Augenblick an nicht mehr das Gefühl, etwas mit ihr zu tun zu haben und zu ihr zu gehören. Die Menschenmenge wurde klein und komisch, die Stadt Friedrichshafen wurde erstaunlich übersichtlich und niedlich, auch die riesige Ballonhalle sank zu einem belanglosen Fleck zusammen. Dafür aber ging uns das Reich der Lüfte auf, und die Welt wurde erstaunlich groß und weit, wir sahen nahe und ferne Städte still um den See stehen, der auch an Größe verlor, und die großen Zusammenhänge der Landschaft, die Formen der Ufer, das Niedersinken der Berge von den Arlberger und Graubündner Alpen über die Vorberge und Uferhügel hinweg wurden klar, der Rhein war keine Vedute mehr, sondern in seiner Größe, Bedeutung und Geschichte zu übersehen, weit hinauf, und bis zur Mauer der hohen Gebirge hin ordnete sich und klärte sich die mir seit Jahren wohlvertraute Gegend so überraschend und einfach, wie manchmal einem Studierenden nach langer Kleinarbeit ganz plötzlich Gefüge und Zusammenhang der Dinge sichtbar wird.

Wir flogen mit einer Schnelligkeit, die wir nur am eilig dahinrasenden Schatten des Luftschiffes annähernd schätzen konnten, über den See gegen Bregenz hin, über Wasserburg, Bad Schachen und Lindau weg, und waren plötzlich schon in Bregenz. In der Kabine war trotz der weiten, nicht verglasten Fenster kaum eine Spur von Luftzug zu bemerken, sobald man indessen Kopf oder Hände aus dem Fenster steckte, brauste die Luft wie ein Sturmwind vorüber. Unter uns wich nun der See, mit seichtem, wildem Binsenufer und sumpfigen Öden, und wir fuhren über Land, sahen Dächer und Höfe, Menschen und Tiere in wunderlicher Verkürzung, an die sich doch das Auge seltsam rasch gewöhnte, und hörten und sahen die Begrüßungen, mit denen überall das sonntägliche Volk seine Neugierde, Freude und Verwunderung kundgab. Mir fiel auf (obwohl bei einer solchen ersten Fahrt kaum eine Beobachtung aufkommt, nur wohliges Dahinschweben und rechenschaftslose Reiselust), mir fiel auf, wie alle Tiere ohne Ausnahme auf das Luftschiff reagierten, und alle mit Schrecken und Furcht. Ein Feldhase rannte in wahnsinniger Angst davon, einerlei wohin, und beschrieb die seltsamsten Kurven und Ovale, bis er sich in einem Bohnengarten verkroch. Die Vögel, auch die Habichte, flohen ebenfalls geängstigt davon, die Hunde bellten wütend oder zogen die Schwänze ein, und die Hühner waren ganz außer sich. Wir in der Kabine fanden uns vom Lärm der Maschine gar nicht belästigt, hie und da bei seitlichem Wind ein flüchtiger Benzingasgeruch war alles, von Vibration kaum eine leise Spur.

Und während unsre Propeller schnurrten, fuhren wir durch das sonnige Rheintal hinauf, der Kamor und der Hohe Kasten und viele andre vertraute Berge standen mächtig im strahlenden Licht. Während unten im fruchtbaren Stromtal die Sonne glühend auf die Reben brannte, flogen wir kühl und gelassen in der Höhe dahin, blickten senkrecht in den Rhein, in Dörfer, Klöster, Städtchen hinab, schauten seitwärts in kühle grüne Waldtäler und steile, enge Felstäler hinein und fuhren in kaum einer Stunde bis über Feldkirch hinaus. In Feldkirch standen die alten Häuser mit den Lauben seltsam verkürzt, den schönen, alten Festungsturm sah ich so direkt von oben, daß nur das runde, braune Dach wie ein Teller zu sehen war, und eine kleine Kapelle auf einem Hügel im Felde war so in der Perspektive verkürzt, daß ich ihre Form nur an dem großen Schatten erkennen konnte, der lang und spitz wie der Zeigerschatten einer Sonnenuhr neben ihr lag.

Wenn der Deutsche sich sehr erhoben fühlt, so trinkt er Sekt, und Sekt war auch im Luftschiff zu haben und wurde hübsch und nett serviert, und er war auch sehr gut, aber ich fand diese Beigabe doch als das einzige Stillose und Entbehrliche an der Fahrt.

Die Rückfahrt ging noch rascher, mit drei Motoren, und es war mir und uns allen viel zu früh, als wir nach zwei

Stunden wieder über die Halle schwebten und vom Ameisengewimmel der Arbeiter empfangen wurden, die die ausgeworfenen Seile fingen und festhielten. Dabei flogen wir dicht über den Wipfeln eines Föhrenwäldchens hin und scheuchten noch einen Bussard auf.

Ich verstehe nichts von der Technik, und weiß nicht, wie weit es Graf Zeppelin noch bringen wird. Ich schließe die Augen und fühle wieder das schwebend leichte, weiche Reisen durch die Luft, ich genieße wieder den Anblick der weit erschlossenen Landschaft und das Gefühl des Draußenseins aus allen irdischen Kleinigkeiten; und ich weiß gewiß: sobald ich wieder Gelegenheit finden werde, zu fliegen, werde ich es mit tausend Freuden tun. [1911]

Vor Colombo

In grünem Licht verglimmt der heiße Tag,
Still geht und fest das Schiff im Wellenschlag.
So still und fest durch diese Welt zu gehn,
So unbeirrt in Kampf und Nacht zu sehn,
War meiner Reise Ziel, doch lernt ich's nicht.
Und wartend wend ich heimwärts mein Gesicht,
Zu neuer Tage Wechselspiel bereit,
Neugierig auf des Lebens Grausamkeit.
Für mich ist Stille nicht und Sternenbahn,
Ich bin die Welle, bin der schwanke Kahn,
Von jedem Sturm im Innersten erregt,
Von jedem Hauch verwundet und bewegt.
So fand ich bis zum fernsten Wendekreise
Mich selber nur und kehre von der Reise
Mit aller alten Wandersehnsucht her,
Nach Lust und Schmerz des Lebens voll Begehr,
Zu neuem Spiel und neuem Kampf gesonnen,
Aus allem Abenteuer ungeheilt entronnen.
Ich bin der Erde, nicht der Sterne Kind,
Unruhig ist mein Sinn, bewegt vom Wind,
Vom Meer geschaukelt und vom Sturm geweckt,
Vom Licht getröstet, von der Nacht erschreckt.
Und ob ich hundertmal im Lebensdrang
Um Weisheit flehte und nach Frieden rang,
Stets bleibt mein Los gebannt an irdische Zeichen,
Und immer werd ich meiner Mutter gleichen.

Die Nikobaren

Viele lange Tage hatten wir kein Land gesehen, nichts als rings die ewige blauschwarze Scheibe des Indischen Ozeans, die silbern und rosig vor dem Flug hinweg stiebenden Scharen der fliegenden Fische und den sonnenglühenden Himmel ohne Dunst, ohne Wolke und nachts die ungeheure Weite des Sternenraums, strahlend in sattem Dunkelblau. Dann war Colombo gekommen, eine weiß zischende Brandung und rotes Land dahinter: staubwirbelnde rote Straßen, farbige Häuser, und Sonnenbrand zitternd mit fliehenden Umrissen, schöne, schwarzbraune Singalesen, traurig aus mageren Prinzengesichtern und edel ergebenen Rehaugen blickend, weithin wehende Palmenwelt, von Vögeln und Schmetterlingen farbig umschwirrt, ferne, blaue Gebirge, phantastisch schön und hochragend. Es war wie ein schöner, unwahrscheinlicher Traum dagewesen und verschwunden, dieses farbige Ceylon, unwirklich und märchenhaft in der grellen Farbenfülle seiner Erscheinungen. Diese heftigen und etwas theaterhaften Eindrücke waren plötzlich wieder untergesunken und weg, wir fuhren wieder auf dem unendlichen Meere dahin, Tag um Tag, Nacht um Nacht.

Wenn man nicht gerade bei Tische saß oder in abendlicher Gesellschaft beisammen war, lag auf allen Gesichtern eine traurige Öde und Gedämpftheit, jener Ausdruck von Welke und müder Apathie, den man bei allen Menschen trifft, die sehr viel auf Reisen sind, vereinigt mit der Mattigkeit und nervösen Unfrische, die den Weißen in den Tropen anhaftet. Still und gesittet lagen sie alle in ihren Deckstühlen, die weißbeschuhten Füße gegen die Reeling gekehrt, die Engländer und Amerikaner mit ihren Frauen, die deutschen Kaufleute und Geologen, die halbfarbigen Damen aus Manila. Alle lagen sie still und beherrscht und niemand klagte; aber alle Gesichter waren unheimlich erloschen, nur ein paar Kinder, Portugiesen, liefen munter umher. Einige junge Deutsche brachten unter der Führung eines alten Australienkapitäns den halben Tag im Rauchsalon zu, und es war ihre Schuld, daß wir schon vor Penang kein deutsches Bier mehr an Bord hatten, alles soffen sie weg; das beinerne Klappern ihrer Würfel tönte geheimnisvoll und diskret stundenlang durch die Luken wie das Geräusch eines unbekannten Gewerbes. Drüben in der zweiten Klasse, wo man schlechter vor der Sonne geschützt war und enger beieinander hockte, sah man lauter ermüdete, feindselige Gesichter leer und gelangweilt in die ewige Meeresöde starren. Nur wenn der junge Schiffsarzt lachend seine Runde machte oder einer der Offiziere mit dem frischen Gesicht und dem etwas ironischen Blick durch die Reihen ging, strahlte für Augenblicke etwas wie Munterkeit und Interesse auf. Diese Offiziere und Matrosen waren nicht in den Tropen, sie waren nicht wie wir mit ihren Gedanken und Sorgen müßig in der Einöde unterwegs, verloren, untätig; sie waren hier zu Hause, sie waren auf ihrem Schiff, in ihrer Heimat, da wehte norddeutsche Zucht und Sauberkeit. Für die Schiffsleute waren die fernen dunklen Küsten und die grellen Hafenstädte Asiens nicht Orte der Hoffnung, der Sorge oder Gefahr, sondern lediglich exotische Schmutzwinkel, deren Berührung ihr reinliches Schiff kaum dulden mochte und deren Spuren man bei jeder Ausfahrt eiligst mit Lappen und Wasserströmen von

Bord fegte. Wir andern aber, wir waren bloß Passagiere, uns war das Schiff nicht Heimat und Arbeitsstätte, uns lockten und bedrohten jene dunklen Küsten, jene schimmernden Städte, jene fieberbleichen Waldsäume der Inseln.

Eines Vormittags lehnte ich an der Reeling, melancholisch an die Weite und Trauer des ungeheuren leeren Horizonts hingegeben: nichts als das dunkle, kreisrunde Meer in seiner grausigen Unendlichkeit, darüber die einsame, feindlich brennende Sonne und inmitten verloren und sinnlos hinschleichend unser Schiff! Mochte da drüben, wohin unser Blick nicht reichte, Indien oder China, Amerika oder Honolulu liegen, es war ohne Bedeutung; unsere Wirklichkeit bestand einzig darin, daß wir wie ein verirrter kleiner Weltkörper klein und einsam in vollkommener Einöde dahinschwebten.

Da legte mir jemand die Hand auf die Schulter, eine braune, behaarte Hand mit dünnen, zähen Fingern und zwei blanken Goldringen; mein Freund Stevenson lächelte mir zu, der unruhvollste und doch beherrschteste Weltreisende, den ich kenne. Nie vergesse ich mein erstes Bekanntwerden mit ihm: wie er, ein sehniger, dunkelbraun verbrannter Mensch in einem verbleichten und verflickten Tropenanzug, eines Tages von einer Segelbarke aus unser Schiff im Roten Meer angerufen und um Aufnahme gebeten hatte, wie er, einen Kuli mit kleinem Gepäck hinter sich, schlank und flink unsere Falltreppe hinangeklettert und mit seinem fleckigen und verbeulten Tropenhut, zerrissen und abgemagert, nach ganz Afrika duftend, in unsere müßiggängerische, elegante, weißgekleidete Globetrottergesellschaft getreten war! – Nun schob er seinen Arm unter meinen, zog mich weg und führte mich nach Backbord hinüber, wo schon ein Dutzend Reisender mit dem übertriebenen Interesse tödlich gelangweilter Menschen auf Auslug standen.

»Sehen Sie?« fragte Stevenson und deutete ins Weite, und als ich eine Weile mit Anstrengung hingestarrt hatte, sah ich wirklich etwas, sah etwas Unbekanntes, Formloses, Unwesenhaftes, aber etwas, das ohne Zweifel nicht Meer war.

»Land?« fragte ich überrascht.

»Die Nikobaren«, nickte er.

Die Nikobaren? Das war ein Klang, der mich plötzlich in die trübe Klassenstube unserer kleinstädtischen Lateinschule zurückversetzte, wo ich vor Jahrzehnten einmal als kleiner Knabe vom Lehrer gescholten worden bin, weil ich das Wort »Nikobaren« nicht wußte, den Namen jener höchst uninteressanten Inselgruppe, die nördlich von Sumatra und südlich vom Golf von Pegu als eine Reihe winziger Spritzer auf der Landkarte lag.

Niemals seither hatte ich an diese verlorenen Inseln gedacht, vermutlich niemals mehr ihren Namen gehört oder ausgesprochen; wären die Scheltworte jenes längst verstorbenen Lehrers nicht gewesen, so wüßte ich ihn heute überhaupt nicht mehr. So aber sah ich nun plötzlich ein entlegenes, unbekanntes Stückchen fremdester Erde, dessen verwischtes Bild auf unserer Schulwandkarte ich mir noch vorzustellen vermochte, in zweifelloser Wirklichkeit vor mir liegen, ferne zwar und klein, aber mit allmählich sich verstärkenden Umrissen, Insel an Insel, unten ineinander verfließend, oben in Bergzüge und zarte, steile Gipfel gespalten, und dort wohnten Menschen, vermutlich eine Art Malaien und ein paar Engländer, und wir würden sie vielleicht ein paar Stunden lang im Auge behalten können. Also das waren die Nikobaren!

»Sind Sie dort gewesen?« fragte ich meinen Freund.

»Nein, es gab bisher dort nichts für mich zu tun.«

»Ja«, sagte ich, »ist es nun nicht eigentlich etwas recht Dummes und Trauriges, so viel zu reisen? Sie waren ja überall, Sie haben mir von Texas und von Borneo erzählt, von Madras und von Sachalin. Ist das nicht im Grunde scheußlich, immer wieder solche Reihen von Tagen auf Schiffen zu liegen und ins Meer zu spucken, neben müden und schlaffen Menschen, zwischen fremden Küsten, immer rund um den Erdball, der einem schließlich klein und wertlos werden muß?«

»Ja«, meinte er lächelnd, »es ist manchmal langweilig. Aber man hat ja seine Arbeit. Ich habe schon in allen Erdteilen Petroleum, Blei und Zinn aufgefunden. Was dazwischenliegt, diese Reisetage, sind natürlich immer dasselbe. Aber wenn ich auf Borneo mit zwanzig, dreißig Kulis eine Expedition antrete oder in Südafrika so zwei, drei Wochen hintereinander zu reiten habe, dann hört die Langeweile schon auf. Es wird ja wohl allen Menschen ähnlich gehen. Sie zum Beispiel sind Literat, haben Sie mir gesagt. Nun, da arbeiten Sie sich also in etwas hinein, was Ihnen wichtig scheint, toben sich darin aus, erschöpfen sich daran; die Arbeit ist fertig, Sie sind ermüdet und leer, das gespannte Interesse ist weg, die Welt ist weit und grau, und Sie sitzen da und warten und fragen sich, ob dies ganze Leben eigentlich die Mühe lohne. Genauso machen es die Reisenden hier auf dem Schiff, solange sie unterwegs und müßig sind. Warten sie aber einmal bis Penang oder Singapur, dann sehen Sie diese selben Leute plötzlich gespannt und straff vor gepackten Koffern stehen, nach Trägern und Booten rufen, Telegramme annehmen und aufgeben und plötzlich wieder wundervoll funktionieren.«

»Mag sein«, gab ich zu, »aber heimatlos sind sie dennoch; sie haben Eltern und Frauen, Kinder und Freunde in London und Amsterdam, und in Singapur haben sie nur das Kapital liegen, das sie bindet, weil es sich verzinsen muß.«

Stevenson lächelte. »Sie sind noch Anfänger, und es scheint Ihnen jetzt so, als sei diese tropische Schiffsmüdigkeit eine Art von spezieller Krankheit. Aber das ist nicht so. Es ist einfach die Muße, an die kein gesunder Mensch sich gewöhnen kann, wenn er sie auch zu ersehnen vorgibt. Man darf das nicht ernst nehmen.«

»Es ist doch auch die Heimatlosigkeit«, sagte ich.

Er zog die Mütze tiefer in die braune Stirn und sagte: »Sie täuschen sich. Heimat ist etwas, was es nicht gibt. Auch zu Hause und mitten unter den Ihren werden Sie oft genug dies Gefühl von Entwurzeltsein wieder spüren, das Sie jetzt kennengelernt haben. Ein Mann hat seine Heimat immer nur da, wo er arbeitet und Wertvolles leistet, ohne das fühlt er sich nirgends wohl. Und wo er etwas Gutes leistet, da tut er es um der Sache willen, und wenn er auch vielleicht glaubt, er tue es für seine Familie und für seine Nation, so sind das eben Einbildungen. Was wir tun, tun wir für die Menschen, und unsre Belohnung besteht darin, daß das Tun uns oft viel Spaß macht. Wir, wir Männer, die etwas tun, sind alle Kollegen und Brüder, auf der ganzen Erde. Wenn Sie, wie ich hoffe, ein guter Schriftsteller sind, so sind Ihre Brüder alle jene, die irgendwo und irgendwann am gleichen Werk gearbeitet haben wie Sie, an der Vergeistigung der Menschen oder wie Sie das nun nennen wollen. Solange Sie zu dieser Gemeinschaft gehören, solange haben Sie Heimat um sich. Wenn Sie aber diese Gemeinschaft verlassen, dann sind Sie heimatlos, auch wenn Sie dem Parlament Ihres Landes präsidieren sollten. Auch ich, wenn Sie erlauben, empfinde mich als Ihren Kameraden. Sie helfen Ideen reifen und umsetzen, ich helfe die Materie bewegen und Arbeitsfelder schaffen. Zu Ihrer Arbeit gehört es wohl auch, daß Sie Gefühle pflegen und veredeln helfen. Davon müssen Sie mehr als ich verstehen. Aber sehen Sie, Freund: dieses Schiffsheimweh da, das ist kein Gefühl, von dem man reden sollte; ich glaube, es ist überhaupt kein Gefühl, sondern bloß eine Sentimentalität.«

Er hatte mir nichts Neues gesagt, aber die Lektion war im rechten Augenblick gekommen.

Stevenson verließ uns schon in Penang. Ich sehe ihn noch, wie er noch vom Schiff aus seine englischen und malaiischen Befehlsworte an Land rief und dann, den zerbeulten Tropenhelm auf dem schwarzen Sperberkopf, im Galopp auf einer Rikscha in der wimmelnden Chinesenstadt verschwand. [1913]

Nachts in der Kabine

Das Meer klopft an die Wand,
Im kleinen runden Fenster blaut die Nacht
Und atmet heiß mit Wüstenhauch herein.
Ich bin zum zehntenmal erwacht
Und liege still in atemlosem Brand
Und schlafe nimmer ein.
Und wie ein wildes Herz
Stößt die Maschine heiß und stöhnend fort
Und müht sich unerlöst in blindem Schmerz
Durch immer neue Fernen sinnlos fort.

O wessen Herz nicht klar und fest
Und froh ist wie Kristall,
Für den ist solcher Raum kein Nest,
Dem folgt die Sehnsucht und der Heimat
  Sorgenschwall,
Folgt ungestillte Liebe überall
Und macht ihn arm;
Und alles sieht ihn wild und teuflisch an,
Weil er den Feind im eignen Busen trägt
Und nie entrinnen kann.

Abend in Asien

Abends Ankunft in Penang. Im Eastern and Oriental Hotel (dem schönsten Europäerhotel, das ich auf der hinterindischen Halbinsel traf) ward mir eine fürstliche Wohnung von vier Räumen angewiesen, vor der Veranda klatschte das braungrüne Meer an die Mauer, und im roten Sande standen groß und ehrwürdig die abendlichen Bäume. Die rotbraunen und gelben Segel vieler Dschunken, gebaut wie starksehnige Drachenflügel, leuchteten im letzten Tageslicht, dahinter der weiße Sandstreifen des Penangstrandes, die blauen siamesischen Berge und alle die winzigen, dick bewaldeten Koralleninselchen der wundervollen Bucht.

Nach Wochen eines unbequemen Wohnens in der beängstigend schmalen Schiffskabine genoß ich vor allem eine gute Stunde lang die Weite meiner Räume; ich probierte die ausschweifend bequemen Liegestühle des luftigen Vorzimmers, wo alsbald ein kleiner Chinese mit Philosophenaugen und Diplomatenhänden lautlos Tee und Bananen auftrug, ich badete im Baderaum und wusch mich im Ankleidezimmer. Dann kostete ich im hübschen Speisesaal bei ganz guter Tafelmusik zum erstenmal mit leiser Enttäuschung das üble Essen eines englisch-indischen Hotels. Inzwischen war eine tiefe, schwarze Nacht ohne Sterne heraufgekommen, die großen unbekannten Bäume rauschten wohlig im lauen, schweren Winde, und große unbekannte Käfer, Zikaden und Hummeln sangen, schwirrten und schrien überall heftig mit den scharfen eigenwilligen Stimmen junger Vögel.

Ohne Hut und in leichten Schlafschuhen trat ich auf die breite Straße hinaus, rief einen Rikschamann heran, stieg mit frohem Abenteuergefühl in den leichten Wagen und sprach mit Kaltblütigkeit meine ersten malayischen Worte, welche der flinke, starke Kuli so wenig verstand wie ich die seinen. Er tat, was jeder Rikschamann in diesem Falle tut, er lächelte mir mit seinem guten, kindlich bodenlosen Asiatenlächeln herzlich zu, wendete sich um und lief in frohem Trab davon.

Und nun erreichten wir die innere Stadt, und Gasse für Gasse, Platz für Platz, Haus für Haus glühte in einem erstaunlichen, unerschöpflichen, intensiven und doch wenig geräuschvollen Leben. Überall Chinesen, die heimlichen Herrscher des Ostens, überall chinesische Läden, chinesische Schaubuden, chinesische Handwerker, chinesische Hotels und Klubs, chinesische Teehäuser und Freudenhäuser. Dazwischen je und je eine Gasse voll Malayen oder Klings, weiße Turbane auf dunkelbärtigen Köpfen, blanke, bronzene Männerschultern und stille, ganz mit Goldschmuck behängte Frauengesichter rasch von einer Fackel beleuchtet, lachend oder aufheulend dunkelbraune Kinder mit dicken Bäuchen und wunderschönen Augen.

Hier gibt es keinen Sonntag, hier gibt es keine Nacht; ohne Ende und ohne sichtbare Pause geht die gelassene, gleichmäßige Arbeit weiter, nirgends nervös und übertrieben, überall fleißig und heiter. Klug und geduldig kauert auf hohem Brett der kleine Straßenhändler über seiner Bude, still und würdevoll arbeitet am Rande der brausenden Straße der Barbier, zwanzig Arbeiter klopfen und nähen in der Werkstatt eines Schuhmachers, freundlich breitet ein mohammedanischer Kaufmann auf niederen, breiten Ladentischen seine schönen Tücher aus, die aber fast alle aus Europa stammen. Japanische Dirnen sitzen kauernd am Steinrand der Gosse und gurren wie fette Tauben, aus chinesischen Freudenhäusern glänzt golden der wohlbestellte steife Hausaltar, hoch über der Straße in offenen Veranden hocken alte Chinesen mit kühlen Gebärden und heißen Augen beim aufregenden Glücksspiel, andre liegen und ruhen oder rauchen und hören der Musik zu, der feinen, rhythmisch unendlich komplizierten und exakten chinesischen Musik. Köche sieden und braten auf der Gasse, Hungrige speisen an langen Brettertischen gesellig und feinschmeckerisch und sicher für zehn Cents nicht schlechter, als ich im Gasthaus für drei Dollar gegessen habe, Fruchthändler bieten unbekannte Früchte an, phantastische Erfindungen einer müßigen, überreichen Vegetation, kleine Buden haben ihre ärmlichen Güter, eine Handvoll getrocknete Fische oder drei Häuflein Betel, sorgsam mit Kerzen beleuchtet. Hier wandeln im verschwenderischen Licht, das namentlich der Chinese liebt, unverändert alle Gestalten der östlichen Märchen, nur die Könige, Wesire und Henker sind zum Teil verschwunden, gleichwie vor Jahrhunderten arbeitet der geschickte Barbier, tanzt die geschminkte Dirne, lächelt ergeben der Diener und blickt stolz der Herr, wie immer kauern wartend die Träger und Arbeitsuchenden, kauen Betel und erzählen einander Geschichten.

Ich besuchte ein chinesisches Theater. Da saßen still und rauchend die Männer, still und teeschlürfend die Frauen, vor ihrer hohen Empore turnte gefährlich auf schwankem Brett der Teeschenk mit mächtigem Kupferkessel. Auf der geräumigen Bühne saß eine Schar

Musikanten, das Drama begleitend und seinen Takt kunstvoll betonend; auf jeden betonten Schritt des Helden fiel ein betonter Schlag der weichtönenden Holztrommel. Es wurde in alten Kostümen ein altes Stück gespielt, von dem ich wenig verstand und nicht ein Zehntel sah, denn das Stück ist lang und wird durch Tage und Nächte fortgespielt. Da war alles gemessen, studiert, nach alten heiligen Gesetzen geordnet und in rhythmischem Zeremoniell stilisiert, jede Gebärde exakt und mit ruhiger Andacht ausgeführt, jede Bewegung vorgeschrieben und voll Sinn, studiert und von der ausdrucksvollen Musik geführt. Es gibt in Europa kein einziges Opernhaus, in dem Musik und Bewegungen des Bühnenbildes so tadellos, so exakt und glänzend harmonisch miteinandergehen wie hier in dieser Bretterbude. Eine schöne, einfache Melodie kehrte häufig wieder, eine kurze, monotone Weise in Moll, die ich mir trotz aller Bemühungen nicht einprägen konnte und die ich später tausendmal wieder hörte, denn es war gar nicht, wie ich meinte, stets dieselbe Tonfolge, sondern es war die chinesische Grundmelodie, deren zahllose Variationen wir zum Teil kaum wahrnehmen können, da die chinesische Tonleiter viel kleiner differenzierende Töne hat als unsre. Was uns dabei stört, ist der allzu reichliche Gebrauch von Pauke und Gong; im übrigen ist diese Musik so fein und klingt abends von der Veranda eines festlichen Hauses so lebensfroh und oft so leidenschaftlich, lustbegierig, wie nur irgendeine gute Musik bei uns daheim es tun kann. Im ganzen Theater war außer der primitiven elektrischen Beleuchtung nichts Europäisches und Fremdes; eine alte, durch und durch stilisierte Kunst schwang ihre alten, heiligen Kreise weiter.

Leider ließ ich mich verführen, danach auch noch ein malayisches Theater zu besuchen. Da prangten grelle, wahnsinnige Kulissen von grotesker Häßlichkeit, von dem Chinesen Chek May in wohlgeglückter Spekulation auf die Affeninstinkte der Malayen gemalt, eine Parodie auf alle Entgleisungen europäischer Kunst, das ganze Theater von einer beispielhaften Drolligkeit und Hoffnungslosigkeit, die nach kurzem, krampfhaftem Lachvergnügen unerträglich wird. In üblen Kostümen spielten, sangen und tanzten malayische Mimen in varietéhafter Weise die Geschichte von Ali Baba. Hier wie später überall sah ich die armen Malayen, liebe, schwache Kinder, rettungslos an die bösesten europäischen Einflüsse verloren. Sie spielten und sangen mit oberflächlicher Geschicklichkeit, neapolitanerhaft heftig und manchmal improvisierend, und dazu spielte eine moderne Harmoniummaschine.

Als ich spät die innere Stadt verließ, klangen und glühten hinter mir die Gassen weiter, noch die halbe Nacht hindurch, und im Hotel ließ ein Engländer zu einsamem Nachtvergnügen ein Grammophon oberbayerische Jodlerquartette spielen. [1911]

Gewitter im Urwald

Die Nacht ist ganz von Blitzen hell
Und zuckt in weißem Licht
Und flackert wild, verstört und grell
Über den Wald, den Strom und mein
   bleiches Gesicht.
Am kühlen Bambusstamm gelehnt
Steh ich und schaue unverwandt
Über das regengepeitschte, blasse Land,
Das sich nach Ruhe sehnt,
Und aus der fernen Jugend her
Blitzt mir aus regentrüber
Verdüsterung ein Freudenschrei herüber,
Daß doch nicht alles leer,
Daß doch nicht alles schal und dunkel sei,
Daß noch Gewitter sprühen
Und an der Tage ödem Zug vorbei
Geheimnisse und wilde Wunder glühen.
Tief atmend lausche ich dem Donner nach
Und spüre feucht den Sturm in meinem Haar
Und bin für Augenblicke tigerwach
Und froh, wie ich's in Knabenzeiten
Und seit den Knabenzeiten nie mehr war.

Pelaiang

Der Europäer, der mit anderen als geschäftlichen Absichten nach den malayischen Inseln fährt, hat stets, und auch wenn er gar nicht auf Erfüllung hofft, als Hintergrund seiner Vorstellungen und Wünsche die Landschaft und die primitive Paradiesunschuld einer van Zantenschen Insel. Reine Romantiker werden diese Paradiese gelegentlich auch finden und eine Weile, bestochen von der gutartigen Kindlichkeit der meisten Malayen, Teilhaber an einem köstlichen Urzustande zu sein glauben.

Mir ist der volle Genuß einer solchen Selbsttäuschung nie geworden, aber einen kleinen weltfernen Kampong habe ich doch gefunden, wo ich eine Zeitlang im Urwalde zu Gast war, wo mir wohl und heimisch wurde und der in meiner Erinnerung die ganze Wald- und Stromwelt von Sumatra kristallisiert und ausdrückt. Dieser kleine Kampong mit hundert Einwohnern heißt Pelaiang und liegt zwei Tagereisen weit von Djambi flußaufwärts im Inneren des noch wenig bekannten Djambigebietes, das erst kürzlich pazifiziert wurde und zum größten Teil aus jungfräulichem Urwald besteht.

Dort wohnten wir zu vieren samt unsrem chinesischen Koch Gomok in einer Hütte aus Bambus, deren Dach und Wände aus Palmblättern geflochten waren und die auf hohen Pfählen ruhte. Da hingen wir in unsrem gelben, zierlich geflochtenen Käfig zweieinhalb Meter hoch in der Luft und lebten, wie es uns gefiel. Die beiden Kaufleute taxierten die im Walde ruhenden Kapitalien an Eisenholz, der Kunstmaler stieg mit dem

Aquarellkasten am Ufer herum und ärgerte sich über die Malayenweiber, von denen gerade die hübschen sich durchaus nicht abzeichnen und nicht einmal gern aus der Nähe anschauen ließen. Und ich ließ mich von Tageszeit und Wetter treiben und lief in der endlosen Waldwelt herum wie in einem fabelhaften Bilderbuch. Jeder ging seinen Weg und wurde auf seine Weise mit den Moskitos, mit den wilden Gewittern, mit dem Urwald, mit den Malayen und mit der ewig lastenden heißfeuchten Schwüle fertig. Am Abend aber, der in den Tropen allzu früh einbricht, kamen wir stets alle zusammen und saßen und lagen auf der Veranda beim Tisch und bei der Lampe. Draußen brüllte der Gewitterregen oder schrie das rasende Insektenkonzert des Urwalds, der uns in die Fensterlöcher schaute; wir aber waren dann der Wildnis satt, wir wollten es gut haben und der lästigen Tropenhygiene vergessen, wir wollten fröhlich sein und nichts von der Welt wissen, und so lagen und saßen wir und schöpften aus vier großen Kisten Flaschen mit Sodawasser und Whisky, mit Rotwein und Weißwein, mit Sherry und mit Bremer Schlüsselbier. Und dann schliefen wir unterm Mückennetz auf unseren guten Matratzen am Boden, jeder mit dem Talisman der wollenen Leibbinde versehen, oder wir lagen still und hörten dem Regen zu, wie er in Kübeln herabklatschte oder auch zart und singend übers Blätterdach lief, bis am frühen Morgen der Nashornvogel und die vielen unbekannten Singvögel ihr Lied begannen und die Affen mit wahnsinnigem Geheule den Tag begrüßten.

Dann ging ich an den sechs oder sieben Hütten vorbei in den Wald, vor den Blutegeln und Schlangen geschützt durch dieselben Lodengamaschen, die ich im Winter in

Graubünden trage, und alsbald nahm das zähe Dickicht mich auf und lag zwischen mir und der Welt fremder und trennender als alle Meere. Da liefen stille schöne Eichhörnchen vor mir weg, schwarze mit weißem Bauch und roten Vorderbeinen, und große Vögel sahen mich aus starren Waldaugen unfreundlich an, und bald erschienen in zahlreichen Familien die Affen, rannten im grünen Astgeschlinge, durch das kein Himmel blickte, wildfröhlich hinauf und hinab oder hockten hoch im Gezweig und heulten toll in lang gedehnten schmerzlichen Tonleitern. Schaukelnd flog manchmal einer von den großen schillernden Schmetterlingen über mich hin, selig in seiner Schönheit, und am Boden tat das kleine Gezücht seine Arbeit. Fußlange Tausendfüßler rannten in blinder Eile durchs Gedränge, und überall strebten in dichten dunklen Zügen mächtige Ameisenvölker, graue, braune, rote, schwarze, geordnet nach gemeinsamen Zielen. Dicke faulende Baumstämme liegen umher, tausendfach überwachsen von formenreichen Farnen und dünnem zähem Dorngeschlinge. Hier gärt die Natur ohne Pause in erschreckender Fruchtbarkeit, in einem rasenden Lebens- und Verschwendungsfieber, das mich betäubt und beinahe entsetzt, und mit nordländischem Gefühl wende ich mich jeder Erscheinung dankbar zu, die inmitten des erstickenden Zeugungstaumels eine einzelne Form besonders ausgestaltet zeigt. Da steht zuweilen, vom dicken Gewirre umgeben und als herrlicher Sieger darüber empor gebrochen, ein einzelner Riesenbaum von unwahrscheinlicher Stärke und Höhe, in dessen Krone tausend Tiere leben und nisten können, und aus seiner fürstlichen Höhe hängen still und vornehm schnurgerade, baumdicke Lianenfäden herab.

In diesem Walde wird seit kurzem auch von Menschen gearbeitet. Die Djambi-Maatschappji[1] hat in dem noch völlig brach liegenden Lande die erste große Waldkonzession erworben und beginnt dort Eisenholzstämme zu holen. Ich ließ mich eines Tages zu einer Stelle führen, wo vor kurzem große Stämme gekappt und behauen worden waren, und sah eine Weile der mühseligsten Waldarbeit zu. Da wurden Stämme von zwanzig Meter Länge, schwer wie Eisen, von singenden und keuchenden Kulischaren mit Winden und Hebeln, an Tauen und Ketten aus tiefen, urweltlich dämmernden, sumpfigen Waldschluchten herauf geschleppt, auf Holzrollen und auf primitiven Schlitten, über Sumpf und Dorngestrüppe, über Busch und fettes feuchtes Gekräut hinweg, Elle für Elle gezerrt, gehalten, unterstützt und wieder weiter geschleppt, jede Stunde ein kleines Stück weiter. Ein kleiner Ast von diesem Holze, den ich spielend mit der Hand aufnehmen wollte, erwies sich als so schwer, daß ich ihn auch mit beiden Armen und voller Kraft nicht zu heben vermochte. Dieser Schwere wegen ist das Holz unendlich mühsam zu transportieren: Bahnen gibt es im Lande noch nicht, die einzige Straße ist der Strom, und das Eisenholz schwimmt nicht.

Es war großartig und merkwürdig zu sehen, aber es ist kein Vergnügen, der Arbeit von Menschen zuzusehen, wo sie noch Last und Fluch und Knechtung ist. Diese armen Malayen werden nie, wie es Europäer, Chinesen und Japaner tun, als Herren und Unternehmer solche Werke betreiben, sie werden immer nur Holzfäller und Schlepper und Säger sein, und was sie dabei verdienen, das geht fast alles für Bier und Tabak, für

1 Holländische Bezeichnung für Handelsgesellschaft.

Uhrketten und Sonntagshüte wieder an die ausländischen Unternehmer zurück.

Unberührt von den paar winzigen Feinden, die da an seinem Reichtum zu zapfen versuchen, steht noch immer der Urwald. Am Flußufer sonnen sich die Krokodile, unerschöpflich glüht in der feuchten Hitze das Wachstum weiter, und wo die Natives ein Stückchen roden, um Reis darauf zu bauen, da steht in zwei Jahren schon wieder hoher Busch und in sechs Jahren schon wieder hoher Wald.

Ehe wir abfuhren, versenkten wir unsre leeren Flaschen in den braunen Fluß. Unsre Matratzen wurden in Bastmatten eingerollt und auf das Boot gebracht und wir sahen unsre gelbe Bambushütte am schwarzen Rande des ewigen Waldes stehen und kleiner werden, bis mit der ersten Windung des Flusses alles versank. [1911]

Fluß im Urwald

Seit tausend Jahren fließt er durch den Wald
Und sieht der nackten braunen Menschen Hütten
Aus Holz und Rohrgeflecht erstehen und vergehn.
Sein braunes Wasser wälzt im steten Schwall
Laub und Geäst und dunklen Urwaldschlamm
Und gärt in brennend steilem Sonnenbrand.
Nachts kommt der Tiger und der Elefant
Und badet gierig seine schwülen Kräfte
Und brüllt in dumpfer Wollust durch den Wald.
Am Ufer rauscht im trüben Schlamm und Rohr
Das schwere Krokodil, heut wie vor tausend
Und hunderttausend Jahren; scheu und schlank
Bricht durch den Schilf der wilde Jaguar.

Hier leb ich stille Tage hin im Wald
In röhrener Hütte und im leichten Einbaum
Und selten rührt ein Klang der Menschenwelt
Verschlafene Erinnerungen wach.
Am Abend aber, wenn die rasche Nacht
Sich feindlich naht, steh ich am Strom und lausche
Und höre da und dort und nah und fern
Verirrten Laut,
Gesang von Menschenstimmen in der Nacht.
Das sind die Fischer und die Jäger, die
Im leichten Boot der Abend überrascht
Und denen kindlich tiefe Furcht das Herz erschlafft,
Furcht vor der Nacht und vor dem Krokodil
Und vor den Geistern der Verstorbenen,
Die nachts sich regen überm schwarzen Strom.

Fremd ist das Lied und mir kein Wort vertraut,
Und klingt mir doch nicht anders als daheim
Am Rhein und Neckar mir ein Abendlied
Der Fischer oder Mägde klingt: ich atme Furcht
Und atme Sehnsucht, und der wilde Wald
Und fremde dunkle Fluß ist mir wie Heimat,
Weil hier wie überall, wo Menschen sind,
Sich zage Seelen ihren Göttern nähern,
Den Schreck der Nacht beschwörend durch ein Lied.

Heimkehrend in der Hütte kargen Schutz
Leg ich mich nieder, ringsum Wald und Nacht
Und gläsern schrillender Zikadensang,
Bis mich der Schlaf entführt und bis der Mond
Die bange Welt mit kühlem Schimmer tröstet.

Palembang

Palembang ist eine Pfahlbaustadt von etwa fünfundsiebzigtausend Einwohnern im Südosten von Sumatra, am sumpfigen Ufer eines großen Flusses gelegen, und hat von oberflächlichen Reisenden den sehr unzutreffenden Namen des malayischen Venedig erhalten, womit nichts gesagt ist, als daß die Stadt an und auf dem Wasser liegt und hauptsächlich Wasserverkehr hat.

Palembang liegt von Mittag bis Mitternacht im Wasser, von Mitternacht bis Mittag im Sumpf, in einem grauen, zähen Schmutz, der fabelhaft stinkt und dessen Anblick und Geruch mich eine Woche lang und nach der Abreise noch bis aufs offene Meer hinaus mit einem leisen Schleier von Ekel und Fiebergefühl verfolgte. Dazwischen und durch diesen Schleier hindurch erlebte ich die schöne, merkwürdige Stadt wie ein aufregendes Abenteuer.

Der Fluß und die hundert stillen, kanalartigen Seitenflüßchen, an deren Ufern Palembang liegt, fließen am Morgen alle in entgegengesetzter Richtung als am Abend, denn die ganze völlig flache Gegend liegt nur etwa zwei Meter über dem Meere, das siebzig oder achtzig Kilometer weit entfernt ist und dessen Flut jeden Tag den weiten Weg herauf kommt, die Strömung umkehrt, die Sümpfe zu Seen, die Schmutzstadt zu einem herrlichen Märchenort und das ganze Gebiet überhaupt bewohnbar macht.

Während dieser Flutzeit, die mit den Tagen wechselt und die während meines Dortseins um Mittag begann, spiegeln sich die tausend Pfahlbauten zart und berükkend in dem bräunlichen, schwach bewegten Wasser, auf dem kleinsten Kanal wimmeln hundert schlanke, malerische Prauwen[1] mit stiller Lebendigkeit und verblüffender Geschicklichkeit durcheinander, nackte Buben und verhüllte Frauen baden am Fuß der steilen Holztreppen, die von jedem Haus ins Wasser führen, und die Laternen der schmucken, auf Flößen schwimmenden Chinesenkaufläden reißen wundervolle Ausschnitte eines asiatischen Abend- und Wasserlebens aus der Dunkelheit.

Zur Zeit der Ebbe aber ist dieselbe Stadt zur Hälfte eine schwarze Gosse, die kleinen Hausboote liegen schräg im toten Sumpf, braune Menschen baden harmlos in einem Brei von Wasser, Schlamm, Marktabfällen und Mist, das Ganze schaut blind und glanzlos in den umbarmherzig heißen Himmel und stinkt unsäglich.

Übrigens darf ich den Eingebornen nicht unrecht tun. Sie können nichts dafür, daß ihr Fluß kein Gefälle und darum kein sauberes Wasser hat, daß der Abfall der Küchen und der Kot der Abtritte um die Häuser her stehen bleibt und daß die wilde Sonne den Schlamm so rasch zur Gärung bringt. So sehr es dem Fremden manchmal graut, wenn er hiesige Reinlichkeitsverhältnisse betrachtet, so stolz er sich den Malayen überlegen fühlen mag, wenn er tagelang aufs Bad verzichtet und seine Zähne mit Sodawasser putzt, so bleibt doch die Wahrheit bestehen, daß der Ostasiate viel reinlicher ist als der Europäer und daß wir unsre ganze moderne europäische Reinlichkeit von den Indern und Malayen gelernt haben. Diese moderne Reinlichkeit, die mit der Forderung des täglichen Bades beginnt, stammt von England, und sie

1 Segelbarken.

kam in England auf unter dem Einfluß der vielen Angloinder und heimgekehrter Tropenleute, und diese hatten das Baden, das häufige Mundspülen und alle diese Reinlichkeitskünste von den Natives in Indien, Ceylon und der malayischen Welt gelernt. Ich sah einfache Weiber aus dem Volk nach jeder Mahlzeit die Zähne mit feinen Holzstäbchen und den Mund mit frischer Wasserspülung reinigen, was bei uns keine fünf oder zehn Prozent der Bevölkerung tun, und in Württemberg und Baden kenne ich Bauern genug, die allerhöchstens zwei oder dreimal im Jahre baden, während die Malayen oder Chinesen das mindestens einmal am Tage, meistens öfter, tun. Und sie tun es schon sehr lange, wenigstens findet man schon in uralten chinesischen Büchern gelegentlich solche Reinlichkeitsübungen als selbstverständlich erwähnt, zum Beispiel im »Buch vom quellenden Urgrund« [Liä Dsi]: »Als er zur Herberge kam und fertig war mit Waschen, Mundausspülen, Abtrocknen und Kämmen . . .«.

In Palembang, in dieser sonderbaren Stadt, wird mit Yeloton und Rubber, mit Baumwolle und Rotang[1], mit Fischen und Elfenbein, mit Pfeffer, Kaffee, Baumharzen, mit einheimischen Geweben und Spitzen gehandelt; eingeführt werden imitierte Sarongstoffe aus England und der Schweiz, Bier aus München und Bremen, deutsche und englische Trikotwaren, sterilisierte Milch aus Mecklenburg und Holland, eingemachte Früchte aus Lenzburg und aus Kalifornien. In der holländischen Buchhandlung sind Übersetzungen der übelsten Kolportageromane aller Sprachen zu haben, Multatulis Ha-

1 Lianenartige Kletterpflanze. Rohstoff für Stuhlrohr und anderes Flechtmaterial.

velaar[1] aber nicht. Für den Gebrauch der Weißen sind die abgelegtesten Geschenkartikel aus europäischen Kleinstadtläden da, die Natives werden durch japanische Schundgeschäfte mit deutscher und amerikanischer Talmiware versehen. Tausend Meter davon entfernt holt sich der Tiger Ziegen und wühlt der Elefant die Stangen der Telegraphenleitung zuschanden. Über dem sumpfigen, von herrlichen Wasservögeln, Reihern und Adlern wimmelnden Lande und unter den Kanälen durchfließt unsichtbar und still, Hunderte von Meilen weit her, immerzu das rohe Petroleum in Eisenröhren nach den Raffinerien der Stadt. Einen alten chinesischen Seidenschal kaufte ich hier für das Anderthalbfache der Summe, die der Händler für eine Zwölfdutzendschachtel europäischer Stahlfedern verlangte. Und komischerweise lebt man in den zollfreien englischen Hafenstädten Penang und Singapur oder Colombo fast doppelt so teuer als hier bei den überaus hohen holländischen Zöllen, die den Handel lahmlegen, wie denn überall der holländische Kolonialbetrieb ein wenig den Eindruck einer kurzsichtigen Ausbeutung der Natives macht. Hingegen ist die niederländisch-indische Reistafel zwar nicht immer glänzend, aber sie ist noch im schlimmsten Falle ein Paradies im Vergleich mit dem Essen, das die Engländer in den teuren Prachthotels ihrer Kolonien sich vorsetzen lassen. Schade, die Engländer wären weitaus das erste Volk der Erde, wenn ihnen nicht zwei elemen-

1 Der unter dem Decknamen Multatuli (lat.: «Viel hab' ich ertragen«) 1860 erschienene Anklageroman »Max Havelaar oder die Kaffeeversteigerungen der Niederländischen Handelsgesellschaft« des holländischen Dichters Eduard Donwes Dekker, gegen die koloniale Ausbeutung (Javas durch die Niederlande). Dieser »aggressivste Schlüsselroman der Weltliteratur« hat in Europa die Ära der sozialpolitisch engagierten Literatur eingeleitet.

tare und für ein Kulturvolk kaum zu entbehrende Talente fehlten: der Sinn für feine Küche und der Sinn für Musik. In diesen beiden Punkten erwarte man in englischen Kolonien das geringste; alles andere ist erster Klasse.

Das Volk hat hier jene furchtsam kriechende Unterwürfigkeit, die der europäische Beamte und Kaufmann schätzt, die unsereinem aber gelegentlich störend auffällt. Indessen ist der geknechtete Malaye äußerst flink im Übernehmen euopäischer Bequemlichkeiten, Genüsse und Herrenmanieren. Der Kuli, den du vor einer Stunde in seiner dienstbaren Dürftigkeit tief bedauert hast, begegnet dir stolz im weißen Anzug (der vielleicht dir gehört und den dein Wäscher ihm vermietet hat) auf dem gemieteten Zweirad, die Stunde für zehn Cents, und tritt herrisch als Habituee in gelben Schuhen und mit brennender Zigarette in den Billardsaal. Nachher geht er in seine Hütte zurück, zieht den Sarong wieder an, macht sichs bequem und putzt auf der hölzernen Treppe am Ufer seine Zähne im Kanalwasser genau an derselben Stelle, an der er eine Minute zuvor seine Notdurft verrichtet hat. [1911]

Ankunft in Ceylon

Hohe Palmen am Strand,
Leuchtende See und nackte Rudrer im Boot,
Uralt heiliges Land,
Ewig vom Feuer junger Sonne umloht:
Blaues Gebirg verliert sich in Dunst und Traum,
Gipfel blenden, man sieht sie vor Sonne kaum.

Grell empfängt mich der Strand:
Seltsame Bäume starren streng in die Luft,
Häuser taumeln farbig im Sonnenbrand,
Menschengetöse aus schillernden Gassen ruft.

Dankbar flüchtet mein Blick ins Gedräng –
Nach unendlicher Seefahrt welch süßer Tausch!
Und mein Herz wird vor Freude eng,
Schlägt wie vor Liebe im seligen Reiserausch.

Architektur

Große und prächtige Bauten sieht man in der malayischen Welt eigentlich nirgends; die paar Fürsten sind ziemlich bescheiden, und die Bevölkerung hat nie das Bedürfnis gekannt, sich in Bauorgien an Tempeln und anderen Kultusbauten auszutoben. Die buddhistischen und Hindutempel sind ohne viel Variationen von Vorderindien übernommen, die Moscheen sind ohne Originalität, von der meist ganz stillosen modernen Prachtmoschee bis zur kleinen, idyllischen mohammedanischen Dorfkirche, deren Turm aus vier unbehauenen Baumstämmen besteht. Das Klima zerstört alles Menschenwerk hier sehr rasch, die Wohnungen sind nicht auf Stabilität und Dauer, sondern nur aus dem momentanen Bedürfnis nach Schatten, Kühle und Regenschutz angelegt.

Der ebene Boden der malayischen Länder ist großenteils sumpfig und gärt in Fieberluft; Schlangen und Raubtiere sind zu fürchten; so ist heute wie vor viel tausend Jahren der Pfahlbau hier der herrschende Häusertyp. Der Fußboden ruht auf eingerammten oder auch einfach lebendig abgesägten Baumstämmen anderthalb bis zweieinhalb Meter über der Erde, mit ihr verbunden durch eine oder zwei leichte Holztreppen, die zum Schutz gegen Schlangen und anderes Getier möglichst steil angelegt und manchmal mühsam zu ersteigen sind. Der Fußboden besteht häufig aus Brettern, meistens aber nur aus einer losen Lage von Stangen, ist übrigens in allen Häusern mit reinen, schönen Bastmatten belegt. Darüber ruht ein einfaches Giebeldach, dessen vordere

Balken häufig wie beim niedersächsischen Bauernhaus kreuzweise überstehen, das Dachgerippe aus Bambusstäben ist mit Palmblättern dicht belegt, leicht, kühl und sehr wasserdicht. Ich habe mehrmals im Urwald bei rasenden Tropenregen nachts unter einem solchen Blätterdach gelegen, ohne naß zu werden. Neuerdings sieht man, auch schon auf dem Lande, viele Hohlziegeldächer.

Das ist der Typ des hinterindischen Wohnhauses. An manchen Orten sind die Dächer nach chinesischer Art elegant geschweift und mit Hörnerschmuck versehen. Eine auffallende malayische Eigenart ist das Gliedern des Hauses und Bewerten der Räume durch Niveauverschiebung, so daß vom Eingang her jeder Raum des Hauses um zwei, drei Handbreiten höher liegt als der vorhergehende.

In den Städten, soweit sie trockenen und gesunden Boden haben, fällt der Pfahlunterbau weg; hier bestimmt der chinesische Typ das Straßenbild, das malayische Fischer- und Bauernhaus ist in die Vorstädte verdrängt. Die Chinesenstraßen, alte wie neue, sind ohne Ausnahme zusammenhängende Reihen kleiner Häuser von zwei, seltener drei Stockwerken; das Erdgeschoß ist Werkstatt oder Laden, das Obergeschoß sieht, wenn die Fensterläden offenstehen, mit offenen, leicht vergitterten Räumen nach der Straße und gibt ihr eine feine Luftigkeit, die Bauten sind farbig verputzt, meist heftig waschblau, was im starken Licht der Tropen kühl und nobel aussieht. Die Vorderräume der Obergeschosse ruhen auf Pfeilern, und so entsteht auf beiden Seiten jeder Straßenflucht eine Kolonnade, fröhlich anzusehen und voll von Bildern des kleinen Lebens. Der reiche Chinese freilich hat sein Landhaus im Villenquartier, luxuriös und meist europäisch beeinflußt, darum her ein stiller, steifer, sonniger Garten, wo jede Pflanze erhöht und isoliert in einer Vase steht.

Die Europäer haben nun alle Städte ganz neu gestaltet und damit viel Hygiene und Bequemlichkeit, aber wenig Schönheit hereingebracht. Von allen Europäerbauten hier draußen sind einzig die Bungalows schön, die in den Villenvorstädten erquickend wohnlich und lieblich in der üppigen Parklandschaft stehen. Diese Bungalows sind darum schön, weil sie notgedrungen sich den Bedürfnissen des Klimas fügen und sich darum an den Urtyp des indischen Wohnhauses halten mußten. Alles andere, was die Weißen hier gebaut haben und bauen, wäre durchaus würdig, in einer deutschen Bahnhofstraße aus den achtziger Jahren zu stehen. Die Engländer tun Großes für ihre Kolonien, die Anlage vieler Geschäftsstraßen, Häfen, Villenviertel und Parkvorstädte samt Straßenbau, Bewässerung und Beleuchtung sind musterhaft und oft von glänzender Großzügigkeit, aber schöne Häuser (mit Ausnahme des Bungalowtyps) konnten auch sie nicht bauen. Und nun wütet falscher Marmor, Wellblech und Gewerbeschulrenaissance weiter und verseucht auch die Modernen und Wohlhabenden unter den einheimischen Bauherren. Japanische Zahnärzte und chinesische Wucherer bauen sich Häuser, die in die geschmacklosesten Straßen deutscher Mittelstädte passen würden. Entsprechend sind Brücken, Brunnen und Denkmäler. Das Übelste aber sind die Kirchen. Von einem feinen stillen Palmenwalde, von einer weiten hübschen Malayendorfgasse oder von einer tiefblauen, diskret uniformen Chinesenstraße aus auf eine Kirche zu blicken, die auf ödem Platz in entwurzelter und entgleister englischer Gotik das kulturelle Unvermögen des Westens predigt, das gehört weit mehr als Schmutz und Fieber zu den Peinlichkeiten einer indischen Reise; denn hier fühlt man sich im Innersten mitverantwortlich. Und diese Dinge sind alle, gleich einem deutschen Postgebäude, ebenso solide wie häßlich gemacht. Ein Malayenhaus, das gestern fertig wurde, wird in drei Monaten wetterfarben und angepaßt und völlig eingewachsen sein, als stände es fünfzig Jahre da; ein holländisches Residentenpalais aber, eine englische Kirche oder ein französisch-katholisches Schulhaus wird unser Auge nicht erfreuen können, ehe es seine schuldbeladene Existenz zu Ende gelebt und seine Bestandteile der Natur zurückgegeben hat. [1911]

Indische Schmetterlinge

Kandy soll der hübscheste Ort auf der schönen Insel Ceylon sein, und die Eisenbahnfahrt dahin von Colombo aus ist eine tolle Folge von Überraschungen und Schönheiten. Kandy selbst aber ist der Rest einer sehr alten Königs- und Priesterstadt, und neuerdings ist es dem Geld der Engländer gelungen, ein bequemes, sauberes, verdorbenes Hotel- und Fremdennest daraus zu machen. Trotzdem ist Kandy schön; denn mit allem Geld und allem Zement der Welt läßt sich das strotzende Wachstum dieser Landschaft nicht kaputtmachen. Da sieht man an grünen Hügelhängen den ganzen überschwenglichen Busch- und Baumwuchs noch viel überschwenglicher von Schlingpflanzen überwachsen, abenteuerlich großblumige Winden und Klematis blühen und duften in ganzen Kaskaden ins Tal herab, wo der künstliche See unheilbar an seinem grotesk unorganischen Zuschnitt leidet. Mutige Engländer gehen an diesem See spazieren, wo alte Frauen mit rostigen Schwertern den Rasen abmähen, und die englischen Spaziergänger fühlen sich nicht belästigt von dem unablässigen Zudrängen der Kutscher, Rikschakulis, Händler und Bettler, die sich kriechend und schamlos anbieten; denn die Engländer sind reich und sind geniale Kolonisatoren, und es macht ihnen ein Hauptvergnügen, dem Untergang der von ihnen erdrückten Völker zuzuschauen. Denn dieser Untergang geht überaus human, freundlich und fröhlich vor sich, er ist kein Totschlagen und nicht einmal ein Ausbeuten, sondern ein stilles, mildes Korrumpieren und moralisches Erledigen. Immerhin, dieser englische Betrieb hat Stil, und Deutsche oder Franzosen würden es viel schlimmer und viel dümmer machen, wie ja überhaupt der Engländer der einzige Europäer ist, der draußen unter den Naturvölkern nicht komisch wirkt. Ich ließ mich denn auch nicht abschrecken, sondern versuchte gleich am ersten Tage möglichst viel von Kandy zu sehen. Leicht ist dies nicht, wenn man offene Ohren und ein etwas zartes Gemüt hat; denn ein Spaziergang durch die Stadt bedeutet ein anstrengendes und empörendes Spießrutenlaufen zwischen den Hyänen der Fremdenindustrie, wie man es auch in Europa nur an den vom englischen Gelde beglückten Fremdenplätzen erleben kann. Schließlich ist man froh, sich zu dem grinsenden Rikschakuli zu flüchten, der einem zwanzigmal mit seiner Wagendeichsel den Weg versperrt und den man zwanzigmal weggejagt hat; er hatte recht, er wußte genau, daß er und alle seine Kollegen jeden Versuch eines Neulings in Kandy spazierenzugehen, stets mit der Flucht in einen Wagen enden lassen.

Nun, man kann sich an vieles gewöhnen. Ich hatte mich mit der Hitze von Singapore und Colombo, mit den Moskitos des Urwalds, mit indischen Mahlzeiten, mit Durchfall und Kolik abgefunden, so mußte es auch hier gehen. Ich lernte, an den schönsten kleinen Mädchen mit den traurigsten schwarzen Inderaugen vorbeizusehen, wenn sie bettelten, ich lernte die weißhaarigsten Urgroßväter, die wie Heilige aussahen, mit kalten Blicken zurückweisen, ich gewöhnte mich an ein treues Gefolge von käuflichen Menschen jeder Art, das ich durch feldherrnhafte Handbewegungen und grobe Zurufe in Schranken zu halten wußte. Ich lernte sogar, mich über Indien lustig zu machen, und ich schluckte die scheußliche Erfahrung, daß der seelenvolle, suchende Beterblick der meisten Inder gar nicht ein Ruf nach Göttern und Erlösung ist, sondern einfach ein Ruf nach Money.

Als ich aber beinahe so weit war, beging ich in meinem Übermut die Tollheit, eines Nachmittags mit meinem Schmetterlingsnetz in der Hand auszugehen. Daß das die Neugierde und vielleicht den Spott der Straßenjugend provozieren würde, hatte ich im voraus bedacht – dagegen war ich von den sonst so gutmütigen Malayen her abgehärtet – und wirklich riefen sämtliche Gassenbuben mit Gelächter mir etwas gurgelnd Singhalesisches nach. Ich fragte einen singhalesischen studierenden Jüngling, der mir mit Büchern unterm Arm begegnete, was der Ausruf bedeute; er lächelte höflich und sagte leise: »Oh, master, they are telling that you are an Englishman who is trying to catch butterflies!« Die Buben sahen freilich drein, als hätten sie weniger harmlose Sachen gerufen. Zufrieden ging ich weiter und war auch dadurch nicht zu überraschen, daß zahlreiche andere Jungen sich mir anschlossen, die mir gute Schmetterlingsplätze zeigen wollten, mich mit Eifer auf jede vorüberschwirrende Fliege aufmerksam machten und dabei jedesmal die Hand um einen Penny ausstreckten. Dies alles konnte mich kaum mehr stören, und als die Straße stiller wurde und ein naher, schmaler Waldweg Einsamkeit verhieß, schlug ich aufatmend mit einem Rest von Humor die letzten Peiniger in die Flucht und bog rasch in den rettenden Pfad ein.

So geht der Mensch verblendet seinen Weg und glaubt zu siegen, wo er der elend Geschlagene ist. Während ich stolz dahinschritt und mir einbildete, ich habe es wieder einmal sehr schlau gemacht, war schon das Verhängnis über mir und eine Angel nach mir ausgeworfen, die ich nicht ahnte und an der ich lange zu schlucken haben sollte. Die ganze Zeit her war dreißig Schritte hinter mir ein schöner stiller Mann oder Herr gegangen, mit krausem tiefschwarzem Haar, mit braunen traurigen Augen und einem schönen schwarzen Schnurrbart. Er hieß, wie ich später erfahren sollte, Victor Hughes, und es war mir vom Schicksal bestimmt, dieses Mannes Opfer zu werden.

Mit ehrerbietigem Gruße trat er zu mir heran, lächelte mit feiner Höflichkeit und erlaubte sich, mich in tadellosem Englisch darauf aufmerksam zu machen, daß dieser Weg in einen Steinbruch führe und daß hier keinerlei Ausbeute an Schmetterlingen zu hoffen sei. Dort drüben hingegen, mehr rechts, sei keine üble Gegend und dort südlich, auf der andern Talseite, sei einer der allerbesten Plätze. Ehe ich viel mehr als Ja und Nein und Dankeschön gesagt hatte, waren wir in einer Art von Konversation und persönlicher Verbindung; aus den klugen bekümmerten Augen des schönen Menschen sah mich ein altes, vornehmes, unterdrücktes Volkstum mit stillem Vorwurf an, aus seinen Worten und Gebärden sprach eine alte Kultur wohlgepflegter Höflichkeit und zarter buddhistischer Sanftmut. Ich begann alsbald diesen Mann mit einer Mischung von Mitleid und Hochachtung zu lieben. Als weißer Fremdling im Tropenhut war ich der Herr, der Master und Sahib, vor dem er als armer Eingeborener sich neigte; seine aristokratische Erscheinung aber, seine Orts- und Sachkenntnis und sein vortreffliches Englisch gaben ihm eine Überlegenheit, die ich alsbald empfand. Denn Victor Hughes verstand auch von Schmetterlingen unendlich viel mehr als ich; er nannte mit kollegialem Lächeln ganze Reihen von lateinischen Namen, die ich nie gehört hatte, zu denen ich aber gönnerhaft nickte, um meinen kindlichen Dilettantismus zu verbergen. Ich sagte auch ein paarmal zwischenhinein mit verlegen väterlichem Ton (dem Ton, den der Engländer dem Eingeborenen gegenüber eingeführt hat): »Yes, yes, my dear man, I know all about Kandy-butterflies!« Er sprach mit mir über indische Schmetterlinge, wie etwa der erfahrene Obergärtner eines Palmengartens mit einem fremden Besucher spricht, den er für einen Botaniker hält. Mein schlechtes Englisch, mit dem ich möglichst sparsam umging, ließ mich nicht zu Erklärungen kommen, so daß ich unversehens mich immer tiefer in die Lüge verstrickte und, fast ohne etwas zu sagen, mit stummem Spiel immer mehr die Rolle des Kenners und wissenschaftlichen Sammlers übernahm.

Als wir so weit miteinander waren, als ich Herrn Victor Hughes schweigend das Recht zuerkannt hatte, mich als eine Art von wenig höherstehendem Kollegen anzusehen und mir Interessen und Absichten zuzutrauen, die ich gar nicht hatte, da zauberte er, völlig überraschend, aus seinen Gewändern plötzlich eine hübsche kleine Holzkiste hervor, auf seinem edeln Gesicht erschien, meinen sofort emporgeschnellten Argwohn bestätigend, ein schmeichelndes Hausiererlächeln, er öffnete die Truhe mit einer einladenden Gebärde, und ich sah auf weißem Grunde eine wundernette, tadellos präparierte Sammlung von Schmetterlingen und Käfern ausgebreitet, die er mir für die Kleinigkeit von fünfzehn Rupien zum Kauf anbot.

Ich sah sofort den ganzen Umfang der Gefahr; aber ich war wehrlos. Es war mir unmöglich, diesem höflichen und beinahe gelehrten Singhalesen gegenüber plötzlich den Standpunkt zu wechseln, ja, die Enthüllung seiner Absichten, seiner heimlichen Bedürftigkeit steigerte beinahe meine Sympathie oder mindestens mein Mitleid für ihn, und doch hatte ich keinerlei Lust zu kaufen, ich war sogar genötigt, mit dem Rest meiner Reisekasse sehr sparsam umzugehen.

So stimmte ich denn meinen Ton um einen Schatten kühler und erklärte bedauernd, daß ich zwar ein Sammler, nicht aber ein Käufer von Schmetterlingen sei, daß überdies fertig präparierte Exemplare für mich ganz ohne Interesse seien.

Mr. Hughes begriff das vollständig. Gewiß, solche Sammler wie ich kauften ja niemals aufgespannte Falter, er habe sich das gleich gedacht und mir nur eine kleine Probe zeigen wollen. Selbstverständlich würde ich nur frische Exemplare in Papiertüten kaufen, die er mir heute abend zu zeigen gedenke. Er wisse, daß ich im Queens Hotel wohne: ob ich dort um sechs Uhr zu finden sei?

Das wisse ich nicht, antwortete ich kurz, und jetzt sei es mein Wunsch, meinen Spaziergang ungestört fortzusetzen. In bester Form zog er sich zurück, und wieder glaubte ich entronnen zu sein und Ruhe zu haben.

Aber nun war Hughes zu meinem Schicksal geworden. Er stand am Abend in der Halle des Hotels, er begrüßte mich anspruchslos, und wir wechselten ein paar Worte übers Wetter, da zauberte er hinter einer Säule des Vestibüls hervor eine ganze Anzahl von Schachteln, Dosen und Kistchen, und ich sah mich im

Augenblick von einer reichen, geschickt ausgebreiteten Schaustellung indischer Falter umgeben. Zuschauer kamen an den Tisch, Victor Hughes zeigte eine Reihe von englischen, amerikanischen, deutschen Anerkennungsschreiben und Bestellbriefen vor, und je mehr Publikum sich einfand, desto weniger mochte ich mich mit meinem übeln Englisch zur Schau stellen. Ich stand plötzlich auf, als falle mir etwas Wichtiges ein, ließ Hut und Mantel liegen und eilte zum Lift, mit dem ich in das dritte Stockwerk entfloh. Mit dieser Flucht hatte ich das Heft vollends aus der Hand gegeben.

Von da an sah ich in Kandy nichts anderes mehr als meinen Herrn Hughes. Er stand an jeder Straßenecke, die ich zu Fuß passierte, er hob den Mantel auf, der mir vom Wagen glitt, er kannte meine Zimmernummer im Hotel und die Zeit meiner Ausgänge und Mahlzeiten. Wartete ich morgens mit dem Ausgehen bis acht Uhr, so stand er an der Treppe, verließ ich andern Tages das Haus schon um halb sieben, so war er auch da. Wenn ich sorglos in einem Kaufladen ausruhte und Ansichtskarten auswählte, erschien er lächelnd am Ladeneingang, eine kleine Kiste unterm Arm, und wenn ich draußen im Walde einen Fehlschlag mit dem Schmetterlingsnetz tat, so bog Hughes um die Ecke, deutete dem entkommenen Falter nach und nannte seinen lateinischen Namen. »Ich habe gute Exemplare davon, auch Weibchen; ich bringe sie um sieben Uhr ins Hotel!«

Nach einigen Tagen hatte er es erreicht, daß ich kein höfliches Wort mehr mit ihm sprach, ihm aber etwas für zehn Rupien abkaufte. Nun hatte ich mir das Recht erworben, ihn zu ignorieren, ihn anzuschnauzen, ihn mit barscher Gebärde von mir zu weisen. Er war aber immer da, war immer schön und höflich, blickte traurig aus braunen Augen, sprach mich freudig an und ließ ergeben die mageren braunen Hände sinken, wenn ich schalt, und immer trug er in der Tasche oder im Lendentuch verborgen ein Kästchen, eine Schachtel, eine Dose bei sich, früh und spät, und immer neue Sachen, bald einen riesigen Atlasfalter, bald ein »lebendes Blatt«, bald einen Goldkäfer oder Skorpion. Er trat aus dem Schatten eines Pfeilers hervor, wenn ich den Speisesaal verließ, er war verwandt mit dem Händler, bei dem ich Zahnpulver kaufte, und befreundet mit dem Wechsler, bei dem ich mein Geld wechselte. Er begegnete mir am See und beim Tempel, im Wald und auf der Gasse, er begrüßte mich frühmorgens nach dem Bade und stand spät abends, wenn ich vom Billardsaal herüberkam, müde und vorwurfsvoll im Vestibül, mit höflich geneigtem Kopf und stillen, wartenden Augen und mit irgendeinem verborgenen Schatz im Gewande. Ich gewöhnte mich daran, ihn von weitem im Gedränge der Straße zu erkennen und zu fliehen, ihn plötzlich nahen zu fühlen und meine Blicke zu versteinern, ich lernte auf Ausflügen jeden Seitenpfad mit Mißtrauen nach seiner Gestalt absuchen und das Hotel heimlich, wie ein Zechpreller, verlassen. Er erschien mir mehrmals im Traum, und ich wäre nicht erstaunt gewesen, ihn abends unter meiner Bettstatt verborgen zu finden ...

Niemals kann ich mehr an Kandy denken, ohne ihn zu sehen, sein Bild ist mir stärker eingeprägt als alle Palmen und Bambusse, Tempel und Elefanten. Und als ich Ceylon längst verlassen hatte und seit vielen Tagen auf dem Wasser war, passierte es mir noch gelegentlich, daß ich morgens beim Gang von der Kabine aufs Deck mit einem Gefühl von Bangigkeit und Beschämung um mich blickte, ob nicht an einer Türe, hinter einem Pfeiler, in einem Korridor Victor Hughes auf mich lauere . . . [1911]

Tagebuchblatt aus Kandy

Es ist Abend; ich liege im Hotelzimmer. Seit einigen Tagen lebe ich von Rotwein und Opium, und mein Darm muß eine rasende Lebenskraft oder einen verzweifelten Todesmut besitzen, daß er trotz allem noch nicht Ruhe gibt. Zum Stehen und Gehen reicht heute abend der Mut und die Kraft nimmer recht, auch haben wir Regenzeit, und draußen liegt eine verregnete, tiefschwarze Nacht, obwohl es kaum erst Abend wurde. Ich muß irgendwie von der augenblicklichen Gegenwart abstrahieren; so will ich denn zu notieren versuchen, was ich vor zwei Stunden gesehen habe.

Es war etwa sechs Uhr und schon fast Nacht; der Regen floß; ich war vom Bett aufgestanden und ausgegangen, schwach vom Liegen und Fasten und betäubt von den Opiaten, mit denen ich gegen die Dysenterie ankämpfe. Ohne viel Überlegung bog ich in der Finsternis in den Tempelweg ein und stand nach einer Weile überm dunklen Wasser am Eingang des alten Heiligtums, in welchem der schöne, lichte Buddhismus zu einer wahren Rarität von Götzendienst gediehen ist, neben der auch der spanischste Katholizismus noch geistig erscheint. Eine traumhaft dumpfe Musik scholl mir entgegen; hier und da knieten dunkle Beter tiefgebückt und murmelnd; ein süßer heftiger Blumenduft überfiel mich betäubend; durchs Tempeltor sah ich in düster nächtliche Räume, in denen viele einzelne dünne Kerzen irrlichthaft und verwirrend brannten.

Ein Führer hatte sich meiner sofort bemächtigt und schob mich vorwärts; zwei Jünglinge in weißen Kleidern mit guten, sanftäugigen Singhalesengesichtern eilten herbei, jeder mit zwei brennenden Kerzchen in der Hand, um mich führen zu helfen. Vorausschreitend beleuchteten sie eifrig, im Gehen tiefgebückt, jede kleinste Stufe und jeden Pfeilervorsprung, an den ich stoßen konnte; und benommenen Sinnes stieg ich in das Abenteuer hinein wie in eine arabische Märchen- und Schatzhöhle.

Eine Messingschale ward mir vorgehalten und eine Eintrittsgabe für den Tempel gefordert, ich legte eine Rupie hinein und ging weiter, die Kerzenträger vor mir her. Weiße süßduftende Tempelblumen wurden mir geboten, ich nahm einige zu mir, gab dem Darbietenden Geld und legte die Blüten in verschiedenen Nischen und vor verschiedenen Bildern als Opfer nieder. Dem Führer folgend, während vor meinen Augen die Finsternis mit hundert kleinen goldenen Kerzenpunkten flammend tanzte, kam ich an kleinen steinernen Löwen und vielen Lotosblumenbildern, an geschnitzten und bemalten Säulen und Pfeilern vorbei und eine dunkle Treppe empor und stand vor einem großen gläsernen Schrein, der war an den Scheiben und Stäben voll von Schmutz und innen voll von Buddhabildern, von goldenen und messingenen, silbernen und elfenbeinernen, granitenen und hölzernen, alabasternen und edelsteingezierten, von Bildern aus dem nördlichen und südlichen Indien, aus Siam und aus Ceylon. In einem üppig ornamentierten Silberschrein aber saß still und fein und unendlich apart ein schöner alter Buddha, der war aus einem einzigen riesigen Kristall geschnitten, und das Kerzenlicht, das ich dahinterhielt, schien farbig durch seinen gläsernen Leib; und von allen diesen vielen Bildern des Vollendeten war dies kristallene das einzige, das ich nicht vergesse und das den schlackenlosen Erlösten wahrhaft ausdrückt.

Hier und überall waren Priester, Tempeldiener und Handlanger in Menge da; Hände streckten sich mir entgegen, und feierliche messingene und silberne Schalen wurden mir allenthalben vorgehalten. Ich gab, um es kurz zu sagen, mehr als dreißig Trinkgelder. Doch tat ich dies, wie auch alle Fragen an die Priester, nur in einem unzulänglichen Traumzustand und Halbbewußtsein. Ich hatte keinerlei Achtung vor den miserablen Priestern, ich verachtete die Bilder und Schreine, das lächerliche Gold und Elfenbein, das Sandelholz und Silber, aber ich fühlte tief und mitleidend mit den guten, sanften indischen Völkern, die hier in Jahrhunderten eine herrlich reine Lehre zur Fratze gemacht und dafür einen Riesenbau von hilfloser Gläubigkeit, von töricht herzlichen Gebeten und Opfern, von rührend irrender Menschentorheit und Kindlichkeit errichtet haben. Den schwachen, blinden Rest der Buddhalehre, den sie in ihrer Einfalt verstehen konnten, den haben sie verehrt und gepflegt, geheiligt und geschmückt, dem haben sie Opfer gebracht und kostbare Bilder errichtet – was tun dagegen wir klugen und geistigen Leute aus dem Westen, die wir dem Quell von Buddhas und von jeder Erkenntnis viel näher sind? –

Weiter ward ich an Altären und Säulen vorübergeschleppt. Da und dort glänzten Gold und Rubinen auf, mattes altes Silber in Menge, und neben dem phantastischen Reichtum dieser Tempelschätze war die Schäbigkeit der Diener und Priester, die Armut der Holzverschläge und Glaskästchen, die bettelhafte Dürftigkeit der Beleuchtung ganz wunderlich anzusehen. Priester zeigten die alten heiligen Bücher des Tempels vor, die in Silber reich gebunden sind und deren heilige Texte in Sanskrit und Pali sie vermutlich selber nicht mehr lesen können; und was sie selber gegen ein Trinkgeld auf Palmblätter schrieben, war kein schöner Spruch oder Name, sondern das Datum des Tages und der Ortsname; eine nüchterne, schäbige Quittung.

Schließlich ward mir der Altarschrein und das Behältnis gezeigt, worin der heilige Zahn Buddhas verwahrt wird. Wir haben das alles in Europa auch; ich gab meinen Obolus hin und ging weiter. Der Buddhismus von Ceylon ist hübsch, um ihn zu photographieren und Feuilletons darüber zu schreiben; darüber hinaus ist er nichts als eine von den vielen rührenden, qualvoll grotesken Formen, in denen hilfloses Menschenleid seine Not und seinen Mangel an Geist und Stärke ausdrückt.

Und nun zerrten sie mich unversehens in die Nacht hinaus; in der wolligen Dunkelheit strömte immerzu der heftige Regen, unter mir spiegelten die Kerzen der Jünglinge sich im heiligen Schildkrötenteich. Ach, es fehlt hier nicht an Heiligkeit und heiligen Dingen; aber jenem Buddha, der nicht aus Stein und Kristall und Alabaster war, dem war alles heilig, dem war alles Gott!

Man zog und schob mich, der ich in der Dunkelheit mich blind fühlte und willenlos mitlief, in Eile über einige Treppenstufen und über nasses Gras hinweg ins Freie, wo plötzlich als rotes Viereck in der Nacht die erleuchtete Türöffnung eines zweiten, kleineren Tempels vor uns stand. Ich trat ein, opferte Blumen, ward zu einer inneren Tür gedrängt und sah plötzlich erschrekkend nahe vor mir einen großen liegenden Buddha in der Wand, achtzehn Fuß lang, aus Granit und grell mit Rot und Gelb bemalt. Wunderlich, wie noch aus der glatten Leere all dieser Figuren ihre herrliche Idee hervorstrahlt, die faltenlos heitere Glätte im Angesicht des Vollendeten.

Nun waren wir fertig; ich stand wieder im Regen und sollte noch den Führer, die Kerzenträger und den Priester des kleineren Tempels bezahlen, aber ich hatte all mein Geld weggegeben und sah nun, auf die Uhr blikkend, mit Befremdung, daß diese ganze nächtliche Tempelreise nur zwanzig Minuten gedauert hatte. Rasch lief ich zum Hotel zurück, hinter mir im Regen die kleine Schar meiner Gläubiger vom Tempel. Ich erhob Geld an der Hotelkasse und teilte es aus; es verneigte sich vor seiner Macht der Priester, der Führer, der erste und der zweite Kerzenjüngling; und fröstelnd stieg ich die vielen Treppen zu meinem Zimmer hinauf. [1911]

Reisende Asiaten

Eines fiel mir, seit ich die erste indische Hafenstadt sah und solange ich im Osten unterwegs war, täglich stärker auf: Wie viel die Asiaten reisen! Im Westen, in Europa und Amerika, hält man das Reisen und den »modernen Verkehr« für eine Art westlicher Spezialität. Dabei gilt dem Durchschnittsbürger in ganz Europa eine Eisenbahnfahrt von mehr als sechs oder acht Stunden schon für eine bemerkenswerte Reise, und ein Handlungskommis oder Portier, der etwa in Paris, in Genf oder Nizza oder gar in Neapel war, steht im Ruf eines weltläufigen Mannes, der weit herumgekommen ist. Das ist in Asien anders. In Indien, Hinterindien, dem Archipel und einem großen Teil von China reist das Volk unendlich viel mehr als bei uns, für einfache Leute der niederen Klassen gelten Reisen von zwei, drei, sechs, zehn Tagen für gar nichts Besonderes. Unsereiner, wenn er zwischen Colombo und Batavia unterwegs ist, kommt sich schon unternehmend vor und ist erstaunt, zu sehen, daß eine Seereise von drei Wochen, eine Eisenbahnreise von Tagen für Asiaten gar nichts bedeutet.

Der Kuli, der dir in Singapur den Koffer an Land trägt, stammt aus Hankau. Der kleine Händler, dem du in Penang oder Kuala Lumpur eine Badehose oder Leibbinde abkaufst, ist in Peking zu Hause. Der malayische Kaufmann, der dir auf Sumatra Hosenträger und Stiefel verkauft, ist Hadschi und hat die Pilgerfahrt nach Mekka gemacht, was eine Hin- und Rückreise von je etwa zwanzig Tagen bedeutet, das Dreifache einer Fahrt von Europa nach Amerika und zurück.

Wenn bei uns ein Bauer seine Kartoffeln oder Äpfel in der nächsten größeren Stadt persönlich verkauft und dahin drei Stunden mit der Bahn zu fahren hat, so ist das für ihn eine große Sache. Arme, halbwilde Natives auf einer malayischen Insel fahren mit ihrer Ladung Rottang oder ihrem bißchen Baumwolle vier, sechs, zehn Tage ihren Urwaldfluß hinab bis zur nächsten Hafenstadt und brauchen doppelt so lange zurück. Von Nordindien gehen einzelne indische Händler alle paar Jahre auf wilden, anstrengenden und gefährlichen Zügen durch Tibet nach China oder bis zum Baikalsee, ja bis Moskau. In Pelaiang bei Djambi (Südsumatra) hatten wir einen chinesischen Koch, der seine Familie bei Schanghai leben hat und sie öfters besucht! Die chinesischen Großhändler in den Straits, auf Java usw. haben fast alle auch noch daheim in China Besitzungen, oft auch Frauen und Kinder, und reisen häufig zwischen beiden Orten hin und her, über Entfernungen wie zwischen Neapel und Moskau. Es gibt auch indische und arabische Händler, welche Filialen von Colombo oder Bombay an bis nach Peking hin haben und für die eine Seereise von drei Wochen nur eine kleine, oft wiederholte Geschäftsfahrt ist.

Dazu alle die vielen Pilgerfahrten! Leute aus Siam und Burma pilgern nach Ceylon, Gläubige aus Java und Sumatra nach Mekka, Fromme aus dem untersten Südindien hinauf nach Benares. Dagegen ist die Pilgerfahrt eines armen Bäuerleins vom Bodensee nach Lourdes eine Bagatelle.

Die letzten asiatischen Reisenden dieser Art, die ich sah, waren zwei Mohammedaner aus Java. Sie bestiegen unser Schiff in Singapur und fuhren als Beauftragte einer mohammedanischen Gemeinschaft bis Suez, von wo aus sie Tripolis erreichen, zuverlässige Berichte vom Krieg einsammeln und über die beste Art, die kriegführenden Glaubensgenossen moralisch und finanziell zu unterstützen, nach Hause berichten sollten. [1911]

Gegenüber von Afrika

Heimathaben ist gut,
Süß der Schlummer unter eigenem Dach,
Kinder, Garten und Hund. Aber ach,
Kaum hast du vom letzten Wandern geruht,
Geht dir die Ferne mit neuer Verlockung nach.
Besser ist Heimweh leiden
Und unter den hohen Sternen allein
Mit seiner Sehnsucht sein.
Haben und rasten kann nur der,
Dessen Herz gelassen schlägt,
Während der Wandrer Mühsal und Reisebeschwer
In immer getäuschter Hoffnung trägt.
Leichter wahrlich ist alle Wanderqual,
Leichter als Friedefinden im Heimattal,
Wo in heimischer Freuden und Sorgen Kreis
Nur der Weise sein Glück zu bauen weiß.
Mir ist besser, zu suchen und nie zu finden,
Statt mich eng und warm an das Nahe zu binden,
Denn auch im Glück kann ich auf Erden
Doch nur ein Gast und niemals ein Bürger werden.

Wieder im Studierzimmer

Vor ein paar Tagen bin ich von Genua über den verschneiten Gotthard hergefahren, vor einer Woche saß ich noch in einem kühlen, ungeheizten Theater in Neapel und hörte Verdis »Forza del destino«, und in der Nacht sah ich still und bedrückt ein paar tausend arme schöne Burschen aus Oberitalien als Soldaten für Tripolis einschiffen. Ein paar Tage weiter zurück, da sah ich noch die Sonne hinter den kahlen Sandhügeln des Suezkanals glühend untergehen und morgens über dem Sinaigebirge hervorkommen, und wieder eine gute Woche weiter zurück, da stieg ich noch im weißen Leinenkleid und Tropenhelm in den Bergen von Ceylon herum und fing große Schmetterlinge und brach schöne, duftende Veilchen ab in einer Höhe von zweitausend Metern. Und nun sitze ich, als müßte es so sein, wieder in meinem Studierzimmer am Bodensee, der grüne Kachelofen brennt mächtig, im Erdgeschoß lärmen die Buben und vor den Fenstern tränt die neblige Landschaft, und ich muß sagen, es gefällt mir nicht. Das Wohnen in unsern Breitegraden, wo es zu Zeiten morgens um acht Uhr noch Nacht ist und abends bald nach vier Uhr wieder Nacht wird, scheint mir eine üble Entgleisung der menschlich-natürlichen Instinkte, und das Sitzen am Ofen, am Schreibtisch und an der Schreibmaschine scheint mir eine entartete und notdürftige Beschäftigung für entartete Menschen.

Während ich draußen in der sonnigen indischen Welt herumlief und mir wenig Sorgen machte, stieg in meinem verlassenen Studierzimmer ein Berg von Drucksachen und Bücherpaketen an, und als ich heimkam, fiel er eben um und warf sich mir wie eine graue Lawine entgegen. Ehe ich nun wieder mit einigem Behagen hier sein und sitzen und arbeiten kann, muß ich diesen Berg abtragen und wegschaffen, und die Hälfte von der Masse war denn auch schon nach zwei Tagen verschwunden und erledigt, denn die Drucker drucken vielerlei, woran man sich nicht die Augen und das Gemüt zu verderben braucht. Hingegen drucken sie auch andres, und einiges davon hat mir trotz des Heimkehrkatzenjammers alsbald in die Augen gestochen und Freude gemacht, so daß ich meinen Freunden davon erzählen möchte. Denn es ist nicht anders, in dieser betrübten Nebel- und Winterszeit bleibt uns entarteten Nordländern kaum ein besserer Trost als das Lesen schöner Bücher.

Vielleicht am meisten hat mich eine neue Ausgabe des alten, herrlichen Johann Peter Hebel gefreut, die der Tempelverlag in Leipzig gemacht hat und die von Emil Strauß besorgt sein soll. Ich konnte nun das, so gut ich Strauß kenne und so herzlich ich ihn hochschätze, nicht gleich erkennen, bis ich am Schluß des schönen Bandes, der außerdem sehr billig ist, die Notizen zu Hebels Leben fand, in denen einige Sätze stehen, die nur von Strauß sein können. So ist denn der größte alemannische Dichter von ehemals vom größten heutigen geehrt und betreut worden, und in dem Buch treffen zwei Köpfe zusammen, auf die man zwischen Basel und Pforzheim stolz sein darf. Daß Hebel ein großer Dichter und vor allem einer der allergrößten deutschen Geschichtenerzähler gewesen ist, steht zwar da und dort in Literaturgeschichten, die niemand liest, angedeutet, ist aber meines Wissens gar nicht allgemein bekannt. Wir können neben ihm fast alle berühmten Geschichtenbücher von heute einpacken und uns schämen, daß wir alle das neue Zeug lieber und eifriger lesen als diese bewährten und unvergänglichen Sachen.

Sodann sind zwei neue Bände von Brehms Tierleben herausgekommen, in der neuen, großen, ganz und gar umgearbeiteten Ausgabe, mit wundervollen Bildern. Da finde ich mit Vergnügen meine Nashornvögel, Adler und Eisvögel von Sumatra wieder, und es fällt mir dabei der große alte Adler ein, den wir neulich am Ufer des Oganflusses erlegen wollten. Er saß ganz nahe, frei auf dem äußersten Ast eines Kapokbaumes, und war kinderleicht mit der Kugel zu holen; wir hatten aber nur ein altes holländisches Militärgewehr aus den fünfziger Jahren mit, das noch keiner von uns probiert hatte. Da schoß ich als erster eine von den lächerlich dicken Kugeln auf den stillen Adler und schoß vorbei; der Vogel flog träge auf, schaute um sich und nahm ein paar Meter weiter links wieder Platz. Hier belästigte ihn mein Freund mit einer zweiten Kugel, und wieder rückte er gutmütig nur um ein paar Ellen weiter auf seinem Baum. Wir schossen noch einmal, und erst jetzt, beim dritten Schuß, wurde es dem großen Vogel doch zu lärmig, er flog auf und verschwand schön und feierlich über dem Urwald. Diese und tausend Erinnerungen, von den ersten Käfern und Schmetterlingen der frühen Knabenzeit an, vom ersten Angeln im Bach bis zu den Reisen von gestern, ruft der Brehm in mir wach, und nebenbei belehrt er mich leicht und freundlich und hilft mir weiter auf dem schönen, schweren Weg der Erkenntnis und des Verständnisses für alles Lebende.

Das dritte Buch, das mir wie ein Goldfund aus dem

Haufen entgegenlachte und das ich allen ernsten Menschen als Festgabe wünsche, ist die Biographie des Berner Malers Stauffer von Brahm, die bisher merkwürdig wenig bekannt war und die der Verlag Meyer und Jessen in Berlin schön und gut wieder gedruckt hat. Das Buch, dessen schönster Teil Stauffers Briefe sind, stellt das große, tragische Schicksal eines reinen, glühenden Künstlers dar und gibt über das Wesen der Kunst und das Wesen des Genies klareren Bericht als alle Ästhetiken und Psychologien der Welt. [1911]

Im Flugzeug

Als ich vor einigen Jahren zum ersten Male auf der Frankfurter Ila einige Eindecker ihre schwachen Flugversuche machen sah, war mein sehnsüchtiger Gedanke: »Sobald das ein bißchen besser geht, mußt du mitfliegen!« Und als ich zwei Jahre später zum ersten Male in die Lüfte hinaufkam, in einem Zeppelinschen Luftschiff, da genoß ich wohl den wunderbaren Taumel der Höhe und die überraschend herrliche Aussicht und den neuen Aspekt der Landschaft, aber mein Flugverlangen war nur stärker erregt, und seitdem war es mein heimlicher Wunsch, nun bald einmal zu fliegen. Aber ich wohnte auf dem Lande und kam immer nur im Winter in große Städte, meine Freunde lachten mich aus und erklärten diese ganze Fliegerei für einen halsbrecherischen, selbstmörderischen Sport, mit dem sich höchstens ehemalige Rennfahrer und entgleiste Turfexistenzen abgäben, und waren der Meinung, ein einigermaßen höherstehender Mensch, welcher Pflichten habe und gar Familienvater sei, dürfe sich unter keinen Umständen »der bloßen Sensation wegen« so einem Satansmöbel anvertrauen.

Diese Reden konnten mein Verlangen nach Fliegeglück nicht kleiner machen, obwohl ich nicht widersprach. Ich las vom Simplonflug, las die Berichte von Pau und Paris und Dübendorf und den italienischen Aviatikern, und verheimlichte meiner Frau die wöchentlich in der Zeitung mitgeteilten Abstürze von Fliegern. Und hundertmal besann ich mich und phantasierte, wie es nun wohl eigentlich so einem Fliegenden zumute sein müsse. Die meisten waren ja abgebrühte Sportratten oder technische Spekulanten, für die gab es nur Windverhältnisse, Pferdekräfte, Umdrehungszahlen und Flugpreise. Aber viele davon waren doch gewiß wirkliche Abenteurer, solche, mit denen ein Dichter sich ohne weiteres eins fühlen oder doch verbrüdern konnte, es war in ihnen etwas von der großen Sehnsucht, die unsereinen zum Wandern und Reisen verlockt und einem das Stillsitzen so sauer macht, und die durch nichts zu stillen ist und durch jede Erfüllung nur tiefer und hungriger wird. Ohne Zweifel war diese Sehnsucht, wenn auch in ihren rohesten Formen, bei vielen dieser Flieger der heimliche Antrieb und Verführer, und die, welche hundert Meter hoch herunter fielen oder über Land geschleift wurden, die in der Luft verbrannten oder im Wasser umkamen, waren nicht Arbeitern gleichzustellen, die in ihrem armen, tapfern Kampf um den täglichen Groschen weggerafft wurden, sondern sie gehörten doch wohl zu der kleinern Schar derer, die als Sklaven jener geheimnisvollen großen Sehnsucht ihr Ende fanden, deren Knochen in Gletscherlöchern liegen oder die in den Wäldern von Afrika, am Südpol oder auf entlegenen Meeren umkommen. Darin bestärkte mich noch die Nachricht vom Tode Lathams, den ich in Frankfurt hatte fliegen sehen, der in den Kanal gefallen war und der schließlich sein Ende als Jäger in den Tropen fand.

Die Zeit verging, und das Fliegen blieb mir Wunsch und Rätsel. Zweimal fielen mir flott und gescheit geschriebene Artikel von Journalisten in die Hand, welche als Passagiere mitgeflogen waren. Ich las sie mit Eifer, aber es stand nichts darin. Diese Herren standen über der Sache, während ich so gern mitten in ihr drin gestanden wäre. Sie wußten Pferdekräfte und Umdrehungen zu zählen, kannten die Vorgeschichte ihres Aviatikers, die Firma, die seinen Motor gebaut hatte, sie wußten von dem Stolz unserer Zeit, von dem uralten Menschheitstraum und seiner Erfüllung durch Blériot zu erzählen. Vom Fliegen selber aber erfuhr man wenig oder nichts. Es standen in diesen Artikeln nur Dinge, die man vorher wußte, oder die wenigstens der Autor schon vorher wissen konnte. Also mußte das Fliegen eigentlich wenig interessant sein; es war ein »stolzes, erhebendes Gefühl«, das erinnerte an Grundsteinlegungen und Jubiläen, man »fühlte sich vollkommen sicher, keine Spur von Angstgefühl oder Schwindel«, das war also ähnlich wie ein Spaziergang von München nach Nymphenburg. Entweder standen die Verfasser jener Artikel eben wirklich auf jenem unpersönlichen, allgemein kulturellen Standpunkt, den ihre Artikel betonten, oder aber es war ungemein schwierig, die eigentlichen Gefühle eines Fliegenden darzustellen. Ich glaube heute, die zweite Annahme war die richtige.

Um nun zur Sache zu kommen: ich bin gestern geflogen. Es kamen Flieger nach Bern, eines Morgens hörte ich über meinem Dach einen Apparat schnurren und sah einen schönen Eindecker so stolz und kühl und nobel über mich wegfahren, daß es mir das Herz umdrehen wollte. Am nächsten Tage bin ich mitgeflogen. Und nun will ich versuchen, einige meiner Eindrücke bei diesem ersten Flug meines Lebens mitzuteilen, soweit das möglich ist, und da die Geschichte vom »erfüllten uralten Menschheitstraum«, vom »Sieg der Intelligenz über die Materie« und alles das schon jedermann bekannt ist, will ich den undankbaren und schwierigen Versuch machen, die Kultur und Technik und alles das wegzulassen, und lediglich das zu notieren, was ich erlebt habe. Ich finde mich bei diesem Vorhaben durch eine tiefe Unwissenheit gestützt: ich weiß weder den Namen der Firma, die den Motor gebaut hat, noch die Zahl seiner Pferdekräfte, noch sein Gewicht, noch das Gewicht der Belastung. Ich weiß gar nichts, als daß ich nun endlich, endlich geflogen bin, und daß es mir gar nicht selbstverständlich und allgemein kulturell erschienen ist, sondern höchst abenteuerlich. Ich bin tatsächlich »der bloßen Sensation wegen« geflogen, und die Sensation hat mir eine unbändige Freude gemacht.

Gegen 3 Uhr an einem warmen, hell sonnigen Frühlingstag erschien ich auf dem Flugfeld, wo sich ein paar schwarze Menschenknäuel drängten und umeinander drehten. Mitten in einem dieser Knäuel sah ich den Apparat ragen, mit dem ich fliegen sollte und der mich erwartete. »Wenn es mir nur nicht übel wird!«, dachte ich, denn ich kann Menschenmengen schlecht vertragen.

Ich drängte mich vor, eine grüne Brille auf der Nase und eine gelbe Reisetasche in der Hand. Ich legte den Leuten die Hand auf die Schulter, schob sie leise beiseite, machte ein sachliches Gesicht und wurde durchgelassen, es ging über Erwarten gut. Das Schlimmste vom Fliegen war nun überstanden. Ich stand beim Apparat, begrüßte den Flieger und zündete eine Zigarre an. Ein französischer Monteur suchte mich über den Motor zu belehren, ich nickte dankend und kam erst jetzt auf den Gedanken, die Maschine näher anzusehen. Am Kopf des Vogelleibes saß die hölzerne Schraube, dahinter der Motor und Benzinvorrat, dann der Platz des Fliegers, dann mein

Passagiersitz, hinter dem das leichte, hölzerne Bauwerk sich rasch verjüngte und dem hübschen Schwanzsteuer zustrebte. Als Spielzeug sah das Ganze entzückend aus, daß es aber zwei Menschen durch die Luft tragen sollte, schien wunderlich, so leicht und liebenswürdig japanisch sahen die Stänglein und Drähtchen aus, und auch die Flügel waren so spielerisch und dünn und luftig gebaut, daß man sie nicht anzufassen wagte.

»Nun«, dachte ich, »die Hauptsache ist ja der Motor, und den kann ich zum Glück nicht taxieren. Es wäre gut, wenn wir bald fahren würden.«

Da winkte mir der Flieger, ich möchte mich nun fertigmachen. Schnell machte ich meine gelbe Handtasche auf und nahm meine Sachen heraus, eine Ski-Mütze, ein Paar Handschuhe, ein wollenes Halstuch. Als ich die Mütze glücklich auf und unter dem Kinn zusammengeknöpft hatte, lächelte der französische Monteur mich freundlich an und sagte, so gehe das nicht, ich müsse die Mütze umgekehrt aufsetzen, mit dem Schirm nach hinten, sonst werde mir das Zeug alsbald vom Kopf gerissen werden. Die Volksmenge lachte und sah mit Interesse zu, wie ich meine Kleidung vollends in Ordnung brachte. Schließlich gab mir der Aviatiker noch einen Mantel und eine Automobilbrille; ich schwitzte in der wollenen Haube und sah so bestrickend aus, daß die Menge wieder aufs munterste lachte. Photographenapparate wurden auf uns gerichtet, und jemand rief mir zu, ich müsse jetzt noch die Nase zubinden, dann könne mir gewiß nichts mehr passieren.

Jetzt stieg der Flieger ein. Es war ernst mit dem Spielzeug, und als der schwere Mann mit seinem braunen Stiefel derb auf das fingerdünne Holzstänglein trat, brach es nicht zusammen, sondern hielt, und es trug auch mich, und nun saßen wir in unsern Sitzen, im leinwandbekleideten Stangengerüste auf bequemen Sesseln, die Menschenmenge wich ein wenig zurück, die Luft wurde besser.

Herrgott, ich hatte meine Handschuhe liegenlassen. Aber nun mochte ich nimmer stören.

In diesem Augenblick begann der Motor zu surren, vor unsern Augen sauste die Flügelschraube ihren glänzenden Kreis, hinter uns spie der große Vogel Rauch und Gestank aus, schreiend floh zu beiden Seiten das Volk hinweg. Wir fuhren elastisch auf unseren beiden Rädchen über den Rasen, merkwürdig lind und wohlig, und plötzlich wurde mir in meiner Wollenhaube wieder wohl und wild gespannt. Wir fliegen, schrie mein Herz, jetzt gleich fliegen wir.

Da war der Rasen weg und wir stiegen schräg in die Höhe, und das war äußerst wohlig und beruhigend. Wir fliegen! Ja, es ist merkwürdig, aber ich hatte es mir aufregender gedacht.

Nein, ich nehme alles zurück. Es war aufregend genug. Als ich mich eben besann, ob jetzt wohl zehn Sekunden oder eine Stunde seit der Abfahrt vergangen seien, duckte sich der Herr Flieger, ich wurde in die Sitzlehne gedrückt und der Apparat machte einen Sprung in die Höhe. Da blieb er eine Weile, während der Luftstrom donnernd an meinen Ohren vorübersauste, und machte nun wieder einen Sprung, einen verfluchten, unerwarteten Sprung.

Ich tat einen Blick auf die kreisende Schraube. Wenn das Luder Launen hat, gehen wir kaputt, dachte ich einen Augenblick, aber mehr nur reproduktiv, ich glaubte nur halb daran, und vergaß es sogleich völlig, denn zufällig fiel mein Blick seitwärts auf die Erde und da sah ich erst, daß wir schon hoch, hoch waren. Der Motor sauste, der Wind schrie, meine Hände froren und meine Nase wurde kalt, und da neben mir, an der dünnen Holzlatte vorbei, sah ich die Stadt Bern und die krumme Aare und Fabriken und Kasernen und Reitplätze und Alleen liegen, drollig klein und schief und hingestreut, und es fiel mir ein, wie dieser Anblick des kleinen Getriebes und des zum Spielzeug gewordenen Menschenwesens mir einst vom Zeppelinschiff aus Spaß gemacht hatte.

Aber das war etwas anderes! Dort war es ein behagliches Zuschauen wie aus einer Loge gewesen. Hier waren die Blicke auf Stadt und Felder, die ganze verkürzte und flächenhaft gewordene Welt durchaus nur zufällige Beigaben. Die Hauptsache war: Wir flogen. Und wie wir flogen! Wir stiegen in Wellenlinien hinan, immer höher, und je und je taten wir plötzlich, wie in einer Atempause, einen kurzen, lautlosen Fall, der Sitz schwand unter mir weg, mein Magen höhlte sich weit. Dann gleich wieder Trieb, Anstieg, Kraftgefühl. Dann wieder der kleine, unberechenbare Fall, Atempause, horchendes Schweigen im Magen.

Die Landschaft ist mir noch immer nicht klar geworden; ich sitze wie ein Knabe, vom Erleben hingenommen, und habe den Verstand daheim gelassen. Ich werfe, von Schauern seliger Bangigkeit unterbrochen, meine Blicke und Atemzüge wie Lieder und Seufzer in die Welt, ich schwebe atemlos mitgerissen in einer ungeheuern Musik durch die Räume, ich bin ganz Kind, ganz Knabe, ganz Abenteurer, ich trinke den berauschenden Wein des Losgerissenseins, der Gleichgültigkeit und

Verachtung gegen alles Gestrige, der animalischen Erregung in tiefen Zügen, ich bin Drache und Wolke, Prometheus und Ikarus ...

O Gott, was ist das? Was steht dort so groß, so wirklich und edel mitten in dieser lausigen Welt, die ich so tief verachte, die so schäbig und winzig und kleinlich eingeteilt zu meinen Füßen liegt? Am Rande der Welt, hinter all dem Gewimmel nichtiger Formen und irdischen Getändels, stehen wunderbar und groß die Berge. Ich sehe den riesigen Eiger streng und dunkel, das hohe Schreckhorn einsam und vornehm an seinem Orte stehen, und ich ahne beim Anblick des ungeheuer erweiterten Horizontes so etwas wie einen raschen Flug über die Erde hinweg: wie da die großen Gebirge, Wüsten, Meere einzig übrigbleiben, alles andere versinkt und sich als verwesende Moräne kundgibt.

Wir fallen tief, mein Magen hat sich daran gewöhnt, schon nach Minuten hat er sich angepaßt, und läßt das Kitzeln bleiben. Die Berge sind weg, wir hängen schräg nach links über, gegen einen feindlichen Wind, über die Flügel weg sieht man Jurazüge, senkrecht unter uns die Aare, gepflegten Wald, Höfe – am Ende der Kurve unvermutet einen Blick über die ganze Stadt, vom Bärengraben an aufwärts, wie sie auf ihren Felsen im Bogen der Aare liegt.

Wann werde ich über die Alpen fliegen, über das Meer? Ich muß das einmal bis zur Sättigung auskosten! Ich sehe ja nichts, ich ahne und fühle bloß, ich taumle entzückt und beängstigt durch eine andere, jäh vor mir aufgerissene Welt, nur langsam lerne ich wieder denken. Die Welt ist Erhabenheit, erhaben ist Gebirge, Wüste, Meer. Der Mensch bringt den Humor hinein. Ich beginne sie wieder zu lieben, die Menschen, die da drunten so kleinlich und sonderbar wirtschaften, die den Wald frisiert und die Hälfte der Welt in kleine, umzäunte Landfetzchen zerrissen haben. Ich will nicht schwebende Wolke, treibende Schneeflocke, ziehender Vogel sein, ich will nicht die Berge lieben und die Menschen schmähen, deren schwächster ich bin – ich will mit aller Liebe, deren ich fähig bin, mich zu ihren Schwächen und zu ihrem Stolz bekennen. Das sind nicht die Pferdekräfte und nicht die genauen Rechnungen der technischen Wissenschaft, die mich und den Flieger und Blériot und Latham in die Höhe gerissen haben. Das ist die alte große Sehnsucht, das ist der aus Schwäche geborene Trotz, das ist Titanenerbe. Das hat uns fliegen gelehrt. Aber mit dem Fliegen ist keine Sehnsucht erfüllt, der Bogen ist nur stärker und wilder gespannt, die Kreise des Wunsches sind weiter gezogen, das Herz brennt trotziger.

Träume, Bruchstücke von Gedanken, Bruchstücke von großer Musik umgeben mich. Da weckt mich ein unsäglich bangfrohes, gespanntes, überraschtes, mißtrauisches Gefühl, das durch alle Nerven geht. Der Motor schweigt. Wir hängen in der Höhe, wir neigen uns, und nun kommt das Wunderbarste, wir gleiten auf der elastischen Luft, die uns zuweilen mit leiser Schwellung prellt, wir fahren wachsam und flink hinunter wie ein Automobil mit abgestelltem Motor einen Berg hinab und wie ein Skiläufer seine Halde hinunter gleitet. Dächer, Alleen, Schornsteine springen uns entgegen, größer und größer wird der kleine Rasenplatz, auf den wir zielen, und nun sehe ich, er ist das Flugfeld, und die paar trüben Trauben und Haufen schwärzlichen Gewimmels darauf sind die Menschenmenge. Herrgott, wir fahren mitten in sie hinein! Wir stürzen vorwärts wie rasend, immer dem schwarzen Haufen entgegen, ich sehe einzelne Gruppen und Figuren schon deutlich, sie sind schon dicht vor uns, Weiber schreien auf, Kindermägde rennen entsetzt und verzweifelt mit ihren Babywagen davon, Knaben laufen Galopp, fallen, geben es auf. Wir aber nehmen, es geschieht ohne mein Wissen und fährt mir nochmals, zum letzten Male wunderlich kitzelnd durch den Magen, wir nehmen einen kleinen Anlauf, machen einen Sprung und sind wieder in der Luft. Wir haben nur den Platz für die Landung gesucht und umfliegen das große Feld noch einmal im Kreise, niedriger und niedriger streichend. Längst ist der große Horizont versunken, die Erde wallt zu uns herauf, die Menschenhaufen atmen uns entgegen. Nochmals fliehen sie vor unserer Maschine davon, eine Gasse entsteht, wir gleiten nieder.

»Noch nicht! O noch nicht!« will ich flehend rufen. Die kleinen Räder sind schon aufgeprallt, ein Ruck im Sitz, die Erde ist unter uns und nimmt uns auf, und da halten wir schon, tausend Menschen brüllen und stürzen sich auf den Apparat. Mit einem sonderbaren Gefühl von Kleinheit und Scham steige ich aus, klettere auf die Erde hinab, entkleide mich der Brille, der Mütze, des Mantels, gebe dem Flieger die Hand und gehe hinweg, durch das dichte Volk hindurch, keines Gefühls noch Gedankens sicher, aber in allem, was ich an Sehnsucht und Abenteuerbedürfnis und unbezwinglich triebhaftem Fernweh in mir habe, neu erregt und gestärkt und vertieft. [1912]

Winterausflug

Von Bern, wo der Nebel drückte und mittags das Wasser von den Dächern rann, war ich für ein paar Ausruhtage nach Grindelwald geflohen und saß dort in einem schönen, bequemen Engländerhotel. Bei der Ankunft war ich nicht wenig enttäuscht gewesen, es lag kaum noch ein winziger Rest von Schnee, und ich wurde, als ich mit meinen Skiern auf dem Rücken durchs Dorf schritt, von jedermann mit Verwunderung und Mitleid betrachtet. Bald aber vergaß ich das und hatte nichts dagegen, meine Skier im Kellerdepot ruhen zu lassen. Das Wetter war glänzend, eine milde Sonnigkeit mit kalten Nächten, tagsüber windstill, aber offenbar in der Höhe föhnig, denn Tag für Tag sah man jene federfeinen zerblasenen Wölkchen, die stets auf Föhn deuten, in breiten parallelen Reihen und Streifen wie Pfauenflügel sich über den zartblauen Himmel ausbreiten.

Das wunderbare Grindelwalder Tal, das ich seit zehn Jahren nimmer gesehen hatte, lag in der Tiefe fast schneefrei, und an warmen Mittagen konnte man oberhalb des Dorfes den dünnen Schnee von den Steinen tropfen und auf jungem grünem Kraute glänzen sehen wie im Frühling. Daneben lagen Mulden und verwehte Tobel unergründlich voll Schnee, und es geschah beim Spazierengehen immer wieder, daß man unversehens in so einem Schneeloch verschwand und lange zum Wiederaufstehen brauchte. Die herrliche Landschaft sprach wieder stark zu mir, es gibt wenig Alpentäler, wo auf so kleinem Raume sich so viel Größe und Schönheit entfaltet: das kühne, wuchtige Wetterhorn, der finstere, wilde, oben messerscharfe Eiger in seiner erdrückend nahen Riesigkeit, dahinter die wilde, verlassene und verrufene Welt bis zu den Fiescherhörnern und dem Finsteraarhorn und dazwischen die beiden Gletscher in ihrer rauhen, feindlichen Wüstheit und giftigen Bläue. Das alles liegt so nahe beieinander, daß man es mit einem einzigen Blick umfassen kann, und dabei steht man selbst in einem schönen, reichen Tal mit hübschen Hütten und üppigen Weidehängen, und jenseits auf der Sonnenseite liegen sanfte Höhen und Sättel und eine Reihe von kleineren, bequemen Gipfeln, vom Faulhorn bis zur Schynigen Platte. Steigt man zur Kleinen Scheidegg hinauf, so steht man zum Erschrecken nahe vor den gähnenden Gletscherwildnissen des Mönchs und der Jungfrau, deren schöner silberner Gipfel über dem Wust von Eis und Stein in der Bläue lacht. Und spaziert man zur Großen Scheidegg, so hat man zur Rechten die steile Riesenwand des Wetterhorns, ein paar tausend Meter weißen Granit, links das Profil des Schwarzhorns mit der langen, ernsthaften Nase, und vor sich das Tal und die fernen Berge der Zentralschweiz.

So gut es mir in meinem feinen Hotel erging, zuweilen zog ich es doch vor, ein Glas Wein oder einen Wermut in einer bewährten Dorfschenke zu nehmen und mir ein wenig von dem erzählen zu lassen, was in diesen zehn Jahren hier passiert war. Das wichtigste war der Tod des Pfarrers Straßer, der unter dem Namen des Gletscherpfarrers im ganzen Oberland berühmt und auch mir wohlbekannt gewesen war. Er hatte zu jedem Anlaß schwungvolle Gedichte hergestellt und war eine dekorative Figur gewesen, die man sich nicht wegdenken konnte, aber auch ein Mann, ein Freund und Helfer, auf den Verlaß war. Der ist also nicht mehr da. Als ich es hörte, fiel mir gleich der feine alte Friedhof von Grindelwald wieder ein, den ich damals, vor zehn Jahren, oft besucht hatte, und ich beschloß, nächstens einmal hinzugehen und unserm Freund Straßer einen dankbaren Besuch am Grabe zu machen.

Dazwischen wehte das bunte Winterleben an mir vorüber, der ganze liebe Jahrmarkt froher Menschlichkeit, alte Herren steif auf Schlittschuhen, mit Krämpfen in den Waden, alte Damen auf kleinen Schlitten quiekend, schöne Jugend in farbigen Sportkleidern. Obenan die Engländer, würdig und bewußt in aller Beweglichkeit, sachlich beim Sport und Herrscher auf den Eisplätzen, die Deutschen unsicherer und weniger einheitlich, dazwischen die paar Italiener drollig und etwas affektiert in schreienden Kostümen, aber kaltschnäuzig und todesfrech auf der Bobsleighbahn.

Eines Morgens sah ich vom Hotel aus das Oberdorf so schön in der Sonne liegen, daß ich rasch hinaufging, einem frühlingshaften Blau entgegen. Da stand hell und sauber das alte hübsche Kirchlein, und kaum sah ich es, da fiel der verstorbene Pfarrer mir wieder ein, und ich trat in den kleinen, stillen, sonnigen Friedhof, um ihn zu besuchen. Da hatte er sich den schönsten Platz ausgesucht, so geschützt und warm und ab vom Wind, wie er für einen verdienten alten Herrn zum Ausruhen paßt, nahe an seiner Kirche, in der er so oft gepredigt und gesungen hat. Ein Fliederbaum malt übers Grab ein feines Schattennetz, und die Berge schauen oben herein. Er liegt gut, unser Freund, und wir wollen es ihm gönnen, auch wenn es uns einmal nicht so gut geht. Mich aber, wenn ich nicht durch Zufall auch einen solchen exemplarischen Winkel zum Ausruhen bekommen kann, mich soll man einmal nicht in so einen gottverlassenen Stadtfriedhof legen, wo an den Mauern die Trambahn vorbeisurrt und wo die Torheit und Eitelkeit der Leute sich in Stein und Glasperlen austobt. Dann viel lieber in einem schönen, raschen Feuer für immer verschwinden!

Das Kirchhöflein tröpfelte und sönnelte leise, kein Mensch war da, und nur ein paar Vögel raschelten in den Büschen. Leise ging ich durch die bescheidenen Gräber, wo die Namen der alten Familien sich auf den Kreuzen immer wiederholen, die Baumann, Bernet, Bohren, Brawand, und ich blieb bei einem großen, vornehmen Steingrabe stehen, wo vier Männer liegen, zwei Engländer und zwei Führer, die auf dem Gipfel des Wetterhorns der Blitz erschlagen hat. Sie ruhen schön an einem guten Platz, und nicht schlechter ruhen die Verschollenen, die zwischen Grindelwald und dem Berglistock oder dem Finsteraarhorn im Eis verlorengegangen sind. Dort über dem Gletscher und hinter den rauhen, vereisten Graten blaute der Himmel so warm und tief, daß es wie ein Gruß von dem Land dahinter war, von Italien, von dem wir in Bern so entsetzlich weit entfernt und abgeschnitten sind, das wir aber nun bald, wenn die Lötschbergbahn fertig ist, in ein paar Stunden werden erreichen können. Es gibt nichts in der Welt, worauf ich sehnlicher warte, als auf das Fertigwerden dieser Bahn.

Behaglich sah ich mir die Gegend wieder an, besuchte den oberen und unteren Gletscher, stieg zur Großen Scheidegg hinauf, durchstöberte das Tal oder fuhr die kleinen schneidigen Schlittwege hinab. Und schließlich machte ich mich eines Morgens auf den Weg, um auch die Kleine Scheidegg wieder einmal aufzusuchen. Ich war um Mittag oben und traf strahlende, warme Sonne an. Gegen die Wengeralp hin lag das schräg abfallende Tal tief und weich verschneit, sonst war auch hier der Schnee nicht sonderlich tief, und man sah die starrenden Gletscher dieser unvergleichlich wilden Gegend unter dünner Decke blaugrün und listig funkeln. Im vorigen Jahr ist ein bekannter Grindelwalder Führer über den ganzen Mönchsgletscher, zu dessen Traversierung man sonst bange Stunden braucht, auf Skiern in vier Minuten weggefahren. Jetzt könnte man da oben keine Skier brauchen, die kalten, blauen Eishöhlen und Spalten grinsen fast unverhüllt herüber.

Ich hatte oben etwas zu essen bekommen und sonnte mich nun eine gute Stunde lang. Ich hatte von Grindelwald einen kleinen Rodelschlitten mitgenommen, auf dem saß und lag ich nun ruhend ausgestreckt und atmete die reine Sonnenluft, bis es Zeit war, aufzubrechen. Ich hoffte, den Weg nach Grindelwald zurück zum größten Teil auf dem Schlitten zurücklegen zu können. Vergnügt zog ich die Handschuhe an, setzte mich und fuhr der Schräge nach gegen den Wald hinab. Das ging geschwinder als ein Schnellzug, aber gar nicht lange. Ich fuhr vielleicht hundert Meter hinunter, da brach ich mit den Beinen durch die gefrorne Schneekruste, blieb stecken, überschlug mich zweimal und kam schließlich ganz sanft im tiefen Schnee auf den Kopf zu stehen, während mein Schlitten wie ein fideler kleiner Hund munter den Berg hinunterrannte. Wütend stand ich auf und hatte lange zu tun, bis ich auf dem Boden des nächsten Bachtobels mein Schlittchen wiederfand, das ich von da an nimmer losließ. Die Fahrt ging nun weiter, bald im Hui über glatten

Schnee und steile Halden weg, bald mühsam watend durch Wehen und Mulden, und oft war ich froh, mich ein paar Minuten an den braunen Zweigen der Alpenrosen festhalten zu können, die aus dem Schnee hervorschauten. Ich war falsch gefahren und verlor mich mehr und mehr dem Walde nach, bis ich einsah, daß ich so vor Nacht nimmer heimkommen könne. Es war bitter, aber ich mußte die ganze Höhe, die ich während einer guten Stunde teils geschlittelt, teils gewatet war, mühsam wieder zurücksteigen. Es geht nämlich eine Zahnradbahn von Grindelwald nach der Scheidegg, die zwar jetzt nicht im Betrieb ist, deren Schienen aber fast überall zutage liegen und sichtbar sind. Dieser Bahn beschloß ich zu folgen, sobald ich sie erreicht hätte. Es ging lange und war beschwerlich, und dann mußte ich erst noch eine lange Strecke meinen Schlitten den Geleisen entlang ziehen, denn die Trasse war eisig, und daneben fiel die Stützmauer zwanzig Meter hinab. Dann aber schien es praktikabler zu werden, ich setzte mich mit Gottvertrauen auf den Schlitten, mit dem ich gut vertraut bin, legte das linke Bein als Führung auf die fast überall offen liegende Schiene und fuhr nun ohne weiteren Aufenthalt im Tempo eines guten Rennwagens die ganze Bahnstrekke hinab. Zuweilen hörte ich dumpfe metallene Schläge, spürte einen Schmerz im rechten Bein und eine Erschütterung im Kopf; dann war ich über eine Weiche weggefahren. Und einmal, ich darf es nicht verschweigen, verlor ich auch die Führung und verschwand übers Mäuerchen, doch kostete es mich nichts als meine Brille und ein paar Hautfetzchen. Und schließlich, es war 6 Uhr abends und tiefe, blaue Nacht, fuhr ich über eine kleine Brücke wie der Teufel aus der Schachtel in Grindelwald ein. Die Viertelstunde Gehens bis zum Hotel fiel mir schwerer als alles Bisherige, aber die Knochen waren ganz, und eine Stunde später saß ich vor einer heißen Suppe und einem Glas Karthäuser, und wenn das auch ein edler Wein ist, so hat er mir doch noch nie so wunderbar geschmeckt wie damals. [1913]

Die Nichtraucherin

In den älteren Wagen der Gotthardbahn, welche im übrigen keine Muster der Bequemlichkeit sind, gibt es eine hübsche und liebenswürdige Einrichtung, die mir stets gefallen hat, und die mir Nachahmung zu verdienen scheint. Die Wagenhälften für Raucher und Nichtraucher nämlich sind nicht durch hölzerne, sondern durch Glastüren getrennt, und wenn ein Reisender einmal für eine Viertelstunde von seiner Gattin Urlaub nimmt, um eine Zigarette zu rauchen, so kann sie ihn und kann er sie durch die Glasscheibe gelegentlich beobachten und begrüßen.

Mit meinem Freunde Othmar fuhr ich einst in einem solchen Wagen gen Süden, und wir waren beide in der gespannten Laune von Ferienseligkeit und bangfroher Erwartung, die in Jugendzeiten dazu gehört, wenn man durch das berühmte Loch im großen Berg nach Italien hinunterfährt. Das Schneewasser lief fleißig von den steilen Talwänden hinab, schäumende Wasser blitzten zwischen den Eisenstäben der Brückengeländer aus verblüffenden Tiefen herauf, unser Zug erfüllte Tunnel und Schluchten mit seinem Rauch, und wenn man sich rücklings aus dem Fenster lehnte und emporschaute, so sah man hoch, hoch droben über den grauen Felsen Schneefelder still und kühlblau einen schmalen Himmelsstreifen.

Mein Freund saß mit dem Rücken gegen die Mittelwand des Wagens, ich saß ihm gegenüber und konnte durch die Glastür zu den Nichtrauchern hinüberspähen. Wir rauchten lange gute Zigarren aus Brissago und tranken abwechselnd aus einer Flasche den schönen Wein von Yvorne, den man heute noch am Büfett in Göschenen zu kaufen bekommt, und ohne den ich früher nie durchs Tessin hinuntergefahren bin. Es war schönes Wetter, wir hatten Ferien und Geld im Sack, und wir hatten nichts im Sinn, als uns selig treiben zu lassen, beide zusammen oder jeder für sich, ganz wie Laune und Gelegenheit es fügen würden.

Das Tessin blendete uns mit leuchtenden rötlichen Felsen, mit hohen weißen Dörfern und blauen Schatten entgegen, wir waren soeben durch den großen Tunnel gefahren, und man spürte am Rollen des Zuges, daß es jetzt bergab gehe. Wir zeigten einander schöne Wasserfälle und geduckte, im Blick von unten stark verkürzte Berggipfel, Kirchtürme und ländliche Häuser, die schon mit luftigen Lauben, hellen frohen Farben und italienischen Wirtsschildern vom Süden erzählten.

Dazwischen schaute ich fleißig durch das Glas und die Messingstäbe zu unseren Nichtrauchern hinüber. Es saß da, mir nahe gegenüber, eine kleine Gesellschaft, offenbar Norddeutsche: ein ganz junges Paar und ein etwas älterer vergnügter Herr dabei, ein Freund oder Onkel oder auch nur eine Reisebekanntschaft. Der junge Mann, von dem ich nicht wußte, ob er mit dem Mädchen verheiratet oder ein Verwandter von ihr sei, der junge Mann zeigte eine erprobte Beherrschtheit und einen sachlichen Ernst, dem für mich unhörbaren Gespräch wie auch der Landschaft gegenüber, und ich schätzte ihn alsbald als einen der jungen schneidigen Beamten ein, welchen, wenn man ihren etwas verschlossenen Mienen trauen darf, das Deutsche Reich seine gegenwärtige Blüte verdankt. Der Freund oder Onkel hingegen schien ein harmloser, biederer Mensch zu sein und das, was seinem Nachbarn an Humor fehlte, im Überfluß zu besitzen. Es war interessant, diese beiden Typen nebeneinander zu sehen und miteinander zu vergleichen: der vergnügte Onkel schien das Abschiedslächeln einer untergehenden Zeit und Menschenart darzustellen, voll Wohlwollen und behaglicher Laune; der andere das heraufkommende neue Geschlecht: kühle und bewußte Energie, wohlerzogene, auf ein festes Ziel gerichtete Herzlosigkeit.

Ja, es war interessant, und ich begann mehrmals darüber nachzudenken. Indessen blieben meine Blicke immer wieder neugierig auf dem Gesicht der jungen Frau oder des Mädchens hängen, die mir eine fast vollkommene Schönheit zu sein schien. In einem reinen, ganz jungen Gesicht von gepflegter Glätte leuchtete hellrot ein hübscher, etwas kindlicher Mund, hinter langen schwarzen Wimpern standen dunkelblaue, große Augen, und die dunkeln Brauen und Haare traten aus der überaus zarten, reinweißen Haut mit einem seltsam kräftigen Reiz hervor. Sie war zweifellos sehr schön, und hübsch gekleidet, und um den Kopf trug sie seit Göschenen, um die Haare vor Staub zu schützen, einen dünnen, weißen Reiseschleier gebunden.

Es war mir ein immer neues Vergnügen, in allen unbewachten Augenblicken dieses reizvolle Mädchengesicht zu betrachten und allmählich mit ihr vertraut zu werden. Sie schien meine Bewunderung gelegentlich zu bemerken und damit einverstanden zu sein, wenigstens gab sie sich keine Mühe, sich meinem Blick zu entziehen, was sie mit kleiner Mühe hätte tun können, wenn sie sich ein wenig weiter zurückgelehnt oder den Sitz mit ihrem Begleiter getauscht hätte. Diesen, der vielleicht ihr

Mann war, sah ich nur je und je hervortauchen, und wenn meine Gedanken sich vorübergehend mit ihm beschäftigten, so taten sie es lieblos und kritisch. Gescheit mochte er sein und strebsam, ja, aber alles in allem ein seelenloser Geck und keinesfalls einer solchen Frau würdig. Kurz ehe wir nach Bellinzona kamen, begann es meinem Freund Othmar aufzufallen, daß ich ihm zerstreute Antworten gab, und daß meine Augen seinem eifrig zeigenden Finger nur widerwillig durch die schöne Landschaft folgten. Und kaum hatte er Verdacht geschöpft, so stand er schon auf und schaute suchend durch die Glastür, und als er die schöne Nichtraucherin entdeckt hatte, setzte er sich auf die Lehne seiner Bank und blickte nun gleichfalls mit Eifer dort hinüber. Wir sprachen kein Wort, aber Othmars Gesicht war finster, als habe ich einen Verrat an ihm begangen. Erst in der Nähe von Lugano tat er die Frage: »Seit wann ist eigentlich die Gesellschaft dort in unserem Wagen?«

»Ich glaube, seit Flüelen«, sagte ich, und das war nur insofern gelogen, als ich mich des Einsteigens jener Herrschaften in Flüelen sehr genau erinnerte.

Wir schwiegen wieder, und Othmar wendete mir den Rücken. So unbequem es für ihn war, er saß mit verbogenem Hals und ließ die Schöne nicht aus den Augen.

»Willst du bis Mailand durchfahren?« fragte er wieder nach einer langen Pause.

»Ich weiß nicht. Mir ist es einerlei.«

Je länger wir schwiegen und je länger wie dem schönen Bilde drüben huldigten, desto mehr kam jeder von uns zweien auf die Überlegung, es sei doch eigentlich lästig, auf Reisen an irgend jemand gebunden zu sein.

Wohl hatten wir uns volle Freiheit vorbehalten, und es war ausgemacht, daß jeder ohne Rücksicht seinen Gelüsten und Stimmungen nachgehen sollte; allein jetzt schien doch eine Art von Zwang und Beschränkung da zu sein. Jeder von uns, wäre er allein gewesen, hätte jetzt seine lange Brissagozigarre zum Fenster hinausgeworfen, hätte den Schnurrbart gestrichen und sich für eine Weile der besseren Luft wegen zu den Nichtrauchern verzogen. Nun aber tat das keiner, und keiner gönnte dem anderen ein Geständnis, und jeder war heimlich verärgert und nahm es dem anderen übel, daß er dabeisaß und störte. Es wurde schließlich lästig, und da ich mich nach Frieden sehnte, steckte ich meine erloschene Zigarre wieder an und sagte mit geheucheltem Gähnen: »Du, ich steige in Como aus. Das ewige Bahnfahren macht einen ja verrückt.«

Er lächelte freundlich.

»Findest du? Ich bin eigentlich noch ganz frisch, bloß der Yvorne macht mich ein bißchen faul, es ist immer die gleiche Geschichte mit diesen Westschweizer Weinen: man trinkt sie wie Wasser, und dabei geht alles in den Kopf. Aber genier dich nicht! Wir treffen uns ja bestimmt in Mailand wieder.«

»Ja, natürlich. Fein, daß man wieder einmal in die Brera kommt, und abends in die Scala, ich habe Lust, wieder einmal einen flotten Verdi zu hören.«

Auf einmal plauderten wir wieder und Othmar schien so aufgeräumt, daß ich meinen Entschluß halb wieder bereute und mir heimlich vornahm, in Como zwar auszusteigen, aber nur in einen anderen Wagen zu gehen und doch mitzufahren. Das ging niemand etwas an, und überhaupt . . .

Wir hatten Lugano und die Grenze hinter uns und fuhren in Como ein, das alte Nest lag träg in der Abendsonne, vom Brunateberg grinsten die wahnsinnigen Reklametafeln herab. Ich gab Othmar die Hand und nahm meinen Rucksack an mich.

Seit der Zollstation saßen wir in italienischen Wagen, die Glastür war verschwunden und die schöne Norddeutsche mit, aber wir wußten, daß sie im Zuge sei. Als ich nun ausstieg und unschlüssig über die Schienen stolperte, sah ich plötzlich den Onkel, die Schöne und den Referendar ebenfalls daherkommen, mit Gepäck beladen und in schlechtem Italienisch nach einem Dienstmann rufend. Alsbald unterstützte ich sie hilfreich, der Dienstmann und sodann eine Droschke wurden aufgetrieben, und die drei fuhren ins Städtchen hinein, wo ich sie bestimmt wiederzufinden hoffte, denn ich hatte den Namen ihres Hotels verstanden.

Eben pfiff der Zug und fuhr aus der Station, und ich winkte hinüber, sah meinen Freund aber nicht mehr am Fenster. Nun, es geschah ihm recht. Munter wanderte ich nach Como hinein, nahm ein Zimmer, wusch mich und setzte mich dann auf die Piazza hinaus zu einem Vermouth. Große Abenteuer hatte ich nicht im Sinn, doch schien es mir wünschenswert, jene Reisegesellschaft heute abend noch einmal wiederzusehen. Die beiden waren wirklich ein junges Ehepaar, wie ich auf der Station hatte beobachten können, und mein Interesse für die Gattin des zukünftigen Staatsanwaltes war seitdem wieder ein rein ästhetisches geworden. Immerhin, sie war hübsch, erstaunlich hübsch . . .

Nach dem Abendessen spazierte ich, umgekleidet und fein rasiert, ohne Eile den Weg nach dem Hotel der

Deutschen hinaus, eine schöne gelbe Nelke im Knopfloch und die erste italienische Zigarette im Munde.

Der Speisesaal war leer, alle Gäste saßen oder spazierten hinterm Haus im Garten, wo vom Tage her noch die großen, rot und weiß gestreiften Sonnenzelte standen. Auf einer kleinen Terrasse am See standen Jünglinge mit Angelruten, an einzelnen Tischen wurde Kaffee getrunken. Die Schönheit samt Gatte und Onkel wandelte durch den Garten, sie war offenbar zum erstenmal im Süden und betastete die ledernen Blätter einer Kamelie mit backfischhaftem Erstaunen.

Hinter ihr aber sah ich, und erstaunte nicht wenig, meinen Freund Othmar mit lässigen Schritten lustwandeln. Ich zog mich zurück und fragte den Portier; der Herr wohne hier im Hause. Er mußte hinter mir heimlich ausgestiegen sein. Ich war betrogen.

Die Sache war mir jedoch mehr lächerlich als schmerzhaft; meine Bezauberung war dahingewelkt. An eine junge Frau auf der Hochzeitsreise knüpft man keine Hoffnungen. Ich überließ Othmar das Feld und wurde flüchtig, ehe er mich hatte bemerken können. Von draußen sah ich ihn noch einmal durch den Zaun, wie er eben an den Fremden vorbeiflanierte und die Frau mit seinen Augen anblitzte. Auch ihr Gesicht sah ich nochmals für einen Augenblick, aber meine verliebte Laune war verflogen, und die hübschen Züge schienen mir etwas von ihrem Reiz verloren zu haben und ein wenig leer und unbedeutend zu sein.

Am nächsten Morgen, als ich den guten Frühzug nach Mailand bestieg, war Othmar auch schon da. Er nahm dem Portier die Handtasche ab und stieg hinter mir ein, als wäre alles in Ordnung.

»Guten Morgen«, sagte er ruhig.

»Guten Morgen«, gab ich zur Antwort. »Hast du schon gesehen? Heut' abend wird in der Scala die Aida gegeben.«

»Ja, ich weiß schon. Großartig!«

Der Zug fing an zu rollen, und das Städtchen glitt hinter uns weg.

»Übrigens«, begann ich das Gespräch, »diese schöne Referendarsfrau hat doch etwas Puppenhaftes. Ich war schließlich enttäuscht. Sie ist doch nicht eigentlich schön. Nur hübsch.«

Othmar nickte.

»Er ist nicht Referendar«, sagte er, »er ist Kaufmann, aber allerdings Reserveleutnant. – Ja, du hast recht. Die Frau ist ein Fratz. Ich bin ganz erschrocken, als ich es plötzlich entdeckte. Hast du denn nicht gesehen, sie hat den ärgsten Fehler, den ein schönes Gesicht haben kann! Nicht? Sie hat einen viel zu kleinen Mund, die Person! Es ist scheußlich, darauf pflege ich sonst unfehlbar zu reagieren.«

»Ein bißchen kokett scheint sie auch«, probierte ich wieder.

»Kokett? Und ob! Ich kann dir sagen, der fidele Onkel ist wirklich der einzige nette Kerl von allen dreien. Weißt du, gestern hab' ich sie dem kleinen Affen einfach nicht gegönnt. Und jetzt tut er mir leid, direkt leid. Der kann sich noch wundern! Aber vielleicht wird der Kerl glücklich mit ihr. Vielleicht merkt er's nie.«

»Was denn?«

»Daß sie bloß eine Attrappe ist! Nichts als eine hübsche Maske, fein im Lack, und nichts dahinter, gar nichts.«

»Oh, für dumm halte ich sie nicht gerade.«

»Nicht? Dann steig wieder aus und fahre nach Como, sie bleiben acht Tage dort. Ich habe leider mit ihr gesprochen. Na, reden wir nimmer davon! Es ist gut, daß wir nach Italien hineinkommen! Da lernt man wieder, die Schönheit als etwas Selbstverständliches anzusehen.«

Es war wirklich gut, und zwei Stunden später strichen wir zufrieden und müßig durch Mailand und sahen mit Genuß und ohne alle Eifersucht die schönen Frauen dieser gesegneten Stadt wie Königinnen an uns vorüberschreiten. [1913]

Italienischer Reisetag

Wie leicht Bergamo erreichbar ist, hatte ich längst gewußt und war wieder einmal diesen schönen Weg vom Gotthard nach Italien gefahren. Wie schwer es aber werden kann, von Bergamo wieder wegzukommen, erfuhr ich erst dieses Mal. Zwischen meinem Entschluß zur Abreise und der Abfahrt selbst vergingen zweieinhalb Tage. Das eine Mal war nirgends in der Altstadt ein Fahrplan zu finden, das andere Mal war gerade nach starkem Regen das Wetter unversehens gut geworden, das dritte Mal wurde ich von einem alten Musiker zum Kaffee eingeladen, den seine schöne Tochter einschenkte, wieder einmal hielt mich mein Gastwirt mit der Ankündigung eines wunderbaren Geißbratens zurück. Auch hoffte ich immer, doch einmal in die berühmte Pinakothek zu kommen, was aber trotz tagelangen Aufenthaltes nicht glücken wollte. Kurz, es war in Bergamo sehr schön, vom Sarg des Colleoni bis zum Kinematographen, von den hübschen Cafés der Neustadt bis nach San Vigilio hinauf, und da das Reisen auch in Italien Enttäuschungen bringen kann, blieb ich gerne Tag um Tag und hieß alle die Schwierigkeiten, die sich meiner Weiterreise in den Weg stellten, heimlich willkommen.

Endlich aber, an einem laufeuchten Nachmittag, saß ich doch in der Eisenbahn. Mein Wirt hatte mir einen glänzenden Zug nach Cremona ausfindig gemacht, in weniger als zwei Stunden sollte ich schon dort sein. Der Zug fuhr ab, von den Hügeln weg in die mächtige, hellgrüne Ebene hinein, unter gewaltigen Gewitterwolken hin, und ich genoß wieder tief den Anblick dieses reichen, schweren Landes, wo alles in Fülle gedeiht, was frohe Menschen zum Leben und Fröhlichsein brauchen. Alles ließ sich gut an, wir waren pünktlich abgefahren und reisten in einem flotten Tempo. Nach einer guten halben Stunde waren wir schon in Treviglio, wo merkwürdig viele Leute ausstiegen. Ich blieb allein im Wagen und sah dem Getriebe mit Behagen zu, da rief mich ein Schaffner an, auch ich müsse aussteigen. Und ich erfuhr, daß dieser Zug nicht weitergehe, und wenn ich nach Cremona wolle, so habe ich in drei Stunden Anschluß.

So trug ich denn meinen Koffer hinaus und gab ihn am Bahnhof ab. Ich war mißtrauisch gegen diesen Knotenpunkt, da ich früher einmal mit einer ähnlichen Haltestelle schlimme Erfahrungen gemacht hatte. Damals war ich in Fossato Vico ausgestiegen, in der Nähe von Foligno [im Norden Umbriens][1], und hatte mir gedacht, an einem so wichtigen Punkte, wo alle Züge halten und Aufenthalt machen, müsse wohl irgendeine gute, alte, wohlige Stadt liegen, die nicht im Baedeker steht, und vielleicht gebe es ein kleines Rathaus mit etruskischen Sachen anzusehen oder ähnliches. Es war aber kein Rathaus und überhaupt keine Stadt da, und ich mußte einen Nachmittag auf dem Bahnhof verbringen. Das fiel mir wieder ein, als ich nachdenklich von der Station weg gegen das Städtchen schlenderte, auf einer staubig, sonnigen Straße an kleinen, ärmlichen Neubauten hin, die wenig versprachen. Aber es gab wirklich ein Städtchen, und es war hübsch und still und verschlafen und hatte eine hübsche Martinskirche, in deren Vorhalle ein reizender heiliger Martin aus gotischen Zeiten an der Wand ritt, und im Ansichtskartenladen war eine alte

1 In eckigen Klammern: Zusätze aus früheren Fassungen dieses Textes.

Frau, die war in ihrer Jugend einmal einige Tage in Zürich gewesen, sie wußte noch ein paar schweizerdeutsche Worte und war närrisch vor Vergnügen, als ich sie verstand und beantwortete und über das seitherige Gedeihen von Zürich Auskunft gab.

Die erste Stunde war hingebracht, ich begab mich auf die stille Piazza, ließ mir ein Tischchen an die Sonne hinausstellen und einen Kaffee geben und saß und rauchte und sah dem Leben einer winzigen Kleinstadt zu. Es wurde jemand beerdigt, und Kinder mit weißen Schärpen trugen die Kerzen, dazu sang vom hohen Turme ein leicht verstimmtes Glockenspiel. Dann wurde es wieder still, bis ein durchreisendes Automobil auf dem Platze hielt. Das gab wieder Leben. Kinder drängten sich her und ließen, während der Chauffeur Benzin einfüllte, die dumpfe Hupe spielen. Und als auch das vorüber war, weckte mich ein neuer Kinderschwarm aus dem Halbschlummer, die Schule war aus und die Jugend kam barfuß oder in Holzschuhen dahergestürmt, füllte den Platz mit heftigem Leben und turnte auf den weißen Prellsteinen vor der Kirche. Wieder war eine gute Stunde vergangen, ich verließ das Café und suchte einen Weg nach der Bahn zurück. Auf dem Sims eines Eckfensters standen vier vollblühende Hyazinthenstöcke in Topfscherben, ich sah hinauf und sah die Blumen an, die in der kellerig schattigen Gasse wächsern schimmerten, und hinter den Blumen saßen zwei junge Mädchen und nähten, und die eine war hübsch und tat, als sähe sie mich nicht. Als ich aber nach zwanzig Schritten wieder umkehrte und nochmals zu dem Fenster hinaufschaute, fing sie zu lachen an und begann ein drolliges Gespräch mit ihrer Schwester, mit kleinen Seitenblicken nach dem

Fremdling und vielem Gelächter. Leider mußte ich gehen. Um ein Fenster voll Blumen und ein Mädchen dahinter, das eine Schwester bei sich hat, kann man nicht in Treviglio bleiben.

An der Station zeigte es sich, daß doch noch Zeit genug war, und unschlüssig blickte ich den grauen, öden Weg nach dem Städtchen zurück. Dann trank ich in einem nagelneuen, vorzüglichen Wirtschäftchen einen guten Wein und war mit Treviglio zufrieden, als der Zug kam und mit mir durch das von tiefhängenden Wolken verdüsterte Land gen Süden fuhr. Durch den Räderlärm hindurch hörte man Donnerschläge und bald brach ein schräger, klatschender Regen herab, dahinter blieb inmitten von Regen und Gewölk eine schmale bleiche Himmelsinsel in schüchternem Blau verheißungsvoll stehen. Als der Regen sich erschöpft hatte und still und leiser floß, drangen aus jenem bleichen Himmelsfenster je und je abendliche Lichter herein und verliefen sich in der unendlichen Ebene, deren rotbraune Ackererde intensiv nach Fruchtbarkeit duftete. Es war beinahe Nacht, als ich in Cremona ankam, und es war ein weiter Weg unterm Regenschirm bis ans andere Ende der Stadt, wo mein Gasthof lag. Es war einer von denen, in welchem italienische Geschäftsreisende und Priester verkehren, und ich hatte ihn mir in Bergamo empfehlen lassen. Des weiten Weges überdrüssig, wäre ich ihm beinahe untreu geworden; ich bereue es aber nicht, daß ich aushielt, der Gasthof erwies sich als einer von jenen, die man nur alten und bewährten Freunden im Vertrauen nennt, und als ich dort eine Gemüsesuppe und eine Forelle aus dem Gardasee mit gutem Wein genossen hatte, war ich so voll guter Reisestimmung, daß ich noch in der

Nacht und trotz des Regens ausging, um einen ersten neugierigen Blick in die Stadt zu tun.

Ich war nicht weit gegangen, da nahm mich ein stilles, im Regen plätscherndes Plätzchen mit schönen Arkaden auf, ich schloß den Schirm und ging zufrieden unter den Bögen weiter, übersprang rasch eine dunkle, schmale Quergasse, erreichte einige mächtige Steinstufen und kam erregt und voll Spannung in ein gewaltiges Gebäude, unter hohen Gewölben durch in einen Hof und jenseits in ein neues Gebäude; mächtige Pfeiler spiegelten sich nach außen in einem neuen, regennassen Platz, ich trat ins Freie, blickte verwundert auf und sah mit einem einzigen, überraschten Blick den Domplatz vor mir liegen [ein außerordentlich schönes und kühnes architektonisches Bild.] Übermächtig über der kleinen Piazza stieg die Fassade des Domes in bleicher Helligkeit empor, wunderbar abgewogen und in sich begnügt, über dem großen Portal undeutliches Skulpturenwerk und eine schöne, riesige Rosette, daneben leicht und elegant zwei Reihen kleiner Rundbogen, auf lieblich leichten, feinen Säulchen, und oben als Giebellinie zwei ungeheure, leere, kühne Voluten. Das alles trat gleichzeitig vors Auge, voll Musik und köstlicher Abgestimmtheit, und daneben sprang ein unsäglich hoher Turm stolz und beinahe fürchterlich in die Höhe, oben mit kleinen zarten Säulengalerien in die Nacht verlaufend.

Im [rinnenden] Regen blieb ich stehen und sog den wunderbaren Anblick in mich ein, beglückt und erschüttert von der Größe und frechen Kühnheit dieser Bauten. Kein Zweifel, diese Riesenvoluten waren später entstanden als der Unterbau, sie waren in der Zeit der [strotzendsten] Renaissance mit spielerischer Kühnheit da oben hingesetzt worden, und obwohl sie aus einer anderen Zeit und aus einer völlig anderen Welt stammten als der alte romanische Bau, saßen sie doch mit einer Sicherheit da, als müsse es so sein. Und so war alles auf diesem märchenhaften Platze, alles erschien kühn, riesig und abenteuerlich, und alles war voll Sinn und Maß, und der beinahe erschreckende erste Eindruck wurde sanfter und stiller und klang rein und froh in mir weiter, als alle Überrumpelung längst überwunden war. Wie schön würde es sein, morgen dies alles, und wer weiß wieviel ungesuchte andere Schönheiten dazu, in stiller Muße bei Tageslicht anzusehen!

Daheim im Gasthofzimmer saß ich lange auf dem Bett, die große, reine Musik des Domplatzes klang in mir nach, dazwischen zeigten aufsteigende Erinnerungsbilder mir Bauten, Gärten, Menschen aus Bergamo, die weite ebene Landschaft der Bahnfahrt, den stillen sonnigen Steinplatz in Treviglio, was alles, vor Stunden erst gesehen, schon seltsam weit zurückzuliegen schien.

Und ich besann mich wieder einmal: was ist das nun eigentlich, was unsereinen auf Reisen treibt [und gar auf Kunstreisen?] Warum fahren wir Jahr um Jahr so viele hundert Meilen, da- und dorthin, stehen dankbar und froh vor den Bauwerken und Bildern reicherer Zeiten, sehen neugierig und zufrieden dem Leben fremder Völker zu, die uns nichts angehen, plaudern in Eisenbahnzügen [und auf Schiffen] mit fremden Menschen und belauschen einsam das Straßengetriebe fremder Großstädte? Einst war mir das als eine Art von Lernbegier und Bildungsdrang erschienen, damals hatte ich mir Notizhefte voll über Freskenwände altitalienischer Kirchen geschrieben und mein am Essen abgespartes Geld für Photographien alter Skulpturen ausgegeben. Dann wieder war ich dessen müde geworden und hatte das Reisen in ärmeren Ländern vorgezogen, wo Landschaft und fremdes Volkstum allein mich interessierten, und da war mir dieser rätselhafte Reisetrieb als eine Art Abenteuerlust erschienen. Es sind jedoch, genau genommen, keine Abenteuer, die man auf Reisen erlebt, es sei denn, daß man fehlgefahrene Koffer, gestohlene Mäntel, Zimmer mit Schlangen und Betten mit Moskitos als Abenteuer ansähe. Nein, das war auch nicht das richtige. Heute, wo von Bildungsdurst kaum ein verblaßter Rest in mir verblieben ist, wo ich mir nichts daraus mache, ohne Baedeker und ohne Notizbuch durch italienische Städte zu bummeln und ganze Kirchen und Sammlungen voll der schönsten Bilder zu versäumen, während ich doch, was ich von dergleichen Dingen finde und sehe, intensiver und zarter als ehemals genieße, – heute, wo auch der Glaube an die Abenteuerlichkeit des Reisens mir verlorengegangen ist, gehe ich nicht seltener und mit nicht kleinerem Drang und Bedürfnis auf Reisen als vor fünfzehn oder zehn oder fünf Jahren.

Mir scheint, das Unterwegssein auf Reisen ersetzt unsereinem [nicht nur im allgemeinen ein Stück Leben, das wir, intellektueller geworden, blasser erleben, es ersetzt uns speziell] jene Betätigung des rein ästhetischen Triebes, der unseren Völkern beinahe völlig abhandengekommen ist, den die Griechen und die Römer und die Italiener der großen Zeiten hatten und den man noch etwa in Japan findet, wo kluge und keineswegs kindische Menschen es verstehen, am Betrachten eines Holzschnitts, eines Baumes oder Felsens, eines Gartens, einer einzelnen Blume die Übung, Reife und Kennerschaft eines Sinnes zu genießen, der bei uns selten und schwach ausgebildet erscheint. Das reine Schauen, das von keinem Zwecksuchen und Wollen getrübte Beobachten, die in sich selbst begnügte Übung von Auge, Ohr, Nase, Tastsinn, das ist ein Paradies, nach dem die Feineren unter uns tiefes Heimweh haben, und beim Reisen ist es, wo wir dem am besten und reinsten nachzugehen vermögen. Die Konzentration, die der ästhetisch Geübte jederzeit sollte hervorrufen können, glückt uns Ärmeren wenigstens in diesen Tagen und Stunden der Losgebundenheit, wo keine Sorge, keine Post, kein Geschäft aus der Heimat und dem Alltag uns nachlaufen kann. In dieser Reisestimmung vermögen wir, was wir daheim selten vermögen, stille, zwecklose, dankbare Stunden vor ein paar herrlichen Bildern hinzubringen, hingerissen und offen den Wohlklang edler Bauwerke zu vernehmen, innig und genießerisch den Linien einer Landschaft nachzugehen. Da wird uns zum Bilde, was uns sonst nur im trüben Netz unseres Wollens, unserer Beziehungen, unserer Sorgen erscheint: das Leben der Gasse und des Marktes, das Spiel der Sonne und Schatten auf Wasser und Erde, die Form eines Baumes, Schrei und Bewegung eines Tieres, Gang und Betragen der Menschen. Und wer auf Reisen geht, ohne im Innern das zu suchen, [diese Befreiung vom Zweckleben,] der kommt leer zurück und hat höchstens seinen Bildungssack etwas belastet.

Allein, hat dieser ästhetische Trieb vom reinen Sehen, zum selbstlosen Aufnehmen nicht doch eine höhere Beziehung? Ist er nur Sehnsucht nach dunklem Lustgefühl? Ist er nur rächende und mahnende Pein [vernachlässigter Kräfte und Bedürfnisse, versteckter Hunger, versteckte Erotik, versteckter Ärger, versteckte Schwäche]? Warum gibt mir [trotz allem, dennoch] der Anblick eines Mantegna mehr als der einer schönen Eidechse, warum ist mir eine Stunde in einer von Giotto [oder Signorelli] ausgemalten Kapelle letzten Endes doch mehr als eine, die ich am Meeresstrand verliege?

Nein, im Grunde ist es doch überall das Menschliche, was wir suchen und wonach uns dürstet. Ich genieße an einem schönen Berge nicht die zufällige Wirklichkeit, ich bestätige mich selbst, ich genieße die Fähigkeit des Sehens, des Linienfühlens, ich laufe in einer schönen, fremden Landschaft keineswegs der Kultur davon, sondern übe und liebe und genieße lauter Kultur, indem ich meine Sinne und Gedanken an der Landschaft erprobe. Darum kehre ich auch immer wieder dankbar und willig zu den Künsten zurück, darum gewährt mir ein kühner Bau, eine schön bemalte Wand, eine gute Musik, eine wertvolle Zeichnung schließlich doch mehr Genuß, mehr Befriedigung dunklen Suchens, als das Beobachten der ungemeisterten Natur. Ich glaube, das, worauf jener ästhetische Trieb hinausgeht, ist keineswegs ein Loskommen von uns selbst, sondern nur ein Loskommen von unseren schlechteren Instinkten und Gewohnheiten, und eine Bestätigung des Besten in uns, eine Bestätigung unsres heimlichen Glaubens an den Menschengeist. Denn wie ein wohliges Bad im Meere, ein frohes Ballspiel, eine tapfere Schneewanderung mein leibliches Ich bestätigt, ihm in seinen besten Gelüsten und Ahnungen recht gibt und durch Wohlbefinden auf sein Verlangen antwortet, so antwortet beim reinen Schauen der große Schatz menschlicher Kultur, geistiger Leistung auf unseren fordernden Glauben an die Menschheit überhaupt. Was soll mir die Freude an Tizian, wenn seine Bilder mir nicht Ahnungen wahr machen, Triebe bestätigen, Ideale erfüllen [Träume rechfertigen]?

So, scheint mir, reisen wir und schauen und erleben die Fremde im tiefsten Grunde als Sucher nach dem Ideal des Menschentums. Darin bestätigt uns und bestärkt uns eine Figur von Michelangelo, eine Musik von Mozart, ein toskanischer Dom oder griechischer Tempel, und diese Bestärkung und Rechtfertigung unsres Verlangens nach einem Sinn, einer tiefen Einheit, einer Unsterblichkeit der menschlichen Kultur ist es, was wir auf Reisen besonders innig genießen, auch wenn wir nicht klar daran denken.

Lange saß ich noch und dachte nach, und die Gedanken flossen mit den Erinnerungen an hundert Reisen, seit der frühesten Jugend, zusammen, und es wurde mir klar: Wieviel auch die Zeit wegnimmt, wie sehr man altern, ermüden, schwächer werden mag, jenes Erlebnis, das der Sinn unseres Reisedrangs ist, wird nie seinen Glanz verlieren, und wenn ich in zehn und zwanzig Jahren mit anderen Ansichten, anderen Erfahrungen, anderem Lebensgefühl als heute durch die Welt reisen werde, so wird es schließlich doch im selben Sinne geschehen wie heute, und es wird mir, über alle Verschiedenheit und reizvollen Gegensätzlichkeit der Länder und Völker hinweg, immer mehr und immer klarer der einheitliche Sinn alles Menschentums entgegentreten. [1913]

Reisekunst

Wandern ohne Ziel ist Jugendlust,
Mit der Jugend ist sie mir erblichen;
Seither bin ich nur vom Ort gewichen,
War ein Ziel und Wille mir bewußt.

Doch dem Blick, der nur das Ziel erfliegt,
Bleibt des Wanderns Süße ungenossen,
Wald und Strom und aller Glanz verschlossen,
Der an allen Wegen wartend liegt.

Weiter muß ich nun das Wandern lernen,
Daß des Augenblicks unschuldiger Schein
Nicht erblasse vor ersehnten Sternen.

Das ist Reisekunst: im Weltenreihn
Mitzufliehn und nach geliebten Fernen
Auch im Rasten unterwegs zu sein.

Bern – Wien

An einem trüben Oktobermorgen bei niederklatschendem Regen verließ ich mein Haus draußen vor Bern, nicht ohne Besorgnis, es möchte bis Wien so weiterregnen. Aber schon Zürich war hell, Föhnwolken strichen über den Albis, und der See funkelte blau mit kühlen Silberstrichen, die Au und die schönen Uferdörfer standen im klaren Mittagslicht. Und nun genoß ich das Glück, vom Walensee bis nach Innsbruck beim goldensten Herbstwetter eine der schönsten Eisenbahnstrecken zu fahren, immer dem Zug der Alpen entlang. Oben lag dünn gepulverter Neuschnee freudig schimmernd, dann lila und rosige Felswände weich im Lichte und unten der Wald in den feurigen Herbstfarben brennend. Der Walensee zog vorbei mit den steilen Kurfirsten. Hier war ich mehrmals zu Fuß und im Ruderboot unterwegs gewesen. Und dann das Rheintal mit Burgen und Waldrükken, mir von manchen Wanderungen her vertraut, und der herrliche wilde Arlberg, und abends mit einbrechender Nacht kam ich nach Innsbruck. Ein Nachtgang durch enge Gassen und über den dunkel strömenden Inn und andern Tags ein Besuch beim Grabdenkmal des Kaisers Max, der so wunderbar fromm und demütig und doch prächtig und kaiserlich zwischen diesem ernsten eisernen Volk von Rittern und Königen kniet. Und eine fröhliche Wagenfahrt durch braunblätterige Alleen und schließlich eine stille sonnige Rast hoch oben auf dem Rundgang des Stadtturmes, über weiten dunklen Dächern und kleinem Straßengewimmel schwebend. Dann weiter, immer zwischen beglänzten Bergen und goldenen Waldsäumen, den ganzen schönen Weg über Bischofshofen und Selztal, über frische wilde Bäche hinweg und an satten Herbstweiden hin, wo es von weißgefleckten, roten Kühen und jungen Pferden wimmelte. Und schließlich flohen die Berge weiter und weiter zurück, die Donau ward sichtbar und jenes Land voll schöner Wälder und stiller weißer Schlösser, wo Eichendorffs Taugenichts seine Reise beginnt, und abends kam Wien aus dem Nebel hervor, von außen ein wirrer Gebäudehaufen, innen voll von herrlichen Versprechungen.

Nun war ich wieder in Wien, und mit erwartungsvoller Lust tat ich am Morgen den ersten Gang in die Stadt, am Rathaus vorbei in die Ringanlagen, und als ich da die feinen grauen Türme der Votivkirche aus dem leichten Stadtdunst emporweisen und dort die kräftig-stolze Silhouette der Minoritenkirche breit und mächtig ragen sah, da sog ich mit dem kalten stiebenden Morgenwind wieder voll Freude die Atmosphäre dieser einzigen Stadt in mich ein, es klang mir aus Glockentönen und Blätterrauschen, aus duftigem Staubdunst und spielenden Fontänen, aus dem Tonfall der Sprache und aus hundert kleinen lieben Zeichen der Geist dieser Stadt entgegen, zart und gefällig und lebensfroh, mit einem leisen Schleier von Wehmut und Vergangenheitstraum darüber. Architektur, Straßenleben, Dialekt, Menschen, alles spielt zart und erregend zwischen Pracht und Grazie, hier ist die Heimat der süddeutsch-geselligen Lebenskultur und der Musik.

Im Hofmuseum begrüßte ich die Niederländer und Italiener wieder, die zum Teil weit besser gehängt sind als früher, die Bauernkirchweih und die Schneelandschaft des Breughel, das blonde Jünglingsporträt von

Lorenzo Lotto, den großen Rubensaltar, Dürer und Holbein und unten die wunderbaren ägyptischen Denkmäler. Im Burgtheater bewunderte ich, obwohl ein übler Schmarren gespielt wurde, die Kultur und glänzende Haltung des Ensembles, und in der Hofoper genoß ich die Zucht und den satten Wohllaut des herrlichen Orchesters und sah die Frau Gutheil eine Carmen spielen, die ich nie vergessen werde. Ich sah liebe Freunde wieder und fand neue dazu; ich betrachtete in Klosterneuburg die mittelalterlichen Handschriften, den fürstlich gedachten Riesensaal, den mystisch leuchtenden Emailaltar. Einen Abend saß ich in Sievering beim Heurigen, einen Nachmittag war ich bei verehrten Freunden im schönsten und liebenswertesten Altwiener Milieu zu Gast, das ich kenne. Und überall umgab und erfreute und umhüllte mich die Anmut Wiens, und viel zu bald waren meine Wiener Tage um.

Jetzt nehme ich Abschied vom österreichischen Lande. Ich halte eine letzte Rast in Salzburg, ich war auf dem Mönchsberg oben und bin durch alle die alten köstlichen Gassen und über die weiten glänzenden Plätze geschlendert. Eben als die Nacht einbrach, stand ich neben dem prachtvollen Dom und wartete auf das Glockenspiel. Die Dämmerung wuchs schnell, nur die oberste Wassersäule des großen Brunnens stand noch weiß und schimmernd und fiel klingend ins Unsichtbare zurück, und die ungeheure Silhouette des Domes durchschnitt den halben Himmel. Da fingen tief und wohllaut alle Glocken zu läuten an, der weite Platz wogte feierlich voll breiter Tönefluten, und als das Geläute stiller ward und zu verklingen begann, da fiel mit feinen, spröden, ganz leicht verstimmten Tönen das Glockenspiel ein mit einer rührend altmodischen Innigkeit und Spielerei, voll von Liebreiz und Wehmut. Daneben in der dichter werdenden Nacht stand groß und still das Standbild Mozarts. Er blickt ruhig und überlegen, ihn ärgert nicht Not und Sorge noch der Fürstbischof von Salzburg mehr, der ihn einst so miserabel behandelt hat. Er ist darüber hinaus, er lächelt groß und übermenschlich, und seine geliebte Gestalt wächst uns Heutigen immer höher und wird unseren Kindern noch weiterwachsen, denn er war zu groß, als daß ein einziges Jahrhundert ihn schon ganz hätte begreifen können. Ich sah zu ihm empor, dem liebenswertesten aller großen Meister, und er wurde mir zum Sinnbild dessen, was Österreich der deutschen Kultur gegeben hat, und obwohl ich Berlin und den deutschen Norden nicht kenne, will mir doch scheinen, es müßten noch lange Zeiten hingehen, ehe auch von dort uns solche Gaben zuteil werden können. [1913]

Vor einer Sennhütte im Berner Oberland

Wieder steige ich im Morgenlicht durch den hohen Schnee hinan zwischen Hütten und Obstbäumen, die allmählich selten werden und zurückbleiben. Streifen von Tannenwald züngeln über mir den mächtigen Berg hinan bis zur letzten Höhe, wo kein Baum mehr wächst und wo der stille, reine Schnee noch bis zum Sommer liegen wird, in den Mulden tief und sammetglatt verweht, über Felshängen in phantastischen Mänteln und Wächten hängend.

Ich steige, den Rucksack und die Skier auf dem Rükken, in einem steilen Holzweg Schritt für Schritt bergan, der Weg ist glatt und manchmal eisig, und die stählerne Spitze meines Bambusstockes dringt knirschend und widerwillig ein. Ich werde im Gehen warm, und am Schnurrbart gefriert der Atem.

Alles ist weiß und blau, die ganze Welt ist strahlend kaltweiß und strahlend kühlblau, und die Umrisse der Gipfel stechen hart und kalt in den fleckenlosen Glanzhimmel. Dann trete ich in beengend dichten, finsteren Nadelwald, die Skibretter streifen spärliche Schneereste von lautlosen Zweigen, es ist bitter kalt, ich muß abstellen und den Rock wieder anziehen.

Überm Walde steile Schneehänge. Der Weg ist schmal und schlecht geworden. Ein paarmal breche ich bis zu den Hüften durch den Schnee. Eine launische Fuchsspur geht vom Walde her mit, jetzt rechts, jetzt links vom Pfad, macht eine feine spielerische Schleife und kehrt bergwärts um.

Hier oben will ich Mittagsrast halten. Die letzte Hütte

steht auf schmalem Weidebord, Tür und Fensterluken sorgfältig verschlossen, davor nach Süden eine kleine Ruhebank, drüben ein Brunnen, tief unterm Schnee mit dunkel glasigen Tönen läutend. Ich zünde Spiritus an, fülle Schnee in die Kochpfanne, taste im vollen Rucksack nach dem Teepaket. Die Sonne blitzt grell im weißen Aluminium, überm Kochapparat zittert die Luft in blasig quirlenden Formen von der Wärme, der versunkene Brunnen gurgelt schwach unterm Schnee, sonst keine Regung und kein Ton in der weiß und blauen Winterwelt.

Rings um die Hütte, von dem vorstehenden Dach geschützt, läuft eine schneefreie Gasse, da liegen tannene Bretter, Stangen, Spaltklötze umher, sonderbar bloß und nackt mitten in der Schneeöde. Ruhe, tiefe Ruhe. Erschreckender Lärm für das verwaiste Gehör, wenn am Kocher ein Schneekorn verzischt, wenn von unten aus den spitzen Wipfeln ein Krähenschrei knarrt.

Aber plötzlich – ich hatte halbwach im Sitzen geträumt, ungewiß, ob Minuten oder Viertelstunden – klingt ein unendlich schwacher, unendlich zärtlich-weicher Ton, seltsam befremdend, zauberlösend, in mein Ohr. Unmöglich, ihn zu deuten, aber mit ihm ist alles anders geworden: matter der Schnee, gedehnter die Luft, süßer das Licht, wärmer die Welt.

Und wieder der Ton – und wieder, und mit rasch verkürzten Pausen wiederholt – und jetzt erkenne ich ihn, und jetzt lächle ich und sehe, es ist ein Wassertropfen, der vom Dach zum Boden fällt! Und schon fallen drei, sechs, zehn zugleich, gesellig, plaudernd, arbeitsam, und die Starre ist gebrochen; es taut vom Dache. Im Panzer des Winters sitzt ein kleiner Wurm, ein kleiner Zerstörer und Bohrer und Mahner – tik, tak, tak . . .

Und am Boden glitzert breit ein Streifen Feuchtigkeit, und die paar hübschen, runden Pflastersteine fangen zu glänzen an, ein paar dürre Tannennadeln drehen sich schwimmend auf einer winzigen Pfütze, die kleiner ist als meine Hand. Und die ganze Mittagsseite des Hüttendaches entlang fallen lässig die schweren Tropfen, einer in den Schnee, einer klar und kühl auf einen Stein, einer dumpf auf ein trockenes Brett, das ihn gierig schluckt, einer breit und satt auf die nackte Erde, die nur langsam, langsam saugen kann, weil sie so tief gefroren ist. Sie wird sich auftun, in vier, in sechs Wochen, und hier wird ein verblasener Grassame aufgehen, der jetzt unsichtbar schläft, klein und mastig, und zwischen den Steinen zwergiges Unkraut mit feinen Blumen, ein kleiner Hahnenfuß, eine Taubnessel, ein weiches Fünffingerkraut, ein struppiger Löwenzahn.

Wie ist der kleine Platz seit einer Stunde ganz verwandelt! Ringsum liegt immer noch mannshoch der Schnee und wird noch lange liegen. Aber im Bezirk der Hütte, wie atmet da entbundene Kraft begieriges Leben!

Vom Schneerand auf dem Bretterstoß rinnt sacht ein stiller Tropfen um den andern und verrinnt lautlos im saugenden Holz, und das Tauwasser klatscht freudig vom Dach, dessen Schnee doch nicht zu schwinden scheint, und vor der Schwelle dampft der feuchte Boden in der Mittagssonne dünne Wölkchen aus.

Ich habe gegessen und habe den Rock ausgetan und dann die Weste, und sonne mich und gehöre mit zu der kleinen Frühlingsinsel, und wenn ich auch weiß, daß dieser kleine, spiegelnde See zwischen meinen Schuhen und jeder von diesen glitzernden Tautropfen in wenig Stunden tot und Eis sein wird – ich habe doch den Frühling schon an der Arbeit gesehen.

Der arme karge Bergfrühling, der so viele Feinde und ein so bedrängtes Leben hat, er will doch leben und arbeiten und sich fühlen! Und solange nichts anderes zu tun und an kein Gras und keine Biene, an keine Schlüsselblume und keine kleinste Ameise zu denken ist, so lange spielt der Frühling, wie ein Knabe, begnügsam und eifrig mit dem wenigen, was da ist.

Und jetzt beginnt sein süßestes Spiel. Er hat nichts als die Hütte und ihren winzigen Umkreis, alles andere liegt noch tief begraben. Da hält er sich an das einzige Lebende, was da ist, an das Holz. Er spielt mit dem Holz der Balken und der Türe, mit den Brettern und Schindeln, mit den Hackblöcken und Wurzelstöcken unterm Bretterdach. Er tränkt sie mit Mittagssonne, daß sie durstig werden, er läßt sie Tauwasser trinken, er öffnet ihre verschlafenen Poren, und das Holz, das eben noch tot und ewig vom Kreislauf der Verwandlungen ausgestoßen schien, beginnt Leben zu spüren, Erinnerung an Baum und Sonne, an Wachstum und ferne Jugend. Es atmet schwach in seinem Traum, es saugt verlangend Feuchtigkeit und Sonne, es dehnt sich in erstarrten Fasern, knackt hier und dort und rührt sich träge. Und da ich mich auf die Bretter lege und einzuschlummern beginne, kommt mir aus den halbtoten Hölzern ein wunderbar leichter, inniger Duft entgegen, schwach und kindlich voll von der rührenden Unschuld der Erde, von Frühlingen und Sommern, von Moos und Bach und Tiernachbarschaft.

Und mir, dem einsamen Skiläufer, der an Menschen und Bücher und Musik und Gedichte und Reisen gewöhnt und der aus dem Reichtum des Menschenlebens mit Eisenbahnen und Postwagen, auf Schneeschuhen und zu Fuß hier heraufgekommen ist, mir rührt der leise kindliche Duft des erwarmenden Holzes in der Sonne stärker und bezwingender an die Seele, weckt Erinnerung an fernere, tiefere Kindheiten auf, als alles, was das Menschenreich mir seit langem gab. [1914]

Der Brunnen im Maulbronner Kreuzgang

Zum erstenmal wieder nach Jahrzehnten fuhr ich mit der kleinen Bahn durch die sommerlichen Waldhügel der Maulbronner Gegend, stieg an der verschlafenen Haltestelle aus und wanderte durch den feuchten, moorigen Wald nach Maulbronn hinüber, froh zugleich und beklommen in der Erwartung des Wiedersehens, denn hier hatte ich in den sagenhaften Jahren der ersten Jugend Wichtiges erlebt.

Ich roch den bitteren Laubgeruch, ich sah zwischen Buchenzweigen den Elfinger Berg und den runden Eichenhügel über den Weinbergen und alle die anderen Spielplätze meiner Schülerzeit liegen, ich sah im warmen Dampf des Tales hinter Lindenwipfeln die spitze Turmnadel erscheinen und ein Stück des langen Kirchendaches, und es strömte mir aus hundert plötzlich brechenden Dämmen ein unsagbares Gefühl des Wiedersehens entgegen: Erinnerung, Trauer, Mahnung, Lächeln, Reue, Bangigkeit des Altgewordenen, tiefe, neu erweckte Liebe, aufgeschreckte Sehnsucht, auf flatternden Flügeln taumelnd. O wie sehr liebte ich dies alles, was meine Augen hier wiedererkannten und zu eigen nahmen, wie sehr hatte ich mich nach alledem gesehnt und es vermißt, und wie wenig hatte ich von meiner Liebe und Sehnsucht gewußt, wie tief hatte sie so viele Jahre geschlafen! O Tal, o Wald und Teich, o Spielplatz unter den rauh gewordenen Ästen der alten Eichen!

Und in der schwülen, feuchten Hitze niedersteigend, nahm ich mein Herz zusammen und schritt in festem Takt, an der alten Post vorüber und am »Hirschen«

durchs Tor hinein, auf den Klosterplatz und über ihn hinweg den Linden, dem Brunnen und dem »Paradies« entgegen, der wunderbar gewölbten Vorhalle der Sommerkirche mit ihren überschlanken Pfeilern. Ich sah Platz, Bäume und Gebäude in seliger Halbwirklichkeit stehen, genau nach dem Bilde meiner Erinnerung gestaltet, hörte warm und dumpf in den blühenden Linden Bienenvölker summen, trat unterm hohen, runden Bogen hindurch in das »Paradies«, stand überrascht, von regungslos verzauberter Steinkühle umwittert, trank tief den ersten Wohllaut der Fensterbogen und schlanken, lebendig wachsenden Pfeiler, sog kalte Klosterluft in tiefem Atemzug – und wußte plötzlich alles wieder, alles, jede Treppe und Tür, jedes Fenster, jede Stube, jedes Bett im Schlafsaal, den Geruch der Dormente, den Geruch des Professorengartens und den der Klosterküche und den Ton der Morgenglocke!

Es war alles wieder da, es fehlte nichts, ich konnte hier blindlings weitergehen und jeden Weg im Dunkeln finden wie vor Jahrzehnten. Ich atmete befreit das süße, seltene Wunder: Heimatluft, dem Heimatlosen und Wanderer so ungewohnt, so fremd und schön, so ganz und gar neu! Als wäre eine längst zerbrochene und beiseite gestellte Kostbarkeit über Nacht wieder ganz und schön und mir zu eigen geworden! Als stünden geliebte Tote neben mir und sähen mir in die Augen, darüber lächelnd, daß ich sie tot geglaubt. Als wäre nun alles wieder vorhanden, was die fern und fabelhaft gewordene Jugend einst so vertrauensvoll und reich und köstlich gemacht: ein Vaterhaus, ein Vaterland, ein Glaube, eine Mutter, Kameraden, Gespinst der goldenen Zukunftsträume.

Vom ersten Rausch etwas genesen, ging ich später weiter, dahin und dorthin, ohne Eile, kleine vertraute Gänge im friedlichen Bereich des Klosters und seiner paar Nachbargebäude, wo jeder Tritt, jede Stufe, jeder vorstehende Nagel im alten Treppengeländer mir ehemals bekannt gewesen war, und wo tausend kleine Dinge dieser Art mir, wie ich mit Erstaunen sah, noch heute ganz genau bekannt und vertraut waren. Überall lebendige Erinnerung, und hinter ihr, wie Reste alter Bilder hinterm späteren Verputz, fanden hier und dort sich Spuren noch tieferer Erinnerung aufleuchtend, geheimnisvolle Bruchstücke unbewußten Seelenlebens von damals, überwuchertes und vergessenes, kaum mehr verständliches Fortklingen tiefster und einsamer Erlebnisse aus der Knabenzeit, da noch Ungeheures zu erleben und Unerhörtes zu erproben war. Wohin ist das alles entschwunden? Was ist daraus geworden? Was ist aus mir geworden, aus meinen Gaben und Träumen, meinen Plänen von damals?

Eines aber inmitten dieser Klosterwelt hatte ich vergessen, an eines hatte ich nicht mehr gedacht und dachte auch jetzt beim Umherschlendern und Wiedersehen nicht daran, es kam erst zu seiner Stunde wieder hervor.

Da drehte ich, zu einer Zeit, wo niemand sonst die verschlossenen Teile des Klosters betreten darf, leise den dicken Schlüssel in der schweren Tür und öffnete behutsam die Pforte zum Kreuzgang. Auch hier fand ich nichts, was nicht in meinem Gedächtnis treulich vorgezeichnet lag: gotisches Gewölbe und reiches Fensterwerk, rötliche und graue Steinfliesen mit gemeißelten Grabsteinen dazwischen, Wappen und Abtstäbe, geheimnisvoll verwitterte Farbenflecken im alten Verputz, zwischen steinernen Fensterkreuzen in beruhigtem Licht das satte Grün der Gebüsche, zwei, drei Rosen dazwischen, zärtlich und traurig leuchtend. Nun aber, da ich gegen die Ecke schritt, von keinem anderen Laut erreicht als vom Hall meiner eigenen Schritte im Gestein, begann mir unendlich zart und hauchdünn eine selig seltsame Musik entgegenzuklingen, leichte, traumhafte Geistertöne mehrstimmig in versunkener Monotonie, nicht fern noch nah, wundersam und doch selbstverständlich, als klänge die Harmonie des Bauwerkes ernst und innig in sich selber wider.

Ich tat noch einen Schritt, und zwei, ehe der holde Klang mein Bewußtsein erreichte. Da aber stand ich still, und mein Herz begann plötzlich zu zittern, und wieder tat die Erinnerung feierliche Tore auf, höher als zuvor, und wieder kam ein entschwundener Zauber zurück, und ich wußte wieder: Du Lied meiner Jugendzeit! Kein Ton der Welt, kein heimatliches Kirchengeläut und keine Menschenstimme von denen, welche noch leben, spricht so zu mir wie du, Lied meiner Jugend – und dich habe ich vergessen können!

Verwirrt und beschämt trat ich dem Wunder näher, stand am Eingang der Brunnenkapelle und sah im klaren Schatten des gewölbten Raumes die drei Brunnenschalen übereinanderschweben, und das singende Wasser fiel in acht feinen Strahlen von der ersten in die zweite größere Schale und in acht feinen klingenden Strahlen von der zweiten in die riesige dritte, und das Gewölbe spielte im ewigen Dornröschentraum verzaubert mit den lebendigen Tönen, heute wie gestern, heute wie damals, die Jahre und Jahrzehnte hindurch, und stand herrlich in sich begnügt und vollkommen als ein Bild von der Zeitlosigkeit alles Schönen.

Viele edle Gewölbe haben mich beschattet, viele schöne Gesänge haben mich erregt und mich getröstet, viele Brunnen in vielen Ländern haben mir, dem Wanderer, gerauscht. Aber dieser Brunnen ist mehr, unendlich mehr, er singt das Lied meiner Jugend, er hat meine Liebe gehabt und meine Träume beherrscht in einer Zeit, da jede Liebe noch tief und glühend, da jeder Traum noch ein Sternhimmel voll Zukunft war. Was ich vom Leben erhoffte, was ich selbst dem Leben anbot und versprach, was ich zu sein und zu schaffen und zu dulden dachte, was von Heldenmut und Ruhm und ehrwürdiger Künstlerschaft meine ersten Lebensträume erfüllte, und bis zum Schmerz mit Fülle überquoll, das alles hat dieser Brunnen in der Kapelle mir gesungen, das hat er belauscht und beschützt.

Und ich hatte ihn vergessen! Nicht freilich die Kapelle mit dem Sternengewölbe und den überschlanken Fenstersäulen und auch nicht die Brunnenschalen und die lichte, grüne Garteninsel inmitten der schweigenden Mauern; dies alles hatte ich nicht vergessen. Aber das Brunnenlied, den süßen, gleichschwebenden Zaubergesang des sanft herabfallenden Gewässers, den Hort und Schatz meiner frühesten und reinsten Jünglingssehnsucht – ihn hatte ich vergessen können! und stand nun still und traurig im vertrauten Heiligtum und fühlte jede Sünde und jeden Verderb in mir tief und unauslöschlich, und hatte nicht Heldentum noch Künstlertum erworben, welche an jenen Träumen gemessen, nicht wertlos wären, und wagte nicht, mich über den Rand zu beugen und mein eigenes Bild im dunklen Wasser zu suchen. Ich tauchte nur meine Hand in die kalte, strenge Flut, bis ich fror, und hörte stehend das Lied des Brunnens in die Gartenstille und in die langen, toten Steinhallen strömen, zauberisch wie einstmals, für mich aber voll tiefer Anklage.

»Es muß für dich ein wunderliches Gefühl sein«, sagte später mein Freund, »hier herumzugehen und an damals zu denken. Damals warst du ja voll Sehnsucht nach der Welt und nach der Kunst und voll Zweifel, du wußtest ja nicht, ob irgendetwas von deinen Träumen sich würde erfüllen können. Und jetzt kamst du zurück aus der Welt und hast wirklich dein Ziel erreicht und deine Träume erfüllt, bist wirklich ein Künstler geworden und kehrst wieder zurück aus einer eroberten schönen Welt, aus einem Künstlerleben mit Erfolgen, mit Reisen und Festen – «

»Ja, es ist wunderlich«, konnte ich nur sagen. Dann setzte ich mich noch einmal unter den hohen Linden des Hofes nieder, stieg noch einmal zum alten Spielplatz bei den Eichen hinauf, schwamm noch einmal im tiefen See und reiste weiter, und wenn ich seither an Maulbronn denke, dann sehe ich wohl den Faustturm und das »Paradies«, den Eichenplatz und den spitzen Kirchturm wieder, aber es sind nur Bilder, und sie kommen nicht recht zu Glanz und Leben vor dem sanften Brunnengeläute in der Kreuzgangskapelle und vor jenen Erinnerungen, die hinter den anderen Erinnerungen stehen wie die Reste alter heiliger Malereien hinter der Tünche einer Kirchenwand. [1914]

Im Kreuzgang

Verzaubert in der Jugend grünem Tale
Steh ich am moosigen Säulenschaft gelehnt
Und horche, wie in seiner kühlen Schale
Der Brunnen klingend die Gewölbe dehnt.

Und alles ist so schön und still geblieben,
Nur ich ward älter, und die Leidenschaft,
Der Seele dunkler Quell in Haß und Lieben,
Strömt nicht mehr in der alten wilden Kraft.

Hier ward mein erster Jugendtraum zunichte,
An schlecht verheilter Wunde litt ich lang,
Nun liegt er fern und ward zum Traumgesichte
Und wird in guter Stunde zum Gesang.

Die Seele, die nach Ewigkeit begehrte,
Trägt nun Vergänglichkeit als liebe Last
Und ist auf der erspürten Jugendfährte
Noch einmal still und ohne Groll zu Gast.

Nun singet, Wasser, tief in eurer Schale,
Mir ward das Leben längst ein flüchtig Kleid,
Nun tummle, Jugend, dich in meinem Tale
Und labe dich am Traum der Ewigkeit!

Erinnerung an Asien

Wenn ich mich jetzt, drei Jahre nach meiner malaiischen Reise, an den Osten erinnere, so sehe ich die Einzelbilder jener Reise in ihrer Gegenständlichkeit leicht getrübt und verallgemeinert, es ist Colombo von Singapur, Ippoh von Kuala-Lumpur, der Batang Hari vom Moesi nicht mehr so scharf in umrissener Individualität abgetrennt und verschieden. Dafür treten einige große Zusammenhänge deutlicher hervor. Wenn man mich heute nach genauen sichtbaren Einzelheiten aus Palembang oder Penang oder Djambi fragt, so muß ich suchen und habe einige Mühe, Greifbares hervorzubringen; wenn man mich aber nach dem Wert und den Haupteindrükken meiner ganzen Reise fragt, so weiß ich besser und rascher Bescheid als damals gleich nach der Heimkehr.

Von den Wochen, die ich in Städten und Wäldern der Malakka-Halbinsel und Sumatras zugebracht habe, sind mir folgende Haupteindrücke als Erlebnisse geblieben, zusammengeschmolzen und kombiniert aus hundert kleinen gesehenen Einzelheiten.

Der erste und vielleicht stärkste äußere Eindruck, das sind die Chinesen. Was ein Volk eigentlich bedeute, wie sich eine Vielzahl von Menschen durch Rasse, Glaube, seelische Verwandtschaft und Gleichheit der Lebensideale zu einem Körper zusammenballe, in dem der Einzelne nur bedingt und als Zelle mitlebt wie die einzelne Biene im Bienenstaat, das hatte ich noch nie wirklich erlebt. Ich hatte Franzosen von Engländern, Deutsche von Italienern, Bayern von Schwaben, Sachsen von Franken zu unterscheiden gewußt, schließlich aber doch nur von den Engländern den Eindruck einer in ihrer Eigenart gepflegten, auf Rasse und Geschichte stolzen Volksgemeinschaft bekommen, und daran war das niedere Volk unbeteiligt. Bei den Chinesen sah ich zum erstenmal die Einheit eines Volkswesens so absolut herrschen, daß alle Einzelerscheinungen darin ganz und gar untergehen. Äußerlich und malerisch kann man von Malaien, Hindus oder Negern denselben Eindruck haben, Farbe, Kostüm und Lebensführung uniformieren alle diese Massen zu höchst sichtbaren Einheiten. Aber bei den Chinesen war von allem Anfang an der Eindruck eines Kulturvolkes da, eines Volkes, das in langer Geschichte geworden und gebildet ist und im Bewußtsein der eigenen Kultur nicht nach rückwärts, sondern in eine tätige Zukunft blickt.

Etwas völlig anderes ist der Eindruck, den die Naturvölker machen. Zu ihnen rechne ich die Malaien, trotz ihres Handels, ihres Mohammedanismus und ihrer äußeren Zivilisationsfähigkeit durchaus mit. Den Chinesen gegenüber war mein Gefühl zwar stets eine tiefe Sympathie, aber gemischt mit einer Ahnung von Rivalität, von Gefahr; mir schien, das Volk von China müssen wir studieren wie einen gleichwertigen Mitbewerber, der uns je nachdem Freund oder Feind werden, jedenfalls aber uns unendlich nützen oder schaden kann. Nichts davon bei den primitiven Völkern. Auch sie erwarben sofort meine Liebe, aber es war die Liebe des Erwachsenen zu jüngeren, schwachen Geschwistern, zugleich auch erwachte das Schuldgefühl des Europäers, der an diesen Völkern bis heute nur Dieb, Eroberer und Ausbeuter geworden ist, noch nicht helfender und führender Bruder, mitleidiger Freund, helfender Führer.

Daß aus diesen braunen gutartigen Völkern große Gefahren oder Gewinne für unsere Kultur zu erwarten seien, ist ohne jede Wahrscheinlichkeit. Daß aber die Seele Europas ihnen gegenüber voll von Schuld und ungebüßter Sünden starrt, läßt sich nicht leugnen. Die unterdrückten Völker der Tropenländer stehen unserer Zivilisation als Gläubiger mit älteren und gleichbegründeten Rechten gegenüber wie etwa die Arbeiterklasse in Europa. Wer im eigenen Automobil im Pelz an Arbeitern vorüberfährt, die müde und frierend nach Hause gehen, kann keine ernsteren Gewissensfragen an sich stellen als wer auf Ceylon oder Sumatra oder Java als Herr zwischen lautlos bedienenden Farbigen lebt.

Der dritte starke Eindruck meiner Reise war der Urwald. Ich kenne die neuesten Theorien über die Urheimat der Menschen nicht; für mich bleibt, zumindest symbolisch, der tropische Urwald die Heimat des Lebens, der einfache primitive Tiegel, in dem aus Sonne und nasser Erde lebendige Formen gebraut werden. Wir, die wir alle in Ländern leben, deren natürliche Produktionskräfte fast bis zur Grenze ausgebeutet, zumindest gekannt und gemessen sind, wir stehen mit unserem an Zahlen und Maße gewöhnten Denken inmitten des Urwaldes wie an der Wiege des Lebens, und ahnen dort mit Staunen, daß die Erde noch kein erkalteter Stern in späten schwachen Zuckungen ist, sondern noch zeugenden Urschlamm kennt. Eine Flußfahrt zwischen Krokodilen, Reihervölkern, Adlern und großen Katzen, oder ein Waldmorgen, wenn im gelb durchsonnten Geäst der filzigen Waldwildnis große Affenfamilien den Tag mit Gebrüll begrüßen, das ist für den an scharf begrenzte Felder, sorgsam gezogenen Wald und regulierte Revierjagd Gewöhnten ein wunderbares und mächtiges Erlebnis. Dazu der Geruch von Gefahr und das Gefühl von der Wertlosigkeit des Einzellebens, wenn man im feuchten dampfenden Dschungel nach Vögeln oder Schmetterlingen geht, Geheimnis und mögliche Gefahr auf allen Seiten, geiles Pflanzenwachstum und üppig brütendes Tierleben auf jedem Quadratfuß. Und die alte, selbstverständliche, in Europa doch tausendmal vergessene Herrschaft der Sonne! Das elementare Einbrechen der Nacht, die alles bis zum Grunde verwandelt, und das Aufglühen des raschen Morgens, der das Leben wiederbringt, das unendlich rasche und heftige Entstehen und Austoben der Regen und Gewitter, der warme, leicht animalische Geruch der nassen fruchtbaren Erde, dies alles ist für uns wie eine geheimnisvolle und lehrreiche Rückkehr an die Quelle unseres Lebens.

Schließlich aber ist doch ein menschlicher Eindruck der stärkste. Es ist der der religiösen Ordnung und Gebundenheit all dieser Millionen Seelen. Der ganze Osten atmet Religion, wie der Westen Vernunft und Technik atmet. Primitiv und jedem Zufall preisgegeben scheint das Seelenleben des Abendländers, verglichen mit der geschirmten, gepflegten, vertrauensvollen Religiosität des Asiaten, er sei Buddhist oder Mohammedaner oder was immer. Dieser Eindruck beherrscht alle anderen, denn hier zeigt der Vergleich eine Stärke des Ostens, eine Not und Schwäche des Abendlandes, und hier fühlen sich alle Zweifel, Sorgen und Hoffnungen unserer Seele bestärkt und bestätigt. Überall erkennen wir die Überlegenheit unserer Zivilisation und Technik, und überall sehen wir die religiösen Völker des Ostens doch ein Gut genießen, das uns fehlt und das wir eben darum höher stellen als alle jene Überlegenheiten. Es ist klar, daß kein Import aus Osten uns hier helfen kann, kein Zurückgehen auf Indien oder China, auch kein Zurückflüchten in ein irgendwie formuliertes Kirchenchristentum. Aber es ist ebenso klar, daß Rettung und Fortbestand der europäischen Kultur nur möglich ist durch das Wiederfinden seelischer Lebenskunst und seelischen Gemeinbesitzes. Ob Religion etwas sei, das überwunden und ersetzt werden könne, mag Frage bleiben. Daß Religion oder deren Ersatz das ist, was uns zutiefst fehlt, das ist mir nie so unerbittlich klargeworden wie unter den Völkern Asiens.

[1914]

[Wanderung ins Tessin]

Bauernhaus

Bei diesem Hause nehme ich Abschied. Lange werde ich kein solches Haus mehr zu sehen bekommen. Denn ich nähere mich dem Alpenpaß, und hier nimmt die nördliche, deutsche Bauart ein Ende, samt deutscher Landschaft und deutscher Sprache.

Wie schön ist es, solche Grenzen zu überschreiten! Der Wanderer ist in vielen Hinsichten ein primitiver Mensch, so wie der Nomade primitiver ist als der Bauer. Die Überwindung der Seßhaftigkeit aber und die Verachtung der Grenzen machen Leute meines Schlages trotzdem zu Wegweisern in die Zukunft. Wenn es viele Menschen gäbe, in denen eine so tiefe Verachtung für Landesgrenzen lebte wie in mir, dann gäbe es keine Kriege und Blockaden mehr. Es gibt nichts Gehässigeres als Grenzen, nichts Stupideres als Grenzen. Sie sind wie Kanonen, wie Generäle: solange Vernunft, Menschlichkeit und Friede herrscht, spürt man nichts von ihnen und lächelt über sie, – sobald aber Krieg und Wahnsinn ausbricht, werden sie wichtig und heilig. Wie sind sie uns Wanderern in den Kriegsjahren zur Pein und zum Kerker geworden! Der Teufel hole sie!

Ich zeichne das Haus in mein Notizbuch, und mein Auge nimmt von deutschem Dach, deutschem Gebälk und Giebel, von mancher Traulichkeit und Heimatlichkeit Abschied. Noch einmal liebe ich all dies Heimatliche mit verstärkter Innigkeit, weil es zum Abschied ist. Morgen werde ich andere Dächer, andere Hütten lieben.

Ich werde nicht, wie es in Liebesbriefen heißt, mein Herz hier zurücklassen. O nein, ich werde mein Herz mitnehmen, ich brauche es auch drüben über den Bergen, zu jeder Stunde. Denn ich bin ein Nomade, kein Bauer. Ich bin ein Verehrer der Untreue, des Wechsels, der Phantasie. Ich halte nichts davon, meine Liebe an irgendeinen Fleck der Erde festzunageln. Ich halte das, was wir lieben, immer nur für ein Gleichnis. Wo unsere Liebe hängen bleibt und zur Treue und Tugend wird, da wird sie mir verdächtig.

Wohl dem Bauern! Wohl dem Besitzenden und Seßhaften, dem Treuen, dem Tugendhaften! Ich kann ihn lieben, ich kann ihn verehren, ich kann ihn beneiden. Aber ich habe mein halbes Leben daran verloren, seine Tugend nachahmen zu wollen. Ich wollte sein, was ich nicht war. Ich wollte zwar ein Dichter sein, aber daneben doch auch ein Bürger. Ich wollte ein Künstler und Phantasiemensch sein, dabei aber auch Tugend haben und Heimat genießen. Lange hat es gedauert, bis ich wußte, daß man nicht beides sein und haben kann, daß ich Nomade bin und nicht Bauer, Sucher und nicht Bewahrer. Lange habe ich mich vor Göttern und Gesetzen kasteit, die doch für mich nur Götzen waren. Dies war mein Irrtum, meine Qual, meine Mitschuld am Elend der Welt. Ich vermehrte Schuld und Qual der Welt, indem ich mir selbst Gewalt antat, indem ich den Weg der Erlösung nicht zu gehen wagte. Der Weg der Erlösung führt nicht nach links und nicht nach rechts, er führt ins eigene Herz, und dort allein ist Gott, und dort allein ist Friede.

Von den Bergen weht ein feuchter Fallwind mir vorüber, jenseits blicken blaue Himmelsinseln auf andere

Länder nieder. Unter jenen Himmeln werde ich oftmals glücklich sein, oft auch Heimweh haben. Der vollkommene Mensch meiner Art, der reine Wanderer, müßte das Heimweh nicht kennen. Ich kenne es, ich bin nicht vollkommen, und ich strebe auch nicht es zu sein. Ich will mein Heimweh kosten wie ich meine Freuden koste.

Dieser Wind, dem ich entgegensteige, duftet wunderbar nach Jenseits und Ferne, nach Wasserscheide und Sprachgrenze, nach Gebirge und Süden. Er ist voll Versprechung.

Lebe wohl, kleines Bauernhaus und heimatliche Landschaft! Von dir nehme ich Abschied wie ein Jüngling von der Mutter: er weiß, es ist Zeit für ihn, von der Mutter fort zu gehen, und er weiß auch, daß er sie niemals ganz und gar verlassen kann, ob er auch wollte.

Bergpaß

Über die tapfere kleine Straße weht der Wind. Baum und Strauch sind zurückgeblieben, Stein und Moos wächst hier allein. Niemand hat hier etwas zu suchen, niemand hat hier Besitz, der Bauer hat nicht Heu noch Holz hier oben. Aber die Ferne zieht, die Sehnsucht brennt, und sie hat über Fels und Sumpf und Schnee hinweg diese gute kleine Straße geschaffen, die zu anderen Tälern, anderen Häusern, zu anderen Sprachen und Menschen führt.

Auf der Paßhöhe mache ich Halt. Nach beiden Seiten fällt die Straße hinab, nach beiden Seiten rinnt Wasser, und was hier oben nah und Hand in Hand beisammen steht, findet seinen Weg nach zwei Welten hin. Die kleine Lache, die mein Schuh da streift, rinnt nach dem Norden ab, ihr Wasser kommt in ferne kalte Meere. Der kleine Schneerest dicht daneben aber tropft nach Süden ab, sein Wasser fällt nach ligurischen oder adriatischen Küsten hin ins Meer, dessen Grenze Afrika ist. Aber alle Wasser der Welt finden sich wieder, und Eismeer und Nil vermischen sich im feuchten Wolkenflug. Das alte schöne Gleichnis heiligt mir die Stunde. Auch uns Wanderer führt jeder Weg nach Hause.

Noch hat mein Blick die Wahl, noch gehört ihm Nord und Süd. Nach fünfzig Schritten wird nur noch der Süden mir offen stehen. Wie atmet er geheimnisvoll aus bläulichen Tälern herauf! Wie schlägt mein Herz ihm entgegen! Ahnung von Seen und Gärten, Duft von Wein und Mandel weht herauf, alte heilige Sage von Sehnsucht und Romfahrt.

Aus der Jugend klingt mir Erinnerung her wie Glokkenruf aus fernen Tälern: Reiserausch meiner ersten Südenfahrt, trunkenes Einatmen der üppigen Gartenluft an den blauen Seen, abendliches Hinüberlauschen über erblassende Schneeberge in die ferne Heimat! Erstes Gebet vor heiligen Säulen des Altertums! Erster traumhafter Anblick des schäumenden Meeres hinter braunen Felsen!

Der Rausch ist nicht mehr da, und nicht mehr das Verlangen, allen meinen Lieben die schöne Ferne und mein Glück zu zeigen. Es ist nicht mehr Frühling in meinem Herzen. Es ist Sommer. Anders klingt der Gruß der Fremde zu mir herauf. Sein Widerhall in meiner Brust ist stiller. Ich werfe keinen Hut in die Luft. Ich singe kein Lied. Aber ich lächle, nicht nur mit dem Munde. Ich lächle mit der Seele, mit den Augen, mit der ganzen Haut, und ich biete dem heraufduftenden Lande andere Sinne entgegen als einstmals, feinere, stillere, schärfere, geübtere, auch dankbarere. Dies alles gehört mir heute mehr als damals, spricht reicher und mit verhundertfachten Nuancen zu mir. Meine trunkene Sehnsucht malt nicht mehr Traumfarben über die verschleierten Fernen, mein Auge ist zufrieden mit dem, was da ist, denn es hat sehen gelernt. Die Welt ist schöner geworden seit damals.

Die Welt ist schöner geworden. Ich bin allein, und leide nicht unter dem Alleinsein. Ich wünsche nichts anders. Ich bin bereit, mich von der Sonne fertig kochen zu lassen. Ich bin begierig, reif zu werden. Ich bin bereit zu sterben, bereit wiedergeboren zu werden.

Die Welt ist schöner geworden.

Dorf

Das erste Dorf auf der Südseite der Berge. Hier beginnt erst recht das Wanderleben, das ich liebe, das ziellose Schweifen, die sonnigen Rasten, das befreite Vagabundentum. Ich neige sehr dazu, aus dem Rucksack zu leben und Fransen an den Hosen zu haben.

Während ich mir Wein aus der Pinte ins Freie bringen lasse, fällt mir plötzlich Ferruccio Busoni ein. »Sie sehen so ländlich aus«, sagte mir der liebe Mensch mit einem Anflug von Ironie, als wir uns das letztemal sahen – es ist gar nicht lange her, in Zürich. Andreä hatte eine Mahler-Symphonie dirigiert, wir saßen im gewohnten Restaurant zusammen, ich freute mich wieder an Busonis fahlem Geistergesicht und an der flotten Bewußtheit dieses glänzendsten Antiphilisters, den wir heut noch haben. – Wie kommt diese Erinnerung hierher?

Ich weiß! Es ist nicht Busoni, an den ich denke, und nicht Zürich, und nicht Mahler. Das sind die üblichen Täuschungen des Gedächtnisses, wenn es an Unbequemes kommt; es schiebt dann gern harmlose Bilder in den Vordergrund. Ich weiß jetzt! In jenem Restaurant saß auch eine junge Frau, hellblond und sehr rotwangig, mit der ich kein Wort sprach. Engel du! Sie anzusehen war Genuß und Qual, wie liebte ich sie jene Stunde lang! Ich war wieder achtzehn Jahre alt.

Plötzlich ist alles deutlich. Schöne, hellblonde, lustige Frau! Ich weiß nicht mehr, wie du heißt. Ich habe dich eine Stunde lang geliebt, und ich liebe dich heut am sonnigen Sträßchen des Bergdorfes wieder, eine Stunde lang. Niemand hat dich mehr geliebt als ich, niemand hat dir jemals so viel Macht über sich eingeräumt wie ich, unbedingte Macht. Aber ich bin zur Untreue verurteilt. Ich gehöre zu den Windbeuteln, welche nicht eine Frau, sondern nur die Liebe lieben.

Wir Wanderer sind alle so beschaffen. Unser Wandertrieb und Vagabundentum ist zu einem großen Teil Liebe, Erotik. Die Reiseromantik ist zur Hälfte nichts anderes als Erwartung des Abenteuers. Zur andern Hälfte aber ist sie unbewußter Trieb, das Erotische zu verwandeln und aufzulösen. Wir Wanderer sind darin geübt, Liebeswünsche gerade um ihrer Unerfüllbarkeit willen zu hegen, und jene Liebe, welche eigentlich dem Weib gehörte, spielend zu verteilen an Dorf und Berg, See und Schlucht, an die Kinder am Weg, den Bettler an der Brücke, das Rind auf der Weide, den Vogel, den

Schmetterling. Wir lösen die Liebe vom Gegenstand, die Liebe selbst ist uns genug, ebenso wie wir im Wandern nicht das Ziel suchen, sondern nur den Genuß des Wanderns selbst, das Unterwegssein.

Junge Frau mit dem frischen Gesicht, ich will deinen Namen nicht wissen. Meine Liebe zu dir will ich nicht hegen und mästen. Du bist nicht das Ziel meiner Liebe, sondern ihr Antrieb. Ich schenke diese Liebe weg, an die Blumen am Weg, an den Sonnenblitz im Weinglas, an die rote Zwiebel des Kirchturms. Du machst, daß ich in die Welt verliebt bin.

Ach, dummes Gerede! Ich habe heut Nacht, in der Berghütte, von der blonden Frau geträumt. Ich war unsinnig in sie verliebt. Ich hätte den Rest meines Lebens samt allen Wanderfreuden darum gegeben, wenn sie bei mir gewesen wäre. An sie denke ich heut den ganzen Tag. Für sie trinke ich Wein und esse Brot. Für sie zeichne ich Dorf und Turm in mein Büchlein. Für sie danke ich Gott – daß sie lebt, daß ich sie sehen durfte. Für sie werde ich ein Lied dichten und mich an diesem roten Wein betrinken.

Und so war es mir bestimmt, daß meine erste Rast im heitern Süden der Sehnsucht nach einer hellblonden Frau jenseits der Berge gehört. Wie schön war ihr frischer Mund! Wie schön, wie dumm, wie verzaubert ist dies arme Leben!

Wenn ich diese gesegnete Gegend am Südfuß der Alpen wieder sehe, dann ist mir immer zumute, als kehre ich aus einer Verbannung heim, als sei ich endlich wieder auf der richtigen Seite der Berge. Hier scheint die Sonne inniger, und die Berge sind röter, hier wächst Kastanie und Wein, Mandel und Feige, und die Menschen sind gut, gesittet und freundlich, obwohl sie arm sind. Und alles, was sie machen, sieht so gut, so richtig und freundlich aus, als sei es von Natur so gewachsen. Die Häuser, Mauern, Weinbergtreppen, Wege, Pflanzungen und Terrassen, alles ist weder neu noch alt, alles ist, als sei es nicht erarbeitet, erklügelt und der Natur abgelistet, sondern entstanden wie Fels, Baum und Moos. Weinbergmauer, Haus und Hausdach, alles ist vom selben braunen Gneisgestein gemacht, alles paßt brüderlich zueinander. Nichts sieht fremd, feindlich und gewaltsam aus, alles scheint vertraulich, heiter, nachbarlich.

Setze dich nieder, wo du willst, auf Mauer, Fels oder Baumstumpf, auf Gras oder Erde: überall umgibt dich ein Bild und Gedicht, überall klingt die Welt um dich her schön und glücklich zusammen.

Hier ist ein Gehöft, wo arme Bauern wohnen. Sie haben kein Rindvieh, nur Schwein, Ziege und Huhn, sie pflanzen Wein, Mais, Obst und Gemüse. Das ganze Haus ist aus Stein, auch Böden und Treppen, zum Hofe führt eine behauene Stufe zwischen zwei Steinsäulen. Überall blaut zwischen Gewächs und Gestein der See herauf.

Die Gedanken und Sorgen scheinen jenseits der Schneeberge liegengeblieben zu sein. Zwischen gequälten Menschen und häßlichen Sachen denkt und sorgt man so viel!

Es ist dort so schwer, und so verzweifelt wichtig, eine Rechtfertigung des Daseins zu finden. Wie sollte man denn sonst leben? Vor lauter Unglück wird man tiefsinnig. – Hier aber sind keine Probleme, das Dasein bedarf keiner Rechtfertigung, die Gedanken werden zum Spiel. Man empfindet: die Welt ist schön, und das Leben ist kurz. Nicht alle Wünsche ruhen; ich möchte ein paar Augen mehr, eine Lunge mehr haben. Ich strecke die Beine ins Gras und wünsche, sie möchten länger sein.

Ich möchte ein Riese sein, dann läge ich mit dem Kopfe nah am Schnee auf einer Alp zwischen den Ziegen, und meine Zehen unten plätscherten im tiefen See. So läge ich und stände nimmer auf, zwischen meinen Fingern wüchse Gesträuch, in meinem Haar Alpenrosen, meine Kniee wären Vorgebirge, auf meinem Leibe stünden Weinberge, Häuser und Kapellen. So liege ich zehntausend Jahre, blinzle in den Himmel, blinzle in den See. Wenn ich niese, gibt es ein Gewitter. Wenn ich drüber hauche, schmilzt der Schnee, und Wasserfälle tanzen. Wenn ich sterbe, stirbt die ganze Welt. Dann fahre ich übers Weltmeer, eine neue Sonne zu holen.

Wo werde ich diesen Abend schlafen? Einerlei! Was macht die Welt? Sind neue Götter erfunden, neue Gesetze, neue Freiheiten? Einerlei! Aber daß hier oben noch eine Primel blüht und Silberpelzchen auf den Blättern trägt, und daß der leise süße Wind dort unten in der Pappel singt, und daß zwischen meinem Auge und dem Himmel eine dunkelgoldene Biene schwebt und summt, – das ist nicht einerlei. Sie summt das Lied vom Glück, sie summt das Lied von der Ewigkeit. Ihr Lied ist meine Weltgeschichte.

[1918]

Notizblatt von einer Reise

Es ist Aprilwetter, im Spiegel von nassen Straßen glänzt für Minuten Blau und Sonne auf, und wenn der Wind eine Weile ausbleibt, singen überall Amseln.

Ich bin in einem kleinen Jurastädtchen, es lehnt sich gegen den graufelsigen Gebirgszug und blickt über eine unendliche farbige Weite hinweg gegen die fernen Alpen.

Ich bin gestern abend hier angekommen, man hatte mich eingeladen, hier einer kleinen kunstfreundlichen Gesellschaft meine Gedichte vorzulesen. Wieder war mir, wie fast jedesmal bei solchen Unternehmungen, seltsam gemischt zumute, etwas beklommen und etwas traurig, und im Hintergrund dieser Gefühle stand die Frage: »Wozu wohl dient dein heutiges Tun? Hat denn dein Gedichte-Vorlesen irgendeinen Sinn? Hast du die Reise hierher wirklich nur gemacht, um ein paar Menschen eine Abendstunde lang zu unterhalten? Und auch dein Dichten selber – hat es Sinn? Ist es anderes als flüchtige Unterhaltung, für dich und für die Leser?«

Ich habe dennoch gestern abend in dem kleinen Saal meine Vorlesung gehalten und mir Mühe gegeben, ihr einen Sinn zu geben, indem ich auch diesmal wieder mich weder um meine Dichtung noch um die Unterhaltung der Zuhörer bekümmerte, sondern mich ganz auf die Vorstellung konzentrierte: »Vielleicht sitzt in diesem Saal irgendein Mensch, vielleicht sogar zwei, und diesem Menschen ist es bestimmt, in dieser Abendstunde verwundet und vom Schicksal angerufen zu werden durch irgendein einzelnes Wort, das für ihn Anruf und

Mahnung wird, das für ihn nicht mehr Unterhaltung, Literatur und Bildungsangelegenheit ist, sondern unmittelbar in ihn hineinfällt, ihm Schmerzen und Freuden bereitet und für eine Weile neuen Antrieb in das Werden und Kämpfen seiner Seele bringt.« So dachte ich und las meine Gedichte vor, nicht als seien es Gedichte und seien mein Werk, sondern als wären es Angeln, die ich auswürfe, um damit Menschen zu ködern. Und während ich angespannt und feierlich diese Gedichte ablas, nur das Geistige und Mahnende darin betonend, saß in mir ein Zweiter, lächelnd, und sah der Handlung zu, mit etwas Spott, mit etwas Mitleid, freundlich duldend. Und so ging der Abend gut vorüber; denn alles geht, alles ist möglich, alles hat Sinn, wenn dieser Zweite in uns dabei ist und zuschaut. Immerhin blieb ein Rest der Beklemmung und der Traurigkeit in mir zurück, ein Bedürfnis nach Rechtfertigung meines Tuns und meines Daseins, eine heimliche Leere. Bis spät in die Nacht saß ich noch mit einigen jungen Menschen bei meinem Gastgeber auf, versuchte ein Wort in die Gespräche zu werfen, fühlte mit einiger Trauer und Ironie, daß von diesen Anwesenden keiner heute abend etwas anderes von mir empfangen habe als flüchtige Unterhaltung, schwieg dann, verabschiedete mich und ging zu Bett, habe aber nur wenig schlafen können.

Heute nun, an diesem launischen Aprilvormittag, blieb mir nach dem Frühstück noch eine Stunde Zeit, um durch den Ort zu schlendern. Ich ging mit dem Pfarrer des Städtchens, mit dem ich mich gestern ein wenig befreundet hatte, und als wir uns dem Bahnhof näherten, wo in einer halben Stunde mein Zug gehen sollte, erzählte er mir bedauernd, daß er mich nicht länger begleiten könne, da er jetzt eine Beerdigung zu vollziehen habe. Ich fragte, wer der Tote sei, und der Pfarrer sagte, es werde bei diesem Begräbnis kein Mensch zugegen sein als der Totengräber und der Landjäger; denn der Tote sei ein unbekannter Landstreicher, den man vorgestern am Flußufer tot gefunden habe, halb im Wasser, mit einer kleinen Schußwunde am Kopf und einer kleinen Revolverkugel im Gehirn; es sei bisher nicht gelungen, seinen Namen und seine Herkunft zu erfahren.

Nun wußte ich plötzlich, daß ich nicht ganz vergebens, mit meinen Gedichten in der Reisetasche, die Fahrt hierher unternommen habe. Eine kleine Aufgabe war mir zugefallen, die mir sogleich das Herz erwärmte, und ich ging alsbald mit dem Pfarrer zum Friedhof, und über die feuchte lehmige Erde stiegen wir watend zu dem nassen, frisch gegrabenen Grabe. Das letzte Grab daneben, das von gestern, war mit hochgetürmten Kränzen bedeckt, aus deren Dickicht weiße, goldbedruckte Schleifen naß und schlaff herabhingen. Ich ließ mir vom Landjäger alles erzählen, was er über den Toten wußte, auch nahm er aus seinem derben ledernen Geldbeutel die kleine, lächerlich leichte und dünne Revolverkugel, und ich fühlte sie an. Dann ließen wir den Sarg mit unserm Namenlosen in das Loch hinunter, er bekam von mir einen grünen Zweig mit, den ich vom Friedhofhag gebrochen hatte, und vom Pfarrer einen Psalm, ein Vaterunser und das feierliche: »Erde zu Erde, Staub zu Staub, Asche zu Asche«. Und ich zweifelte nicht, daß wir da einen meiner Freunde von der Landstraße begraben hätten, einen von den Heimatlosen und Unbürgerlichen, zu denen ich zeitlebens einen Zug der Liebe und des Verständnisses in mir gehabt habe und denen ich näher stehe als den Seßhaften und Tadellosen. Ich lächelte dem Bruder einen Gruß in seine feuchte Höhle hinab und segnete ihn und hörte dem Pfarrer zu, wie er lieb und freundlich den Psalm sprach, während ihm um den bloßen Kopf Schneeschauer stoben. Ich nahm Abschied vom Totengräber, vom Landjäger, vom Grabe und lief zum Bahnhof, kam noch in meinen Zug und fuhr davon, zufrieden mit meiner Reise, ein paar Verse des Psalmes im Gedächtnis und überzeugt, daß einmal auch an meinem Grab irgendeiner stehen und lächeln und mir einen grünen Zweig nachwerfen wird. [1922]

Die Fremdenstadt im Süden

Diese Stadt ist eine der witzigsten und einträglichsten Unternehmungen modernen Geistes. Ihre Entstehung und Einrichtung beruht auf einer genialen Synthese, wie sie nur von sehr tiefen Kennern der Psychologie des Großstädters ausgedacht werden konnte, wenn man sie nicht geradezu als eine direkte Ausstrahlung der Großstadtseele, als deren verwirklichten Traum bezeichnen will. Denn diese Gründung realisiert in idealer Vollkommenheit alle Ferien- und Naturwünsche jeder durchschnittlichen Großstädterseele. Bekanntlich schwärmt der Großstädter für nichts so sehr wie für Natur, für Idylle, Friede und Schönheit. Bekanntlich aber sind alle diese schönen Dinge, die er so sehr begehrt und von welchen bis vor kurzem die Erde noch übervoll war, ihm völlig unbekömmlich, er kann sie nicht vertragen. Und da er sie nun dennoch haben will, da er sich die Natur nun einmal in den Kopf gesetzt hat, so hat man ihm hier, wie es koffeinfreien Kaffee und nikotinfreie Zigarren gibt, eine naturfreie, eine gefahrlose, hygienische, denaturierte Natur aufgebaut. Und bei alledem war jener oberste Grundsatz des modernen Kunstgewerbes maßgebend, die Forderung nach absoluter »Echtheit«. Mit Recht betont ja das moderne Gewerbe diese Forderung, welche in früheren Zeiten nicht bekannt war, weil damals jedes Schaf in der Tat ein echtes Schaf war und echte Wolle gab, jede Kuh echt war und echte Milch gab und künstliche Schafe und Kühe noch nicht erfunden waren. Nachdem sie aber erfunden waren und die echten nahezu verdrängt hatten, wurde in Bälde auch das Ideal der Echtheit erfunden. Die Zeiten sind vorüber, wo naive Fürsten sich in irgendeinem deutschen Tälchen künstliche Ruinen, eine nachgemachte Einsiedelei, eine kleine unechte Schweiz, einen imitierten Posilipo bauen ließen. Fern liegt heutigen Unternehmern der absurde Gedanke, dem großstädtischen Kenner etwa ein Italien in der Nähe Londons, eine Schweiz bei Chemnitz, ein Sizilien am Bodensee vortäuschen zu wollen. Der Naturersatz, den der heutige Städter verlangt, muß unbedingt echt sein, echt wie das Silber, mit dem er tafelt, echt wie die Perlen, die seine Frau trägt, und echt wie die Liebe zu Volk und Republik, die er im Busen hegt.

Dies alles zu verwirklichen, war nicht leicht. Der wohlhabende Großstädter verlangt für den Frühling und Herbst einen Süden, der seinen Vorstellungen und Bedürfnissen entspricht, einen echten Süden mit Palmen und Zitronen, blaue Seen, malerische Städtchen, und dies alles war ja leicht zu haben. Er verlangt aber auch außerdem Gesellschaft, verlangt Hygiene und Sauberkeit, verlangt Stadtatmosphäre, verlangt Musik, Technik, Eleganz, er erwartet eine dem Menschen restlos unterworfene und von ihm umgestaltete Natur, eine Natur, die ihm zwar Reize und Illusionen gewährt, aber lenkbar ist und nichts von ihm verlangt, in die er sich mit allen seinen großstädtischen Gewohnheiten, Sitten und Ansprüchen bequem hineinsetzen kann. Da nun die Natur das Unerbittlichste ist, was wir kennen, scheint das Erfüllen solcher Ansprüche nahezu unmöglich; aber menschlicher Tatkraft ist bekanntlich nichts unmöglich. Der Traum ist erfüllt.

Die Fremdenstadt im Süden konnte natürlich nicht in

einem einzigen Exemplar hergestellt werden. Es wurden dreißig oder vierzig solche Idealstädte gemacht, an jedem irgend geeigneten Ort sieht man eine stehen, und wenn ich eine dieser Städte zu schildern versuche, ist es natürlich nicht diese oder jene, sie trägt keinen Eigennamen, so wenig wie ein Ford-Automobil, sie ist ein Exemplar, ist eine von vielen.

Zwischen lang hingedehnten, sanft geschwungenen Kaimauern liegt mit kleinen, kurzen Wellchen ein See aus blauem Wasser, an dessen Rand findet der Naturgenuß statt. Am Ufer schwimmen unzählige kleine Ruderboote mit farbig gestreiften Sonnendächern und bunten Fähnchen, elegante hübsche Boote mit kleinen netten Kissen und sauber wie Operationstische. Ihre Besitzer gehen auf dem Kai auf und nieder und bieten allen Vorübergehenden unaufhörlich ihre Schiffchen zum Mieten an. Diese Männer gehen in matrosenähnlichen Anzügen mit bloßer Brust und bloßen braunen Armen, sie sprechen echtes Italienisch, sind jedoch imstande, auch in jeder anderen Sprache Auskunft zu geben, sie haben leuchtende Südländeraugen, rauchen lange, dünne Zigarren und wirken malerisch.

Längs dem Ufer schwimmen die Boote, längs dem Seerand läuft die Seepromenade, eine doppelte Straße. Der seewärts gekehrte Teil unter sauber geschnittenen Bäumen ist den Fußgängern reserviert, der innere Teil ist eine blendende und heiße Verkehrsstraße, voll von Hotelomnibussen, Autos, Trambahnen und Fuhrwerken. An dieser Straße steht die Fremdenstadt, welche eine Dimension weniger hat als andere Städte, sie erstreckt sich nur in die Länge und Höhe, nicht in die Tiefe. Sie besteht aus einem dichten, stolzen Gürtel von Hotelgebäuden. Hinter diesem Gürtel aber, eine nicht zu übersehende Attraktion, findet der echte Süden statt, dort nämlich steht tatsächlich ein altes italienisches Städtchen, wo auf engem, stark riechendem Markt Gemüse, Hühner und Fische verkauft werden, wo barfüßige Kinder mit Konservenbüchsen Fußball spielen und Mütter mit fliegenden Haaren und heftigen Stimmen die wohllautenden klassischen Namen ihrer Kinder ausbrüllen. Hier riecht es nach Salami, nach Wein, nach Abtritt, nach Tabak und Handwerken, hier stehen in Hemdsärmeln joviale Männer unter offenen Ladentüren, sitzen Schuhmacher auf offener Straße, das Leder klopfend, alles echt und sehr bunt und originell, es könnte auf dieser Szene jederzeit der erste Akt einer Oper beginnen. Hier sieht man die Fremden mit großer Neugierde Entdeckungen machen und hört häufig von Gebildeten verständnisvolle Äußerungen über die fremde Volksseele. Eishändler fahren mit kleinen rasselnden Karren durch die engen Gassen und brüllen ihre Näschereien aus, da und dort beginnt in einem Hofe oder auf einem Plätzchen ein Drehklavier zu spielen. Täglich bringt der Fremde in dieser kleinen, schmutzigen und interessanten Stadt eine Stunde oder zwei zu, kauft Strohflechtereien und Ansichtskarten, versucht Italienisch zu sprechen und sammelt südliche Eindrücke. Hier wird auch sehr viel photographiert.

Noch weiter entfernt, hinter dem alten Städtchen, liegt das Land, da liegen Dörfer und Wiesen, Weinberge und Wälder, die Natur ist dort noch wie sie immer war, wild und ungeschliffen, doch bekommen die Fremden davon wenig zu sehen, denn wenn sie je und je in Automobilen durch diese Natur fahren, sehen sie die Wiesen und Dörfer genau so verstaubt und feindselig am Rand der Autostraße liegen wie überall.

Bald kehrt daher der Fremde von solchen Exkursionen wieder in die Idealstadt zurück. Dort stehen die großen, vielstöckigen Hotels, von intelligenten Direktoren geleitet, mit wohlerzogenem, aufmerksamem Personal. Dort fahren niedliche Dampfer über den See und elegante Wagen auf der Straße, überall tritt der Fuß auf Asphalt und Zement, überall ist frisch gefegt und gespritzt, überall werden Galanteriewaren und Erfrischungen angeboten. Im Hotel Bristol wohnt der frühere Präsident von Frankreich und im Parkhotel der deutsche Reichskanzler, man geht in elegante Cafés und trifft da die Bekannten aus Berlin, Frankfurt und München an, man liest die heimatlichen Zeitungen und ist aus dem Operetten-Italien der Altstadt wieder in die gute, solide Luft der Heimat getreten, der Großstadt; man drückt frischgewaschene Hände, lädt einander zu Erfrischungen ein, ruft zwischenein am Telefon die heimatliche Firma an, bewegt sich nett und angeregt zwischen netten, gutgekleideten, vergnügten Menschen. Auf Hotelterrassen, hinter Säulenbalustraden und Oleanderbäumen sitzen berühmte Dichter und starren mit sinnendem Auge auf den Spiegel des Sees, zuweilen empfangen sie Vertreter der Presse, und bald erfährt man, an welchem Werk dieser und jener Meister nun arbeitet. In einem feinen, kleinen Restaurant sieht man die beliebteste Schauspielerin der heimatlichen Großstadt sitzen, sie trägt ein Kostüm, das ist wie ein Traum, und füttert einen Pekinghund mit Dessert. Auch sie ist entzückt von der Natur und oft bis zur Andacht gerührt, wenn sie abends in Nr. 178 des Palace-Hotels ihr Fenster öffnet und die endlose Reihe der schimmernden

Lichter sieht, die sich dem Ufer entlang zieht und träumerisch jenseits der Bucht verliert.

Sanft und befriedigt wandelt man auf der Promenade, Müllers aus Darmstadt sind auch da, und man hört, daß morgen ein italienischer Tenor im Kursaale auftreten wird, der einzige, der sich nach Caruso wirklich hören lassen kann. Man sieht gegen Abend die Dampferchen heimkehren, mustert die Aussteigenden, trifft wieder Bekannte, bleibt eine Weile vor einem Schaufenster voll alter Möbel und Stickereien stehen, dann wird es kühl, und nun kehrt man ins Hotel zurück, hinter die Wände von Beton und Glas, wo der Speisesaal schon von Porzellan, Glas und Silber funkelt und wo nachher ein kleiner Ball stattfinden wird. Musik ist ohnehin schon da, kaum hat man Abendtoilette gemacht, so wird man schon vom süßen, wiegenden Klang empfangen.

Vor dem Hotel erlischt langsam im Abend die Blumenpracht. Da stehen in Beeten zwischen Betonmauern dicht und bunt die blühendsten Gewächse, Kamelien und Rhododendren, hohe Palmen dazwischen, alles echt, und voll dicker, kühlblauer Kugeln, die fetten Hortensien. Morgen findet eine große Gesellschaftsfahrt nach -aggio statt, auf die man sich freut. Und sollte man morgen aus Versehen statt nach -aggio an irgendeinen anderen Ort gelangen, nach -iggio oder -ino, so schadet das nichts, denn man wird dort ganz genau die gleiche Idealstadt antreffen, denselben See, denselben Kai, dieselbe malerisch-drollige Altstadt und dieselben guten Hotels mit den hohen Glaswänden, hinter welchen uns die Palmen beim Essen zuschauen, und dieselbe gute weiche Musik und all das, was so zum Leben des Städters gehört, wenn er es gut haben will. [1925]

Ausflug in die Stadt

Wenn ein Einsiedler nach langen Jahren seine Klause verläßt und sich in eine Stadt und in die Nähe der Menschen begibt, dann hat er meistens für sein Tun vortreffliche Gründe anzuführen, das Ergebnis dagegen ist meistens ein lächerliches. Der Eremit soll Eremit bleiben wie der Schuster Schuster. Daß das Eremitentum kein Beruf sei oder ein minderwertiger, ebenso wie das Betteln, ist eine europäische Mode-Meinung, welche niemand ernst nehmen wird. Einsiedler ist ein Beruf, ebenso wie Schuster, ebenso wie Bettler, ebenso wie Räuber, ebenso wie Krieger, es ist ein viel älterer, wichtigerer, heiligerer Beruf als etwa solche Pseudo-Berufe wie Gerichtsvollzieher, Professor der Ästhetik und dergleichen. Und wenn ein Mensch aus seinem Beruf, aus seiner Maske und Rolle herausfällt, so mag er dies aus den begreiflichsten und liebenswürdigsten Gründen tun, es kommt doch gewöhnlich nur eine Dummheit dabei heraus.

So ging es auch mir, als ich, mit mir und meinem Leben unzufrieden, meine Klause am Berge hinter mir abschloß und für eine Weile unter die Menschen und in die Stadt ging. Ich tat es aus Neugierde und aus Lust nach neuen Erlebnissen und Beziehungen, ich tat es in der schwachen Hoffnung, vielleicht wieder ein wenig Freude, Spaß und Zufriedenheit zu erleben, nachdem ich lange nur Überdruß und Schmerz gekostet hatte. Ich hatte die Hoffnung, es möchte mir vielleicht glücken, mich wieder an anderen Menschen zu messen, die Menschen und mich selbst wieder ernst nehmen zu können.

Ich war gewillt, die Stadt, die Menge, die Öffentlichkeit, die Kunst, den Handel, kurz alle Zauber dieser Welt auf mich wirken zu lassen, mich von der Schwere und eingebildeten Weisheit des Einsiedlers und Denkers zu befreien, wieder Mensch, wieder Kind zu werden, wieder an den Sinn und die Schönheit des Menschenlebens glauben zu können. Ein Mensch von meiner Art, der im Grunde an den Wert des Menschenlebens nicht glauben kann, dem aber auch die gewohnten Auswege der Naiven, in den Selbstmord und in den Wahnsinn, verbaut und unmöglich sind, der also eigens von der Natur dazu erfunden zu sein scheint, sich und den anderen an seinem Beispiel die Unsinnigkeit und Aussichtslosigkeit dessen zu erweisen, – was die Natur unternahm, als sie sich auf das Experiment ›Mensch‹ einließ, ein solcher Mensch hat natürlich ein etwas schwieriges Leben und fühlt daher von Zeit zu Zeit das Bedürfnis, ein andres Register zu ziehen und dies oder jenes an seinem Leben zu verändern, damit es vielleicht etwas erträglicher und hübscher werde.

So war ich also mit meinem Koffer in eine Stadt gereist und hatte mir dort, mitten zwischen den Menschen, ein Zimmer genommen. Es war nicht leicht, sich an das Leben hier zu gewöhnen. Zu erstaunlichen, unglaublichen Tageszeiten standen diese Leute in der Frühe auf, kamen in der Nacht nach Hause, spielten Klavier und Violine, nahmen Bäder, liefen auf und ab. Die meisten waren Geschäftsleute oder Angestellte von solchen, und alle hatten ganz irrsinnig viel zu tun. Die einen nämlich hatten in der Tat viel Arbeit, weil ihre Geschäfte schlecht gingen, waren überanstrengt durch die Bemühungen um deren Verbesserung. Überanstrengt waren sie alle, und beinahe alle fabrizierten Dinge oder trieben Handel mit Dingen, welche der Mensch zum Leben nicht braucht und welche lediglich erfunden wurden, um dem Hersteller und dem Händler Geld einzubringen. Ich versuchte manchen dieser Gegenstände aus Neugierde. Da ich in dem Lärm und Getriebe wenig schlafen konnte, tagsüber aber oft müde war und Langeweile hatte, kaufte ich von einem dieser Händler ein Schlafmittel, von einem andern einige Bücher, deren Zweck es war, den Leser angenehm zu unterhalten. Aber das Schlafmittel, statt mich schlafen zu machen, machte mich aufgeregt und nervös, und die Bücher, statt mich zu unterhalten, machten mich am hellen Tag einschlafen. Und so war es im Grunde mit allem. Es wurde da ein Spiel getrieben, das allen Mitspielern, Händlern wie Käufern, sichtlich großen Spaß machte, welches aber ernst zu nehmen niemand einfiel. Es war die Zeit vor einem großen jährlichen Feste, das den Sinn hat, einesteils die Industrie zu fördern und einige Wochen lang den Handel zu beleben, andererseits aber durch das Ausstellen von abgesägten jungen Bäumen in allen städtischen Wohnungen eine Art von Erinnerung an die Natur und den Wald zu erwecken und die Freuden des Familienlebens zu feiern. Auch dies war ein Spiel und Übereinkommen, das ich bald durchschaute. Weder gab es jemand, dem die Erinnerung an Natur und Wald ein Bedürfnis gewesen oder der doch so töricht gewesen wäre, diese Zimmertannen für ein geeignetes Mittel zur Pflege der Naturfreude zu halten, noch auch wurde Familie, Ehe und Kindersegen von der Mehrzahl des Volkes sehr verehrt, sondern nahezu allgemein als eine Last empfunden. Aber das Fest beschäftigte vier Wochen lang Millionen von Angestellten und machte zwei Tage lang der gesamten Bevölkerung sichtlichen Spaß. Sogar mir, dem Fremden, bot man süßes Backwerk an und wünschte frohe Feiertage, und einige Stunden lang wurden in Häusern, denen dies recht ungewohnt war, Orgien von Familienglück begangen.

In dieser Zeit sah übrigens die Stadt reizend aus. In den breiten Geschäftsstraßen strahlte Tag und Nacht Haus an Haus und Fenster an Fenster von Lichtüberfluß, von ausgestellten Waren, von Blumen, von Spielzeug, und es schien das ganze so schwere und ernste Arbeitsleben all der Millionen in der Tat ein witziges und gut ausgedachtes Unterhaltungsspiel zu sein. Störend freilich für den Fremdling war die Sitte der Gastwirte, auch an jenen Stätten der Betäubung, wo man Natur, Familie, Geschäft und alles für Stunden zu vergessen und in wohlschmeckenden Getränken wegzuspülen sucht – auch an diesen stillen Trink- und Rauchstätten Lichterbäume mit oder ohne Musik aufzustellen, welche hier noch mehr als in den Privathäusern einen Glanz und eine Sentimentalität ausstrahlten, in welcher das Atmen schwer wurde.

Eines Abends, noch ehe die Festtage begonnen hatten, saß ich bei einer Eierspeise und einem halben Liter Rotwein leidlich zufrieden in einem Wirtshause, da fiel mir die Ankündigung einer Zeitung ins Auge, die mich sofort fesselte. Es war da ein Hermann-Hesse-Abend von einem literarischen Verein veranstaltet, dessen Besuch sehr empfohlen wurde. Schleunigst ging ich hin, fand das Haus und den Saal und an der Saaltüre einen Kassier, den fragte ich, ob Herr Hesse selber auftrete. Er verneinte und suchte sich zu entschuldigen, aber ich beruhigte ihn mit der Bemerkung, daß ich nicht den mindesten Wert auf die Mitwirkung dieses Herrn lege. Ich bezahlte eine Mark und bekam ein Programm, und nachdem ich eine Weile gesessen und gewartet hatte, ging die Veranstaltung los. Da hörte ich eine Reihe von Dichtungen, die ich in meinen jüngeren Jahren geschrieben hatte. Ich hatte damals, als ich sie schrieb, noch die Neigungen und Ideale der Jugend, und es war mir mehr um Schwärmen und Idealismus zu tun als um Aufrichtigkeit; ich sah darum das Leben vorwiegend hell und bejahenswert, während ich es heute weder liebe noch verneine, sondern eben hinnehme. Es war mir daher merkwürdig, in diesen Dichtungen meine eigene Stimme aus der Jugendzeit her reden zu hören. Die Dichtungen waren zum Teil durch Komponisten in Musik gesetzt und wurden von hübsch gekleideten Damen vorgesungen, teils auch wurden sie deklamiert oder vorgelesen, und ich konnte zusehen, wie derjenige Teil der Zuhörerschaft, der jugendlich und sentimental fühlte, die Darbietungen einschluckte und dazu empfindsam lächelte, während ein anderer, kühlerer Teil der Hörer, zu dem auch ich zählte, unbewegt blieb und entweder ein wenig mißachtend lächelte oder einschlief. Und mitten in all dem Beobachten und in der Verwunderung über die hübsche Seichtigkeit dieser Dichtungen, die mir doch einst so wichtig und heilig gewesen waren, konnte ich in mir trotz allem ein gutes Stück Eitelkeit beobachten, denn ich war jedesmal enttäuscht und etwas verletzt, wenn Sängerin oder Vorleser, wie dies ja üblich ist, einzelne Worte in den Gedichten ausließen oder durch andere ersetzten. Indessen bekam diese ganze Abendunterhaltung mir nicht gut, ich konnte den

Schluß nicht abwarten, weil ein trockenes und bitteres Gefühl in Kehle und Magen mich von dannen trieb, das ich dann mit Cognac und Wasser stundenlang vergeblich zu vertreiben suchte. Auch bei dieser literarischen Abendunterhaltung, wo ich doch gewissermaßen als Sachverständiger und Fachmann gelten konnte, bemerkte ich wieder diese Isolierung, die mich zum Eremiten bestimmt und welche darin besteht, daß ich in mir ein unergründliches Verlangen trage, das Menschenleben ernst nehmen zu können, während alle anderen es nach einer geheimen, mir unbekannten Spielregel als ein amüsantes Gesellschaftsspiel betrachten und vergnügt mitspielen.

Während nun alles, was ich sah und erlebte, mich nur weiter in diese Verlegenheit hineintrieb und das richtige Mitspielen mir nirgends gelingen wollte, kam inzwischen doch einmal auch ein Erlebnis, das mich nicht lächerlich machte, sondern bestätigte und stärkte. Ich mußte einen Freund beerdigen helfen, der plötzlich gestorben und keineswegs ein Einsiedler, sondern ein vergnügter und geselliger Mensch gewesen war. Als ich diesem Toten nun zum Abschied in das still gewordene Gesicht blickte, konnte ich darin weder Mißmut noch Schmerz darüber lesen, daß er aus dem hübschen Spiel des Lebens herausgerissen war, sondern nur ein tiefes Einverstandensein, eine Art von Genugtuung darüber, daß es ihm nun endlich geglückt und vergönnt war, das rätselhafte Menschenleben nicht mehr als ein Spiel hinter sich zu bringen, sondern es im tiefsten Grunde ernst zu nehmen. Dies Totengesicht sagte mir viel, und es machte mich nicht traurig, sondern froh.

Und so bummle ich weiter durch die Straßen, sehe mir

die hübschen Frauen und die eiligen verärgerten Männer an, die alle ihr etwas verlegenes und gekünsteltes Fest-freude-Gesicht inzwischen wieder abgelegt haben, und habe manchmal mein Leid, manchmal meinen Spaß an diesem Theater, hinter dessen geheime Spielregeln ich am Ende doch noch zu kommen hoffe. [1925]

Vereinsamung

Dem Regen lausch ich gerne und dem Wind
Und irr in Waldes warmen Finsternissen.
Von allen Wolkenflügen will ich wissen,
Was ihre Hoffnungen und Ziele sind.

Mir ist es Trost, als Wandrer hier und dort
Durch Fenster fremder Wohnungen zu sehen,
Und fremder Menschen Leben, Lust und Wehen
Beacht ich still und nehme sie mit fort.

Nachts aber, wenn erbarmungslos und hart
Die hohen Sterne auf mein Lager schauen,
Da kehr ich frierend ein und seh mit Grauen,
Wie mir das eigne Herz zur Fremde ward.

Winterferien

Nie geht es so, wie man es sich gedacht hat. Seit Jahren bemühe ich mich, mein Waldmenschenleben etwas mehr in Einklang mit dem zu bringen, was man in Berlin Kultur nennt, habe nun schon mehrere Winter in Städten gelebt, habe ein Absteigequartier in Zürich, wagte mich gelegentlich bis Stuttgart, bis Frankfurt, bis München vor, und je und je trug ich mich sogar ernstlich mit dem Gedanken, einmal heimlich und inkognito einen kurzen Besuch in Berlin zu machen, nur um zu sehen, ob denn tatsächlich meine Vorstellungen von dieser Metropole so rückständig und albern seien, wie man mir täglich sagt. Und nun sitze ich, statt in Berlin, achtzehnhundert Meter hoch im Graubündner Gebirge, in Arosa, wohin man mich aus freundlicher Rücksicht auf meine Gesundheit geschickt hat. Es sind aber nicht die Lungen, und ich bitte, mir weder Adressen von Ärzten noch Muster von Heilkräutertees zu schicken, es ist nicht dies, was mir mangelt.

Als sie mich hier hinauf in den Schnee schickten, haben meine Freunde, sofern sie nicht einfach den Wunsch hatten, mich für eine Weile loszuwerden, sich gedacht, daß es die reine, kalte Höhenluft sein werde, die mir fehle, daß ich vielleicht genesen werde, wenn statt der dicken Atmosphäre der Bahnhöfe, Studierzimmer, Ballsäle mich Sonne, Schnee und Sternenluft der Berge umgäben. Und nun bin ich hier, in Arosa, seit mehr als zehn Jahren zum ersten Mal wieder in den Bergen. Statt der Großstadt Schnee, statt der »Kultur« Tannenwälder und Föhnstürme, statt Berlin Graubünden – so wurde ich, wider meinen Willen, diesmal geführt. Und, wie immer, erweist sich die Führung als vortrefflich, und außerdem geht es auch diesmal wieder so, daß sich mir im völligen Fehlschlagen eines Planes dennoch ein Teil dieses Planes ungesucht erfüllt. Denn ich habe hier oben, wenn auch nur einen Abend lang, Berlin und Berliner Luft gefunden und mich einige Stunden lang in meinen Vorübungen für das Großstadtleben vervollkommnen können.

Zunächst empfingen mich die Berge, die ich in meiner Jugend so sehr geliebt und so viel umworben und beschlichen, dann aber viele Jahre lang ganz und gar verlassen, vernachlässigt und beinah vergessen hatte, keineswegs sehr freundlich. Es gibt in der Natur keine Sentimentalitäten, und während ich im langsamen Emporsteigen nach Arosa, im Wiedersehen der eingeschneiten Tobel, der finstern Bachschluchten, der strahlenden weißen Gipfel mit Beklemmung und Rührung einen Teil meiner Jugend wieder in mir erwachen fühlte und von hundert wehmütigen Erinnerungen bestürmt war, erwiderten die Berge diese zärtliche Begrüßung mit der stillen, harten und etwas spöttischen Gelassenheit, mit der die Natur uns Menschen, ihre begabtesten und verlaufensten Kinder, stets empfängt. Sonderbare Gefühle machten mir das Atmen schwer, bei jedem Schritt wurde ich daran erinnert, daß ich kein Jüngling mehr sei, sondern ein beschädigter Rekonvaleszent, daß es sich für mich vorerst nicht um ein Wiederholen der Jugendzeiten handle, mit Ski-Touren über schweigsame Pässe und auf strenge mühsame Gipfel, sondern daß ich mich zunächst im Allerprimitivsten anzupassen und zu bewähren habe. Zwischen Schwitzen und Frieren, mit lästigen kleinen Fieberschaudern, mit beständig ängstlichem und leicht schmerzendem Herzen, schlaflos in den Nächten, mußte ich die erste Anpassung vollziehen, und Tage vergingen, ehe ich nur daran denken konnte, meine Skier anzuprobieren, geschweige denn auf ihnen zu fahren.

Ein vortreffliches Hotel kam mir zu Hilfe, ich lernte halbe und ganze Tage mit Nichtstun hinzubringen, im Bett, im Salon, im Liegestuhl. Aber so nach und nach wagte ich mich auch in den Schnee hinaus, wo auf glattgefahrenen kleinen Übungshügeln die Kurgäste zu Hunderten auf Skiern herumturnen und sich von Lehrern oder von geübteren Kameraden das Skilaufen beibringen lassen. Ich sah, daß auch auf diesem Gebiet Fortschritte und Neuerungen in Menge erfunden worden waren. Man stöpselte nicht mehr, wie einst in meiner Jugend- und Skiläuferzeit, auf gut Glück den Berg hinan und hinunter, mit dem einzigen Ziel, baldmöglichst sich von Dorf und Hotel freizumachen und Gipfel zu erreichen, sondern man trieb sachlich und geordnet Sport um seiner selbst willen. Ich machte mich mit Zagen daran, schnallte meine alten Bretter an, ein Paar gute alte Norweger Skier, auf vielen kunstlosen Touren glatt und dünn gefahren. Die Jugend war nicht mehr da, es fehlte an Kraft und Atem, an Ehrgeiz und Unternehmungslust. Aber das, was ich vom Skilauf einst, vor zwölf und fünfzehn Jahren, gelernt hatte, das konnte ich alles sofort wieder.

Kaum hatte ich mich wieder ein wenig an die Bergluft gewöhnt und konnte eine Hoteltreppe oder einen Übungshügel ohne allzuviel Herzklopfen ersteigen, da wagte ich es auch, den Parkettboden der Kultur hier oben zu betreten, und hielt eines Abends im Kursaal eine Vorlesung. Es waren aus Berlin und dem übrigen Deutschland so viele schöne, vergnügte, hübsch angezogene Frauen und Mädchen da, daß ich gar nicht dazu kam, gegen besagtes Parkett die gewohnten Hemmungen zu empfinden, ich hatte eine Stunde lang sogar den Eindruck, mich diesmal mit dieser Welt der vergnügten, eleganten, sportlichen, großstädtischen Menschen vorzüglich verständigen zu können. Nun, die literarische Unternehmung nahm ihren Verlauf, und kaum war sie abgetan, so gingen wir zu weniger ernsten Unterhaltungen über, saßen bei Wein und Imbiß im Kursaal, hörten die Jazzkapelle spielen, sahen schöne, elegante Paare die neuen Tänze tanzen, und überall in dem strahlenden Saal herrschte jene frohe schneidige Lebensbejahung, jener gut gefederte Geselligkeitsapparat, jener strahlende und Problemen abgeneigte Optimismus des Nachkriegsmenschen, den ich so sehr anstaune und leider so gar nicht erlernen kann – kurz, ich war einen Abend in Berlin oder Paris, und mit Hilfe des guten Weines gelang es mir, mich beinahe wie ein Angehöriger dieser Welt zu benehmen, wenn auch nicht zu fühlen. Aber nachher sagte mir ein Katzenjammer, daß ich mich doch getäuscht habe, und daß das Parkett, der Salon und der Tanzboden für mich weit gefährlicher und unbekömmlicher sei als der Übungshügel. Ich zog mich wieder zurück, um in meinem kleinen saubern Hotelzimmer mich mit Gedichten und kleinen Malereien zu beschäftigen. Draußen schneite es, schneite Tag und Nacht, die Arven bogen sich unterm Schnee, und als der Kulturkater überstanden war, merkte ich eines Morgens, daß die Natur, die mich hier oben so kühl und gelassen empfangen hatte, nur auf ein wenig Werbung und Liebe warte, um mir wieder wie vor Zeiten ihre vielen geheimnisvollen Gesichter zu zeigen. Konnte ich auch noch keine richtigen Touren machen, die Sinne waren mir doch erwacht, und so wie ich beim kühl rosigen Abendlicht mit den Augen die Schatten und Mulden der Berghänge ablas, so spürte ich, auf den Skiern, im Abfahren mit allen Gliedern und Muskeln, besonders aber mit den Kniekehlen, tastend die lebendige, wechselvolle Struktur der Hänge nach, wie die Hand eines Liebenden den Arm, die Schulter, den Rücken der Freundin erfühlt, seine Bewegungen erwidert, seinen Schönheiten tastend Antwort gibt.

Erst jetzt bin ich wieder in den Bergen, erst jetzt ist mir Schnee und Himmel, Arvenwald und Felszacke wieder vertraut und lieb. Ich sitze in der Mittagsstunde oben bei einer der Hütten am Tschuggen, packe mit Appetit mein Brot und Obst aus dem Rucksack, esse, strecke die Glieder, lege mich auf eine trockene Holzbank, fühle die heftige Sonne auf meinem schon rot gebrannten Gesicht glühen, höre vom Dach der Hütte das vertrauliche Geräusch des abtropfenden Tauwassers, das mitten in der Schneewüste wie ein schüchternes Lied von Vorfrühling, von kommenden Blumen klingt. Ich steige auf knirschenden Brettern einen der großen Hänge hinauf, wo der Wald zu Ende ist und nur Kuppe an Kuppe weiß und gefroren sich erhebt und mich an verwegene hohe Bergpässe in Tibet erinnert. Ich fahre einen der Hänge hinab, weich in den Knien, fühle die Form der hundert kleinen Terrassen und Wölbungen bis in den Kopf hinauf sich in mich einschreiben, musizieren, mich zu Abenteuern der Liebe und Vereinigung einladen. Ich erschrecke vor einem plötzlichen Absturz, an dessen

Ende ein schwarzer offener Bach droht, oder vor einem kahl aus dem Schnee ragendem Steinklotz, suche ihm eilig auszuweichen, verliere die Herrschaft über meine Brettchen, falle heftig und doch weich gegen den Berghang, spüre Schnee am Hals und Nacken kitzeln, spüre Schreck und Erschütterung noch eine Minute nach, während ich mich wieder aufsammle und von neuem losfahre. Ich muß über einen Zaun steigen, ich streife mit den Hölzern über die rostigen Zweige von Alpenrosenstauden, die aus dem Schnee schauen, ich falle wieder, und jeder Anblick, jedes Abenteuer, jeder Fall erinnert mich an hundert vergessene Bilder, an hundert ähnliche kleine Erlebnisse aus früheren Jahren, an das Engadin, an das Prättigau, an den Gotthard und das Berner Oberland. Es sind kleine Anfängerausflüge, die ich da mache, und ich brauche zu einem Gang, den ein richtiger Skiläufer so nebenher in einer freien Stunde macht, einen halben Tag. Aber ich habe wieder gelernt, die Qualität des Schnees zu riechen, mich vom Berg tragen zu lassen, seine Neckereien mit dem Druck meiner Muskeln zu parieren.

Und ich erlebe diese kleinen Dinge anders, als ich sie einst in der Jugend erlebt habe, etwas dünner vielleicht und ohne Zweifel weniger lodernd und heftig, aber dafür tastender, zarter, schonender, erfahrener, so wie ein alternder Liebhaber der Frau statt blinder Jugendglut und Jugendkraft mehr Zartheit, mehr Verständnis, mehr Dankbarkeit entgegenbringt. So werbe ich um die Berge, die einstmals meine Freunde waren und die ich dann beinahe vergessen hatte, und sie gehen auf meine Werbung ein, nicht überschwenglich, nicht pathetisch, aber freundlich. Sie lassen ein wenig mit sich spielen, sie schenken mir manchen holden Blick, sie stellen mir dann wieder plötzlich ein Bein und erschrecken mich einen Augenblick mit einem ihrer dunklen, ihrer feindlichen Gesichter (beschneite Berge in der Abenddämmerung oder vor schwerem Schneefall können so schauerlich drohend, so tief feindlich, so tödlich blicken!).

In zwei Wochen muß ich eigentlich wieder fort, ich muß unten in einer Stadt eine Vorlesung halten, und dies und jenes tun. Ich habe die Absicht, diese Pflichten zu erfüllen. Aber wenn ich manchmal so im Schnee taumle und mich von einem Fall aufrichte, wünsche ich mir zuweilen, es möchte mir doch am letzten Tage vor der Abreise ein kleiner Unfall begegnen, nur so ein kleiner Ski-Unfall, der einen nicht umbringt und der doch genügen würde, um meine Ferien in Arosa um einige Zeit zu verlängern. [1928]

Kofferpacken

In meinem Hotelzimmerchen knie ich wieder einmal – Gott weiß zum wievielten Male – vor dem geöffneten Koffer zwischen all dem Zeug, das da hinein soll, unschlüssig und über der lästigen Arbeit schon im voraus verdrossen. Es stimmt ja doch nie. Immer ist am Schluß, wenn man gepackt hat und der Koffer weggeschickt ist, noch irgendwo eine Schublade voll gebrauchter Wäsche, ein Schlafrock, ein Häufchen Bücher und dergleichen vorhanden, das man im letzten Augenblick vor der Abreise entdeckt, und dann muß man das Fräulein im Büro um Packpapier und Schnur bemühen oder um eine Schachtel, muß Postpakete machen oder sich auf der Reise mit einem unliebsamen und häßlichen Bündel quälen.

Zum dritten Male nehme ich das Paar genagelter Schuhe zur Hand, das ich auch diesmal, wie bei jeder Reise, mitgenommen und in all den Wochen meines hiesigen Aufenthaltes nie getragen habe. Es sind gute feste Schuhe, mit genagelten Sohlen, zu Hause auf dem Lande trage ich immer solche, während ich sie hier nicht brauchen kann. Sie zerkratzen die Parkettböden, sie bringen ihren Träger auf den Marmortreppen zu Fall, und jene Wald- und Berggänge, die ich mit ihnen zu unternehmen dachte, habe ich alle nicht unternommen: man wird alt und träge, und die Beine haben das Reißen. Unlustig wickle ich die guten Schuhe in Zeitungen ein, stopfe alte Wäsche daneben, um sie in der Kofferecke festzuklemmen, bleibe dabei mit dem Bündel am Kofferschloß hängen, das ein wenig wacklig zu werden beginnt und mir Sorge macht. Du guter Koffer, wie oft habe ich dich schon vollgestopft und wieder geleert, auf wieviel Eisenbahnen, Wagen und Schiffen hast du meine Habe mir nachgeschleppt! Einst habe ich dich für die Reise nach Indien gekauft, damals trugst du den eleganten Namen Kabinenkoffer und warst mit lauter neuen, schönen Sachen gefüllt, neuen farbigen Hemden, einem neuen Smoking, lauter Dingen, die inzwischen alt und schäbig geworden sind und mich eins ums andere verlassen haben. Und bei der Rückkehr aus Indien lagen viele exotische Andenken und Spielereien in deiner Truhe, Batiktücher aus Sumatra, kleine Bronzen, chinesische Spielzeuge aus Hartholz und Schnitzereien aus Elfenbein und Ebenholz, Fotografien von indischen Häfen, von Stromufern im Urwald, von rudernden Malaien in flachen Booten und Pfahlbauhütten mit spitzen Palmblätterdächern. Alle diese Sachen haben sich längst verloren, sie sind verschenkt, weggekommen, zerbrochen, ebenso wie die hübschen neuen Hemden von damals längst Lumpen geworden sind.

Und alle die Bücher, die du, guter Koffer, schon für mich hast durch die Welt schleppen müssen! Und heute sind Bücher unter meiner Habe, eins davon ist alt und hat bei deiner ersten Fahrt auch schon mir gehört, die anderen wechseln von Mal zu Mal. Diesmal ist das Hübscheste, das ich mithabe, Rudolf Bindings »Ausgewählte Gedichte« (Verlag Rütten & Löning, Frankfurt), ein vornehmes Buch. Auch der »Donner überm Meer« von Heinrich Hauser gefällt mir, trotz einer gewissen Gerissenheit in der Technik; dieser Autor findet für alles Sichtbare den befriedigenden Ausdruck, er ist ein glänzender Beschreiber. Ob er auch ein Erzähler ist, kann man aus diesem interessanten Buch nicht sehen, es ist bei S. Fischer erschienen.

Aber noch immer kämpfe ich mit den Schuhen. Ich sehe sie ungern hier, sie mahnen mich, sie machen mir ein schlechtes Gewissen. Denn einst war ich ein Wanderer, reiste mit leichtestem Gepäck und viel zu Fuß, und das tat mir wohl und entsprach besser meiner Stellung zur Welt als dieses heutige Reisen, bei dem man aus dem Bannkreis der Maschine nicht mehr herauskommt.

Wäre ich jetzt zu Hause in meinem Dorf im Süden, so zöge ich morgen schon diese Schuhe an, liefe auf ihnen den steilen steinigen Waldweg hinab ins Seetal und jenseits auf einen der schönen rosigen Berge, wo oben eine Marienkapelle steht. Hier aber seid ihr nutzlos, alte Wanderschuhe, versperrt mir nur den Platz und mahnt mich an andere Zeiten, Zeiten mit besserer Laune, Zeiten auf jüngeren und rüstigeren Füßen. Ihr mahnt mich aber nicht nur an Vergangenes, sondern mehr noch an etwas täglich Neues: an den Kampf und die Flucht meines Lebens. Denn alle meine Wanderungen, alle meine Reisen waren und sind ja im Grunde nur eine Flucht – nicht zwar die Flucht der Großstädter und Globetrotter, nicht die Flucht vor sich selber, die ewige Flucht vom Innen nach dem Außen, sondern gerade das Gegenteil: ein Fluchtversuch aus dieser Zeit heraus, aus dieser Zeit der Technik und des Geldes, des Krieges und der Habsucht, einer Zeit, die ihren Reiz und ihre Größe haben mag, die ich aber mit dem Besten in mir nicht billigen und lieben, sondern bestenfalls eben ertragen kann. Und darum ist die Mahnung dieser Schuhe mir so fatal, weil ich ja längst erkannt habe, daß die räumliche Flucht, das Laufen auf Wanderschuhen und das Fahren auf Eisenbahnen und Schiffen mich nicht ans Ziel bringt, daß sie nicht aus der Zeit hinausführen. Und dennoch versuche ich, außer anderen Mitteln, auch heute noch je und je wieder das alte Mittel des Reisens, versuche es immer neu, manchmal mit Resignation, manchmal mit Humor, manchmal mit schlechtem Gewissen. Ein Glück, daß es auch andere Mittel gibt für den, der im Konflikt mit seiner Zeit steht! Außer der Flucht aus der Zeit gibt es ja auch den Kampf gegen sie, den Protest des Dichters gegen den General, gegen den Bankier, gegen den Ingenieur, den Protest der Seele gegen die Rechenmaschine, den Protest des Herzens gegen die Roheit und Ärmlichkeit dessen, was man heute »Leben« nennt. Unter den sehr wenigen Dichtern, die das heutige Europa hat, weiß ich nicht einen einzigen, dessen Werk im Grunde nicht ein solcher Protest wäre, dessen Werk nicht auf einem Boden von Leiden an der Zeit stände. Obenan in der Schar steht Knut Hamsun, unser alter Bruder, trotzig und scheu wie ein Rentier, den Blick voll Wald und Meer und voll Trotz und Haß gegen die Städte, die Maschinen, die Flinten, die Kanonen.

Diesmal ist's eine Pflichtreise, die ich antrete: ich habe versprochen, einige Vorlesungen zu halten. Natürlich nur in anständigen, leidlich hübschen Gegenden südlich der Mainlinie, denn niemand kann mir zumuten, lediglich der Literatur willen Reisen zu tun in Landstriche, wo kein Wein mehr wächst. Aber auch diese Reisen haben das Fatale einer Flucht an sich, höchstens sind sie mir Lehrmeister und Führer zum Humor und lassen mir nachher das Landleben und die Einsamkeit wieder doppelt schmecken.

Weg mit den Betrachtungen! Lieber will ich jetzt die

Klüfte zwischen allen den harten und spitzen Paketen auszufüllen streben. Ein wollener Sweater fällt mir in die Hände, der eignet sich dazu sehr gut. Auch ihn nehme ich unnützerweise auf meine Reisen mit, ich trage ihn nie. Aber einmal könnte ich doch auf einer Winterreise eine so teuflische Kälte antreffen, daß ich froh über meinen Sweater wäre. Und dann war er doch früher immer dabei, wenn ich im Winter auf Reisen ging, denn damals waren auch die Skisocken und die dicken wasserdichten Skistiefel stets dabei. Hundert gute Erinnerungen hängen an diesem alten Sweater, für mich riecht seine nüchterne graue Wolle nach Bergwinden, Schnee und Föhn, nach Tannen- und Arvenharz im dünnen durchsonnten Gebirgswald, nach Fuchsspuren, nach frohen hungrigen Frühstücken auf Touren in Graubünden und im Berner Oberland. Viel gute Erinnerungen und dankbare Gedanken ruft die graue Wolle in mir wach. Und es fällt mir jene Stelle in einem der schönsten Ritterromane des Mittelalters ein, im »Loher und Maller«, wo der junge Ritter aus Deutschland fern im Morgenland gefangen und ins bitterste Elend, in Hunger, Schmutz und Krankheit gesunken, sein Hemd anredet, das einzige Stück, das ihm noch aus der Heimat und den guten Zeiten her geblieben ist, und das auch schon in Fetzen geht. »O Hemd, mein Hemd!« ruft er da bitter klagend, und die schöne Vergangenheit leuchtet ihm herzbewegend in die bittere Not der Fremde.

Unter meinen Hemden stößt mir auch dies und jenes Betrübliche auf. Schlechtes, trauriges Zeug, das man heute zu kaufen kriegt! Und ich habe meine Sachen gern, ich trenne mich nicht gleichgültig und unbewegt von ihnen, ich bin ihnen treu und suche sie zu retten und sie mir lange zu erhalten. Ich habe die flotte Gebärde nie gelernt, all das schnell Verbrauchte achtlos und lieblos wegzuwerfen, das zerrissene Hemd, den kranken Schuh, das kaum gelesene Buch. Ich bin ein rückständiger Mensch, es fehlt mir der Sinn für das Zeitgemäße; nicht einmal im Kriege und an der großen Zeit konnte ich meine Freude haben. Na, lassen wir es gut sein, und lassen wir den ganzen Schuh- und Wäschekram für heute liegen! Ich will den Hausburschen rufen, der soll statt meiner fertigpacken.

Ich laufe fort und durch die Stadt; den Kofferschlüssel habe ich dem Hausburschen gegeben. Morgen werde ich in Zürich den »Don Juan« hören. In acht Tagen werde ich in Stuttgart den Platz wiedersehen, wo ich einst, ein kleiner Junge, meine erste heimliche Zigarette geraucht habe. Etwas später werde ich in Frankfurt van Goghs Bildnis des Doktor Gachet und das »ringellockige Blumenmädchen« des Bartolomeo da Venezia wiedersehen, und hoffentlich werden meine Freunde dort mir auch eine Flasche Rheinwein vorsetzen, seit Jahren habe ich keinen mehr gekostet. Lassen wir uns treiben, lassen wir uns noch einmal vom Strom der Oberfläche mitspülen! Treten wir flott auf und spielen wir den Zufriedenen, wie es vermutlich schon der verlorene Sohn in der Ferne getan hat. [1926]

Reisebrief

Bis vor einigen Jahren war es mir gelungen, die Rückständigkeit meines Geschmackes und die Unvereinbarkeit meiner Lebensauffassung mit modernen Prinzipien vor anderen und vor mir selbst zu verschleiern und, wenn es zuweilen nötig wurde, erfolgreich mit zusammengebissenen Zähnen den noch jugendlichen Herrn zu spielen. Seit ich diese mühsame Position aufgeben mußte, ist mir wohler, denn so hübsch auch die Anpassung an den Geist der Zeit und Umwelt sei, die Freuden der Aufrichtigkeit sind doch größer und haltbarer. Und so mache ich heute, vor mir selbst wie vor anderen, aus meiner Abneigung gegen das Reisen keinen Hehl mehr. Da sich dennoch nicht alles Reisen vermeiden läßt, habe ich mir allmählich eine Art von Reisetechnik erworben, welche etwa auf der Stufe des frühen Mittelalters steht.

Diesmal zum Beispiel ist es mir in einer übermütigen Stimmung passiert, daß ich mich, gegen Ende des Sommers, zu einer Einladung nach Nürnberg verleiten ließ, wo ich den Leuten einen Abend lang Gedichte vorlesen soll. Die Reise zu diesem Nürnberger Abend nun, der um die Mitte des November stattfinden soll, habe ich in den letzten Tagen des September angetreten, denn der Weg vom Südtessin nach Nürnberg ist weit und man tut gut daran, ihn in diverse Etappen einzuteilen. Auch ist es angenehmer, eine Pflichtreise bei schönem Sonnenwetter als im grauen, kühlen Spätherbstwetter anzutreten.

Die erste Etappe der Reise war bisher die angenehmste. Es war die Strecke von Lugano bis Locarno. Für Menschen, die an Auto und Flugzeug nur wenig gewöhnt sind und in altmodischer Weise unterwegs gerne beim Kleinen, Nahen und Einzelnen verweilen, ist diese Strecke gerade lang genug. Ich kam dabei, ahnungslos, sogar beinahe in Berührung mit der Weltgeschichte, denn man erwartete damals in Locarno die baldige Ankunft der Konferenz-Diplomaten, und ich konnte einige Tage lang zusehen, wie in dem lieben, alten Städtchen, wo jeder Winkel mir vertraut ist, der große Empfang vorbereitet, die Straßen frisch gepflastert und die Ruhebänke neu angestrichen wurden. Ich wohnte bei Freunden, in einem stillen, dichten Tropengarten mit Affenbäumen, Ginkos und Bananen, aß süße blaue Trauben an den heißen Hängen von Brione und Gordola, und entschloß mich nach den schönen Tagen nur schwer zur Weiterreise, denn nun galt es wieder einmal die warme Südseite der Alpen zu verlassen, durchs große Loch zu fahren und mich wieder an Europa, an Norden und Zivilisation zu gewöhnen.

Vorsichtig reiste ich bis Zürich und tauchte zögernd wieder in die kühle, graue Luft des nördlichen Herbstes, in die hübsche, spielerische Bilderwelt des Stadtlebens, trieb mich in Bilderausstellungen, in Theatern und Kinos herum, sah im Film den Kollegen Gerhart Hauptmann in beneidenswerter Rüstigkeit seinem Bade im Ligurischen Meere obliegen, besuchte Freunde, sah in Winterthur die schöne Ausstellung meines Freundes Hans Sturzenegger, mit dem ich einst, in einer reiselustigeren Zeit meines Lebens, auf Ceylon und in Sumatra gewesen war und von dessen Bildern viele mich wieder an jene Welt erinnerten, an die duftenden Küsten Asiens und die breiten, stillen Ströme im Urwald. Ich sah in Winterthur, bei Oskar Reinhart, die schönste mir bekannte Privatsammlung edler Gemälde, trank in Zürich einige Gläser vom neuen Wein dieses Herbstes, und fand nun, es sei vorerst genug der heftigen Genüsse, und eine Reisepause von längerer Dauer sei sehr zu wünschen. Und kaum hatte ich dabei an das benachbarte Baden an der Limmat gedacht, wo ich schon mehrmals im heißen Schwefelwasser angenehme und erfolgreiche Badekuren gemacht hatte, da spürte ich auch schon hier und dort in den Gliedern wohlbekannte Gefühle und Mahnungen, pries die gute Gelegenheit und fuhr nach Baden hinüber, um dort im alten, ehrwürdigen Verenahof wieder den Zauber der Schwefelquellen und die Ruhe eines stillen Aufenthaltes zu genießen.

Und da sitze ich denn nun schon eine ganze Weile in Baden, steige jeden Morgen andächtig in das heilsame Wasser, spaziere an der Limmat entlang, sehe an heiteren Tagen den farbigen Wald in der Sonne glühen, und liege an Regentagen mit einem Buch im Zimmer und denke noch lange nicht an die Fortsetzung meiner Reise. Einige Bücher haben mir in dieser Zeit gute Gesellschaft geleistet. Zuerst das Harichsche Werk über Jean Paul, dessen Temperament und Kampflust mir viel Freude machte und in dem der deutsche Geist eines Jahrhunderts sich wieder einmal zu Selbstkritik und neuer Einstellung findet. Dann Emil Ludwigs gescheites und flottes Buch über den Kaiser Wilhelm, etwas überklar und rationalistisch, selten nur von jener ebenso gefährlichen wie fruchtbaren Stimmung hoher Resignation und hohen Humors angeflogen, welche das Unbegreifliche und Irrationale alles Geschehens lächelnd anerkennt, aber glänzend in seiner virtuosen Auswahl von belegenden Dokumenten und in seiner gradlinigen Psychologie. In diesem Buch wird der Kaiser ebenso sehr belastet wie entlastet, und am Schluß steht man vor dem beklemmenden Gefühl, daß jene Einsicht und Einkehr nach tollen und leichtfertigen Jahren, die der Kaiser nie vollzogen hat, auch von drei Vierteln seiner einstigen Untertanen noch heute nicht vollzogen ist. Schließlich wandte ich mich gern einem bewährten, alten Buche zu, den »Wanderjahren in Italien« von Gregorovius, die der Verleger Jeß in Dresden in handlicher Form neu herausgebracht hat und in denen ich manche Lieblingsstücke wieder aufsuchte. Nicht überall ganz frei von Professorengeist, ist dies große Werk doch ein Meisterstück der Gelehrsamkeit und Darstellungskunst in der Blütezeit deutscher Wissenschaft.

Indessen spielen die Bücher in meinem jetzigen Leben eine kleine Rolle. Wichtiger ist, ob des Morgens die Sonne scheint, ob der Zustand der Beine einen größeren Waldgang erlaubt, ob die hübsche, junge Dame vom ersten Stock zum Abendessen erscheint oder nicht. Wichtig ist das Geräusch der welken Platanenblätter auf der Flußpromenade, und das Gefühl der Ehrfurcht vor diesen kräftigen Bäumen, unter welchen nun schon seit vielen Tagen immerzu große Haufen von welkem Laub zusammengefegt werden, während oben die Kronen noch immer dicht und grün im Winde stehen und kompakte, runde Schatten werfen. Wichtig ist der traurige Anblick der erstorbenen Blumenbeete nach der ersten verfrühten Frostnacht, und das Spiel der Eichhörnchen an den Buchenstämmen im Walde, und das Wiedersehen mancher alter Kurgäste, welche ich schon zwei- und dreimal bei früheren Kuren hier angetroffen habe. Manche kenne und spreche ich, andere sind mir nur vom

Sehen bekannt, und auch sie haben mir viel zu sagen, am meisten eine noch junge Fremde, die krank und lahm liegt und zu den Mahlzeiten in einem Tragesessel hereingebracht wird, und die ich mit ihrer Pflegerin manchmal so schön und fröhlich lachen höre, daß mir von dieser Dame Wichtiges zu lernen scheint. Wichtig sind auch die Träume, die mich nachts besuchen und von denen meistens am Morgen so wenig mehr übrig ist, aus denen aber immer und immer neu die Mahnung klingt an das holde, dunkle Reich unserer Seele, in dem sich ungeachtet und wenig erforscht viel kühnere und strahlendere Wunder begeben als in der Welt unseres Verstandes und unserer Betriebsamkeit. Wenn aus der nachklingenden tiefen, farbigen, blutig lebendigen Traumwelt mich am Morgen, sehr wider meine Wünsche, der Betrieb des Tages weckt, mit der Post und Zeitung und allem, was dazugehört, dann empfinde ich, irgendwo in sehr dunklen Tiefen, etwas ganz Ähnliches wie dann, wenn ich eine Reise antrete, wenn ich meine Welt der Einsamkeit und der Versunkenheit, die doch voll wilder Probleme und schwerer Aufgaben ist, gegen die Welt der äußeren, mir fremden Probleme und Bewegungen vertauschen muß.

Mit dem Weiterreisen hat es noch gute Weile, doch langsam beginnen meine Gedanken sich auch damit wieder zu beschäftigen. Nach Nürnberg zu reisen, ist nicht so einfach, auch wenn man die Strecke bis Zürich und Baden schon hinter sich gebracht hat. Denn natürlich setze ich mich nicht in irgendeinen Schnellzug, der schnurgerade von hier nach Nürnberg rennt, sondern dazwischen rufen mich auch noch andere Pflichten. Vor allem habe ich schon vor einem Jahre das Gelübde getan, bei meiner nächsten süddeutschen Reise unbedingt einen Aufenthalt in Blaubeuren zu nehmen, wo die schöne Lau gewohnt hat und wo ich das Hutzelmännlein, den Pechschwitzer, besuchen will, ich vermute bei ihm wichtige und schöne Geheimnisse. Ferner habe ich schon vor einigen Jahren im Gespräch mit Freunden einmal behauptet, im Vergleich mit dem Straßburger Münster sei das Ulmer Münster unbedeutend und enttäuschend, und eine Stunde nachher, als ich zu Hause im Bett spaßeshalber eine kleine Aufrichtigkeitsprobe machte und jenes Gespräch im Gedächtnis noch einmal durchnahm, da merkte ich, daß ich vom Ulmer Münster, das ich nur in früher Jugend ein einzigesmal gesehen habe, überhaupt keine klare Vorstellung mehr hatte. Und so beschloß ich denn, falls je mein Weg einmal mich in die Nähe von Ulm führen würde, dort haltzumachen und wieder Ordnung in die Münstersammlung meines Gehirns zu bringen. Die Ulmer haben mir das dann noch erleichtert, indem auch sie mich einluden, in ihrer Stadt meine Gedichte vorzusingen, und ich, der ich sonst alle diese Einladungen als Teufelswerk ansehe und nur alle zwei Jahre eine davon annehme, habe sofort zugesagt, eben um der Münstersache willen, und weil Blaubeuren in der Nähe ist, wo ich den Pechschwitzer, den Tröster, anzutreffen hoffe.

All diesen Dingen soll ich nun entgegenreisen, dem sagenhaften Blaubeuren, dessen Existenz in der realen Geographie mir oft recht zweifelhaft erscheinen will, dem alten Ulm und seinem Dom, der Donau und dem Lech und schließlich dem alten wunderlichen Nürnberg mit den Lebkuchen, Bratwürsten und anderer Gotik, und je näher die Weiterreise kommt, desto mehr wünsche ich, ich hätte sie schon hinter mir, und zuweilen tröstet mich in meinen Reisesorgen der Gedanke, daß ich, ohnehin stets bei so schwacher Gesundheit, sehr leicht wieder ernstlich krank werden könnte, und daß dann ein Absagetelegramm nach Nürnberg alle meine Sorgen im Augenblick zerstreut. [1925]

[Die letzte Reise dieser Art . . .]

Der Mann, von dem die Rede ist, war in seinen jungen Jahren viel gereist. Namentlich war er jedes Jahr einmal nach Italien gefahren und hatte dort Tage oder Wochen, je nachdem, damit verbracht, durch alte ehrwürdige Städte und Städtchen zu schlendern, an Kathedralen und Türmen empor zu blicken, Sammlungen alter Kunstwerke zu durchwandern, eine Übung, welche seit Winckelmann und Goethe so viele gepflegt haben, und bei welcher sein eigentliches Vorbild der Gelehrte war, den er am meisten liebte, der Basler Jakob Burckhardt. Außer Mailand, Florenz und Venedig, lernte er auf diese Weise eine große Zahl italienischer Städte kennen, und manche wurden ihm so lieb, daß er öfter zurückkehrte. Andere wieder, an sich verlockend und verheißungsvoll genug, blieben unbesucht, und es waren dies weniger die sehr abgelegenen und mühsamer zu erreichenden Orte, als vielmehr gerade solche, die an den großen Eisenbahnlinien lagen und deren Bahnhöfe der Mann des öfteren zu Gesicht bekommen hatte, jedesmal mit dem Gedanken, auch hier einmal aussteigen zu wollen, um sein Buchwissen um diese Stadt in lebendige Bilder und Erlebnisse zu verwandeln, jedesmal freilich auch mit dem Gedanken, daß es damit keine Eile habe.

Die letzte Reise dieser Art hatte den Mann an den Gardasee und Iseo-See und nach Brescia geführt, sie hatte mit einer langen überaus schönen Fahrt auf dem Lago Maggiore geendet, von Arona bis ans Nordende des Sees, bei einem glasklaren, aufregend windigen Föhnwetter, und er hatte damals, wie ihm nachher schien, schwerer als sonst von Italien Abschied genommen. Es war im Frühling des Jahres 1914 gewesen, und war die letzte Italienreise des Mannes geblieben, denn kurz darauf begann der große Krieg, und als er zu Ende war, hatte der Mann an anderes zu denken als an schöne und belehrende Reisen, es war ihm die Jugend und ein Teil Lebensfreude entschwunden, und Jahr um Jahr ging hin, schwere Jahre und erträgliche Jahre, und langsam, wie sich in der Abendstunde das Licht verliert und einsickert, bis alles grau ist, war aus dem Leben und Gemüt des Mannes die Jugend und die Reiselust, und mancher andere Trieb und manches andere Licht entsickert und verlorengegangen, bis er eben dort stand, wo wir ihm begegneten, im sechzigsten Jahr, ein fleißiger und geistig noch kaum ermüdeter Mann, aber ein Mann mit Gewohnheiten und Beschwerden, einem großen Alltag und wenig Feiertag, noch weit weg vom Ende, noch keiner großen Krankheit verfallen, aber doch eben verwelkt und schwer beweglich, kein Freund von Festen, kein Freund von Überraschungen und schnellen Entschlüssen, kein neugieriger Wanderer und Reisender mehr, dem der Anblick eines fernen blauen Berges, einer schwebenden Goldwolke am Horizont, das Herz umdrehen kann vor Reisetrieb und ungestillter Liebe zur Schönheit der Welt.

Im vergangenen Jahr hatten ihn mehrere Schläge und Verluste getroffen, bei deren Erleiden und Ertragen er gespürt hatte, daß sie ihn bis in die Wurzeln der Lebenskraft verletzt hatten. Es war jedoch dieser schlechten Zeit eine freundlichere gefolgt, es waren Zeichen der Liebe und Treue von alten Freunden eingetroffen, und allmählich hatte er wieder Vertrauen gefaßt und sich daran gewöhnt, ohne Abwehr oder Ironie diesen und jenen Hinweis auf das bevorstehende Jubiläum des sechzigsten Geburtstages hinzunehmen, ja sich ihrer leise zu freuen. In dieser gelassenen und eher heiteren Stimmung begann er auch mit dem Gedanken zu spielen und zu liebäugeln, vielleicht doch noch einmal nach Italien zu fahren, vielleicht doch noch einmal, nach mehr als zwanzig Jahren, es mit einer Reise nach der Toskana oder Umbrien, mit dem Spazieren durch fremde schöne Städte und Landschaften, mit den kleinen Reizen und Abenteuern des Reiselebens zu versuchen. Zwar hatte er seit Jahren dem Reisen, und gar dem Reisen zum bloßen Vergnügen, recht eigentlich abgeschworen, und oft genug seine Unzufriedenheit mit der inzwischen Mode gewordenen Art des Reisens ausgesprochen, bei welcher zwar die Menschen nicht minder vergnügt zu sein schienen als in früheren Zeiten, die ihm aber doch eines differenzierten Menschen eigentlich unwürdig schien. Diese Arrangements mit Reisebüros, diese Ausnützung der jeweiligen Valutazustände, dieses rasche, oberflächliche Reisen durch Länder, deren Sprachen und Kulturen der Reisende nicht kennt, wobei Venedig zum abendlichen Vergnügungsdorf eines Strandbades, Marseille zu einem Restaurant für Fischsuppen, Palästina und Ägypten zu Dekorationen für verwöhnte Gäste von Luxushotels wurden, dies alles schien ihm auf Verfall und Verflachung zu deuten, und wenn man ihm einwandte, die Welt sei jünger geworden, und statt gelehrter und tiefsinniger Reisen im Stil von Goethe oder Humboldt liebe man heute mit Recht das Einfachere, Naive und Wohlbekömmliche, die Strandbäder, den Sport, die unbekümmerten und vom Geist nicht angekränkelten Allüren der Jugend, dann lachte er abweisend und meinte, daß die Menschen immer jugendlicher würden, sei allerdings nicht zu leugnen, bald würden sie auch schon die Strandbäder und Sportplätze nicht mehr brauchen, sondern, noch jünger geworden, sich mit den Wonnen des Daumenlutschens begnügen. Zur Zeit schien er diese etwas mürrischen Äußerungen vergessen zu haben, jedenfalls ließ er sich durch sie nicht davon abhalten, selbst wieder an das Reisen und an Italien zu denken.

[Um 1927]

Bilderbogen von einer kleinen Reise

Wie es eigentlich gekommen ist, weiß ich selber nicht, aber ich sitze wirklich schon wieder in der Bahn! Erst vor drei Wochen kam ich nach langen Reisen wieder in meiner ländlichen Klause an, fest entschlossen, dort mindestens bis zum Herbst ruhig sitzen zu bleiben, und jetzt finde ich mich schon wieder in der Eisenbahn, und sitze und sinne darüber nach, wohin ich morgen fahren könnte.

Gründe zum Wegreisen sind ja immer da. Unsereiner, der mit der Welt nicht in guter Harmonie lebt, der weder an die dilettantische Philosophie Lenins noch an die kindliche des Herrn Ford in Amerika zu glauben vermag; unsereiner, der in der enthusiastischen Betriebsamkeit der Industrien und der Politik nicht viel anderes zu sehen vermag, als halbbewußte, aber unendlich zielsichere Vorbereitungen für den nächsten Krieg – unsereiner fühlt sich in seiner Haut niemals so wohl, daß er nicht gerne jeden kleinen Anlaß ergriffe, um ein wenig davonzufahren, ein wenig zu flüchten und sich zu zerstreuen. Wenn man so allein in seiner Studierstube sitzt und die Lächerlichkeit seines Tuns und Denkens täglich von allen Seiten her bestätigt bekommt, und nichts zu tun hat, als den Nachtigallen im Garten zuzuhören und die zunehmende Gicht in den Fingern zu kontrollieren, nun, da hat man keine sehr feste Position, man ist leicht vom Ast zu schütteln. So bin ich denn seit ein paar Tagen wieder auf Reisen und zeichne mir unterwegs ein paar Szenen in mein Notizbuch.

In der Bahn, auf dem Wege nach Zürich, wurde ich

eifrig von einer deutschen Dame unterhalten, die es sich sichtlich zur Lebensaufgabe gemacht hatte, vollbewußt allen Bestrebungen des geistigen Lebens unserer Zeit gegenüberzustehen. »Sie kennen doch die Gesellschaft für voraussetzungslose Philosophie? Nicht? Nicht möglich! Und den Kulturbund ›Weiße Fahne‹? Nicht? Aber die Reformgesellschaft ›Blauer Drachen‹? Auch nicht? Nun, dann sagen Sie mir wenigstens, wie Sie über die Bestrebungen zur Versöhnung zwischen Theosophie und Anthroposophie denken!« Ich sagte, daß zwar auch diese Bestrebungen mir unbekannt seien, daß ich ihnen aber das beste Gedeihen wünsche; und die Dame war befriedigt und sprach eifrig von diesem und jenem, was wir in Zürich gemeinsam unternehmen könnten. Ich hinterging sie und stieg einige Stationen früher aus und näherte mich Zürich auf Schleichwegen, froh darüber, daß ich wieder in der deutschen Schweiz war, wo man überall so gute Weißweine zu trinken bekommt: den kräftigen, wie nach Nuß schmeckenden Fendant, den guten, sanften Ivorne, den schweren Dézaley.

Aber außerdem hatte ich in Zürich auch Geschäfte. Ich mußte im Polytechnikum eine Vorlesung halten, eine Vorlesung meiner Gedichte, und dies tat ich denn auch am folgenden Abend mit Gewissenhaftigkeit; aber der Eindruck, den ich von dieser Veranstaltung hatte, war kein sehr glücklicher. Wenn ich hier in Zürich vor fünfzehn Jahren eine Vorlesung hielt, dann hatte ich die älteren unter den Zuhörern für mich, die Jungen gegen mich. Fünf Jahre später war es umgekehrt: die Älteren blieben weg oder zuckten die Achseln, die Jungen waren entzückt. Heute aber bin ich mit meinen Gedichten und Gedanken wieder hübsch allein, und es gibt bei alt und jung weder Entzücken noch Widerstand mehr, sie hören beide gelassen zu, und inmitten dieser achtungs- und mitleidsvollen Zuhörer komme ich mir bald tausendjährig, bald auch wie ein kleiner Junge vor, der versehentlich unter die schon Konfirmierten geraten ist. Nachher aber, als wir nach der Vorlesung im Pfauen saßen und Walliser Wein tranken, war es ganz hübsch. Ein paar nette Studenten waren mitgekommen, und ein paar alte Freunde mit grauen Haaren hatten sich eingefunden, und um Mitternacht waren die meisten mit mir darüber einig, daß die Zwölf-Uhr-Polizeistunde einer sonst so sympathischen Stadt wie Zürich nicht würdig sei.

Anderen Tages hatte ich die literarischen Eindrücke des Abends vergessen, nicht aber den Weißwein, den ich im Hinterkopf unangenehm spürte. Zürich war doch nicht der richtige Ort für mich, so schien es, und so fuhr ich schleunigst weg, fuhr an meinen alten Kurort Baden, wo mein vortrefflicher Arzt wohnt und wo ich im Verenahof mehrmals einen ehrwürdigen, unvergeßlichen Chambertin getrunken hatte. Dort, in meinem guten alten Hotel, bei meinem bewährten Arzt, der mir seit Jahren die Fortschritte meines Leidens registrieren hilft, bei den schönen heißen Schwefelbädern, bei dem edlen Chambertin, bei den schönen Buchenwäldern fand ich einigen Trost, blieb ein paar Tage, bekam Bäder und Einreibungen und wäre wohl noch lange geblieben, wenn nicht die Flut der Kurgäste so angeschwollen wäre, daß es mir zu viel wurde. Betrübt schwang ich den Hut, ging zur Bahn und wußte nicht recht, wohin ich jetzt fahren sollte. Nach Hause zurück? Da waren Arbeiter in meiner Wohnung. Nach Zürich zurück? Da waren alle Leute so sehr beschäftigt und in Anspruch genommen und führten ein so tüchtiges, arbeitsames, fleißiges Leben, daß ich unter ihnen keine gute Figur machen würde. Basel lockte mich ein wenig, aber man liebt mich dort nicht sehr. Nein, auch Basel konnte mir nicht dienen. Aber da gab es einen sehr bequemen Zug nach Bern, wie ich fand, und dieser Zug schien mir verlockend. Zwar steckte Bern für mich voll böser Erinnerungen, ich hatte dort die schrecklichen Kriegsjahre verbracht. Aber nahe bei Bern wußte ich ein altes Schloß über der Aare, ein Schloß aus einer Eichendorff-Novelle, wo unter alten Nußbäumen und Kastanien kühle Brunnen rauschten, und über den besonnten Rasen königliche Pfauen stolzierten, wo es ein Turmzimmer gab, in dem ich oft gewohnt hatte, und ein paar Wände voll herrlicher Bilder und einen guten Keller und liebe Freunde, die mich, falls sie nicht gerade verreist wären, gut aufnehmen würden.

Ich fuhr nach Bern. Zu den Eisenbahnfenstern knallten die Maikäfer herein, und die Luft war voll von den still segelnden Samen des Löwenzahns, und in Bern machte ich nicht lange halt, sondern fuhr schnell durch die Wälder zu dem einsamen Schloß und den Pfauen hinaus, deren wilde Schreie mich begrüßten, und zu den Kindern, die im Gras und am ovalen Weiher spielten, und zu meinen Freunden, die sich freuten, mich wiederzusehen. Da erfuhr ich im Gespräch, daß zur Zeit der Pariser Komiker Grock in Bern auftrete, und abends war ich schon wieder in Bern und sah im Varieté zu, wie dieser groteske und liebe Mensch seine Kapriolen machte, und bewunderte ihn sehr, denn erstens arbeitet er mit der Sorgfalt und liebevollen Genauigkeit der großen Artisten, und zweitens sehe ich immer mit tiefem Vergnügen und Mitgefühl, wenn ein Humorist das Publikum dazu nötigt, für eine Stunde das gerade Gegenteil seiner sonstigen Moral und Religion zu lieben, dem Unvernünftigen Beifall zu spenden, für das Paradoxe zu schwärmen und vom Phantastischen entzückt zu sein. Bravo, Bruder Grock! Mit deiner kleinen Zwergengeige, mit deiner silbernen Klarinette und deinem freundlichen Kindergrinsen bist du mir lieb geworden, ich nehme dich in meinem kleinen Bilderbuch mit.

Im Turmzimmer schlief ich ein, vom Fliederduft betäubt, früh von den Pfauen geweckt, lag ein paar Stunden mit Max und den Frauen und Kindern an der Sonne, kostete den Sommerduft und das kühle, strenge Blaugrün der reißenden Aare, sah ein paar schöne Bilder an von Louis Moilliet, den ich über alles liebe, von Paul Barth, von Blanchet und Auberjonois, aß noch schnell einen Bissen zu Mittag und stieg mit Max in den Wagen, denn es war mir eingefallen, daß die ganz schönen Dinge desto schöner sind, je kürzer man sie genießt.

Eilig fuhren wir im Auto durch den hohen Wald, in einer Viertelstunde ging mein Zug. Da begegnet uns ein leichtes Bauernfuhrwerk, mit einem schönen großen Pferd, dem man von weitem das Reittier ansah. Das Pferd erschrak, so mitten im stillen Walde, heftig über unsere lärmige Maschine, stieg in die Höhe, rutschte aus, überschlug sich und stürzte in den Graben, fiel auf die Deichsel, die in Splitter ging, arbeitete sich wunderbar tapfer sofort wieder in die Höhe, und stand nun, heftig zitternd, ein wenig blutend, mit böse flackernden Augen in seinem zerrissenen Geschirr. Es dauerte eine Weile, bis Max, der alles kann, dem bestürzten Mann geholfen hatte, das Pferd zum Stehen zu bringen, das Riemenzeug ein wenig zu flicken und den Wagen wieder halbwegs flott zu machen. Nie vergesse ich den Blick, den das wilde, zitternde Tier auf unsern Wagen herüberwarf, ich bog und schämte mich über diesen bösen, leidenden, angstvollen Blick der armen Kreatur, ich gab ihm recht. Aber Max brachte die Sache klug und schneidig in Ordnung. Es gelang, den Gaul ein Stück weit am Zügel zu führen, es gelang uns sogar, noch in der letzten Minute in Bern den Zug zu erreichen, in den ich atemlos sprang, während Max auf dem Bahnsteig stand und sein Hütchen schwang. Und so blieb mir das Abschiednehmen und Wortemachen erspart, der Zug fuhr davon, und ich rollte wieder durch das grüne Sommerland, diesmal nach Zürich zurück, um den Abend bei Freunden zu verbringen und anderen Tages Mozarts »Entführung« zu hören. Kein schlechter Abschluß für eine solche, etwas ratlose Reise. Und morgen, falls nichts dazwischen kommt, fahre ich wieder nach Hause und zur Arbeit. [1927]

Sommernacht

Die Bäume tropfen vom Gewitterguß,
Im nassen Laub glänzt Mondlicht kühlvertraut,
Vom Tal herauf der unsichtbare Fluß
Tönt dunkel her mit ruhelosem Laut.

Jetzt im Gehöfte schlagen Hunde an –
O Sommernacht und halbverhangene Sterne,
Wie reißt es mir auf eurer bleichen Bahn
Das Herz hinaus in Reiserausch und Ferne!

Sommerliche Eisenbahnfahrt

Wieder einmal mache ich eine kleine Reise, seit anderthalb Stunden sitze ich in der Eisenbahn, und es kommt mir vor, es sei seit der Abfahrt eine unermeßliche Zeit vergangen, so sehr langweile ich mich, so unbequem und zuwider ist mir das Bahnfahren. Vor einigen Jahren, so hörte ich erzählen, soll ein Amerikaner namens Lindwurm oder so ähnlich den Ozean überflogen haben und mehr als dreißig Stunden im Flugzeug gesessen sein. Diesem Manne muß am Ende seiner Fahrt ähnlich zu Mute gewesen sein wie mir. Aber nein, sein Flug ging ja durch die Luft und über das Weltmeer, er sah ja lauter schöne, echte, wirkliche, unverlogene Dinge: Wolken, Nebel, Sterne, er sah besonntes und nächtliches Meer, das mochte wohl dreißig Stunden auszuhalten sein. Dies hier aber, was mir die Zeit so lang und jede kleine Reise zur Qual machte, das war nicht Meer und Himmel, das war nicht die Zahl der Stunden oder der Kilometer, sondern es war die Gefangenschaft in einer mir fremden, mir feindlichen und verhaßten Welt, das Eingesperrtsein in einer von Zivilisation und Technik überfüllten Zone. Der Großstädter, ich weiß es, kann das kaum verstehen, er lebt ja Tag und Nacht und auch noch im Traum in dieser Zone. Für mich aber, für den Unzivilisierten, den Wilden und Nomaden, der die Freiheit liebt und auf manches andere pfeift, für mich ist diese Zone der Eisenbahn, der Großstädte, der Hotels, der Büros, der Ämter, der Fabriken tödlich wie der Aufenthalt im luftleeren Raum.

Über meinem Kopf an der lackierten Holzwand stand

schwarz auf weißem Email eine Zahl gemalt, die Zahl 46, und sowohl die Vier wie namentlich die Sechs war auf eine Art geschrieben, wie sie sicher niemals ein Mensch mit seiner Hand schreiben würde, sondern wie sie nur auf einem staatlichen Büro von einem Scheinmenschen für Scheinmenschen ersonnen sein kann, so unmenschlich nüchtern, dumm und tot, so armselig abstrakt und steif. Und eine ebensolche Nummer stand über jedem Sitz, die Menschen numerierend und demütigend, und daneben hingen, sorgfältig angeschraubt, ähnliche eherne Tafeln mit Emailüberzug: mit Verboten, mit Gesetzen und Ratschlägen. Das Rauchen war verboten, und das Hinausstecken des Kopfes aus dem Fenster, und auch das »mißbräuchliche« Ziehen des Notsignals war verboten.

Das Notsignal! Seit Kinderzeiten war für mich das Notsignal entschieden das Hübscheste und Verlockendste in einer Eisenbahn, und es gehörte zu den Schwächen meines Lebens, daß ich es niemals gewagt hatte, ein Notsignal zu ziehen. Auf hundert großen und kleinen Reisen hatte ich den Wunsch dazu empfunden, am stärksten als Knabe: am Handgriff reißen und den Zug zum Stehen zu bringen! Damit wäre man eine Minute lang König, wäre Herr über die Lokomotive, über den Maschinisten, den Zugführer, die Mitreisenden, den Fahrplan, über den Staat und seine Verbote, über diese ganze komplizierte Welt der Ordnung und der wohlgeregelten Langeweile! Man riß einfach tüchtig an dem ovalen Griff und brachte den ganzen Zauber zum Stehen, die Reisenden zum Erschrecken, die Beamten zur Aufregung, die Dampfmaschine zum Keuchen, die Wagen zum Schütteln, die Koffer im Gepäcknetz zum Schaukeln. Aber niemals hatte ich mir diesen Wunsch erfüllt, und auch heute, weiß der Teufel, brachte ich es nicht fertig! Daran gedacht hatte ich wohl, ach wie sehr! und hatte mir alles hübsch ausgemalt, und wie ich dem herbeistürzenden Schaffner auf seine Frage, warum ich die Notleine gezogen, antworten würde, daß es mir zu warm im Wagen sei und daß ich den Anblick dieser schwarzen Nummern auf Email und der Verbottafeln und das Gesicht jenes Herrn mit der Aktenmappe nicht länger ertragen könne und daher hier aussteigen müsse. Aber gezogen hatte ich die Leine nicht, feig hatte ich mit meinen Wünschen gespielt und zur Tat den Mut nicht aufgebracht. So feige war man, so ein Aff, so ein humorloser Bürger!

Und wenn wenigstens bloß Zahlen und Verbottafeln an den Wänden gehangen hätten! Aber da hing auch noch ein Plakat, und es diente demselben Zweck wie alle Plakate der Welt, nämlich daß irgendwelche Leute damit Geld verdienen wollten. Und die Leute hier hatten es diesmal auf eine ganz besondere Weise probiert: sie hatten auf ihr verfluchtes Plakat den Heiland gemalt, den Heiland mit der Dornenkrone, an dessen Leiden und Tod sie auf irgendwelche Art hofften Geld verdienen zu können. Von allen Wänden blickte der leidende Christuskopf mich an. Vielleicht war es ein Erpressungsversuch, war so gemeint, daß jeder in diesem Zug fahrende Christ sich entsetzen und eine Summe hingeben sollte, damit diese Entheiligung des göttlichen Bildes wieder zurückgenommen würde? Aber nein, ich hatte mehrere Mitreisende darüber befragt, es war nicht so gemeint. Das Bild diente, so sagte man, außer dem Geldverdienen auch noch künstlerischen Zwecken und war die Einladung zu einem Theaterspiel irgendwo in den Bergen. Lange dachte ich über das Tun dieser merkwürdigen Plakatleute nach. Auch Judas Ischariot hatte ja den Herrn verraten, gewiß, schon sehr oft war der Heiland verraten worden, er war vielleicht geradezu daran gewöhnt. Ob wohl die Leute mit ihrem Heilandplakat sehr viel Geld verdienen konnten? Gewiß mehr als Judas, der es um dreißig Silberlinge getan hatte. Aber der hatte sich wenigstens nachher aufgehängt! Ob wohl einer von diesen Plakatmenschen sich nachher, wenn er die Silberlinge bekommen hatte, aufhängen würde? Ich glaube nicht, ich traue ihnen nichts zu. Selten hört man heutzutage so etwas erzählen: die Sache mit Judas geschah noch in einer anderen Zeit, in einer anderen Welt, in einer Welt, in der auch die Bösen und Schufte noch irgendwie anständig waren und wußten, was sich gehört.

Ich schloß die Augen eine Weile. Ich hatte jetzt beschlossen, an der nächsten Station auszusteigen und wenn sie die Hölle selber wäre. Eigentlich hatte ich ja bis Freiburg reisen wollen, aber für den Augenblick schien nichts auf der Welt mir notwendiger, als diese blöde Fahrt zu unterbrechen. Ich machte meine Handtasche bereit, klappte sie auf, naschte mit den Augen an den Orangen, die zuoberst lagen, spielte ein wenig mit den paar neuen Büchern, die ich mit hatte. Denn mitten in dieser unbegreiflichen Zeit der Aktenmappengesichter und Heilandplakate drucken ja manche Verleger immer wieder die erfreulichsten und schönsten Sachen. Eins davon hatte ich schon zu Ende gelesen, die »Parallelen der Liebe« von A. Huxley (deutsch beim Inselverlag), ein höchst witziges, etwas kaltschnäuziges, aber amüsantes Buch.

Ein andres Buch, das ich mit mir führe, erinnert mich an einen Toten und leider auch an eine gestorbene Epoche, an jene kurze schöne Epoche, wo aus dem kriegsmüden, in Sinnlosigkeit und Hoffnungslosigkeit erstikkenden Deutschland von 1918 eine auflodernd neue, humane, fanatisch weltbürgerliche Geistesstimmung aufloderte und zur geistigen Trägerin der Revolution wurde. Der stärkste Kopf dieser winzigen Minorität von wahrhaft geistigen Revolutionären war wohl Eisners Freund, Gustav Landauer – die paar Menschen dieser Art sind ja damals von der Gegenrevolution aufs Roheste totgeschlagen worden und zu den Märtyrern der deutschen Revolution (wenn auch keineswegs zu Heiligen der jungen Republik!) geworden. Einer, der diesen Kreisen nahe stand, ihnen durch vielfache, persönliche und geistige Befreundung verbunden, war Ludwig Rubiner. Auch er ist längst gestorben. Eine hübsche Neuausgabe seiner Auswahl aus Tolstoi's Tagebüchern 1895 bis 1898 (im Verlag Rascher in Zürich) erinnert heute wieder an ihn. Die Art der Auswahl, die Rubiner getroffen hat, und sein bedeutendes Vorwort dazu, gehören mit zu jener kurzen, rasch wieder verflackerten Blüte jener revolutionären deutschen Geistigkeit um 1918.

Ich rücke die Bücher in der Handtasche zurecht, dekke das Nachthemd über sie (weiß Gott, wo ich heute schlafen werde?) und habe noch eine Weile Geduld. Ich blicke dem Herrn mit der Aktenmappe ins Auge; es ist das kalte, siegreiche Auge eines erfolgreichen, weil phantasielosen Menschen ... Ich denke flüchtig daran, daß es in den vierziger Jahren, etwa zur Zeit, als mein Vater geboren wurde, einige Fürsten und Minister gegeben hat, die sich gegen die Einführung einer so gewaltsamen und geschmacklosen Erfindung wie der Eisenbahn heftig gewehrt haben. Ahnungsvolle Vorfahren, man sah euch damals für Trottel an – aber hättet ihr doch gesiegt! Aber ihr wart Träumer, wart Don Quijotes, niemand nahm euch ernst. Leute von eurer und meiner Art werden nie ernst genommen. Sogar der Heiland wird ja nicht mehr ernst genommen, auch er ist für die Heutigen ein Don Quijote oder, wie sie in ihrer Narrensprache sagen, ein »Romantiker«.

Jetzt fahren wir langsamer und werden gleich an einem kleinen Bahnhof halten, den ich nicht kenne und dessen Schild ich nicht lesen kann, der Maschinenrauch verdeckt ihn mir. Einerlei wie das Dorf heißen mag, ich steige aus, irgendwo in der Nähe werde ich gewiß einen Waldrand finden, wo ich mich hinlegen und die Wolken studieren kann. Irgendwo in der Nähe wird ein Bach zu finden sein, wo ich mir das Gesicht kühlen und den Forellen zusehen kann. Einmal vor Jahren habe ich bei einer solchen Reiseunterbrechung besonderes Glück gehabt, es war vor dem Tor eines kleinen verschlafenen Städtchens am Oberrhein: da hatte ich auf einer feuchten Wiese einen Wiedehopf mit seiner Frau den Hochzeitstanz tanzen sehen, wie nur Wiedehopfe ihn können.

Es pressiert. Ich stolpere mit meiner Handtasche aus dem Wagen, laufe über ein paar Geleise, sehe nahe einen kleinen Hügel, hübsch mit hohen Eschen bewachsen und laufe ihm entgegen. Erst als ich längst an der Station vorüber bin, fällt mir ein, daß ich den Namen des Ortes nicht weiß, an dem ich bin. Nun, schwerlich wird es Damaskus oder Tokio sein. Ich kann das ja dann am Abend in Erfahrung bringen. [1927]

Einst in Würzburg

Es gibt Städte – zum Beispiel Weimar –, wo Dichter gelebt haben und gestorben sind. Man geht hindurch und liest die Gedenktafeln über den Haustüren, begrüßt den Goethe, den Wieland, den Herder, und zwischenein fällt es einem plötzlich auf, daß alle diese Dichter zwar richtig in dieser Stadt gestorben sind, daß aber kein einziger Dichter in ihr geboren worden ist. Wenn man dagegen in Stuttgart ist und auf einem Ausflug zwei, drei Nachbarstädtchen besucht, dann braucht man ganze Seiten im Notizbuch, um die Namen von allen den dort geborenen Dichtern aufzuschreiben.

Wenn ich ein zukünftiger Dichter und gerade mit der Wahl meines Geburtsortes beschäftigt wäre, dann würde ich die Stadt Würzburg am Main sehr mit in Erwägung ziehen. Diese schöne Stadt macht durchaus den Eindruck, als habe sie einem dort geborenen Dichter etwas mitzugeben.

Vom Gasthaus wegschlendernd, gelange ich ungewollt sehr bald vor den größten Bau der Stadt, die Residenz. Ich sehe einen weiten, sehr stillen gepflasterten Platz vor dem Gebäude liegen, sehe weit hinten Portale warten, sehr Gittertore einen Garten versprechen. Aber ich mag in einer fremden Stadt nicht gleich mit den Berühmtheiten anfangen, ich mag nicht gerne von ihr gerade das zuerst sehen, was ich aus Büchern und Bildern längst schon kenne. Darum lasse ich die Residenz vorerst liegen und wende mich wieder gegen das Innere der Stadt. Diese Stadt gehört, wie ich bald merke, zu den freundlichen und nahrhaften, es werden hier die materiellen Bedürfnisse des Menschen weder karg und asketisch abgetan noch hochmütig verborgen. Nein, es riecht hier überall froh und ahnungsvoll nach Brot und Käse, nach Wurst und Fischen, und in vielen Läden und Ständen liegen diese guten Dinge reichlich und schön ausgebreitet, sehr viele Brote, Wecken, Bretzeln und Kipfel von verschiedenen Formen, sehr viele Würste in allen Größen und Farben, dazwischen strahlen aus Buden und von Markttischen die frohen sanften Stilleben der Gemüse und Früchte, schöne gemütvolle Wirtsschilder lächeln daneben, und aus offenen Ladentüren duftet es zart nach Kaffee und Tabak, aus offenen Kellertüren nach Fässern und Wein, aus offenen Kirchentüren nach Weihrauch – es geht hier nicht nordisch, protestantisch und abstrakt zu, sondern durchaus südlich, katholisch, wohltemperiert. Weder hungrige Askese herrscht hier noch gierige Vergnügungssucht, sondern harmonische Lebensfreude. Hier haben die Leute noch ihre Freude daran, ihr Brot, ihren Fisch, ihr Pfund Kerzen beim Bäcker, beim Fischer, beim Lichtzieher einzukaufen, in vielen kleinen Läden, bei Handwerkern und Verkäufern, die sie persönlich kennen und mit denen sie beim Einkauf eine Weile plaudern, über die Grippe, über die Kinder und Schule, über den letzten Viehmarkt.

Langsam durchwanderte ich die Gassen und Plätze, herrliche Gassen, wunderbare Plätze! Gotische Kirchen langten mit dünnen eleganten Turmspitzen in den lichten Morgenhimmel, reiche schmucke Bürgerhäuser der alten Zeit standen am Weg, machten wohlhabende Gesichter und hielten sehr auf sich, über schattigen Brunnen turnten lebensfrohe, schwungvolle Gruppen von Barockfiguren ins Blaue hinauf. Und in mancher Gasse stand beinah über jeder Haustür, beinah unter jeder Laterne irgendeine Muttergottes. In dieser angenehmen Stadt, das konnte ich wohl sehen, liebte man die Madonna sehr, dies süßeste Seelenbild des Glaubens. Man betete nicht bloß zu ihr, man hatte sie auch bei sich, zu Hause, man stand vertraulich mit ihr, man rechnete sie zu den Seinen und ließ sie wohl auch einen Spaß mit anhören. Es gab da so viele Madonnenfiguren, geschnitzte, gegossene, gemeißelte und gemalte, gotischfromme und dralle des Barocks, elegische von 1450 und schnippische aus dem 18. Jahrhundert, große und kleine, farbige und vergoldete, bäurische und feine, damenhafte und götzenhafte. In ihrem Schatten und Schutz lebte diese vergnügte Stadt, in ihrem frohen, frommen Schatten lebte und atmete auch ich einen sonnigen Reisetag lang.

Auf einem kühlen, feuchten, nach Stein und Wasser riechenden Plätzchen fand ich in Brunnentrögen und aufgestellten Bütten die Main-Fische zu Markt gebracht, fette Karpfen und hagere Hechte, dunkle geheimnisvolle Aale und träumerische, schlüpfrige Schleien standen glotzend mit den schönen goldenen Augen, Gefangene, im allzu seichten, allzu dicken Wasser. Liebe, stumme Brüder, ich grüße euch, ich weiß wie es ist, gefangen und aus seiner Welt gerissen zu sein, verurteilt zu einer Luft, die man nicht atmen, zu einem Licht, an dem man nur sterben kann.

Von der Hand der feisten Händlerin gepackt, schwebte ein langer, edler Fisch – es konnte eine Barbe sein – einen Augenblick dicht vor meinen Augen am Tageslicht, mit den goldenen, wehen Augen, entglitt mit einer verzweifelten Bewegung und sprang glitzernd über das nasse Steinpflaster hin. Ich floh davon. Wenn hier der Fischmarkt ist, dachte ich, dann kann der Main nicht weit weg sein, und überließ mich dem Gefühl von Feuchte und Schwere, den Lockungen des Wassermanns und der Fische, und richtig zog es mich bald durch eine dunkle Toreinfahrt, und jenseits floß der Main. Es war hier aber keineswegs feucht, dunkel, trübe und fischig, sondern blitzend hell. Blau und silbern floß in blanken Strähnen der breite Fluß, über ihm hing eine edle Brükke, deren Heiligenfiguren ihre Schatten hinab ins Wasser fallen ließen, es empfing mich ein erhöhtes, gemauertes Ufer nicht nur mit Sonne und blanken Spiegellichtern, sondern auch mit einem unerwarteten, heftigen Farbengetümmel. Da war nämlich eine Messe aufgebaut, ein Jahrmarkt, und es stand, auf den Abend und die Eröffnung wartend, eine lange Zeile verlockender Buden das Ufer entlang. Ein Karussell mit Schwänen und Pferden, eine Schiffschaukel, Zuckerbuden mit weiß und rotgestreiften Sonnensegeln, und Museen und Zauberkabinette mit starken, werbenden Malereien, mit schönen wilden Landschaften, kühn erfundenen Fabeltieren und wilden, flatterhaarigen, romantischen Mädchen- oder Feenfiguren zogen mich in das Reich der Kunst und Kultur zurück.

Gern studiere ich diese Art von volkstümlichen Kunstwerken und wende ihnen dieselbe und stilkritische Behandlung zu, wie sie den Kathedralen und Madonnen von den Kunsthistorikern zugewendet wird. Ich entdekke einen prachtvollen, fliegenden Löwen, noch unterm Einfluß der Rubens-Schule stehend (oder vielmehr fliegend), anscheinend gute Schülerarbeit aus dem ersten bis zweiten Jahrzehnt der Neuzeit, und finde eine heroische Landschaft mit Hyänen und speiendem Vulkan, Stil Douanier, vom Ende des Mittelalters.

Um diese Notizen bereichert, wandle ich über die Brücke, wo hübsche Wirtsschilder blaue und gebackene Fische versprechen, kaufe in einem Lädchen eine Zigarre und eine Ansichtskarte, und bleibe lang im Gespräch mit dem Kaufmann hängen, einem charaktervollen Manne von tüchtiger, etwas stark vereinfachter politischer Gesinnung, und gerate im Schlendern durch ein ausgestorbenes Gäßchen an die Hintertür einer Kirche. Ich trete ein, das Innere ist reich geschmückt, es glänzt viel Gold von Säulen und Altären, und vor einem der Altäre steht ein Glasschrank, und darin schimmern ein paar holde Farben, und winkt etwas wie Gebärde und Figur, und da ich in der Dämmerung näher trete, ist hinter dem Glas eine Madonna, eine traurigschöne Madonna mit langen Augenlidern und dünnen, eleganten Prinzessinnenhänden. Traumhaft blickt sie aus ihrem Glasgehäuse hervor, unserer Welt fern, einer anderen Welt und Luft bedürftig, die man ihr ersatzweise durch das dünne Glasgehäuse zu leihen versucht hat, in der Anmut und Vornehmheit ihrer Träume weit über uns heutige Menschen hinaus verfeinert, dennoch irgendwie hinter ihren leise spiegelnden Gläsern mich erinnernd an die Fische, an meine armen Brüder, an ihre bläulichen Silberfarben, an ihre traurigen Goldaugen, an ihr Gefangensein im Bottich, an ihr stummes Leid und Sterbenmüssen zwischen rotbackigen Fischerfrauen und feuchten Pflastersteinen. So sitzt und schweigt die schön bemalte Madonna mit den überzarten Fingern und den leidvoll schönen Augenlidern, führt ein Scheinleben in unserem Jahrhundert und in ihrem Glaskasten, und tröstet uns dennoch und stärkt jenen zarten, kränkelnden Sinn in uns, dessen Sinnbild sie ist, und der in unsrer heutigen Welt zum Sterben verurteilt scheint. Aber die Seele stirbt nicht. Sie erlischt in edlen, hinwehenden Farbenträumen, sie flüchtet sich hinter Glaskästen zu frommen Gebilden ferner Jahrhunderte, sie spricht zag und schwesterlich mit der leidenden Kreatur, und lebt doch weiter, und überdauert am Ende den Krieg und den Staat und die Maschinen und die Weltreiche, deren älteste neben ihr nur Kinder neben einer Urmutter sind. Vieles Schöne und vieles Drollige habe ich an diesem Tag noch zu sehen bekommen, bis ich am Nachmittag müde und mit Bildern überfüllt wieder auf dem großen verschlafenen Platz vor der Residenz anlangte. Da innen war ein ungefähr hundert Meter langes Fresko von Tiepolo, und sonst noch dies und jenes Bemerkenswerte. Aber es eilte mir nicht damit, es war nicht wichtig. Hinter dem gewaltigen Schlosse wartete auf mich ein großer, fürstlicher Garten, mit jungem Grün an den Zweigen und vielen Singvögeln im Geäst. Dort auszuruhen, dort auf einer Bank zu sitzen, mit geschlossenen Augen, den inneren Bildern hingegeben, in den Ohren das dünne, blitzende Töne-Netz der vielen Singvogelstimmen, auf den Knien und Händen die warme Sonne, auszuruhen und zu vergessen, in welcher Stadt und in welchem Jahrhundert ich hier denn sei – das war nicht das Schlechteste von all dem Guten, das jener Reisetag mir gebracht hat. [1928]

Luftreise

Wieder einmal hatte ich es mit dem Reisen probiert. Ich war nach Schwaben gefahren und war dort mit allerlei guten Sachen bewirtet worden: mit schwäbischem Wein und Kuchen, mit alten Rathäusern, Kapellen und Brükken, mit Frühlingsmorgenwolken über roter Erde und Abenddämmerungen über verschlafenen Flußtälern. Es ist keine Kunst, sich in Schwaben wohlzufühlen, selbst wenn man krank ist und Grund zu allerlei Unzufriedenheiten hat – und wenn man gar selber in Schwaben geboren ist und die Sprache dieser Leute, dieser roten Äcker und Weinberge, dieser alten Städtchen von Kind auf versteht, dann ist es ein Glück, solch eine kurze Heimkehr zu feiern und zu sehen, daß alle diese hübschen Dinge noch vorhanden sind. Auch hatten die Schwaben mir Treue gehalten, ich fand die alten Freunde unverändert, und fand unverändert auch die alte schwäbische Presse, welche auch heute noch, im Jahre 1928, nicht vergessen und nicht verzeihen kann, daß der Halbschwabe Hesse einst während des Krieges weder für den Kaiser noch für den Krieg geschwärmt hat, und mir bei jeder Rückkehr mit drohendem Finger zu verstehen gibt, daß man andres von mir erwartet hätte. Nun ja, auch dieser Ton gehört zum schwäbischen Konzert und bedeutet für mich ein Stück Heimat und Wohligkeit.

Aber, wie es so gehen kann, dann hatte ich mich, trotz meiner alten Abneigung gegen die Eisenbahn (ich würde, wenn ich ein Potentat wäre, in meinem Lande noch heute die Einführung dieser rohen Maschinen verbieten) – trotz alledem hatte ich mich verleiten lassen, weiterzureisen und auch dem übrigen Deutschland meine Aufmerksamkeit zu schenken. Zu dieser mir im Grunde gar nicht zu Gesicht stehenden Reiselust lagen verschiedene Gründe vor. Zunächst der Grund, daß zu Hause, in meinem Winterquartier, seit 14 Tagen meine Post lag und auf mich wartete, Hunderte und Hunderte von Briefen, viele Dutzende von neuen Büchern und viel andres Papier, Einladungen zum Tee und Einladungen zum Steuerzahlen, und alle diese papierenen Dinge erledigten sich von selbst, wenn man gar nicht da war und sie ruhig zu Hause liegen und warten ließ. Ebenso stand es mit den vielen Besuchen, mit allen den unbeschäftigten Berlinern und Frankfurtern, die während ihrer Osterferien im Süden ihre Regennachmittage dazu benutzten, einen Besuch beim Dichter Hesse zu machen. Mochten sie kommen und an die Tür klopfen, ich war in Sicherheit. Aber noch andre, hübschere Gründe gab es für das Weiterreisen, unter andern den, daß eine schöne kluge Kameradin mich begleitete, welche nicht gesonnen war, mir nach dem Süden zu folgen, während sie dem Norden entgegen zu einigen Konzessionen bereit war. Obwohl ich also im Norden nichts zu suchen hatte, der Enttäuschung im voraus sicher war und auch voraus wußte, welche Nöte mir nachher das Zurückreisen bereiten würde, war ich leichtsinnig und setzte mich immer wieder in irgendeinen Zug, in einen dieser engen, unmenschlichen, überfüllten Eisenbahnwagen, wo die Luft so schlecht ist und aus deren Fenstern man stundenlang und tagelang nur Bahnhöfe und Fabriken zu sehen bekommt. Neben mir saß die Kameradin, und da und dort stiegen wir in hübschen alten Städtchen aus, schauten gotische Portale und Rokokogärten an, probierten Wein und Würstchen in kleinen Kneipen, schauten über Brükkengeländer zu den grünen Flüssen und zu den dunkeln stillen Fischen hinunter, und kamen so unvermerkt allmählich immer weiter nach Norden, bis in Gegenden, in die ich mich freiwillig und allein nie verirrt hätte, in die ich mich nun aber am Faden reizender Zufälle und angenehmer Vergeßlichkeiten willig ziehen ließ.

Aber alles nimmt einmal ein Ende, und so war eines Tages auch diese etwas unüberlegte Nordlandreise zu Ende. Eines Tages stand ich, erwacht und ernüchtert, in einem norddeutschen Städtchen, ich glaube es gehörte zu Brandenburg, wenigstens war es von Sand und Kiefernwald umgeben, und es blies ein kalter Wind, und die Mundart der Leute klang mir fremd, und meine Kameradin war weitergefahren und schrieb mir schon Postkarten aus einem andern Land. Es war April, und der kühle Wind wehte Regen und Sonnenstreifen ineinander, und plötzlich wurde mir meine ganze Lage klar: daß ich da allein und verirrt in einem fremden, etwas unwirtlichen Lande stehe, ohne recht zu wissen, wie ich dahin geraten, daß inzwischen in meiner fernen kleinen Scheinheimat sich die Post und die andern Verpflichtungen und Versäumnisse von Tag zu Tag schlimmer häuften, und daß die Rückreise dorthin unzählige Stunden Eisenbahnfahrt erfordere – viel mehr Eisenbahnstunden und Eisenbahntage, als ich in meinem mitgenommenen Zustand hätte ertragen können. Wie gut wäre es jetzt, eine Lungenentzündung zu bekommen und rasch erlöst zu werden, oder aus Versehen einem jener zahlreichen Fememorde zum Opfer zu fallen, oder zaubern zu können, oder fliegen zu können! Halt, das war ein Gedanke: Fliegen! Mir fiel ein, daß ich das längst einmal hatte tun wollen, es sogar in frühern Zeiten, lange vor dem Krieg, als die Fliegerei noch in den Anfängen war, einmal probiert hatte. Schleunigst rief ich das nächste Büro der Lufthansa an und bestellte mir einen Platz, und dann erschien ich mit Handtasche, Regenschirm und Mundvorrat rechtzeitig auf dem Flugplatz, stieg nach Erfüllung einiger Zeremonien unter strenger Bewachung und Bevormundung durch zahlreiche Luftbeamte in das vortreffliche Fahrzeug und schnurrte zufrieden in die Luft hinauf.

Der Einfall bewährte sich. Gewiß, auch das Luftreisen hat Nachteile, es ist nicht zu leugnen, aber für Menschen von meiner Art ist es dennoch durchaus das Richtige. Schließlich füllen die Aufenthalte auf den öden leeren Flugplätzen und in den leeren, allzu neuen, allzu feierlichen, allzu sachlichen Flugbahnhöfen ja nur Viertelstunden aus, und alles andre ist sehr hübsch und bekömmlich. Ich flog also von dem nördlichen Breitegrad, an den ich mich verlaufen hatte, den langen Weg bis zu den mir bekömmlicheren Gegenden in wenigen Stunden ab und machte dabei die angenehmsten Entdeckungen.

Die erste und schönste Entdeckung war diese: das Deutschland, das man von den Eisenbahnzügen aus sah, dieses düstere, rauchende, aus Zement und Wellblech bestehende Deutschland war eine Fiktion! Deutschland war gar nicht so, wie die Eisenbahnreise es einem vorzutäuschen suchte! Es bestand weder aus Zement noch aus Blech, weder aus Fabriken noch aus Bahnhöfen, sondern aus lauter Wald und Erde, aus Äckern, Hügeln, Flüssen, aus zauberhaft rosig gefärbten Erdflächen, und all die großen und kleinen Städte, all die Fabriken, Bahnhöfe, Wellblecharchitekturen bedeckten in Wirklichkeit nur einen lächerlich kleinen Teil seiner Fläche, waren bloß ein paar winzige Narben auf seinem Leib. Diese Entdeckung tat mir unendlich wohl. Dies Berlin, dies Halle, dies Leipzig, sie waren kleine unwesentliche Entstellungen, sie waren kleine Sommersprossen auf dem Gesicht Deutschlands, alles andre bestand aus solider Erde, aus herrlichem Grün, schaute mit blauen sanften Seeaugen und stillblitzenden, bis in den Himmel verlaufenden Flußbändern zu mir herauf, schön und friedlich. Am Horizont klangen viele zarte kühle Farben ineinander, ein wechselndes Konzert, nicht zu unterscheiden, was Himmel und Wolke, was Gebirge, was Stadt oder Wasser sei. Weithin streckte sich der lichte Sandboden, von Wäldern durchzogen, kümmerte sich nicht um Berlin, nicht um die winzig kleinen Eisenbahnen, die ihn da und dort durchschlichen, nicht um Technik, Geld und Politik. Man brauchte nur ein paar hundert Meter Luft zwischen sich und die Erde, zwischen sich und das zwanzigste Jahrhundert zu bringen, dann wurden sie äußerst freundlich und friedlich, wußten nichts von Not, nichts von Krieg, nichts von Gemeinheit.

Bezahlen mußte man dies Glück einer tröstlichen Erfahrung mit dem irrsinnigen Lärm der Propeller. Dieser Lärm war der Tribut, den unser sonst so entzückendes Flugzeug an den Geist der Technik und der Neuzeit bezahlte, in diesem Lärm klang alles Pressieren, alles Sichwichtigmachen, alle Rücksichtslosigkeit, Roheit und Stumpfheit unsrer Zivilisation wider. Aber das andre überwog, der Lärm ließ sich ertragen, man stopfte sich die Ohren zu, und während das Ohr mißhandelt wurde, schwelgte das Auge. Es schwelgte auch das Körpergefühl, der Tastsinn, der Gleichgewichtssinn – im Schweben durch die Luft, deren Körperlichkeit man deutlich empfand, gab es eine Menge von feinen sinnlichen Sensationen.

Schon war die Erde nicht mehr so licht, schon hatte der Sand aufgehört und brauner Acker begann, und es stiegen Hügel und Berge auf, die wir überflogen, und langsam, gegen Süden zu, wurde das kahle Frühlingsland grüner und grüner. Und einmal, nach Stunden, sah ich von Ost nach West einen langen Flußlauf aufleuchten – konnte das schon der Neckar sein? Nein, es war der Main, und als ich mich vorbeugte, sah ich senkrecht unter mir klein und sauber den Main und die Stadt Würzburg liegen, dieselbe Stadt Würzburg, die ich vor kurzem mit meiner Kameradin so genau besichtigt hatte. Ich sah die Brücken, über die wir gegangen, sah die Kirchen, vor denen wir gestanden, sah die Wallfahrtskapelle, die Residenz und ihren großen Garten, wo wir den Vögeln zugehört hatten, sah die Straßenecke, wo man zum Bürgerspital abbiegt, um den guten Frankenwein zu trinken, schaute und schaute und war nach einer Minute schon nicht mehr dort, schwebte schon über neuen Bildern. Es kam Schwaben, es kam Alb und Schwarzwald, und ein Gewitter kam uns schwarz entgegen, wir entwichen nach oben und nach Osten, das Land meiner Jugend lag unter mir wunderlich entfaltet, sehr weit, sehr farbig, es schimmerte blaß der Bodensee, und der Hohentwiel steckte wie ein vom Riesen geworfener Kiesel in der Erde. Und schon war ich der sogenannten Heimat nahe, wo alle die Pflichten und Briefe warteten, und wäre lieber weitergeflogen. Aber die Technik, so hübsch sie ist, hat ihre Grenzen, es gab keinen

Pardon, kein Weiterfliegen, an der Endstation mußte ich unweigerlich aussteigen. Sobald es Flugzeuge mit langen Dauerflügen geben wird, auf denen man wie auf einem Segelschiff Wochen und Monate lang leben kann, werde ich mich bei der Lufthansa nach den Bedingungen erkundigen. [1928]

Rückkehr aufs Land

Gott sei Dank, ich bin der Stadt entflohen, ich habe das Kofferpacken und das Reisen hinter mir und bin wieder zu Hause, nach einer Abwesenheit von sechs Monaten. Es war hübsch, wieder durch den Gotthard zu fahren – ich mag diese Fahrt wohl mehr als hundertmal gemacht haben und kann sie noch immer genießen. Es war sehr hübsch, in Göschenen noch einmal tüchtig schneien zu sehen, in Airolo vom Schnee Abschied zu nehmen, in Faido die ersten Wiesenblumen, vor Giornico die ersten blühenden Aprikosenbäume und Birnbäume zu erblikken.

Die Ankunft in Lugano allerdings war nicht entzükkend. Die Übervölkerung der Erde hat mir seit langem nicht mehr so übel entgegengeschrien wie hier, wo um die Zeit der Ostern sich die Fremden zusammenscharen wie die Heuschrecken. In dem kleinen Lugano sind ein Viertel der Einwohner von Berlin, ein Drittel von Zürich, ein Fünftel von Frankfurt und Stuttgart anzutreffen, auf den Quadratmeter kommen etwa zehn Menschen, täglich werden viele erdrückt, und dennoch spürt man keine Abnahme, nein jeder ankommende Schnellzug bringt 500 bis 1000 neue Gäste. Es sind selbstverständlich reizende Menschen, sie nehmen mit unendlich wenigem vorlieb, zu dreien schlafen sie in einer Badewanne oder auf dem Ast eines Apfelbaumes, atmen dankbar und ergriffen den Staub der Autostraßen ein, blicken durch große Brillen aus bleichen Gesichtern klug und dankbar auf die blühenden Wiesen, welche ihretwegen mit Stacheldraht umzäunt sind, während sie noch vor einigen Jahren frei und vertraulich in der Sonne lagen, von kleinen Fußwegen durchzogen. Es sind reizende Menschen, diese Fremden, wohlerzogen, dankbar, unendlich bescheiden, sie überfahren einander gegenseitig mit ihren Autos ohne zu klagen, irren tagelang von Dorf zu Dorf, um ein noch freies Bett zu suchen, vergebens natürlich, sie photographieren und bewundern die in längst verschollene Tessiner Trachten gekleideten Kellnerinnen der Weinlokale und versuchen italienisch mit ihnen zu reden, sie finden alles reizend und entzückend, und merken gar nicht, wie sie da, Jahr um Jahr mehr, eine der wenigen im mittlern Europa noch vorhandenen Paradiesgegenden eiligst in eine Vorstadt von Berlin verwandeln. Jahr um Jahr vermehren sich die Autos, werden die Hotels voller, auch noch der letzte, gutmütigste alte Bauer wehrt sich gegen die Touristenflut, die ihm seine Wiesen zertritt, mit Stacheldraht, und eine Wiese um die andre, ein schöner, stiller Waldrand um den andern geht verloren, wird Bauplatz und eingezäunt. Das Geld, die Industrie, die Technik, der moderne Geist haben sich längst auch dieser vor kurzem noch zauberhaften Landschaft bemächtigt, und wir alten Freunde, Kenner und Entdecker dieser Landschaft gehören mit zu den unbequemen altmodischen Dingen, welche an die Wand gedrückt und ausgerottet werden. Der Letzte von uns wird sich am letzten alten Kastanienbaum des Tessins, am Tag eh der Baum im Auftrag eines Bauspekulanten gefällt wird, aufhängen.

Einstweilen allerdings genießen wir noch einen bescheidenen Schutz. Erstens gibt es im Lande noch einige Gegenden, in welchen der Typhus häufig auftritt (im vorigen Jahr ist ein Freund von mir samt seiner Frau in seinem Tessiner Dorf daran gestorben), und zweitens geht noch immer die Sage, die Luganer Landschaft sei am schönsten im April (wo meistens die alljährliche Regenzeit ist), und im Sommer sei es hier vor Hitze nicht auszuhalten. Nun, den Sommer mit seiner schönen Hitze gönnt man uns vorerst noch, und wir sind dessen froh. Jetzt aber, im Frühling, drücken wir ein Auge zu, oft auch beide, halten unsre Haustüren gut verschlossen und sehen hinter geschlossenen Läden hervor der schwarzen Menschenschlange zu, die sich, ein fast ununterbrochener Heerwurm, Tag für Tag durch alle unsre Dörfer zieht und ergreifende Massenandachten vor den Resten einer einst wahrhaft schön gewesenen Landschaft begeht.

Wie voll es doch auf der Erde geworden ist! Wohin ich blicke neue Häuser, neue Hotels, neue Bahnhöfe, alles vergrößert sich, überall wird ein Stockwerk aufgebaut; irgendwie auf Erden eine Stunde lang zu spazieren, ohne auf Menschenscharen zu stoßen, scheint nicht mehr möglich. Auch nicht in der Wüste Gobi, auch nicht in Turkestan.

Ach, und ebenso geht es mir im Kleinen, in meinem kleinen, engen Junggesellenhaushalt; alles ist voll und wird immer voller, nirgend ist Platz! Die Wände habe ich längst vollgemalt, es ist kein Platz mehr für Bilder. Die Bücherschäfte krachen und hängen schief, so sehr sind sie mit doppelten Bücherreihen überlastet. Und immer kommen neue dazu, immer wieder liegt mein Studierzimmer voll von Paketen, vorsichtig und langbeinig muß ich zwischen ihnen meinen Weg suchen. Und, das ist das Komische, auf einige Pakete Schund kommt immer wieder ein Treffer, die guten Bücher sterben nicht aus; immer wieder wird mein Entschluß, überhaupt nichts Neues mehr zu lesen, umgeworfen durch Sendungen von Verlegern, die ich nur bewundern kann. So bleiben auch jetzt, nachdem ich einige hundert Bände Ballast entfernt habe, eine Anzahl ganz wundervoller Bücher übrig, die ich trotz allem eben doch liebe und bei mir behalten möchte, und so werden sie denn mit Gewalt in die krachenden Bücherborde gezwängt.

In diesen köstlichen Büchern lese ich, in meiner Klause eingeschlossen, während draußen die Primeln und Anemonen blühen und der dunkle Schwarm der Fremden sich durchs Gefilde bewegt. Weil es heute Mode ist, zu Ostern in Lugano zu sein, sind sie hier. In zehn Jahren werden sie in Mexiko oder Honduras sein. Wenn es Mode wäre, schöne Gedichte und Geschichten zu lesen und zu kennen, würden sie sich auf die obengenannten Bücher stürzen. Das überlassen sie jedoch mir, ich funktioniere als stellvertretender Leser für Millionen. Dafür werde ich dann im Sommer, wenn hier die berüchtigte Hitze ausbricht, auf unsern kleinen Wald- und Wiesenwegen wieder Raum haben und gehen und atmen können. Dann sind die Fremden zu Hause in Berlin oder im Hochgebirge oder weiß Gott wo, immer aber da, wo sie sich mit ihresgleichen ums letzte leere Bett streiten und im Staub ihrer eignen Autos husten und blinzeln müssen. Sonderbare Welt! [1927]

Bilderbeschauen in München

Eigentlich bin ich, trotz meiner tausend Beziehungen zur Kunst, nicht so sehr auf sie angewiesen, wie es der Großstädter ist. Ihm muß die Kunst zugleich auch noch etwas andres ersetzen, was mehr ist als alle Kunst: die Natur. Der Großstädter hat nur wenig Gelegenheit, die Natur kennenzulernen, und mancher lernt leichter und sicherer alle Marken von Automobilen unterscheiden, als etwa die Arten der Bäume, der Blumen oder der Vögel; aber auch wenn der Städter wirklich Natur um sich sieht, wenn er ans Meer, ins Gebirge, in den Süden kommt, hat er wenig Verhältnis dazu. Er atmet die gute Luft, ruht die Augen ein wenig auf dem Wiesengrün oder auf dem Meerblau aus, verläßt aber niemals ganz die Sphäre der Naturlosigkeit, in der zu leben er gewohnt ist: immer stellt er zwischen sich und die Natur eine Schutzwand von Zivilisation: das Hotel, den Salon, den Strandkorb, das Grammophon, das Auto (nirgends sieht man so wenig wie auf den üblichen Auto-Reisen). Und so kommt es, daß die Sensiblen und Schönheitsbegierigen unter den Städtern die erste und wahrhaft mütterliche Quelle aller Schönheit, die Natur, nur wenig kennen, dafür aber oft bis zu erstaunlichem Raffinement gelangen im Kennen und Genießen jener zweiten Quelle, der Kunst. Zu dieser Art gehören z. B. alle jene, welche beim Anblick einer Abenddämmerung oder eines Seestrandes entzückt ausrufen können: beinahe wie ein Claude Lorrain! oder: ganz wie bei Renoir! Alle sehr guten Bilderkenner gehören diesem Typus an, seien sie nun Kunstschriftsteller oder Sammler oder was immer.

Die echten *Künstler* aber gehören niemals zu dieser Menschenart, obwohl auch sie ja schließlich sehr gute Kunstkenner sein können. Starke Künstler haben, als erstes und wichtigstes Kennzeichen, stets jene unbedingte Liebe zur Natur, jenes unbewußte und hartnäckige Wissen darum, daß die Natur zwar keineswegs ein Kunstersatz, wohl aber die Quelle und Mutter aller Kunst ist.

Ich kann lange Zeiten ohne Kunst leben, und man kann mir noch so viel von einem neuen Pariser Maler erzählen, ich werde ohne Ungeduld warten, bis der Zufall mich mit Werken dieses Malers bekannt macht, und werde es nie bedauern, diese oder jene berühmten Kunstwerke nicht gesehen zu haben. Einiger Skulpturen oder Bilder wegen nach London oder Berlin zu reisen, würde mir nie einfallen. Um mich herum ist immer eine Welt, deren Anschauung unerschöpflich ist, jedes junge Blatt am Kastanienbaum und jede Wolke in den Lüften über mir ist mir in meinen wachen Stunden ebenso lieb, ebenso wichtig, ebenso bezaubernd und lehrreich wie alle Galerien der Welt.

Dennoch kann ich mich in Kunstwerke, namentlich in Bilder, sehr verlieben, und wenn ich Gelegenheit habe, schöne Dinge dieser Art zu sehen, so bin ich dafür dankbar. Besonders aber liebe ich das Wiedersehen von Bildern, die ich gern habe. Nach Jahren oder Jahrzehnten einmal wieder einen gewissen Tizian in Venedig, einen gewissen geliebten Paris Bordone in Mailand, einen bestimmten Renoir bei Reinhart in Winterthur wiederzusehen, kann mir ein hohes Glück sein.

Als mich kürzlich eine Reise nach München führte, wußte ich, daß mir nun einige Freuden dieser Art bevorstünden. Ich war manche Jahre nicht mehr in München gewesen, und man hatte mir viel vom Niedergang Münchens als Kunststadt erzählt sowie von der unglaublichen politischen Gesinnung, welche dort herrsche. Aber für diese Dinge fühlte ich mich nicht verantwortlich: die paar Freunde würden vermutlich noch leben, die ich in München besaß, und im Nymphenburger Park würden wieder die Schwäne schwimmen, und in einer gewissen Weinstube würde man mir wieder einen vortrefflichen Mosel anbieten, und ebenso wie alle diese guten Dinge würden auch einige seit langem von mir geliebte Bilder noch da sein, darauf konnte ich mich verlassen. Und so war es denn auch, und sowohl die Bilder wie die schöne malerische Münchner Luft waren unverändert, und was den Niedergang der Kunststadt betraf, so begriff ich nicht recht, wie in dieser Luft und in der Nähe jener herrlichen alten Bilder nicht ein heutiger Maler ebenso gut sollte malen können wie vor fünfzig Jahren.

Das erste schöne Bild übrigens, das ich zu sehen bekam, war gar kein altes, sondern noch ganz neu, es war eine Zeichnung von Olaf Gulbransson, meinem einstigen Freunde und Zechgenossen, ein mit spitzem Bleistift gezeichnetes Kinderporträt, schlagend ähnlich und dabei so übernatürlich ornamenthaft, wie die besten Blätter dieses lieben Mannes eben sind. Es fiel mir schwer aufs Herz, daß ich einige Tage in München sei, in derselben Stadt mit Olaf, und ihn doch nicht sehen sollte. Alter Olaf, nimm es mir nicht übel, aber ich habe mich diesmal gedrückt, ich hatte etwas Angst vor dir. Schau, du bist ein Athlet, ich aber bin ein zarter und kränklicher Mensch, und wenn ich dich angerufen und dich in ein Weinlokal gebeten hätte und dann gegen elf Uhr nach einem halben Liter wieder gegangen wäre, dann wärest du zornig geworden und hättest mich auf deinen starken Armen in ein Auto getragen und zu dir nach Hause geführt, und mir dort Whisky und dergleichen starke Dinge vorgesetzt, und andern Tages hättest du vielleicht wieder eine deiner schönen Zeichnungen gemacht, ich aber wäre im Sterben gelegen. Das wollte ich aber nicht, sondern ich wollte München wiedersehen, und dazu gehörten einige Malereien, und ich habe also das Wiedersehen mit dir nicht einer Laune geopfert, sondern dem Altdorfer, dem Dürer, dem Rembrandt, dem Cézanne und dem Marées.

Zweimal war ich einen Vormittag in der alten Pinakothek, und ich habe nicht bloß meine alten Lieblinge wieder gefunden, ich habe sogar eine neue Erwerbung gemacht. Ich blieb eine gute Weile in den ersten Sälen bei den alten Deutschen und Niederländern, entzückt von Dirk Bouts, entzückt vom Meister des Bartholomäus-Altars, dann ging ich etwas bedrückten Herzens ins Dürerkabinett, denn der Maler Dürer war mir nie so recht lieb gewesen, und sein Selbstbildnis mit den langen blöden Locken war mir stets geradezu widerwärtig. Aber da ich von einer andern Seite her, von den Zeichnungen und einigen der Kupferstiche, diesen selben Dürer eben doch sehr verehrte, fühlte ich mich verpflichtet, ihn aufzusuchen. Und hier fand denn die Überraschung statt: während das Selbstbildnis mich genau in der alten Weise anschaute und mir um nichts sympathischer wurde, nahmen die vier Apostel plötzlich meine Augen und mein

Herz gefangen, denn das war *gemalt*, wunderbar malerisch gemalt, das blühte in den Gesichtern, Händen und Apostelgewändern wie Blumen und sang wie Musik. Gut, daß ich mich nicht um den Dürer gedrückt hatte! Um etwas Schönes reicher, um eine Liebe reicher, ging ich weiter. Jetzt aber zauderte ich nicht länger und besann mich auf Pflichten, sondern lief, blind an den schönsten Bildersälen vorbei, meinem Herzen nach, in das Seitenstübchen, wo die Altdorfer hängen. Da ist ein Bild, die »Alexanderschlacht«, das ist für mich das merkwürdigste und geheimnisvollste Stück der deutschen Malerei. Dieses Schlachtbild mit einigen zehntausend Figürchen drauf enthält alle deutsche Gründlichkeit, Verbissenheit und Pedanterie, und zugleich ist in diesem Bild alles das unsäglich überwunden und überstrahlt von einer Grazie und einem stillen Farbenzauber, wie kein Franzose oder Chinese ihn übertreffen kann. Je nachdem man das Bild anschaut, kann man denken: »Herrgott, der gute Altdorfer muß ja ungezählte Jahre an dieser übergroßen Fleißarbeit gesessen sein!«, oder im nächsten Augenblick empfinden: »Lieber Gott, dies ganz große Bild muß ja an einem einzigen göttlichen Vormittag gemalt sein, so absolut eins ist es, so momentan und einmalig spielt der Lichtzauber über diese Figurenmassen!« Da stand ich lange und ließ es meinen Augen gut gehen. Und gleich daneben hing mein andrer Liebling, die kleine grüne Waldlandschaft von Altdorfer, dieses winzige Bildchen, in dem ich alle Urwälder und grünen Zufluchten der ganzen Welt empfinde, mit den harmonisch bewegten Wipfeln und mit dem süßen sanften Ton von Gold über all dem Grün.

Ich fände kein Ende, wenn ich mich weiter auf Einzelheiten einließe, das Thema ist unausschöpfbar. Aber ich war auch in der neuen Staatsgalerie. Sie ist aus einem Gedanken heraus entstanden, der in der Geschichte der Galerien einzig dasteht. Immer sind ja Galerien irgendwie nationalistisch, immer wollen sie ein wenig zeigen, daß eben doch kein andres Volk der Erde solche Bilder male oder solche Bilder zu kaufen vermöge, wie eben dieses hier. In dieser Münchner Galerie aber herrscht das umgekehrte Prinzip, das einer erstaunlichen Demut und Aufrichtigkeit. Es war dem Galerieschöpfer die Aufgabe gestellt, er möge deutlich zeigen, wie unerträglich öde und schlecht die deutsche, speziell die Münchner Malerei gewisser Jahrzehnte sei, verglichen mit der deutschen Malerei der beiden voraufgehenden Jahrzehnte, oder gar verglichen mit den gleichzeitigen Franzosen. Die Aufgabe ist genial gelöst. Die Ausstellung ist so angelegt, daß man nicht beliebig mit diesem oder jenem Saal beginnen kann, sondern man muß zwangsläufig der Darlegung folgen, wie man einer gut geführten Argumentierung folgt. Man tritt ein und befindet sich inmitten der besten deutschen Malerei, bei Marées, bei Schuch und Leibl, bei dem jüngeren Hans Thoma und dem jungen Trübner. Beinah jedes Bild ist ein Kleinod. Dann aber folgt Saal auf Saal, ein entsetzlicher Querschnitt durch den Niedergang der deutschen, speziell der Münchner Kunst, vom Ende der achtziger Jahre an. In gewaltigen Räumen hängen hier Schinken an Schinken (einiges sehr Anständige ist auch dabei, aber nichts von sehr hohem Rang), die leeren großen Bilder der Wilhelminischen Epoche und Mentalität, dekorative Stücke von anspruchsvollem Format und bescheidenster Qualität. – Und siehe, dann ist die Qual vorüber, man kommt atemlos ans Ende dieser Räume, und nun wird man nicht etwa bös und enttäuscht ins Freie entlassen, sondern es öffnet sich ein Sälchen, in welchem gezeigt wird, was wirkliche Malerei sein kann. Es ist der Franzosensaal; zwei Lieblinge von mir hängen da: der »Bahndurchstich« von Cézanne und die »Barke« von Manet. Und nun wieder eine Überraschung: auch aus diesem Franzosenkabinett der ausgesuchten Kleinode wird man nicht ohne einen tröstlichen Ausblick heimgeschickt, es folgt noch eine kleine, nicht ganz erstklassige, aber doch schöne Auswahl moderner Malerei, in welcher gezeigt wird, wie gründlich jener Jugendstil und Dekorationsschwindel der großen Säle abgewirtschaftet hat, wie andre Wege die heutige Malerei, auch in Deutschland, geht. Unter den Bildern dieses Trostkabinetts habe ich wieder einen Liebling, das »Venedig« von Kokoschka mit seiner frischen, böigen Laune. Versöhnt verläßt man die Veranstaltung, sie ist witzig, ohne bösartig zu sein, man wird gebeugt, aber auch wieder erhoben. Eine gute, eine sehr gute Sache, diese Staatsgalerie.

Nun ich diese Sachen wiedergesehen hatte, war ich gesättigt, und da Karl Valentin zur Zeit nicht spielte, konnte ich München wieder verlassen, ohne das Gefühl, etwas Wesentliches versäumt zu haben. [1929]

Bildschmuck im Eisenbahnwagen

Neulich stieg ich in Lugano zu einer längeren Fahrt in die Eisenbahn. Ich war lange nicht mehr gereist, man entschließt sich im Altwerden immer schwerer zum Reisen, und der Krieg tut das Seine dazu. Nun aber war es soweit, ich hatte mich wieder einmal aufgerafft, um kurze Zeit eine andre Luft zu atmen als zu Hause, um etwas Ferien zu haben und liebe Freunde zu besuchen. Diese Freunde wohnen in einer Landschaft und in einem Hause, welche allein schon einer Reise wert gewesen wären, nämlich in einem wundervollen, sehr alten Schlößchen in der Berner Gegend, auf einer stillen Aarehalbinsel inmitten uralter Bäume gelegen, und das Schloß selbst ist ein höchst origineller und merkwürdiger Bau, älter als die Stadt Bern in seinen Grundmauern, und vom Mittelalter bis zum Rokoko mit Denkmälern verschiedener Zeiten und Stile geschmückt. Ich freute mich auf die alten Freunde, die mich eingeladen hatten, auf mein Gastzimmer mit dem fromm bemalten bäuerlichen Himmelbett, auf die mächtigen, schattigen Kastanien und das kühle Rauschen des alten Brunnens unter ihnen, und während der Zug zu fahren begann, stellte ich mir schon den Augenblick der Ankunft vor, die Einfahrt beim taubenbevölkerten Rasenoval, das Aussteigen vor den efeubewachsenen Säulchen der Laube, die die ganze vordere Hausfront einnimmt und in der wir einst, in jüngeren und vergnügteren Zeiten, manche halbe Sommernacht bei Kerzenlicht und Wein verbracht hatten.

Indes ich so meinen Vorstellungen freies Spiel ließ und in angenehmen Phantasien Reiseziel und Ankunft schon vorausnahm, begann ich im Coupé umherzuschauen, müßig und ohne daß die Gedanken bei dem waren, was ich sah. Die Gedanken waren ja anderswo, waren schon in Bern und ein Stückchen über Bern hinaus, bei den Freunden, die mich erwarteten, bei den weißen Tauben auf dem Rasenplatz vor der heiteren Halle, bei den beiden alten Türmen, in deren einem ich einst so oft gewohnt hatte. So waren denn meine Augen und meine Gedanken nicht am selben Ort, was eigentlich ein tadelnswerter Zustand ist, und doch beim Müßiggang, und gar auf Reisen, so leicht passieren kann. Meine Gedanken waren in jenem alten Schloß, das mich heut Abend erwartete, und meine Augen waren hier im Eisenbahnwagen, wo sie unkontrolliert spazieren liefen, über die Koffer oben im Gepäcknetz, über die Gesichter der Mitreisenden, über die Sonnenreflexe im blanken Holz und Metall.

Man kann bei diesem gedankenlosen Schauen, das kein Sehen ist, als Künstler gelegentlich viel erleben, denn wenn die Augen vom Bewußtsein kontrolliert und befehligt sind, erleben sie sehr wenig; sie haben dann nur zu registrieren: Aha, ein Offizier, und dort ein Geschäftsreisender, ein Lederkoffer mit Hotelmarken aus Rom, und dergleichen. Das ist wenig, und es macht die Augen eines Künstlers nicht satt. Gehen die Augen aber ihre Wege selbständig und unkontrolliert, dann öffnet sich ihnen zu guter Stunde die irrationale, aber nicht minder reale Welt des Schönen, der Lichter und Farben, dann werden Sonnenflecke und Schattenflächen, dann werden die Liniensysteme auf der Oberfläche eines rissig gewordenen Stückes Leder, die Zeichnungen in der Maserung eines Holzes selbständig und mitteilsam, und geben, wenn die Stunde es will, der Seele mehr Nahrung als alle Lektüre.

So spielten meine Augen, während die Gedanken anderswo waren, eine gute Weile zwecklos und neugierig in dem kleinen Behälter umher, der für einige Stunden mein Wohnort war. Dann kam ein Augenblick, wo sie etwas erblickten, was ihnen auf andere Weise Nahrung gab. Sie blieben auf einem Bilde ruhen, auf einer Photographie, die mir gegenüber an der Wagenwand, gerade über dem Käppi des Offiziers, unter Glas in einem angeschraubten Holzrahmen hing. Zunächst sahen sie auch in dieser Photographie nichts anderes als das Spiel von Hell und Dunkel, empfanden die Helligkeiten wie Gewölk oder wie den Grund eines Teppichmusters, allmählich aber wurden sie auch auf den »Inhalt« des Bildes aufmerksam, erkannten Baumkulissen, einen Himmel, ein Dach mit Schornsteinen, und je mehr ihnen das, was die Maler in einem Bilde das »Literarische« nennen, klar wurde, desto mehr kam ein Gefühl über mich, daß dieses Bild mich etwas angehe, daß es Beziehungen zu mir habe und mir nicht fremd sein könne. Nun wurde ich vollends wach, der malerische Augenzauber war zu Ende, und plötzlich waren Augen und Gedanken nicht mehr an verschiedenen Orten, sondern hübsch beisammen, denn was ich auf dem Bilde sah, war zu meinem wohligen Erstaunen nichts anderes als das liebe alte Schlößchen an der Aare, nach dem ich unterwegs war und wo ich heut Abend in dem gemalten alten Bauernbett auszuruhen dachte.

Ich habe das kleine Erlebnis zu erzählen versucht, weil man mich darum gebeten hat, und weil es mir eine hübsche Gelegenheit schien, einmal den Bundesbahnen für eine Menge von schönen Augenblicken zu danken, die sie mir durch den Wandschmuck ihrer Wagen verschafft hat. Vielemale habe ich auf diesen, meist vorzüglichen Bildern entweder bekannte und geliebte Landschaften und Architekturen wieder begrüßt oder neue, mir unbekannte gesehen, und selten verlasse ich ein Eisenbahncoupé, ohne alle darin ausgehängten Fotografien angesehen zu haben. Sie sind eine hübsche und dankenswerte Zugabe zum rein Praktischen, nicht anders als ein Blumenstrauß auf einem gastlichen Tisch.

[1944]

Erlebnis auf einer Alp

Ich stieg am Nachmittag zur heißesten Zeit den steilen kleinen Weg bergan, der nach Amalek führt. So nenne ich eine etwa 150 Meter über unserm Hotel liegende Wiesenmulde, halbrund in den dichten Fichtenwald geschmiegt, wo neulich einige Tage lang ein Zeltlager stand, dessen helle heitere Zeltreihen mich an ein Heerlager der Amalekiter oder Philister in der Schnorrschen Bilderbibel erinnerten. Dort in der Nähe des Amalekiterlagers sind einige meiner Lieblingsplätze zum Ruhen, zum Zeichnen oder Schreiben. Es war etwas schwül, über den Schneebergen waren ruhige massive Wolkengebirge gelagert und getürmt, oben im Zenit durchs dünne lichte Blau große Scharen von gewichtlosen, launisch gruppierten Federwölkchen, bald ruhend, bald sanft und stetig in einem unten nicht fühlbaren Winde gegen Osten unterwegs.

Ich suchte und fand einen Platz, der mir paßte, gar nicht weit von den Lagern anderer Müßiggänger, die hier, zwischen Schatten und Sonne wechselnd, ihren Nachmittag an den Waldrändern verliegen, schlafend, lesend, plaudernd, viele von ihnen halb oder ganz nackt. Die rasch aufeinanderfolgenden, eine von der andern aus schon nicht mehr sichtbaren Stufen des steilen Hanges und die immer wieder vortretenden Kulissen der Waldränder ermöglichen es, daß auf kleinem Raume ziemlich viele Menschen und Gruppen lagern können, ohne einander zu stören, ja ohne voneinander zu wissen. So war ich in meiner Mulde zwischen ein paar kleinen Felsstücken, auf Rasen und Heidekraut liegend oder sitzend, ganz allein und hatte den Waldschatten, den Wiesenhang, den Blick auf die paar Hütten unter mir, auf das dunstige Lauterbrunner Tal und den ungeheuren Luftraum bis zum Firn und Eis der großen Berge ganz für mich.

Nach einer Pause, der Rast und der Abkühlung gewidmet, klappte ich gemächlich die kleine Mappe auf, die mich auf solche Gänge begleitet; es ist der leinene Einbanddeckel des Rudolf Mosseschen Zeitungskataloges vom Jahr 1910, der mir über diese Jahrzehnte hinweg treu geblieben ist und noch nicht einmal sehr mitgenommen aussieht. Ich nahm die Füllfeder aus der Tasche, schlug den kleinen Papierblock auf und begann zu zeichnen: ein Mäuerchen und dahinter eine Berner Balkenhütte, überragt von zwei Ahornen, dahinter die steile Wand zu Füßen des Männlichen, mit dem scharfen zakkigen Grat oben, und wieder hinter diesem Grat den Umriß der Jungfrau, dessen Linie aber über mein Papier hinausführen würde und nur angedeutet wird.

Während ich mich wieder ausstreckte, um von der Spielerei auszuruhen, denn die Augen brannten, wurden viele jugendliche Stimmen laut, und unter mir tauchte eine Schar Knaben auf, eine Schule oder Schulklasse, mit Rucksäcken, Berndeutsch redend, Buben von etwa vierzehn bis sechzehn Jahren nach meiner Schätzung. Sie waren erhitzt und verstrubelt und hatten keine Eile, und die paar letzten von ihnen blieben gerade eine Stufe über mir stehen, wischten sich die Stirnen mit farbigen Sacktüchern ab; einige setzten sich für einen Augenblick ins kurze Gras. Im Aufatmen und Zurückblicken auf die große Weite waren sie unversehens ganz still geworden, und jetzt, nach einer Pause, fing einer von ihnen aus dem Gedächtnis Verse aufzusagen an, stockend und suchend; aber er brachte sie richtig zusammen, ein kleines Gedicht, und da ich zwei von den Verszeilen nicht nur als rhythmischen Singsang hörte, sondern auch die Worte verstand, merkte ich, daß es ein Gedicht von mir war, ein Gedicht, das von den Wolken handelte und das ich selbst, sein Dichter, aus dem Gedächtnis nicht mehr zusammengebracht hätte. Ein wenig singend und etwas feierlich sprach er die Verse, die ich vor beinahe fünfzig Jahren geschrieben hatte; sie wurden von seinen Kameraden schweigend angehört, und als es nun still wurde und ich mich umwandte, um sie etwa noch zu Gesicht zu bekommen, waren sie den Berg hinan verschwunden. – So waren meine Verse, beinah ein halbes Jahrhundert nach ihrer Entstehung, durch den Mund des unbekannten Knaben zu mir zurückgekehrt. [1947]

[Aus dem »Rigi-Tagebuch«]

Aus dem vertrockneten und verbrannten Tessin, aus unsrem vertrockneten und verbrannten Garten sind wir für eine kleine Weile nach Rigi-Kaltbad geflohen, wo uns noch einige Tage warmen Sommers mit hellster Fernsicht gegönnt waren. Es ist sehr schön hier oben, ich muß mich bei dem Berge entschuldigen, den ich einst, vor fünfundvierzig Jahren, in Lauschers Tagebuch langweilig genannt habe. Ich hatte damals die Berge noch nicht entdeckt, und ich war mit jugendlicher Besessenheit in den See verliebt, in das Wasser und seine Farben, die ich Tag um Tag vom Ufer und vom Ruderboot aus belauerte. Ein einziges Mal fuhr ich damals nach Rigi-Kulm hinauf, fühlte mich fremd dort und abgestoßen von der Fremdenindustrie, und lief schleunigst zu Fuß wieder hinab, um mich wieder in meinen Seekult zu versenken. Die Beschwerden eines raschen Höhenwechsels, die mir heute ziemlich lästig sind, spürte ich damals noch nicht. Dafür aber fehlte mir die Ruhe und Geduld, mich wirklich um den Berg zu kümmern und mich gegen die Fremdenscharen, Hotels, Bahnen und Ansichtskarten gleichgültig zu machen. Ich tat, für damals, recht daran; Lauschers See war ein echtes und großes Erlebnis, und das damals Versäumte kann ich nun heute nachholen.

In den ersten, noch trocknen und warmen und ganz hellen Tagen zeigte der Berg sich von seiner prächtigen Seite, man konnte sorglos schlendern, bequem auf jeder Matte im kurzen Grase lagern, und hatte die ungeheure Aussicht von früh bis spät beinahe ohne jede Trübung vor sich, konnte nach Belieben entweder sich am Feststellen oder Wiedererkennen der vielen Gipfel vergnügen oder, ausruhend, sich nur dem Wechsel von Farbe, Licht und Schatten, der bizarren Geometrie des riesigen Panoramas überlassen. Die Abwechslung von Fels und Schnee, besonnten Kanten und dunklen Schlünden an einer Gipfelkette, der launische Weg, den ein kleiner Wolkenschatten über diese zackige und zerklüftete Vielfalt hin beschreibt, können einen fesseln und entzücken wie die Rhythmen und Zäsuren eines Gedichtes.

Aus dieser großen, gleißenden Ferne kehrt der Blick wieder in die Nähe zurück, zu der die Beziehung sich rascher und leichter einstellt, und die an Reizen und Zaubern nicht ärmer ist. Da gibt es märchenhafte Felsengruppen und Felsenkessel, manche pathetisch und tempelhaft, manche klein, putzig, ideale Räume für Kinderspiele, abgeschlossene grüne Stuben, Kammern und Höhlen, mit engen Felsentoren, gnomenhaften Krüppeltannen, Farnen und schlangenhaft gewundenem Wurzelwerk. Feucht, grün, moosig und streng duftend, erinnern mich diese vielen kleinen Landschäftchen sehr an meine Kindheit und den Schwarzwald. Kommt man dann aus einem dieser nach Tanne, Moos und Storchschnabel duftenden Verstecke heraus, so liegt alsbald die unendliche blaue, von den zahllosen fernen Bergen begrenzte Weite wieder da, der See, die Vorberge mit hell smaragdenen Matten, blinkenden Flußläufen, dunklen Waldungen, winzigen Siedlungen.

Wenn ich da irgendwo liege oder sitze, zwischen Gras, Tannen, Fels und spärlichen Blumen, sehe ich beinahe senkrecht unter mir, tausend Meter tief, eine halbrunde, blaugrüne Seebucht, ein Spielzeugdorf und eine gewundene Straße liegen. Das ist Vitznau, da habe ich vor fünfundvierzig Jahren am Tagebuch Lauschers geschrieben und die ersten Studien zum Peter Camenzind gemacht. Ich kann mich nicht mehr hineinversetzen, die Zeit und der junge Mann von damals liegen so fern, fremd und unwirklich wie dort drunten das winzige Dorf und die blaue Bucht, sie scheinen mich nichts anzugehen. Damals war es der Rigi, der mich nichts anging und abstieß; ich war dem Sommer, der Hitze, dem Wasser und Ruderboot verhaftet, dem träumerischen Rudern an stillen Ufern hin und um kleine felsige Halbinseln und Vorgebirge herum, dem Studium der Farbenspiele im Wasser, dem Baden in versteckten Buchten, dem Hindämmern in praller Sommersonne mit geschlossenen Augen. Ich war allein, bekam nur selten einen Brief, las keine Zeitung, betrachtete die Gäste der großen Hotels und der Dampfer von weitem mit einer Mischung von Mißtrauen und Neugierde, und suchte ein Leben ohne Menschen, ohne Gegenwart, ohne Gesellschaft zu führen, suchte einen Weg vom Anschauen der Natur zum wirklichen Leben in ihr. Man hätte mir damals nicht sagen dürfen, ich werde einmal, ein alter Mann, dort droben auf dem Rigi in einem Grand-Hotel absteigen, Tee bei Unterhaltungsmusik trinken und kleine, langsame Spaziergänge machen, eine Viertel-, eine halbe Stunde weit, um dann lang auf einem Bänkchen auszuruhen oder im Hotelzimmer mich mit der Nachmittagspost zu plagen . . .

Das Wetter will sich ändern, der Himmel hat Wolken, die auch Teile der Fernsicht zudecken, die Luft ist weich und feucht. Zauberhaft, bei weithin bedecktem Himmel und etwas Wind, spielen unten auf dem See die kühlen, flüchtigen Farbenschauer, alles ist farbiger, plastischer und heimlich belebter als an den prall sonnigen letzten Tagen. Aber von der Vergangenheit da unten, von Vitznau und Brunnen, von Lauscher und Camenzind steigt nichts mit herauf, es hat keine Stimme mehr und ich kein Ohr, und das ist beruhigend und gut, sonst risse es mir das Herz auf, und ich würde hier oben in meinem Hotel mit Verzweiflung dessen gedenken, was ich einst war oder doch sein wollte. Das Alter hat viele Beschwerden; aber es hat auch seine Gnadengaben, und eine von ihnen ist diese Schutzschicht von Vergessen, von Müdigkeit, von Ergebenheit, die es zwischen uns und unseren Problemen und Leiden wachsen läßt. Es kann Trägheit, Verkalkung, häßliche Gleichgültigkeit sein, aber es kann, ein klein wenig anders vom Moment beleuchtet, auch Gelassenheit, Geduld, Humor, hohe Weisheit und Tao sein. Da unten an der hübschen Seebucht lebt etwas fort, was mich angeht, was Forderungen an mich stellt und mir Leid bereiten will, was ich vielleicht doch noch irgend einmal ungemildert und bitter durchleben und klären muß; aber heute ist nicht die Stunde dafür, das da unten ist nicht Forderung noch Reue noch Vorwurf, es ist nicht mehr als ein Bild, eine Erinnerung unter andern. Sogar an die viel spätere Zeit, 1916, wo nochmals eine Weile die Luzerner Gegend Schauplatz meiner Krisen und Kämpfe war, kommen mir nur wenige und oberflächliche Erinnerungen, es ist, als habe ich keine Vergangenheit gehabt.

Wir sind in Wolken, es ist sehr kühl geworden. Die Bilder, die wir heute immer wieder sehen, erinnern oft sehr an chinesische und japanische: aus gewundenen

Wolkenschlangen hervorragende Fels- oder Waldgipfel – eine einzelne bärtige und knorrige Fichte von Wolkenfetzen umflattert. Sogar die dünnen, stangenhaften, spielerisch altmodischen Architekturen der eisernen Pavillons und spitzen Hoteltürmchen passen dazu. Von Mittag an starke Regengüsse. Ninon erkältet. Das Frieren, vor dem ich mich bei der Fahrt in die Berge etwas gefürchtet hatte, fängt an.

Wir steigen nach Kulm hinauf, ich erinnere mich an die vor Jahrzehnten irgendwo gelesene Szene, wie Friedrich Rückert hier oben auftritt, und wir gedenken auch der schönen Frau, die Stifter hier erscheinen läßt. Unter einem dramatischen, stürmisch bewegten Himmel liegt das Land bald fahl und unwirklich, bald grell mit scharfen Umrissen unten, auf halber Höhe unsres Berges steht ein Wäldchen, in einer weiten Mulde halbrund und spitz zulaufend hingezeichnet wie ein Fuchsschweif oder Hahnenschwanz, und es fällt mir ein, daß dies einst zu den hübschesten Eindrücken auf meinen wenigen Luftreisen gehörte: ein Bachtal etwa mit vielen kleinen, launischen Krümmungen, mit Pappeln oder Erlen in kleinen Abständen bestanden; das Ganze dieses Bachlaufes oder dieses im Halbrund hingeschmiegten Waldes gleichzeitig zu sehen, ist eben nur aus der Vogelschau möglich. Wenn der Blick von den fernen Schneebergen zum flacheren Lande wandert, wo die Farben wärmer und mannigfaltiger sind und wo aus dem Grün, Braun und Ocker helle Städtchen blicken und ferne kleinere Seen spiegeln, dann spüre ich an einem leicht beklemmenden Gefühl, daß dort hinten, wo Land und Wolken einander berühren, Deutschland liegt.

Nach kalten Regentagen kam ein Sonntag mit freundlichem Himmel, da wird unser ohnehin nicht eben einsamer Berg sehr gesellig. Es begegnen uns überall Fußwanderer, Einzelne und Familien, Gruppen von Kindern, Bauern aus der Gegend in Sennentracht, freundliche langbärtige Kapuzinermönche, kleine Gruppen von schwarzen, langröckigen Schwestern mit strengen Hauben, denn unser Berg ist auch sehr katholisch, und alle diese Wanderer und Spaziergänger haben gute, heitere Sonntagsgesichter, eine Blume im Knopfloch, im Munde oder auf dem Hut, alle grüßen und lächeln und loben den schönen Tag. Schließlich zeigt sich, daß es sogar ein besonderer Sonntag ist, ein Fest, es kommt ein Bähnchen voll Leute aus einem der Dörfer am See, sie tragen Fahnen, und eine der Fahnen ist neu und noch in eine Hülle gewickelt, sie soll heute geweiht werden. Das geschieht auf einem Plätzchen beim Kaltbad, vor einer andächtigen Menge mit entblößten Häuptern, viele der Männer, Burschen und Mädchen tragen Trachten. Es wird uns auf den Nachmittag ein Umzug mit Fahnenschwingen und Wettspielen versprochen, und wir lassen ihn uns nicht entgehen. Ich verzichtete auf meine Mittagsruhe, Ninon auf ihre griechische Lektüre, und mit schallender Musik zog die Festgemeinde auf. Das Schönste und Eigenartigste daran waren die drei Fahnenschwinger. Im langsamen Marsch, wie Tamboure, schwangen sie ihre rotweißen Fahnen am kurzen Stiel, einmal in der rechten, einmal in der linken Hand, warfen die Fahne hoch in die Luft und fingen sie einhändig wieder auf, senkten sie im langsamen Schwung bis zur Erde und stiegen über sie hinweg. Für den der Kunst nicht Kundigen sah es in den ersten Minuten etwas einförmig und schwerfällig aus, man konnte jedoch bald die Mehrzahl der Spielregeln erkennen, und erkannte vor allem, welche gewaltige Kraft und welch große Übung diese Kunst verlangte. Die drei schönen jungen Männer vollzogen die schwierige Zeremonie mit dem Ernst und der Akkuratesse japanischer Schwerttänzer, es war nicht nur ein virtuoses Sichzeigen von Kraft und Geschicklichkeit, es war auch ein geweihter symbolischer Akt, voll Würde, Ernst und Feierlichkeit. Zu unsrem Ergötzen folgte nun eine besondere Augenweide: die Nachahmung eines Alpaufzuges. Es wurde, Stück um Stück hintereinander, schönes Vieh mit blumenbekränzten Stirnen getrieben oder am Strick geführt, zuvorderst ein schöner junger Stier, der seinen Führer tüchtig in Atem hielt. Es folgten Kühe und Rinder, eine hübsche kleine Herde, und zuletzt ein Maulesel, der auf dem Rücken eine altmodische hölzerne Bettstatt trug.

In diesen Tagen war beständig großes Wolkentheater. Zuweilen freilich waren wir in die Wolken eingehüllt und sahen gar nichts, es wurde manchmal so dunkel, als wäre es Dezember. Aber es dauerte selten länger als eine Stunde, dann riß irgendwo ein Luftstrom ein Loch in den dicken Nebel, jagte die zerstiebende Wolke in Fetzen nach oben, öffnete ein Tor, ein Fenster, einen Ausblick, und plötzlich sah man die unwahrscheinlichsten und erregendsten Bilder: Landschaften, wie sie seit Altdorfer und Grünewald kaum wieder gemalt worden sind, paradiesische sowohl wie apokalyptische Landschaften: durch riesig aufgebaute schwarze Höllentore Blick in eine sonnig goldengrüne Ferne, oder umgekehrt: eine für kurze Zeit warm und leuchtend bestrahlte Nähe mit blitzenden Tropfen an Gras und Stein hob sich grell von einer blauschwarz geballten Ferne ab, in der zuweilen

Donner hörbar wurde oder ein einzelner Blitz aufzuckte.

Die einzige Pflichtarbeit, die ich hierher mitgenommen habe, geht ihrer Vollendung entgegen, einer zweifelhaften Vollendung freilich; denn es ist eine Arbeit, für die es keine Regeln gibt, eine kleine volkstümliche Auswahl aus meinen Gedichten nämlich, die mein Zürcher Verleger wünscht. Meine Frau und ich hatten je ein Exemplar der Gesamtausgabe, und wir notierten, ohne darüber zu reden, jedes für sich die paar Dutzend Gedichte, die ihm für eine solche Auswahl unentbehrlich schienen. Das Ergebnis war erstaunlich: die Zahl von Gedichten, die jedes von uns beiden für aufnahmewürdig hielt, war überraschend klein; von diesen paar Gedichten abgesehen, hatte jedes von uns ein Buch zusammengestellt, das seine eigenen Wege ging und mit dem Buch des andern nichts zu tun hatte. Es bestätigte mir die Gedanken des Essays »Über Gedichte«, den ich vor einigen Monaten wieder vorgenommen, neu bearbeitet und für Freunde als Privatdruck herausgegeben hatte. Aber etwas Bedrückendes hatte es doch, zu sehen, wie schon für uns beide, die wir uns in diesen Gedichten doch wirklich auszukennen meinen, sich eine so sehr verschiedene Auswahl ergab. Und es war mir geradezu ein Trost, daß wenigstens die vier, fünf Gedichte, die seit Jahrzehnten in den Anthologien und Lesebüchern standen, sich wieder bewährt hatten . . . [1945]

[Aus »Engadiner Erlebnisse«]

Zu den mir bestimmten, mir gemäßen und wichtigen Erlebnissen gehören nächst den menschlichen und geistigen auch die der Landschaft. Außer den Landschaften, die mir Heimat waren und zu den formenden Elementen meines Lebens gehören: Schwarzwald, Basel, Bodensee, Bern, Tessin habe ich einige, nicht sehr viele, charakteristische Landschaften mir durch Reise, Wanderung, Malversuche und andere Studien angeeignet und sie als für mich wesentlich und wegweisend erlebt, so Oberitalien und namentlich die Toskana, das Mittelländische Meer, Teile von Deutschland und andre. Gesehen habe ich viele Landschaften und gefallen haben mir beinahe alle, aber zu schicksalhaft mir zugedachten, mich tief und nachhaltig ansprechenden, allmählich zu kleinen zweiten Heimatländern aufblühenden wurden mir nur ganz wenige, und wohl die schönste, am stärksten auf mich wirkende von diesen Landschaften ist das obere Engadin.

Ich bin in diesem Hochtal wohl etwa zehnmal gewesen, einigemale nur für Tage, des öftern aber für Wochen. Ich sah es zum erstenmal vor beinah fünfzig Jahren, da brachte ich als junger Mann eine Ferienzeit in Preda über Bergün zu, zusammen mit meiner Frau und meinem Jugendfreund Finckh, und als es Zeit wurde, heimzukehren, entschlossen wir uns, noch eine tüchtige Wanderung zu machen. In Bergün unten schlug mir ein Schuster neue Nägel in die Sohlen, und zu dreien wanderten wir mit Rucksäcken über die Albula die lange schöne Bergstraße und dann die noch sehr viel längere

Talstraße von Ponte nach St. Moritz, auf einer Landstraße ohne Automobile, aber mit unendlich vielen kleinen ein- und zweispännigen Wägelchen, in einem nicht aufhörenden Staubgewölk. In St. Moritz dann verabschiedete sich meine Frau und reiste mit der Bahn nach Hause. Während nun mein Kamerad, der die Höhe schlecht ertrug und nachts nichts schlief, immer stiller und mißlauniger wurde, kam mir trotz Staub und Hitze das oberste Inntal wie ein vorgeträumtes Paradies entgegen. Ich spürte, daß diese Berge und Seen, diese Baum- und Blumenwelt mir mehr zu sagen habe, als bei diesem ersten Anblick voll aufzunehmen und mir anzueignen möglich sei, daß es mich irgend einmal hierher zurückziehen würde, daß dieses so strenge wie formenreiche, so ernste wie harmonische Hochtal mich angehe, mir etwas Wertvolles zu geben oder etwas von mir zu fordern habe.

Nach einem Übernachten in Sils Maria (wo ich heute wieder bin und diese Notizen schreibe) standen wir am letzten der Engadiner Seen, ich forderte meinen reisemüden Freund vergeblich auf, er möge doch die Augen auftun, über den See weg nach Maloja und gegen das Bergell blicken und sehen, wie unerhört edel und schön dies Bild sei, es war vergeblich, und gereizt sagte er, mit ausgestrecktem Arm in die gewaltige Raumtiefe weisend: »Ach was, das ist eine ganz gewöhnliche Kulissenwirkung.« Worauf ich ihm vorschlug, er möge die Landstraße nach Maloja gehen, während ich auf der andern Seeseite den Fußweg nahm. Am Abend saß auf der Terrasse der Osteria Vecchia jeder von uns beiden, weit vom andern, allein an einem Tischchen und aß seinen Imbiß, erst am nächsten Morgen versöhnten wir uns und sprangen vergnügt die Abkürzungen der Bergellstraße hinab.

Das zweitemal war ich wenige Jahre später in Sils zu einer Zusammenkunft mit meinem Berliner Verleger S. Fischer, nur für zwei oder drei Tage, und wohnte als sein Gast im selben Hotel, das ich in den letzten Jahren jeden Sommer wieder aufsuche. Dieser zweite Aufenthalt hinterließ nur wenige Eindrücke, doch erinnere ich mich eines schönen Abends mit Arthur Holitscher und seiner Frau, wir hatten einander viel zu sagen.

Und dann war noch ein andres Erlebnis da, ein Anblick, der mir seither bei jedem Wiedersehen wieder teuer und wichtig wurde und das Herz bewegte: Das dicht an den Felshang gedrückte etwas düstere Haus, in dem Nietzsche seine Engadiner Wohnung hatte. Inmitten der lauten bunten Sport- und Touristenwelt und der großen Hotels steht es heute trotzig und blickt etwas verdrossen, wie angewidert, Ehrfurcht und Mitleid weckend und dringlich mahnend an das hohe Menschenbild, das der Eremit auch noch in seinen Irrlehren aufgerichtet hat.

Darauf vergingen Jahre, ohne daß ich das Engadin wiedergesehen hätte. Es waren meine Berner Jahre, es waren die traurigen Kriegsjahre. Da, als ich zu Anfang des Jahres 1917 vom Arzt dringend wegkommandiert wurde, krank von meiner Kriegsarbeit und noch mehr vom Kriegselend überhaupt, war ein schwäbischer Freund von mir in einem Kurhaus über St. Moritz und lud mich dorthin ein. Es war mitten im Winter, dem bitteren dritten Kriegswinter, und ich lernte das Tal, seine Schönheiten, seine Schroffheiten und seine Heil- und Trostkräfte von einer neuen Seite kennen, lernte wieder schlafen, wieder mit Appetit essen, brachte die Tage auf Skiern oder Schlittschuhen zu, konnte nach einer kleinen Weile wieder Gespräch und Musik ertragen, sogar ein wenig arbeiten, stieg zuweilen allein auf Skiern zur Corvigliahütte hinauf, zu der noch keine Seilbahn führte, und war meistens der einzige Mensch oben. Und dort erlebte ich, im Februar 1917, auch einen unvergessenen Morgen in St. Moritz. Ich hatte dort etwas zu besorgen, und als ich den Platz vor der Post betrat, kam aus dem Postgebäude, vor dem auffallend viele Menschen sich gesammelt hatten, ein Mann mit Pelzmütze heraus und begann laut aus einem soeben eingetroffenen Extrablatt vorzulesen. Die Leute umdrängten ihn, auch ich lief zu ihm hinüber, und der erste Satz, den ich verstehen konnte, lautete: »Le czar démissiona«. Es war die Nachricht von der russischen Februarrevolution. Ich bin seither hundertmal durch St. Moritz gefahren oder gegangen, aber selten ohne an jener Stelle des Februarmorgens von 1917 zu gedenken, und meiner damaligen Freunde und Wirte, von denen längst keiner mehr lebt, und jenes Rucks und Schocks in der Seele, den ich empfand, als nach einem kurzen Patienten- und Rekonvaleszentendasein im Frieden der Chantarella die Stimme jenes Vorlesers mich drohend und mahnend in die Gegenwart und Weltgeschichte zurückrief. Und so ist es überall, wohin ich in dieser Gegend komme, es blickt mich überall das Ehemals und mein eigenes Gesicht und Wesen an, das einst die selben Bilder vor Augen hatte; ich begegne dem noch nicht Dreißigjährigen, der seinen Rucksack fröhlich die vielen Kilometer durch die Augusthitze trug, und dem zwölf Jahre Älteren, der in schwerer Krise, vom Erleiden des Krieges geweckt, gefoltert und gealtert, hier oben eine kurze Pause der

Erholung, der Stärkung und Neubesinnung fand, und dann wieder jenen späteren Stufen meines Lebens, in denen ich das liebe Hochtal wiedersah, Ski-Kamerad von Thomas Manns jüngstem Töchterchen, Abonnent der inzwischen erbauten Corviglia-Bahn, manchmal begleitet von Freund Louis dem Grausamen und seinem klugen Dachshund, des Nachts stiller Arbeiter über dem Manuskript des »Goldmund«. O was für ein geheimnisvoller Rhythmus von Gedenken und Vergessen spielt in unsern Seelen, geheimnisvoll und ebenso beglückend wie beunruhigend auch für den, der die Methoden und Theorien der modernen Psychologie einigermaßen kennt! Wie gut und tröstlich, daß wir vergessen können! Und wie gut und tröstlich, daß wir die Gabe des Gedächtnisses haben! Jeder von uns weiß um das, was sein Gedächtnis aufbewahrt hat, und verfügt darüber. Keiner von uns aber kennt sich aus im ungeheuren Chaos dessen, was er vergessen hat. Manchmal kommt nach Jahren und Jahrzehnten, wie ein ausgegrabener Schatz oder wie ein vom Bauern aufgepflügtes Kriegsgeschoß, ein Brocken des Vergessenen, des als unnütz oder unverdaulich Weggeschobenen wieder an den Tag, und in solchen Augenblikken (im »Goldmund« ist solch ein großer Augenblick geschildert) will uns all das Viele, Kostbare, Herrliche, was den Bestand unsrer Erinnerung ausmacht, wie ein Häufchen Staub erscheinen. Wir Dichter und Intellektuellen halten sehr viel vom Gedächtnis, es ist unser Kapital, wir leben von ihm – aber wenn uns solch ein Einbruch aus der Unterwelt des Vergessenen und Weggeworfenen überrascht, dann ist stets der Fund, er sei erfreulich oder nicht, von einer Wucht und Macht, die unsern sorgfältig gepflegten Erinnerungen nicht innewohnt. Mir kam zuweilen der Gedanke oder die Vermutung, es könnte der Trieb zum Wandern und Welterobern, der Hunger nach Neuem, noch nicht Gesehenem, nach Reise und Exotik, der den meisten nicht phantasielosen Menschen zumal in der Jugend bekannt ist, auch ein Hunger nach Vergessen sein, nach Wegdrängen des Gewesenen, soweit es uns bedrückt, nach Überdecken erlebter Bilder durch möglichst viele neue Bilder. Die Neigung des Alters dagegen zu festen Gewohnheiten und Wiederholungen, zum immer erneuten Aufsuchen derselben Gegenden, Menschen und Situationen wäre dann ein Streben nach Erinnerungsgut, ein nie ermüdendes Bedürfnis, sich des vom Gedächtnis Bewahrten zu versichern, und vielleicht auch ein Wunsch, eine leise Hoffnung, diesen Schatz an Bewahrtem vielleicht noch vermehrt zu sehen, vielleicht eines Tages dieses und jenes Erlebnis, diese und jene Begegnung, dies oder jenes Bild und Gesicht, das vergessen und verloren war, wiederzufinden und dem Bestand an Erinnertem beizufügen. Alle alten Leute sind, auch wenn sie es nicht ahnen, auf der Suche nach dem Vergangenen, dem scheinbar Unwiederbringlichen, das aber nicht unwiederbringlich und nicht unbedingt vergangen ist, denn es kann unter Umständen, zum Beispiel durch die Dichtung, wiedergebracht und dem Vergangensein für immer entrissen werden.

Eine andre Art von Wiederfinden der Vergangenheit in neuer Gestalt ist es, wenn man nach Jahrzehnten Menschen wiedertrifft, die man einst jünger und anders gekannt und geliebt hat. So hatte ich in einem überaus schönen und behaglichen Engadiner Haus mit Arvenstuben und Specksteinöfen einst einen Freund wohnen, den mit Klingsor befreundeten Magier Jup. Er hat mich oft und fürstlich bewirtet und verwöhnt, als ich noch Skiläufer und Stammgast der Corvigliahütte war. Es spielten damals in seinem Hause drei liebe Kinder, zwei Knaben und ein Jüngstes, ein Mädchen, bei dem mir schon beim ersten Anblick auffiel, daß jedes seiner Augen größer war als sein Mündchen. Den Magier selbst habe ich zwar seit Jahrzehnten nicht wiedergesehen, er sucht die Berge nicht mehr auf, aber vor einigen Jahren geschah es, daß ich mit seiner Frau wieder zusammentraf und bei ihr auch die nun erwachsenen Kinder wiedersah, einen Musiker, einen Studenten und das Mädchen, das noch immer durch die großen Augen und das kleine Mündchen auffiel und eine aparte Schönheit geworden war, und mit Begeisterung von ihrem Pariser Professor sprach, bei dem sie vergleichende Literaturwissenschaft studierte. Sie war auch dabei, als Freund Edwin Fischer uns im Hause ihrer Mutter einen Nachmittag Bach, Mozart und Beethoven spielte. Auch er, der Musiker, ist mir seit der Zeit, da er mir in Bern, ein noch ganz junger Mann, seine Vertonungen meiner Elisabeth-Gedichte vorführte, immer einmal wieder begegnet, jedesmal auf einer anderen Lebensstufe, und die kollegiale Freundschaft hat sich mit jedem Mal bewährt und gestärkt.

So kam und kommt bei jeder Wiederkehr mir hier geliebte Vergangenheit entgegen, unwiederbringliche und doch beschwörbare. An ihr das Heute und mein heutiges Ich zu messen, bringt Freuden und Beschwerden, beglückt und beschämt, macht traurig und tröstet. Die Hänge zu sehen, die ich einst zu Fuß oder auf Skiern vielemale mühelos erstieg und deren kleinster mir jetzt unersteigbar wäre, der Freunde zu denken, mit denen ich viele meiner Engadiner Erlebnisse habe teilen dürfen und die nun längst in ihren Gräbern ruhen, tut ein wenig weh. Jene Zeiten und jene Freunde aber im Gespräch oder im einsamen Gedenken zu beschwören, im reichen Bilderbuch der Erinnerungen zu blättern (immer mit der ganz leisen Hoffnung, es könne auch einmal ein verlorenes, vergessenes Bild wieder auftauchen und alle anderen überglänzen) ist Freude, und wie die Kräfte abnehmen und die Spaziergängchen von Jahr zu Jahr kürzer oder mühsamer werden, so wächst andrerseits mit jeder Wiederkehr und jedem Jahr diese Freude am Beschwören und Gedenken, und immer vielfältiger wird die Freude daran, das heute Erlebte in das tausendfältige Geflecht des Erinnerten einzubeziehen. An der Mehrzahl dieser Erinnerungen hat mein Lebenskamerad, hat Ninon teil, seit jenen Skiwintern vor bald dreißig Jahren bin ich nie ohne sie hier oben gewesen, und wie die Abende im Magierhause und die mit S. Fischer, mit Wassermann und Thomas Mann, hat sie auch vor zwei Jahren die herrliche Wiederbegegnung mit meinem Maulbronner Schulkameraden Otto Hartmann miterlebt, dem erfreulichsten und edelsten Vertreter guten Deutschtums und Schwabentums unter meinen Freunden. Es war ein hoher Festtag, der Freund schenkte uns einen Tag seiner kurzen Ferien, wir führten ihn im Wagen nach Maloja und auf den Julier, unterm hohen Augusthimmel standen die Berge kristallen, schweren Herzens sagte ich ihm abends Lebewohl. Aber unser eher schüchtern ausgesprochener Wunsch, wir möchten uns doch vielleicht noch einmal wiedersehen, ist in Erfüllung gegangen: wenige Tage vor seinem Tode war er noch einmal in Montagnola mein Gast, *dona ferens*, ich habe Euch in einem Gedenkblatt davon erzählt.

Und nun bin ich auch in diesem Sommer wieder hier heraufgekommen, auf einem neuen Wege diesmal, denn am Tag unsrer Reise war im Bergell die Straße verschüttet, die Brücken zerstört, und wir mußten den uns bis dahin unbekannten Umweg über Sondrio, Tirano, das Puschlav und den Berninapaß nehmen, einen weiten, aber überaus schönen Umweg, dessen tausend Bilder mir jedoch bald wieder in Unordnung und ins Schwinden gerieten; am besten erhalten hat sich der Eindruck der gewaltigen, hundertfach gefältelten und terrassierten oberitalienischen Weinhügel, ein Bild, das mir in jüngeren Jahren wenig interessant gewesen wäre. Damals war es die menschenlose, ungezähmte, wilde und womöglich romantische Landschaft, auf die ich begierig war, viel später erst und mit den wachsenden Jahren immer mehr ist mir auch das Zusammen von Mensch und Landschaft, ihre Formung, Überlistung und friedliche Eroberung durch Acker- und Weinbau lieb und interessant geworden: Terrassen, Mauern und Wege, den Hängen angeschmiegt und deren Form verdeutlichend, Bauernklugheit und Bauernfleiß im stillen zähen Kampf mit den zerstörerischen Wildheiten und Launen der Naturgewalten.

In den Jahrzehnten meiner Beziehungen zu unsrem Hochtal, dem schönsten mir bekannten Geburtshause eines großen Stromes, habe ich natürlich auch das Fortschreiten der Mechanisierung, der Überschwemmung mit Fremden und der Spekulation beobachten können, beinahe ebenso sehr wie in der Umgebung meines Tessiner Wohnortes. St. Moritz war schon vor fünfzig Jahren nichts andres mehr als ein betriebsames Fremdenstädtchen, und der schiefe alte Kirchturm schien schon damals betrübt und senil über dem Gedränge der öden Nutzbauten zu hängen, gewärtig einer nutzbringenderen Verwendung seiner geringen Grundfläche und jede Stunde bereit, vollends der Statik verlustig zu gehen und einzustürzen. Indessen steht er heute noch unverändert und hält gelassen sein Gleichgewicht, während manche der überdimensionierten, brutalen Spekulationsbauten der Zeit um 1900 schon wieder verschwunden sind. Aber überall innerhalb des nicht großen Raumes zwischen St. Moritz und Sils und bis weit ins Fex hinein schreitet die Parzellierung und Ausschlachtung des Bodens, die Besiedelung mit großen und kleinen Wohnhäusern, die Überfremdung der Bevölkerung mit jedem Jahre rascher fort. Es stehen da eine Menge von Häusern, in denen nur wenige Monate, ja oft nur wenige Wochen des Jahres Menschen wohnen, und diese an Zahl immer wachsenden neuen Mitbewohner der Talgemeinden bleiben zum großen Teil den alten Bewohnern, deren Heimat sie aufkauften, fremd, auch die Wohlgesinnten sind den größten Teil des Jahres nicht da, sie erleben die bitteren Zeiten des Einwinterns, der Lawinen, der Schneeschmelze nicht mit und haben kaum teil an den oft schweren Sorgen und Nöten der Gemeinden.

Gelegentlich tut es wohl, im Wagen eine Gegend aufzusuchen, an der die letzten Jahrzehnte nichts oder wenig verändert haben. Meine Spaziergänge reichen nicht mehr weit, aber mit dem Auto läßt sich mancher Wunsch erfüllen. So habe ich mir seit Jahren gewünscht, einmal den Ort wiederzusehen, an dem einst meine jugendliche erste Wanderung in diesen Bergen begann, den Albulapaß und Preda. Die Fahrt ging diesmal in umgekehrter Richtung als einst der Fußmarsch, und jenes staubige Sträßchen zwischen St. Moritz und Ponte, auf dem einst die vielen lustigen Kutschen fuhren, war nicht wiederzuerkennen. Aber über Ponte, das heute La Punt heißt, waren wir bald in einer stillen strengen Steinwelt angelangt, in der ich, eine nach der andern, Formen und Situationen von damals wiederfand; auf der Höhe des Passes saß ich lang abseits der Straße auf einem Grashügel und fand im Anblick der langen, kahlen, aber vielfarbigen Bergzüge und der kleinen Albula (deren hübscher Name mich immer an die »animula vagula blandula« gemahnt) einzelne völlig verloren geglaubte Erinnerungen an die Wanderung in jenem Sommer 1905 wieder. Unverändert blickten die kahlen schroffen Steinrücken und Geröllfelder herab, und wir hatten für eine kleine Weile jenes ebenso wohltuende wie mahnende Gefühl, das der Aufenthalt am Meere oder in einer menschen- und kulturlosen Bergwelt geben kann, das Gefühl außerhalb der Zeit geraten zu sein oder doch in einer Art von Zeit zu atmen, die keine Minuten, Tage und Jahre kennt und zählt, sondern nur übermenschliche, jahrtausendweit voneinander entfernte Meilensteine. Es war schön, dies Hin und Her des Empfindens zwischen zeitloser Urwelt und den kleingeteilten Zeitstrecken des eigenen Lebens, doch ermüdete es auch, machte traurig und ließ alles Menschliche, alles Erlebte und Erlebbare so vergänglich und gewichtlos erscheinen. Am liebsten wäre ich nach unsrer Rast auf der Höhe umgekehrt, ich hatte genug an Eindrücken, übergenug an beschworener Vergangenheit in mich eingelassen. Aber da war in meinem Gedächtnis noch das winzige

Preda, die paar Häuser am Eingang des Tunnels, wo ich damals, ein junger, noch kinderloser Ehemann, Ferienwochen verbracht hatte. Und dann war da, noch weit stärker rufend, das Erinnerungsbild eines kleinen tiefgrünen Bergsees mit dunkelblauen Pfauenaugen. Den wollte ich wiedersehen, und wir hatten uns ja auch darauf eingerichtet, über Tiefencastel und den Julier zurückzufahren. Bald waren wir bei den ersten Arven und Lärchen, bald auch begann ich auf dieser Seite des Passes kleine Zeichen von Zeit und Zivilisation zu spüren; bei einer nochmaligen Rast fanden wir die bisher vollkommene Stille des Tals vom hartnäckigen Geräusch eines Motors durchschnitten, den ich für einen Bagger oder Traktor hielt, doch war es nur, winzig in der Tiefe, eine kleine Mähmaschine in den Wiesen. Und nun tauchte der See auf, der Palpuogna-See, in dessen glatter kühlgrüner Fläche sich Wald und Berghang spiegelten, überragt von den drei düster-wilden Schroffen. Er war beinahe so schön und verzaubert wie vor Zeiten, wenn auch an seinem Abfluß allerlei gedämmt und korrigiert war und am Straßenrand eine Anzahl rastender Autos stand. Doch mit der Annäherung an Preda schwand meine Aufnahmebereitschaft und meine Freude am Wiedersehen und am Erwecken alter Erinnerungen vollends dahin. Ich hatte daran gedacht, dort einen Augenblick Halt zu machen, das kleine Haus zu suchen, in dem wir damals gewohnt hatten, und nach den Bewohnern zu fragen. Aber das mochte ich jetzt nicht mehr, es schien mir unnötig zu erfahren, daß natürlich der alte Nicolai und die Seinen längst gestorben seien. Auch war es einer der ersten heißen Tage dieses kühlen Regensommers, und hier wehte schon keine Höhenluft mehr. Es ist auch wohl möglich, daß hier sich Vergessenes aus der Zeit meiner Jugend und ersten Ehe in mir regte, daß es nicht nur Reisemüdigkeit und Sommerhitze war, die mich so lähmte und traurig machte, sondern ebenso ein Gefühl von Unzufriedenheit und Reue über manche Strecke meines Lebens, und eine Trauer über die Unkorrigierbarkeit alles Getanen und Gewesenen. Ich fuhr ohne Halt durch das kleine Preda, das ich eigentlich hatte wieder aufsuchen wollen, und drängte nur noch auf Rückkehr. Während ich in Gedanken jene Unzufriedenheit und Reue ein wenig zu prüfen bemüht war, kam ich, ohne auf bestimmte Taten oder Versäumnisse meines früheren Lebens zu stoßen, die vergessen gewesen wären, wieder einmal auf jenes merkwürdige, dumpfe und nie ganz zu bewältigende Schuldgefühl zurück, das Menschen meiner Generation und meiner Art anfallen kann, wenn sie der Zeit vor 1914 gedenken. Wen die Weltgeschichte seit jenem ersten Zusammenbruch der Friedenswelt erweckt und durchgerüttelt hat, der wird die Frage nach der Mitschuld nicht völlig los, obwohl sie eigentlich eher dem Jugendalter angemessen ist, denn Alter und Erfahrung sollten uns gelehrt haben, daß diese Frage mit der nach unsrem Anteil an der Erbsünde identisch ist und uns nicht beunruhigen sollte, man kann sie den Theologen und Philosophen überlassen. Aber da innerhalb meiner Lebensdauer die Welt, in der ich lebte, aus einer hübschen, spielerischen und etwas genießerischen Friedenswelt zu einem Ort des Grauens geworden ist, werde ich gelegentliche Rückfälle in dies schlechte Gewissen wohl noch einigemale erleiden. Vermutlich ist ja dies Sichmitverantwortlichfühlen am Weltlauf, das der von ihm Befallene zuweilen gern als Zeichen eines besonders wachen Gewissens und einer höhern Menschlichkeit deutet, nur ein Kranksein, nämlich ein Mangel an Unschuld und Glauben. Der völlig wohlbeschaffene Mensch wird nicht auf den hochmütigen Gedanken kommen, er müsse die Laster und Krankheiten der Welt, ihre Friedensträgheit und ihre Kriegsroheit mitverantworten, er sei groß und wichtig genug, um das Leid und die Schuld in ihr mehren oder mindern zu können . . .

Über diesen Aufzeichnungen ist nun auch dieser Engadiner Sommer dahingegangen, es wird Zeit zum Pakken und Abreisen. Die paar Blätter vollzuschreiben hat mir mehr Mühe gemacht, als sie wert sind, es will mir nicht recht mehr gelingen. Etwas enttäuscht reise ich wieder heim, enttäuscht über manches physische Versagen und noch mehr darüber, daß ich mit allem Bemühen und großem Aufwand von Zeit nichts Besseres zustande gebracht habe als diesen Rundbrief, den ich doch vielen von Euch längst schuldig war. Wenigstens steht etwas Schönes, etwas sehr Schönes mir noch bevor, die Heimfahrt über Maloja und Chiavenna, die jedesmal neu bezaubernde Fahrt aus der kühlklaren Berghöhe in den warmen sommerdunstigen Süden, der Meira nach und den Buchten und Städtchen, den Gartenmauern, Ölbäumen und Oleandern des Comersees entgegen. Dies will ich noch einmal dankbar schlürfen. [1953]

Einst vor tausend Jahren

Unruhvoll und reiselüstern
Aus zerstücktem Traum erwacht
Hör ich seine Weise flüstern
Meinen Bambus in der Nacht.

Statt zu ruhen, statt zu liegen
Reißt michs aus den alten Gleisen,
Weg zu stürzen, weg zu fliegen,
Ins Unendliche zu reisen.

Einst vor tausend Jahren gab es
Eine Heimat, einen Garten,
Wo im Beet des Vogelgrabes
Aus dem Schnee die Krokus starrten.

Vogelschwingen möcht ich breiten
Aus dem Bann, der mich umgrenzt,
Dort hinüber, zu den Zeiten,
Deren Gold mir heut noch glänzt.

Volker Michels

»Gründe zum Wegreisen sind ja immer da«

Unterwegs mit Hermann Hesse

Als Hermann Hesse im Herbst 1912 von seinem abgelegenen Bodenseedorf Gaienhofen in die Hauptstadt der Schweiz umgezogen war, teilte er dem befreundeten Schriftsteller Ludwig Thoma mit, wie froh er sei, daß es hier in Bern neben guter Musik, einer »rassigen Landschaft und einer soliden alten Stadt« auch einen Bahnhof gebe, »so daß man zuweilen wegfahren kann«. Denn »Gründe zum Wegreisen sind ja immer da«, heißt es an anderer Stelle. Damals war er gerade von einer seiner Lesereisen aus Weimar zurückgekehrt, welcher Auftritte in Dresden, Prag, Brünn und Saarbrücken vorangegangen waren. Und ein Jahr zuvor hatte er die weiteste und längste Reise seines Lebens unternommen, einen dreimonatigen Ausflug nach Ceylon, Malaysia und Sumatra.

Dem Antrieb, dem Einerlei des Alltags zu entrinnen, um sich andernorts mit neuen Eindrücken und Erlebnissen zu regenerieren, hat Hesse in der ersten Hälfte seines Lebens sehr viel häufiger nachgegeben als später. Nie wieder war er so oft unterwegs wie in der Zeitspanne von der Jahrhundertwende bis zum Ausbruch des Ersten Weltkriegs, zusammengerechnet wohl mehr als ein ganzes Jahr. Und alle diese Reisen, soweit er sie freiwillig unternahm, waren nach Süden gerichtet, in ein Klima, das demjenigen der Stunde seiner Geburt an einem warmen Tag im Juli entsprach, wie er sich diesen Magnetismus in seinem »Kurzgefaßten Lebenslauf« erklärte. Dagegen suchte er die »Eskimoländer nördlich des Mains, wo kein Wein mehr wächst«, nur selten und ungern auf, zu einer Handvoll Pflicht- und Lesereisen oder um Ärzte zu konsultieren. Außer dem Klima gab es freilich noch andere Beweggründe für diese Bevorzugung des Südens: seine Skepsis gegenüber den im Norden Mitteleuropas ausgeprägteren Folgen der Zivilisation, ihrer Betriebsamkeit und Neurasthenie, der Zersiedlung und kommerziellen Zerstörung der Natur, die ihn schon in der Kindheit bedrückte, wie er sich 1951 in seinem »Bericht an Freunde« erinnert: »In meinen Knaben- und Jünglingsjahren habe ich im Schwarzwald den Vorgang der Industrialisierung eines lieben kleinen Flußtales mitangesehen, und im späteren Leben bin ich diesem Vorgang, wo immer er mir naherückte, ausgewichen und habe die stillen, vom Weltlärm vorläufig vergessenen Winkel aufgesucht.« In den 85 Jahren seines Lebens hat Hesse wohl kaum einen Monat jenseits des 50. Breitengrades verbracht, und nördlicher als bis nach Bremen ist er dabei nicht gekommen.

Sein bevorzugtes Reiseland war Italien. Dorthin hat er von 1901 bis 1914 etwa zehn längere Ausflüge unternommen und sich dabei in Venedig, in der Toskana und immer wieder in Umbrien, der Heimat Franz von Assisis, aufgehalten. Seine Streifzüge durch die wilden Weidelandschaften Mittelitaliens, die alten Städte mit der »heroischen Musik ihrer Architekturen« und der Anblick des leichten, schönen und schwungvollen italienischen Lebens waren ein wohltuender Kontrast zum seßhaften und disziplinierten Alltag am heimischen Schreibtisch. Denn hier ging es »nicht nordisch, protestantisch und abstrakt zu, sondern südlich, katholisch und wohltemperiert«. Meist war er mit Maler- und Musikerfreunden unterwegs, zu Fuß oder in Eisenbahnabteilen dritter Klasse, um sich unter die Bevölkerung mischen und in möglichst direkten Kontakt mit der Kultur, der Landschaft und Lebensweise der Menschen kommen zu können. 1926 schrieb er im Rückblick auf dieses sorglose Vagabundieren während der Vorkriegsjahre: »Einst war ich ein Wanderer, reiste mit leichtestem Gepäck und viel zu Fuß, und das tat mir wohl und entsprach besser meiner Stellung zur Welt, als dieses heutige Reisen, bei dem man aus dem Bannkreis der Maschine nicht mehr herauskommt.« Der Bannkreis der Maschine, das war damals noch die Eisenbahn, der er sich freilich auf recht eigenwillige Weise bediente, indem er längere Reisen immer wieder unterbrach, um die Inflation der Eindrücke zu drosseln, welche – wie er einmal schrieb – die Wahrnehmung ähnlich überfordern wie ein mit ständig neuen Motiven belichtetes fotografisches Negativ, auf dem dann am Schluß überhaupt nichts mehr zu erkennen sei. Nach einigen Stunden Fahrt unterbrach er also seine Reisen, um überall dort auszusteigen, wo ihn etwas reizte und verlockte. »Während es heute für eine Errungenschaft gilt, in einem Tage tausend und mehr Kilometer zurücklegen zu können«, notiert er in dem Bericht über seine *Nürnberger Reise*, »halte ich es für menschenunwürdig, länger als höchstens vier bis fünf Stunden in einem fahrenden Eisenbahnwagen auszuhalten und brauche für eine Reise eine Woche, die ein anderer in einem Tag zurücklegt ... Das einzig Hübsche daran ist ja das wahllose Zusammengesperrtwerden mit anderen Menschen, und so hübsch dies auch sein kann, nach wenigen Stunden hat es meistens seinen Zauber verloren. Und sollte der Glücksfall eintreten, und du solltest im Eisenbahnwagen neben den

Menschen zu sitzen kommen, der dir zum Herzensfreund bestimmt ist ..., so müßtest du ein Stümper sein, wenn es dir nicht gelänge, ihn nach einer Weile zu überreden, daß er mit dir aussteigt und an irgendeiner hübschen Station dir nachsehen hilft, ob Gras und Blumen, blauer Himmel und Wolken noch vorhanden sind. Ich kann nicht leugnen, daß das Reisen auf meine Weise seinen Mann nicht sehr rasch vorwärts bringt und etwa auf der Stufe des Mittelalters steht ... Man muß schon ziemlich unmodern eingestellt sein, um meine Reisemethode gelten zu lassen und ihre großen Vorteile sehen zu können.«

Der Reiz des Risikos, die Überraschungen des Zufalls machten den Zauber dieses Unterwegsseins aus. Nie wäre es ihm in den Sinn gekommen, sich wochenlang in ein Badehotel einzuquartieren und sich den Tagesablauf vom Rhythmus einer Vollpension diktieren zu lassen. »Wer auf Reisen wirklich etwas erleben, wirklich froher und innerlich reicher werden will«, schrieb er 1904, »wird sich die geheimnisvolle Wonne des ersten Schauens und Kennenlernens nicht durch sogenannte ›praktische‹ Reisemethoden verderben. Wer mit offenen Augen in ein fremdes, bis dahin nur aus Büchern und Bildern gekanntes, aber seit Jahren geliebtes Land kommt, dem wird jeder Tag unerwartete Schätze und Freuden geben, und fast immer behält in der Erinnerung das naiv und improvisiert Erlebte die Oberhand über das planmäßig Vorbereitete.« Von dieser Bereitschaft zum Improvisieren, zum Wagnis des Unvorhersehbaren und Abenteuers profitieren auch seine Schilderungen. Zwar ist es jedesmal das »Bedürfnis zu rechenschaftslosem Staunen«, das ihn zum Reisen verlockt, der Wunsch, einmal frei zu sein vom Zwang des Künstlers, für seine Eindrücke auch den angemessenen Ausdruck zu finden. Doch kaum ist Hesse von seinen Reisen zurückgekehrt, stellt sich heraus, daß er dieser Absicht doch nicht zu folgen vermochte, daß auch diesmal wieder hinter den Augen ein Film und Magazin, hinter dem Ohr ein Tonband beschäftigt war, um zu sammeln, zu raffen und aufzuzeichnen, »verpflichtet nicht nur dem Genuß, sondern weit mehr zum Aufbewahren, zum etwaigen späteren Wiedergeben zu einem Höchstmaß an Genauigkeit im Aufmerken«. Was er unterwegs scheinbar entbunden von jeder Verantwortung erlebte, ließ ihm danach keine Ruhe mehr, bis es festgehalten und überliefert war. Diese Flexibilität, das Geplante von Fall zu Fall auch einmal außer acht zu lassen, um frei und disponibel zu bleiben, erinnert an das, was er einmal über das Lesen im Urlaub sagte: gebe es für Ferienzeiten doch keinen schöneren Vorsatz als den, »keine Zeile zu lesen[,] und nachher nichts Hübscheres, als bei guter Gelegenheit diesem Vorsatz mit einem wirklich schönen Buch untreu zu werden«.

Auf diese spontane Weise erschließt sich ihm die Poesie der Dinge am leichtesten: »Das reine Schauen, das von keinem Zweckdenken und Wollen getrübte Beobachten, die in sich selbst begnügte Übung von Ohr, Nase und Tastsinn, das ist ein Paradies«, notiert Hesse in seinen Aufzeichnungen über einen italienischen Reisetag. Zu Fuß, wobei der eigene Rhythmus die Wahrnehmung bestimmt, kommt er diesem Ideal am nächsten, so daß auch die Beschwerlichkeit aufgewogen wird, die Hesse freilich bewußt wählt, da alles Beschwerliche intimere und dauerhaftere Eindrücke hinterläßt als das Bequeme. Auch zu viel Planung hält er für abträglich: »Wenn die Augen vom

Bewußtsein kontrolliert und befähigt sind, erleben sie sehr wenig ... gehen sie aber ihre Wege selbständig und unkontrolliert, dann öffnet sich ihnen zu guter Stunde die irrationale, aber nicht minder reale Welt des Schönen« ... »Wir sollen nicht mit irgendwelchen Interessen den Berg und den See und den Himmel begutachten, sondern uns zwischen ihnen, die gleich uns Teile eines Ganzen und Erscheinungsformen einer Idee sind, mit klaren Sinnen bewegen und uns heimisch fühlen.«

Bedauernswert arm sind für ihn diejenigen, denen jedes neue Stück Erde fremd und unverdaulich auf die Seele drückt. Denn beim Erleben der Natur bestätige man sich selbst, genieße die Fähigkeit, zu sehen und das Neuerworbene organisch an das Vertraute anzugliedern, alte Wahrheiten und Gesetze unter anderen Verhältnissen wiederzufinden und somit stets neu hinter der Vielfalt die Einheit zu erkennen. »Einer, der sich keine fremde Landschaft zu eigen machen, in keinem fremden Land warm werden kann, der steht nicht höher als der, der über die Kinderstube und Vetternschaft hinaus keine Menschen begreifen, behandeln und lieben kann.« Der wertvolle Mensch fühle sich nicht nur seiner Familie, sondern jedem Menschen- und Naturleben verwandt und stehe um so höher, je größer der Kreis dessen sei, dem er sich öffne. Dies scheint ihm um so nötiger, als wir im täglichen Leben gewohnt sind, »einseitig zu leben, zu arbeiten und zu denken, aber vor der Natur sind wir frei und ganz und dürfen alle Seelenkräfte spielen und arbeiten lassen, gleichzeitig und gleichberechtigt. Keiner kann es zu jeder beliebigen Stunde, jeder hat Ketten nachzuschleppen; aber je öfter und intensiver wir uns von allen Zwecken befreit, dem Weltganzen verwandt fühlen, desto lockerer werden die Ketten und desto kleiner wird der Kreis der Dinge, zu welchem wir ohne Beziehung sind.« Deshalb ist für Hesse die echte Reiselust der gefährlichen Lust verwandt, »unerschrocken zu denken, sich die Welt auf den Kopf zu stellen und von allen Dingen, Menschen und Ereignissen Antworten haben zu wollen«.

Diese Antworten findet er außer in der Natur vor allem in der Kunst, ist doch die Natur für ihn »keineswegs ein Kunstersatz, wohl aber die Quelle und Mutter aller Kunst«, und bereitet doch »ein kühner Bau, eine schön bemalte Wand, eine gute Musik mehr Genuß als das Beobachten der ungemeisterten Natur«. Darum sucht er namentlich auf seinen frühen, durch die Lektüre Jakob Burckhardts inspirierten Reisen nach ausgiebigem Studium der Natur die aus ihrem Umfeld hervorgegangenen Kulturzeugnisse auf. Erst nachdem er z. B. in Venedig tagelang von einem Fischerboot aus die Lichtreflexe und Farbenspiele auf den Schlammbänken der Lagune studiert hat, sieht er sich die Bilder von Tizian und Veronese an, um sie nun viel besser zu verstehen als zuvor mit unerfahrenem Blick. Reisen ist für Hesse ein Betätigen des ästhetischen Triebes. Gemälde, Bildhauereien und Architekturen sind ihm nicht Sehenswürdigkeiten, um den »Bildungssack« anzureichern, sondern sie ermuntern ihn in seinem eigenen Ausdrucksdrang. »Wie ein wohliges Bad im Meer, ein frohes Ballspiel, eine tapfere Schneewanderung mein leibliches Ich bestätigt, ihm in seinen besten Gelüsten und Ahnungen recht gibt und durch Wohlbefinden auf sein Verlangen antwortet, so antwortet beim reinen Schauen der große Schatz menschlicher Kultur, geistiger Leistung auf unseren fordernden Glauben an die Menschheit überhaupt. Was soll mir die Freude an Tizian, wenn seine Bilder mir nicht Ahnungen wahr machen, Triebe bestätigen, Ideale erfüllen und Träume rechtfertigen.« . . . »So reisen wir und schauen und erleben die Fremde in tiefstem Grunde als Sucher nach dem Ideal des Menschentums. Darin bestätigt und bestärkt uns eine Figur von Michelangelo, eine Musik von Mozart, ein toskanischer Dom oder griechischer Tempel, und diese Bestärkung und Rechtfertigung unseres Verlangens nach einem Sinn, einer tiefen Einheit, einer Unsterblichkeit der menschlichen Kultur ist es, was wir auf Reisen besonders innig genießen.«

Je bestärkender solche Impulse waren, um so gereizter reagiert Hesse mitunter auf Verhältnisse, die aus Gewinnsucht, Spekulation oder vorgeblicher Zweckmäßigkeit solche organisch gewachsenen Kulturen korrumpieren. In Malaysia z. B. beleidigt ihn der Baustil kolonialer Einrichtungen: »Das Übelste sind die Kirchen mit ihrer entgleisten englischen Gotik . . . Hier fühlt man sich im Innersten mitverantwortlich. Und diese Dinge sind alle, gleich einem deutschen Postgebäude ebenso solide wie häßlich gemacht. Ein Malayenhaus, das gestern fertig wurde, wird in drei Monaten wetterfarben und angepaßt und völlig eingewachsen sein, als stände es 50 Jahre da; ein holländischer Residentenpalais aber, eine englische Kirche oder ein französich-katholisches Schulhaus wird unser Auge nicht erfreuen können, ehe es seine schuldbeladene Existenz zu Ende gelebt und seine Bestandteile der Natur zurückgegeben hat.«

Wie über fast alles, was er sah und erlebte, hat sich

Hermann Hesse auch über seine Reisen Rechenschaft abverlangt und in Tagebüchern, Gedichten, Impressionen, Skizzen, Betrachtungen und Erinnerungen darüber berichtet. Zwei seiner Bücher, *Aus Indien* (1913) und *Die Nürnberger Reise* (1927), sind Reiseberichte, und auch der 1926 unter dem Titel *Bilderbuch* veröffentlichte Sammelband enthält eine Auswahl von Schilderungen über Wanderungen und Fahrten, die er bis zu diesem Zeitpunkt unternommen hat. Außer der *Nürnberger Reise*, die aus Gründen des Umfangs, der Landstreichergeschichte *Knulp* und der *Morgenlandfahrt*, die ihres fiktiven Charakters wegen aus dem Rahmen gefallen wären, enthält dieser Band fast alles, was Hermann Hesse im Laufe seines Lebens zu diesem Thema geschrieben hat. Die meisten dieser Erlebnisberichte, die hier in der Abfolge ihres Geschehens (die sich bis auf wenige Ausnahmen mit dem am Ende der Texte angegebenen Publikationsdatum deckt) wiedergegeben werden, sind autobiographischer Natur. Sie begleiten den Leser durch Hesses ganzes Leben und seine Entwicklung. So spannt sich der Bogen dieser Schilderungen vom Fernweh seiner Jugend, als ihm schon »der Anblick eines fernen Berges, einer schwebenden Goldwolke am Horizont, das Herz umdrehen konnte vor Reisetrieb und ungestillter Liebe zur Schönheit der Welt«, über die Jahre familiärer Seßhaftigkeit mit ihrem Drang, immer wieder auszubrechen aus den »kleingeteilten Zeitstrecken« der Alltagsmonotonie, um als Nomade im Zeitlosen zu vagabundieren, bis hin zum eingeschränkten und periodisch geregelten Ortswechsel des Alters (Tessin / Engadin) und seinem Argwohn, »es könne der Trieb zum Wandern und Welterobern, der Hunger nach Neuem, noch nicht Gesehenen, nach Reise und Exotik, der den meisten nicht phantasielosen Menschen zumal in der Jugend bekannt ist, auch ein Hunger nach Vergessen sein, nach Wegdrängen des Gewesenen, soweit es uns bedrückt, nach Überdecken erlebter Bilder durch möglichst viele neue Bilder«, wie er 1953 in einem seiner Rundbriefe vermerkt.

Wo immer wir diese Schilderungen aufschlagen, stets können wir auch heute noch von Hesses Erfahrungen profitieren, von seinem Verzicht auf die Quantität des Gesehenen zugunsten ihrer qualitativen Durchdringung, von diesem »Wenig-aber-Gründlich«, das er schon 1904 formuliert und dann auf allen seinen Italienreisen beherzigt hat: »Man muß nicht alles sehen und kennen wollen. Wer zwei Berge und Täler der schweizer Alpen durchstreift hat, kennt die Schweiz besser, als wer mit einer Rundkarte in derselben Zeit das ganze Land bereist.« Auch können wir bei Hesse lernen zu sehen, sei es den Engadiner Winter, in dessen »kräftiger, kühler und herber Bergluft alle Farben eine emailartige Frische« bekommen . . . , sei es wie der Schnee in den ersten Frühlingstagen blasser wirkt und abzutropfen beginnt, als ob »zauberlösend ein kleiner Wurm im Panzer des Winters säße« . . . sei es beim Blick aus dem Flugzeug, wobei sich das vermeintlich »düstere, rauchende, aus Zement und Wellblech bestehende Deutschland« als eine Fiktion entpuppte. »Denn, brachte man nur ein paar hundert Meter Luft zwischen sich und die Erde, zwischen sich und das 20. Jahrhundert«, dann erwiesen sich die Ballungszentren der Industrie als »kleine Sommersprossen auf dem Gesicht Deutschlands, alles andere bestand aus solider Erde, herrlichem Grün und schaute mit blauen sanften Seeaugen und stillblitzenden bis in den Himmel verlaufenden Flußbändern herauf, schön und friedlich.« Solche Bilder prägen sich ein und führen bereits 1906 zu Beobachtungen, die an eine poetische »Relativitätstheorie« denken lassen, z. B. bei der Beschreibung einer Eisenbahnfahrt durch das Appenzell: »Ohne daß der Zug weniger rasch fuhr und obwohl Publikum und Land eigentlich keinen agrarischen Eindruck machten, fühlte man eine freundliche Verlangsamung des Tempos, lediglich aufgrund des Dialekts, der Gestalten und Gesten.« Schon ein Jahr zuvor war ihm bei einer Wanderung über den Gotthard angesichts der Hochebene und des eleganten Kurbetriebs von Andermatt aufgefallen, man habe »plötzlich das Gefühl, 500 Meter tiefer zu sein, als man in Wirklichkeit ist«.

Da diese Schilderungen einen Zeitraum von fünf Jahrzehnten umspannen, zeigen sie auch die einschneidenden Veränderungen, die den Tourismus seit der Wende zum 20. Jahrhundert stärker betroffen haben als in den Jahrhunderten zuvor. Hesse hat noch alle Arten der Fortbewegung, Fußwanderung, Zug-, Auto- und Flugreisen kennengelernt, praktiziert und dargestellt. So ist es uns möglich, z. B. die Eindrücke miteinander zu vergleichen, die seine 1905 unternommene Wanderung von Graubünden ins Engadin von den 50 Jahre späteren Autofahrten durch diese Gegend unterscheiden. Schmerzlich werden uns dabei nicht nur die Einbußen und Verluste an Erlebnisintensität bewußt, welche die bequemeren Reisetechniken mit sich gebracht haben, sondern auch das, was damit der Natur und Bevölkerung unserer bevorzugten Reiseziele zugemutet wurde: die unaufhaltsame Verkümmerung und Ausrottung des Ursprünglichen, Unverwechselbaren und organisch Gewachsenen zugunsten einer Gleichförmigkeit und Monotonisierung, die bald auch die eigentümlichsten Orte so austauschbar macht wie Raststätten an der Autobahn. Diesem Prozeß ist Hesse ausgewichen wie jeder Form der Industrialisierung. »Alle meine Reisen«, notiert er 1928 in der Betrachtung »Kofferpacken«, »sind ja im Grunde nur eine Flucht ... nicht die Flucht vor mir selber, die ewige Flucht vom Innen nach Außen, sondern gerade das Gegenteil: ein Fluchtversuch aus dieser Zeit heraus, aus dieser Zeit der Technik und des Geldes, des Krieges und der Habsucht, einer Zeit ... die ich nicht billigen und lieben, sondern bestenfalls eben ertragen kann.« Doch sei sein Verhalten, genau gesehen, alles andere als Flucht, vielmehr »Kampf gegen diese Zeit ... Protest der Seele gegen die Rechenmaschine, Protest des Herzens gegen die Roheit und Ärmlichkeit dessen, was man heute ›Leben‹ nennt.« Er wehre sich nicht gegen den Fortschritt, doch bedauere er »jede neue Autostraße, jeden Betonbau, jeden korrigierten Lineal-Flußbau, wo die Maschine über die Hand, das Geld über die Sitte, die rationelle Wirtschaft über die Idylle« siege. »Manche von uns wissen mit Lächeln, daß dem Mangel unseres Sinnes für Rentabilität und Unternehmerlust bei unseren Antipoden, den Unternehmern und Rentablen, der Mangel einer seelischen Dimension entspricht, und daß unsere romantisch-poetische Infantilität nicht infantiler ist als die kinderstolze Zuversicht des welterobernden Ingenieurs, der an seinen Rechenschieber glaubt und in Zorn und Angst gerät, wenn die Unbedingtheit seiner Weltregeln durch Einstein erschüttert wird ... Wir sind ja nicht alle bloß dumme Fanatiker, die wegen eines zum Fall verurteilten alten Gemäuers die Öffentlichkeit bemühen und die Heimatschutzgarden mobilisieren, manche von uns sind nahezu ebenso klug wie mancher von der Rentabilitätspartei und sind im Herzen vielleicht zukunftsgläubiger und nach der Zukunft begieriger als viele von den Frommen des Fortschritts«, bemerkt er 1924 in einer seiner Betrachtungen.

Heute, wo der vorprogrammierte Massentourismus es uns leicht macht, binnen kürzester Zeit auch die entlegensten Flecken der Erde zu erreichen, wo uns alles abgenommen wird, was früher das Reisen beschwerlich und abenteuerlich machte, wirkt Hermann Hesses Art zu reisen unzeitgemäßer denn je. Und doch ist gerade das Unzeitgemäße daran, die nur durch Ungebundenheit erreichbare Intensivierung des Lebensgefühls, genau das, wonach wir uns sehnen und mit den komfortablen Pauschalbuchungen der Reisebüros selten genug erlangen. So mühelos und rasch wir auf den Autobahnen oder im Flugzeug riesige Distanzen überwinden, spannend und unverwechselbar sind diese Beförderungsmethoden meist nur beim erstenmal. Je schneller man sich fortbewegt, desto weniger sieht man. Allzuviel bleibt unausgeschöpft auf der Strecke, in uns selbst wie von dem, was ein nur auf das Ziel fixierter Blick vernachlässigt. Nicht der Weg ist mehr das Ziel, sondern das schnellstmögliche Eintreffen, ein Erlebnisverlust, der sich dann vor Ort fortsetzt durch ein Konsumverhalten in Unterbringung, Lebensstandard und Verpflegung, das den heimischen Gewohnheiten, denen man doch so gerne entflohen wäre, auf eine Weise entspricht, daß es schon der Animateure bedarf, um noch eine klägliche Illusion von Abenteuer und Abwechslung aufkommen zu lassen.

Hermann Hesse hat diese konfektionierte Art des Ferien-Tourismus nicht mehr erlebt, sie aber wie alle Schattenseiten des Fortschritts früh schon erkannt und dargestellt. Seine 1925 beschriebene Vision einer serienmäßig vorfabrizierten »Fremdenstadt im Süden«, die dem Touristen eine »naturfreie, gefahrlose, denaturierte Natur« vorgaukelt, so »wie es coffeinfreien Kaffee und nikotinfreie Zigaretten gibt«, hat diese Entwicklung auf ironische Weise vorweggenommen. Hier schildert er »eine dem Menschen restlos unterworfene und von ihm umgestaltete Natur, eine Natur, die ihm zwar Reize und Illusionen gewährt, aber lenkbar ist und nichts von ihm verlangt, in die er sich mit allen seinen großstädtischen Gewohnheiten, Sitten und Ansprüchen bequem hineinsetzen kann«.

Unter Hermann Hesses Zeitgenossen erwies sich nur Stefan Zweig als ähnlich problemfühlig. In seinem 1926 entstandenen Aufsatz »Reisen oder Gereistwerden« befaßt Zweig sich gleichfalls mit den Einbußen, die uns die Reisemethoden der Zukunft bescheren: »Je weniger wir die Erlebnisse bequem an uns heranbringen lassen, je mehr wir ihnen abenteuerend entgegendringen, umso inniger bleiben sie uns verbunden ... Denn nur da, wo wir mit Ärger, Unannehmlichkeiten und Irrtum uns einen Eindruck erkauften, bleibt die Erinnerung besonders leuchtkräftig und stark ... Alles Wesentliche im Leben, was wir Gewinn nennen, wächst aus Mühe und Widerstand, aller wirkliche Zuwachs an Weltgefühl ... Reise soll Hingabe der Ordnung an den Zufall, des Täglichen an das Außerordentliche, sie muß allerpersönlichste Gestaltung unserer Neigung sein ... Retten wir uns dieses kleine Geviert Abenteuer in unserer allzu geordneten Welt, lassen wir uns nicht reisen als Frachtgut praktischer Agenturen, nur so wird jede Reise zur Entdeckung, nicht nur der äußeren, sondern auch unserer eigenen inneren Welt.«

Hermann Hesse hat auf seinen Reisen keine Eiffeltürme, Petersdome, Chinesische Mauern oder Empire State Buildings besucht. Noch die unscheinbarste eigene Entdeckung war ihm lieber als jeder von außen vorgegebene Superlativ. Nicht Weltläufigkeit, sondern Welthaltigkeit sucht er auf seinen Expeditionen aus der inneren in die äußere Welt, um das Eigene mit dem Fremden verbinden und auch im Unvorhersehbaren das Charakteristische aufspüren und darstellen zu können.

Frankfurt am Main, im Juli 1990

Quellennachweis

Über das Reisen: Erstdruck in »Die Zeit«, Wien vom 30. 4. 1904. Aufgenommen in H. Hesse, »Die Kunst des Müßiggangs«, Frankfurt am Main 1973.

Floßfahrt: Erstdruck u. d. T. »Flöße auf der Nagold« in »Schwarzwaldzeitung« / »Der Grenzer«, Freudenstadt vom 10. 3. 1928. Aufgenommen in H. Hesse, »Die Kunst des Müßiggangs«, Frankfurt am Main 1973.

Venezianisches Notizbüchlein: Geschrieben im März 1902. Erstdruck in »Rheinisch-Westfälische Zeitung«, Essen vom 4. 11. und 18. 5. 1902. Aufgenommen in H. Hesse, »Kleine Freuden«, Frankfurt am Main 1977.

Lo scoppio del carro: Auszug aus »Stimmungsbilder aus Oberitalien«. Erstdruck in »Basler Anzeiger« vom 15. 9. 1901. Aufgenommen in H. Hesse, »Italien«, Frankfurt am Main 1983.

In den Kanälen Venedigs: Auszug aus »Stimmungsbilder aus Oberitalien«. Erstdruck in »Basler Anzeiger« vom 22. 9. 1901. Aufgenommen in H. Hesse, »Italien«, Frankfurt am Main 1983.

Die Lagune: Auszug aus »Stimmungsbilder aus Oberitalien«. Erstdruck in »Basler Anzeiger« vom 13. 10. 1901. Aufgenommen in H. Hesse, »Italien«, Frankfurt am Main 1983.

Die blaue Ferne: Geschrieben 1904. Erstdruck als Teil des Textes »Tagebuch eines Namenlosen« in »Wiener Neues Tagblatt« vom 25. 11. 1906. Aufgenommen in H. Hesse, »Betrachtungen«, Berlin 1928.

Am Gotthard: Geschrieben 1905. Erstdruck in »Neue Freie Presse Wien« vom 11. 2. 1905. Aufgenommen in H. Hesse, »Die Kunst des Müßiggangs«, Frankfurt am Main 1973.

Eine Wandererinnerung: Erstdruck u. d. T. »Sommerreise« in »Münchner Neueste Nachrichten« vom 23. 8. u. 2. 9. 1905. Aufgenommen in H. Hesse, »Bodensee«, Sigmaringen 1977. Der einführende Absatz stammt aus einem späteren für die »Neue Freie Presse Wien« vom 29. 6. 1932 geschriebenen Abdruck des Textes.

Reisebilder: Geschrieben im Herbst 1906. Erstdruck in »Neues Wiener Tagblatt« vom 1. 1. 1907. Aufgenommen in H. Hesse, »Kleine Freuden«, Frankfurt am Main 1977.

Wintertage in Graubünden: Geschrieben 1905 / 06. Erstdruck in »Neues Wiener Tagblatt« vom 11. 2. 1906. Hier die spätere Fassung aus der »Münchner Zeitung« vom Dezember 1909. Aufgenommen in H. Hesse, »Kleine Freuden«, Frankfurt am Main 1977.

Montefalco: Erstdruck in »März« München vom Juni 1907. Aufgenommen in H. Hesse, »Bilderbuch«. Erweiterte Ausgabe Berlin und Frankfurt am Main 1958.

Gubbio: Erstdruck in »März«, München vom Mai 1907. Aufgenommen in H. Hesse, »Die Kunst des Müßiggangs«, Frankfurt am Main 1973.

Vom Naturgenuß: Erstdruck u. d. T. »Landschaftliches« in »Neues Wiener Tagblatt« vom 19. 4. 1908. Aufgenommen in H. Hesse, »Die Kunst des Müßiggangs«, Frankfurt am Main 1973.

Besuch bei einem Dichter: Erstdruck u. d. T. »Besuch bei Wilhelm Raabe« in »Velhagen u. Klasings Monatshefte«, Bielefeld vom Juli 1933. Aufgenommen in H. Hesse, »Gedenkblätter«, Berlin 1937.

Reiselust: Erstdruck in »Neues Wiener Tagblatt« vom 23. 1. 1910. Aufgenommen in H. Hesse, »Betrachtungen«, Berlin 1928.

Winterbrief: Geschrieben im Februar 1911. Erstdruck in »Neues Wiener Tagblatt« vom 3. 3. 1911. Aufgenommen in H. Hesse, »Kleine Freuden«, Frankfurt am Main 1977.

Spazierfahrt in der Luft: Erstdruck in »Neues Wiener Tagblatt« vom 30. 7. 1911. Aufgenommen in H. Hesse, »Die Kunst des Müßiggangs«, Frankfurt am Main 1973.

Die Nikobaren: Erstdruck in »Neues Wiener Tagblatt« vom 28. 12. 1913. Aufgenommen in H. Hesse, »Kleine Freuden«, Frankfurt am Main 1977.

Abend in Asien: Erstdruck u. d. T. »Abend in Ostasien« in »Die Schweiz« 16, Zürich 1912. Aufgenommen in H. Hesse, »Aus Indien«, Berlin 1913.

Pelaiang: Erstdruck in »Neue Rundschau«, Berlin vom Juni 1912. Aufgenommen in H. Hesse, »Aus Indien«, Berlin 1913.

Palembang: Erstdruck in »Neue Rundschau«, Berlin vom Juni 1912. Aufgenommen in H. Hesse, »Aus Indien«, Berlin 1913.

Architektur: Erstdruck in »Die Schweiz« 16, Zürich 1912. Aufgenommen in H. Hesse, »Aus Indien«, Berlin 1913.

Indische Schmetterlinge: Erstdruck u. d. T. »Auf Ceylon« in »Neues Wiener Tagblatt« vom 4. 2. 1912. Aufgenommen u. d. T. »In Kandy«

in H. Hesse, »Die Kunst des Müßiggangs«, Frankfurt am Main 1973.

Tagebuchblatt aus Kandy: Erstdruck in »Westermanns Monatshefte«, Braunschweig vom September 1912. Aufgenommen in H. Hesse, »Aus Indien«, Berlin 1913.

Reisende Asiaten: Erstdruck in H. Hesse, »Aus Indien«. Berlin 1913.

Wieder im Studierzimmer: Geschrieben im Dezember 1911. Erstdruck in »Neues Wiener Tagblatt« vom 14. 1. 1912. Aufgenommen in H. Hesse, »Kleine Freuden«, Frankfurt am Main 1977.

Im Flugzeug: Geschrieben im März 1913. Erstdruck in »Kölnische Zeitung« vom 21. 3. 1913. Aufgenommen in H. Hesse, »Die Kunst des Müßiggangs«, Frankfurt am Main 1973.

Winterausflug: Erstdruck in »Neues Wiener Tagblatt« vom 26. 1. 1913. Aufgenommen in H. Hesse, »Die Kunst des Müßiggangs«, Frankfurt am Main 1973.

Die Nichtraucherin: Erstdruck in »Berliner Tageblatt« vom 7. 8. 1913. Aufgenommen in H. Hesse, »Kleine Freuden«, Frankfurt am Main 1977.

Italienischer Reisetag: Erstdruck u. d. T. »Ein Reisetag« in »Münchner Neueste Nachrichten« vom 18. 5. 1913. Aufgenommen in H. Hesse, »Die Kunst des Müßiggangs«, Frankfurt am Main 1973.

Bern – Wien: Geschrieben im Oktober 1913. Erstdruck in »Der Bund«, Bern vom 13. 11. 1913. Aufgenommen in H. Hesse, »Kleine Freuden«, Frankfurt am Main 1977.

Vor einer Sennhütte im Berner Oberland: Geschrieben im Februar 1914. Erstdruck in »Licht und Schatten« 26, München 1914. Aufgenommen in H. Hesse, »Am Weg«, Konstanz 1915.

Der Brunnen im Maulbronner Kreuzgang: Erstdruck in »März«, München vom Oktober 1914. Aufgenommen in H. Hesse, »Am Weg«, Konstanz 1915.

Erinnerung an Asien: Erstdruck in »März« München vom August 1914. Aufgenommen in H. Hesse, »Kleine Freuden«, Frankfurt am Main 1977.

[Wanderung ins Tessin]: Prosastücke aus H. Hesse, »Wanderung«, Berlin 1920.

Notizblatt von einer Reise: Erstdruck in »Neue Zürcher Zeitung« vom 21. 4. 1922. Aufgenommen in H. Hesse, »Die Kunst des Müßiggangs«, Frankfurt am Main 1973.

Die Fremdenstadt im Süden: Erstdruck in »Berliner Tageblatt« vom 31. 5. 1925. Aufgenommen in H. Hesse, »Die Kunst des Müßiggangs«, Frankfurt am Main 1973.

Ausflug in die Stadt: Geschrieben 1925. Erstdruck in »Frankfurter Zeitung« vom 17. 1. 1926. Aufgenommen in H. Hesse, »Die Kunst des Müßiggangs«, Frankfurt am Main 1973.

Winterferien: Erstdruck u. d. T. »Ins Gebirge verirrt« in »Kölnische Zeitung« vom 9. 2. 1928. Aufgenommen in H. Hesse, »Die Kunst des Müßiggangs«, Frankfurt am Main 1973.

Kofferpacken: Erstdruck in »Berliner Tageblatt« vom 14. 11. 1926. Aufgenommen in H. Hesse, »Kleine Freuden«, Frankfurt am Main 1977.

Reisebrief: Erstdruck in »Berliner Tageblatt« vom 12. 11. 1925. Aufgenommen in H. Hesse, »Kleine Freuden«, Frankfurt am Main 1977.

[Die letzte Reise dieser Art]: Fragment aus dem Nachlaß. Hier erstmals gedruckt.

Bilderbogen von einer kleinen Reise: Erstdruck in »Kölnische Zeitung« vom 29. 5. 1927. Aufgenommen in H. Hesse, »Kleine Freuden«, Frankfurt am Main 1977.

Sommerliche Eisenbahnfahrt: Erstdruck in »Frankfurter Zeitung« vom 19. 6. 1927. Aufgenommen in H. Hesse, »Die Kunst des Müßiggangs«, Frankfurt am Main 1973.

Einst in Würzburg: Erstdruck u. d. T. »Spaziergang in Würzburg« in »Berliner Tageblatt« vom 15. 5. 1928. Aufgenommen in H. Hesse, »Die Kunst des Müßiggangs«, Frankfurt am Main 1973.

Luftreise: Erstdruck in »Berliner Tageblatt« vom 21. 4. 1928. Aufgenommen in H. Hesse, »Die Kunst des Müßiggangs«, Frankfurt am Main 1973.

Rückkehr aufs Land: Erstdruck in »Kölnische Zeitung« vom 1. 7. 1927. Aufgenommen in H. Hesse, »Die Kunst des Müßiggangs«, Frankfurt am Main 1973.

Bilderbeschauen in München: Erstdruck in »Dresdner Neueste Nachrichten« vom 9. 6. 1926. Aufgenommen in H. Hesse, »Die Kunst des Müßiggangs«, Frankfurt am Main 1973.

Bilderschmuck im Eisenbahnwagen: Erstdruck in »Die Weltwoche«, Zürich vom 1. 12. 1944. Hier erstmals in Buchform.

Erlebnis auf einer Alp: Erstdruck in »Neue Zürcher Zeitung« vom

14. 8. 1947. Aufgenommen in H. Hesse, »Kleine Freuden«, Frankfurt am Main 1977.

[Aus dem »Rigi-Tagebuch«]: Erstdruck in »Neue Schweizer Rundschau« Zürich vom September 1945. Aufgenommen in H. Hesse, »Späte Prosa«, Berlin 1951.

[Aus »Engadiner Erlebnisse«]: Erstdruck in »Neue Schweizer Rundschau«, Zürich 1953 / 54. Aufgenommen in H. Hesse, »Beschwörungen«, Frankfurt am Main 1955.

Sämtliche hier aufgenommenen Gedichte sind der Edition: Hermann Hesse, »Die Gedichte«, Frankfurt am Main 1977, entnommen.

Inhalt

Hermann Hesse
im Suhrkamp Verlag und Insel Verlag

Gesammelte Schriften in sieben Bänden. Leinen und Leder

Gesammelte Briefe in vier Bänden. Unter Mitwirkung von Heiner Hesse herausgegeben von Ursula und Volker Michels. Leinen

Gesammelte Werke. Werkausgabe in den suhrkamp taschenbüchern in zwölf Bänden. st 1600

Gesammelte Erzählungen. Geschenkausgabe mit farbigem Dekorüberzug in Schmuckkassette. Sechs Bände.

Die Romane und die großen Erzählungen. Jubiläumsausgabe mit farbigem Dekorüberzug in Schmuckkassette. Acht Bände.

Hermann Hesse Lesebücher

Jedem Anfang wohnt ein Zauber inne. Lebensstufen. Zusammengestellt von Volker Michels. Paperback

Eigensinn macht Spaß. Individuation und Anpassung. Zusammengestellt von Volker Michels. Paperback

Wer lieben kann, ist glücklich. Über die Liebe. Zusammengestellt von Volker Michels. Paperback

Die Hölle ist überwindbar. Krisis und Wandlung. Zusammengestellt von Volker Michels. Paperback

Das Stumme spricht. Herkunft und Heimat. Natur und Kunst. Zusammengestellt von Volker Michels. Paperback

Die Einheit hinter den Gegensätzen. Religionen und Mythen. Zusammengestellt von Volker Michels. Paperback

Einzelausgaben

Aus Indien. Aufzeichnungen, Tagebücher, Gedichte, Betrachtungen und Erzählungen. Neu zusammengestellt und ergänzt von Volker Michels. st 562

Aus Kinderzeiten. Gesammelte Erzählungen Band 1. 1900-1905. Zusammengestellt von Volker Michels. st 347

Bäume. Betrachtungen und Gedichte. Mit Fotografien von Imme Techentin. Zusammenstellung der Texte von Volker Michels. it 455

Bericht aus Normalien. Humoristische Erzählungen, Gedichte und Anekdoten. Herausgegeben und mit einem Nachwort von Volker Michels. st 1308

Berthold. Erzählung. st 1198

Beschreibung einer Landschaft. Schweizer Miniaturen. Herausgegeben und mit einem Vorwort versehen von Siegfried Unseld. st 1970

Der Bettler. Zwei Erzählungen. Mit einem Nachwort von Max Rychner. st 1376

14/1/7.93

14/2/7.93

Hermann Hesse
im Suhrkamp Verlag und Insel Verlag

Karl Eugen Eiselein. Erzählung. st 1192

Kinderseele. Erzählung. st 1203

Kindheit des Zauberers. Ein autobiographisches Märchen. Handgeschrieben, illustriert und mit einer Nachbemerkung versehen von Peter Weiss. it 67

Kindheit und Jugend vor Neunzehnhundert. Hermann Hesse in Briefen und Lebenszeugnissen. Band 1: 1877- 1895. Ausgewählt und herausgegeben von Ninon Hesse. Leinen und st 1002

Kindheit und Jugend vor Neunzehnhundert. Hermann Hesse in Briefen und Lebenszeugnissen. Band 2: 1895-1900. Herausgegeben von Ninon Hesse. Fortgesetzt und erweitert von Gerhard Kirchhoff. Leinen und st 1150

Klein und Wagner. Novelle. st 116

Kleine Freuden. Verstreute und kurze Prosa aus dem Nachlaß. Herausgegeben und mit einem Nachwort von Volker Michels. st 360

Klingsors letzter Sommer. Erzählung mit farbigen Bildern vom Verfasser. BS 608

Klingsors letzter Sommer. Erzählung. st 1195

Knulp. Drei Geschichten aus dem Leben Knulps. BS 75

Knulp. Drei Geschichten aus dem Leben Knulps. Mit dem Fragment ›Knulps Ende‹. Mit sechzehn Steinzeichnungen von Karl Walser. it 394

Knulp. Erweitert um Fragmente aus dem Nachlaß. st 1571

Krisis. Ein Stück Tagebuch. BS 747

Die Kunst des Müßiggangs. Kurze Prosa aus dem Nachlaß. Herausgegeben und mit einem Nachwort von Volker Michels. st 100

Kurgast. Aufzeichnungen von einer Badener Kur. st 383

Ladidel. Erzählung. st 1200

Der Lateinschüler. Erzählung. st 1193

Legenden. Zusammengestellt von Volker Michels. BS 472 und st 909

Lektüre für Minuten. Gedanken aus seinen Büchern und Briefen. Herausgegeben von Volker Michels. Paperback und st 7

Lektüre für Minuten. Neue Folge. Gedanken aus seinen Büchern und Briefen. Herausgegeben von Volker Michels. st 240

Das Lied des Lebens. Die schönsten Gedichte. Paperback

Eine Literaturgeschichte in Rezensionen und Aufsätzen. Herausgegeben von Volker Michels. st 252

Die Märchen. Zusammengestellt von Volker Michels. st 291

Magie der Farben. Aquarelle aus dem Tessin. Mit Betrachtungen und Gedichten zusammengestellt und mit einem Nachwort versehen von Volker Michels. it 482

14/3/7.93

Hermann Hesse
im Suhrkamp Verlag und Insel Verlag

Magie des Buches. Betrachtungen. BS 542
Die Marmorsäge. Zwei Erzählungen. st 1381
Mein Glaube. Eine Dokumentation. Auswahl und Nachwort von Siegfried Unseld. BS 300
Mit der Reife wird man immer jünger. Betrachtungen und Gedichte über das Alter. Herausgegeben von Volker Michels. Großdruck. it 2311
Mit Hermann Hesse durch das Jahr. Mit Reproduktionen von 13 aquarellierten Federzeichnungen von Hermann Hesse. Paperback
Mit Hermann Hesse durch Italien. Ein Reisebegleiter durch Oberitalien. Mit farbigen Fotografien. Herausgegeben von Volker Michels. it 1120
Mit Hermann Hesse reisen. Betrachtungen und Gedichte. Herausgegeben von Volker Michels. it 1242
Die Morgenlandfahrt. Eine Erzählung. BS 1 und st 750
Musik. Betrachtungen, Gedichte, Rezensionen und Briefe. Mit einem Essay von Hermann Kasack. Eine Dokumentation. Ausgewählt und zusammengestellt von Volker Michels. BS 483 und st 1217
Narziß und Goldmund. Erzählung. BS 65 und st 274
Die Nürnberger Reise. st 227
Peter Camenzind. Erzählung. st 161
Piktors Verwandlungen. Ein Liebesmärchen, vom Autor handgeschrieben und illustriert, mit ausgewählten Gedichten und einem Nachwort versehen von Volker Michels. it 122
Politik des Gewissens. Die politischen Schriften. 1914-1962. 2 Bände. Vorwort von Robert Jungk. Herausgegeben von Volker Michels. Leinen und st 656
Robert Aghion. Erzählung. st 1379
Roßhalde. Roman. st 312
Schmetterlinge. Betrachtungen, Erzählungen, Gedichte. Zusammengestellt und mit einem Nachwort versehen von Volker Michels. it 385
Schön ist die Jugend. Erzählung. st 1380
Schriften zur Literatur. Band 1. Leinenkaschiert
Schriften zur Literatur. Band 2. Leinenkaschiert
Siddhartha. Eine indische Dichtung. BS 227 und st 182
Sinclairs Notizbuch. Mit aquarellierten Federzeichnungen des Verfassers. BS 839
Die späten Gedichte. Mit einer Nachbemerkung. IB 803
Die Stadt. Ein Märchen, ins Bild gebracht von Walter Schmögner. it 236
Der Steppenwolf. Aquarelle von Gunter Böhmer. BS 869

14/4/7.93

Hermann Hesse
im Suhrkamp Verlag und Insel Verlag

Der Steppenwolf. Erzählung. st 175
Stufen. Ausgewählte Gedichte. BS 342
Stunden im Garten. Zwei Idyllen. Mit teils farbigen Zeichnungen von Gunter Böhmer. IB 999
Tessin. Betrachtungen und Gedichte. Mit ca. 32 Aquarellen des Verfassers. Herausgegeben und eingeleitet von Volker Michels. Leinen und it 1494
Tractat vom Steppenwolf. Nachwort von Beda Allemann. es 84
Unterm Rad. Roman in der Urfassung. Herausgegeben und mit einem Essay von Volker Michels. Illustrationen Gunter Böhmer. Leinen und BS 981
Unterm Rad. Erzählung. st 52
Der verbannte Ehemann oder Anton Schievelbeyn's ohnfreywillige Reisse nacher Ost-Indien. Handgeschrieben und illustriert von Peter Weiss. Mit einem erstmals veröffentlichten Opernlibretto von Hermann Hesse. it 260
Die Verlobung. Gesammelte Erzählungen Band 2. 1906-1908. st 368
Der vierte Lebenslauf Josef Knechts. Zwei Fassungen. Mit einem Nachwort von Theodore Ziolkowski. Herausgegeben von Ninon Hesse. st 1261
Vom Baum des Lebens. Ausgewählte Gedichte. Mit einem Nachwort von Volker Michels. IB 45 4
Von guten Büchern. Rezensionen aus den Jahren 1900-1910. Herausgegeben von Volker Michels in Zusammenarbeit mit Heiner Hesse. Leinen
Von Wesen und Herkunft des Glasperlenspiels. Die vier Fassungen der Einleitung zum Glasperlenspiel. Herausgegeben und mit einem Essay »Zur Entstehung des Glasperlenspiels« von Volker Michels. st 382
Walter Kömpff. Erzählung. st 1199
Wanderung. Aufzeichnungen mit farbigen Bildern vom Verfasser. BS 444
Die Welt der Bücher. Betrachtungen und Aufsätze zur Literatur. Zusammengestellt von Volker Michels. st 415
Der Weltverbesserer und Doktor Knölges Ende. Zwei Erzählungen. st 1197
Zarathustras Wiederkehr. Ein Wort an die deutsche Jugend und andere Aufrufe gegen den Herdengeist von rechts und links. Herausgegeben von Volker Michels. st 2228
Der Zwerg. Ein Märchen. Mit Illustrationen von Rolf Köhler. it 636
Der Zyklon. Zwei Erzählungen. st 1377

14/5/7.93

Hermann Hesse
im Suhrkamp Verlag und Insel Verlag

Briefe

Ausgewählte Briefe. Erweiterte Ausgabe. Zusammengestellt von Hermann Hesse und Ninon Hesse. st 211

Briefe an Freunde. Rundbriefe 1946-1962. Zusammengestellt von Volker Michels. st 380

Hermann Hesse – Rudolf Jakob Humm. Briefwechsel. Herausgegeben von Ursula und Volker Michels. Leinen

Hermann Hesse – Thomas Mann. Briefwechsel. Herausgegeben von Anni Carlsson (1968), erweitert von Volker Michels (1975), mit einem Vorwort von Prof. Theodore Ziolkowski, aus dem Amerikanischen übersetzt von Ursula Michels-Wenz. Leinen und BS 441

Hermann Hesse – Peter Suhrkamp. Briefwechsel 1945-1959. Herausgegeben von Siegfried Unseld. Leinen

Aquarelle

Hermann Hesse – Kalender auf das Jahr 1994. Mit 13 farbig reproduzierten Aquarellen des Dichters und Leitgedanken aus Hermann Hesses Werken in Handschriften des Verfassers

Hermann Hesse als Maler. 44 Aquarelle mit Texten von Hermann Hesse. Ausgewählt und mit einem Nachwort versehen von Volker Michels. Leinen

Schallplatten

Hermann Hesse – Sprechplatte. Langspielplatte

Hermann Hesse liest ›Über das Alter‹. Zusammengestellt von Volker Michels. Langspiel-Sprechplatte

Materialien, Literatur zu Hermann Hesse

Hermann Hesse. Sein Leben in Bildern und Texten. Mit einem Vorwort von Hans Mayer. Herausgegeben von Volker Michels. Leinen und it 1111

Hermann Hesse. Leben und Werk im Bild. Mit dem ›kurzgefaßten Lebenslauf‹ von Hermann Hesse. it 36

Hermann Hesse in Augenzeugenberichten. Herausgegeben von Volker Michels. Leinen und st 1865

Materialien zu Hermann Hesse, ›Demian‹. 1. Band: Entstehungsgeschichte. Herausgegeben von Volker Michels. st 1947

Materialien zu Hermann Hesses ›Das Glasperlenspiel‹. Erster Band. Texte von Hermann Hesse. Herausgegeben von Volker Michels. st 80

Materialien zu Hermann Hesses Siddhartha. Erster Band. Texte von Hermann Hesse. Herausgegeben von Volker Michels. st 129

14/6/7.93

Hermann Hesse
im Suhrkamp Verlag und Insel Verlag

Texte über Siddhartha. Zweiter Band. Herausgegeben von Volker Michels. st 282

Materialien zu Hermann Hesses ›Der Steppenwolf‹. Herausgegeben von Volker Michels. st 53

Über Hermann Hesse. Erster Band (1904-1962). Herausgegeben von Volker Michels. st 331

Über Hermann Hesse. Zweiter Band (1963-1977). Herausgegeben von Volker Michels. st 332

Hermann Hesses weltweite Wirkung. Internationale Rezeptionsgeschichte. Band 1. Herausgegeben von Martin Pfeifer. st 386

Hermann Hesses weltweite Wirkung. Internationale Rezeptionsgeschichte. Band 2. Herausgegeben von Martin Pfeifer. st 506

Hermann Hesses weltweite Wirkung. Internationale Rezeptionsgeschichte. Band 3. Herausgegeben von Martin Pfeifer. st 1927

Hugo Ball: Hermann Hesse. Sein Leben und sein Werk. st 385

Ralph Freedman: Hermann Hesse. Autor der Krisis. Eine Biographie. Aus dem Amerikanischen von Ursula Michels-Wenz. Kartoniert und st 1991

Marie Hesse: Ein Lebensbild in Briefen und Tagebüchern. Mit einem Essay von Siegfried Greiner. Mit frühen Lithographien von Gunter Böhmer. it 261

Adrian Hsia: Hermann Hesse und China. Darstellung, Materialien und Interpretation. Gebunden und st 673

Reso Karalaschwili: Hermann-Hesse-Studien. st 2156

Gisela Kleine: Zwischen Welt und Zaubergarten. Ninon und Hermann Hesse: Leben im Dialog. st 1384

Martin Pfeifer: Hesse- Kommentar zu sämtlichen Werken. st 1740

Siegfried Unseld: Begegnungen mit Hermann Hesse. st 218

Siegfried Unseld: Hermann Hesse. Werk und Wirkungsgeschichte. Revidierte und erweiterte Fassung der Ausgabe von 1973. Mit zahlreichen Abbildungen. Leinen und it 1112

14/7/7.93

Literatur und Reisen
im insel taschenbuch

Alt-Prager Geschichten. Gesammelt von Peter Demetz. Mit Illustrationen von Hugo Steiner-Prag. it 613

Alt-Wiener Geschichten. Gesammelt von Joseph Peter Strelka. Mit sechs farbigen Abbildungen. it 784

Ernst Batta: Römische Paläste und Villen. Annäherung an eine Stadt. Mit zahlreichen Abbildungen. it 1324

Sigrun Bielfeldt: Moskau. Ein literarischer Führer. Mit zahlreichen Abbildungen. it 1382

Bodensee. Reisebuch. Herausgegeben von Dominik Jost. Mit zahlreichen Abbildungen. it 1490

Bonn. Ein literarisches Stadtporträt. Herausgegeben von Doris Maurer und Arnold E. Maurer. Mit zahlreichen Abbildungen. it 1224

Budapest. Reisebuch. Herausgegeben von Wilhelm Droste, Susanne Scherrer und Kristin Schwamm. Mit zahlreichen Fotografien. it 1801

Friedrich Dieckmann: Dresdner Ansichten. Spaziergänge und Erkundungen. Mit farbigen Fotografien. it 1766

Dresden. Ein literarisches Stadtporträt. Herausgegeben von Katrin Nitzschke. Unter Mitarbeit von Reinhard Eigenwill. Mit zahlreichen Abbildungen. it 1365

Gustav Faber: Reisen durch Deutschland. Mit farbigen Fotografien. it 1195

Flandern. Ein literarisches Landschaftsbild. Herausgegeben von Werner Jost und Joost de Geest. it 1254

Florenz. Ein literarisches Stadtporträt. Herausgegeben von Andreas Beyer. Mit zahlreichen Illustrationen. it 633

Florida. Ein literarisches Landschaftsbild. Herausgegeben von Katharina Frühe und Franz Josef Görtz. Mit zahlreichen Abbildungen. it 1492

Theodor Fontane: Jenseit des Tweed. Bilder und Briefe aus Schottland. Mit zahlreichen Abbildungen und einem Nachwort herausgegeben von Otto Drude. it 1066

– Ein Sommer in London. Mit einem Nachwort von Harald Raykowski. it 1723

Georg Forster: Reise um die Welt. Herausgegeben und mit einem Nachwort von Gerhard Steiner. it 757

Frankfurt. Reisebuch. Herausgegeben von Herbert Heckmann. Mit zahlreichen Abbildungen. it 1438

Johann Wolfgang Goethe: Italienische Reise. Mit vierzig Zeichnungen des Autors. Herausgegeben und mit einem Nachwort versehen von Christoph Michel. it 175

158/1/12.95

Literatur und Reisen
im insel taschenbuch

Johann Wolfgang Goethe: Tagebuch der Italienischen Reise 1786. Notizen und Briefe aus Italien. Mit Skizzen und Zeichnungen des Autors. Herausgegeben und erläutert von Christoph Michel. it 176

– Kampagne in Frankreich 1792. Belagerung von Mainz. Herausgegeben und mit einem Nachwort von Jörg Drews. Mit zeitgenössischen Abbildungen. it 1525

Dietmar Grieser: Wiener Adressen. Ein kulturhistorischer Wegweiser. it 1203

Walter Haubrich / Eva Karnofsky: Die großen Städte Lateinamerikas. Sechzehn Städtebilder. Von Walter Haubrich und Eva Karnofsky. Mit farbigen Fotografien. it 1601

Hamburg. Ein literarisches Stadtporträt. Herausgegeben von Eckart Kleßmann. it 1312

Victor Hehn: Olive, Wein und Feige. Kulturhistorische Skizzen. Herausgegeben von Klaus von See unter Mitwirkung von Gabriele Seidel-Leimbach. Mit farbigen Abbildungen. it 1427

Heidelberg- Lesebuch. Stadt-Bilder von 1800 bis heute. Herausgegeben von Michael Buselmeier. it 913

Heinrich Heine: Italien. Mit farbigen Illustrationen von Paul Scheurich. it 1072

Hermann Hesse: Luftreisen. Berichte und Gedichte. Herausgegeben und mit einem Nachwort versehen von Volker Michels. Mit zahlreichen Abbildungen. it 1604

– Mit Hermann Hesse durch Italien. Ein Reisebegleiter durch Oberitalien. Mit farbigen Fotografien. Herausgegeben von Volker Michels. it 1120

– Tessin. Betrachtungen, Gedichte und Aquarelle des Autors. Herausgegeben von Volker Michels. it 1494

Mit Hermann Hesse reisen. Betrachtungen und Gedichte. Herausgegeben von Volker Michels. it 1242

Erhart Kästner: Griechische Inseln. Aufzeichnungen aus dem Jahre 1944. Mit einem Nachwort von Heinrich Gremmels. it 118

– Kreta. Aufzeichnungen aus dem Jahre 1943. Mit einem Nachwort von Heinrich Gremmels. it 117

– Ölberge, Weinberge. Ein Griechenland-Buch. Mit Zeichnungen von Helmut Kaulbach. it 55

– Ölberge, Weinberge. Die Stundentrommel vom heiligen Berg Athos. 2 Bände in Kassette. it 55/56

– Die Stundentrommel vom heiligen Berg Athos. it 56

158/2/12.95

Literatur und Reisen
im insel taschenbuch

Harald Keller: Die Kunstlandschaften Italiens. Toskana. Florenz. Umbrien. Rom. Lombardei. Emilia. Venedig. Zwei Bände in Kassette. Mit zahlreichen Abbildungen. it 1576

London. Ein literarisches Stadtporträt. Herausgegeben von Norbert Kohl. it 322

Doris Maurer / Arnold E. Maurer: Literarischer Führer durch Italien. Ein Insel-Reiselexikon. Mit zahlreichen Abbildungen, Karten und Registern. it 1071

Günter Metken: Reisen durch Europa. Andere Wege zu Kunst und Kultur. Von Günter Metken. Mit zahlreichen Fotografien. it 1572

Mit Fontane durch die Mark Brandenburg. Herausgegeben von Otto Drude. Mit farbigen Fotografien von Christel Wollmann-Fiedler. it 1798

Mit Rilke durch das alte Prag. Herausgegeben von Hartmut Binder. Mit zahlreichen Abbildungen. it 1489

Michel de Montaigne: Tagebuch einer Reise durch Italien. Aus dem Französischen von Otto Flake. it 1074

München. Ein literarisches Stadtporträt. Herausgegeben von Reinhard Bauer und Ernst Piper. Mit zahlreichen Abbildungen. it 827

Ernst Penzoldt: Sommer auf Sylt. Liebeserklärungen an eine Insel. Mit farbigen Zeichnungen des Verfassers. Herausgegeben von Volker Michels. it 1424

Potsdam. Ein literarisches Stadtporträt. Herausgegeben von Doris Maurer und Arnold E. Maurer. Mit farbigen Abbildungen. it 1432

Prag. Ein literarisches Stadtporträt. Herausgegeben von Jana Halamičková. Mit zahlreichen Abbildungen. it 994

Reisen mit Mark Twain. Für Reiselustige ausgewählt und zusammengestellt von Norbert Kohl. it 1594

Rom. Ein literarisches Stadtporträt. Herausgegeben von Michael Worbs. it 921

Salzburg. Ein literarisches Stadtporträt. Herausgegeben von Adolf Haslinger. Mit zahlreichen Abbildungen. it 1326

Schwarzwald und Oberrhein. Ein literarisches Landschaftsbild mit literarischem Führer im Anhang. Herausgegeben von Hans Bender und Fred Oberhauser. Mit zahlreichen Abbildungen. it 1330

Sommerliebe. Zärtliche Geschichten. Für den Reisekoffer gepackt von Franz-Heinrich Hackel. it 1596

Südtirol. Ein literarisches Landschaftsbild. Herausgegeben von Dominik Jost. it 1317

Toskana. Ein literarisches Landschaftsbild. Herausgegeben von Andreas Beyer. Mit Fotografien von Loretto Buti. it 926

158/3/12.95

Literatur und Reisen
im insel taschenbuch

Trier. Deutschlands älteste Stadt. Ein literarisches Stadtporträt. Herausgegeben von Michael Schroeder. Mit zahlreichen Fotografien. it 1574

Tübingen. Ein literarisches Stadtporträt. Herausgegeben von Gert Ueding. Mit zahlreichen Abbildungen. it 1246

Tunesien. Ein literarisches Landschaftsbild. Herausgegeben von Hans-Ulrich Wagner. it 1802

Mark Twain: Reisen ums Mittelmeer. Vergnügliche Geschichten. Ausgewählt von Norbert Kohl. it 1799

Umbrien. Ein literarisches Landschaftsbild. Herausgegeben von Isolde Renner. Mit zahlreichen Abbildungen. it 1491

Venedig. Ein literarisches Stadtporträt. Herausgegeben von Doris Maurer und Arnold E. Maurer. Mit zahlreichen Abbildungen. it 626

Venedig. Literarischer Führer. Herausgegeben von Doris Maurer und Arnold E. Maurer. Mit farbigen Abbildungen. it 1413

Warum in die Ferne? Das Lesebuch vom Daheimbleiben. Eingerichtet von Hans Christian Kosler. it 1332

Die Welt der Museen. Herausgegeben von Joachim Rönneper. it 1493

Wien. Ein literarisches Stadtporträt. Herausgegeben von Joseph Peter Strelka. Mit farbigen Fotografien. it 1573

Wien im Gedicht. Herausgegeben von Gerhard C. Krischker. it 1488

158/4/12.95